我们，用数字尊重社会……
We respect the society with data ...

2016 Fuzhou Statistical Yearbook

福州统计年鉴

福 州 市 统 计 局
国家统计局福州调查队 编

中国统计出版社
China Statistics Press

图书在版编目（C I P）数据

福州统计年鉴. 2016 / 福州市统计局, 国家统计局福州调查队编. -- 北京 : 中国统计出版社, 2016.9
ISBN 978-7-5037-7945-9

Ⅰ. ①福… Ⅱ. ①福… ②国… Ⅲ. ①统计资料－福州－2016－年鉴 Ⅳ. ①C832.571-66

中国版本图书馆 CIP 数据核字(2016)第 213788 号

福州统计年鉴-2016

作　　者/ 福州市统计局　国家统计局福州调查队
责任编辑/ 陈越月
装帧设计/ 游闽洪
出版发行/ 中国统计出版社
地　　址/ 北京市丰台区西三环南路甲 6 号　邮政编码/100073
电　　话/ 邮购（010）63376909　书店（010）68783171
网　　址/ http://csp.stats.gov.cn
印　　刷/ 福州统济印务有限公司
经　　销/ 新华书店
开　　本/ 890mm×1240mm　1/16
字　　数/ 900 千字
印　　张/ 25
版　　别/ 2016 年 9 月第 1 版
版　　次/ 2016 年 9 月第 1 次印刷
定　　价/ 300.00 元

如有印装差错，由本社发行部调换。

《福州统计年鉴—2016》编委会和编辑人员

编委会

编辑部

编者说明

一、《福州统计年鉴—2016》是一部全面反映福州市国民经济和社会发展情况的资料性年刊。全书收录了2015年福州市及所辖各县（市）、区、各部门经济和社会发展等方面的统计数据，以及历史重要年份福州市国民经济主要指标的统计数据。

二、全书内容分为17个篇目：（一）综合；（二）国民经济核算；（三）人口；（四）就业与职工工资；（五）农林牧渔业；（六）工业、交通邮电业；（七）固定资产投资；（八）建筑业；（九）批发零售、住宿餐饮与旅游业；（十）对外经济；（十一）价格指数；（十二）财政金融；（十三）人民生活；（十四）科技、教育与文化；（十五）卫生、体育与其他；（十六）城市比较；（十七）附录。在城市比较部分，收集了福建省各设区市、全国省会城市及副省级城市主要经济指标对比资料，各篇末均附有《主要统计指标解释》。

三、本年鉴重要统计数据的资料来源、计算口径等均在各篇另有注明。

四、本年鉴使用的度量衡单位均采用国家统一标准计量单位。

五、本年鉴表中的符号使用如下：

"空格"表示该项指标无数据、未掌握该指标数据或不足小数位的数据；

"#"表示其中项。

六、本年鉴"规模以上"工业企业系指年主营业务收入2000万及以上的工业企业；"限额以上"批发零售和住宿餐饮业分别指年主营业务收入2000万元及以上的批发企业、年主营业务收入500万元及以上的零售企业和主营业务收入200万元及以上的住宿餐饮企业。

七、本年鉴中地区生产总值、农林牧渔业总产值、工业总产值等总量指标按当年价格计算，增长速度和产值指数按可比价格计算。

八、本年鉴根据年报制度的变化对某些篇章的统计指标进行了规范和调整。

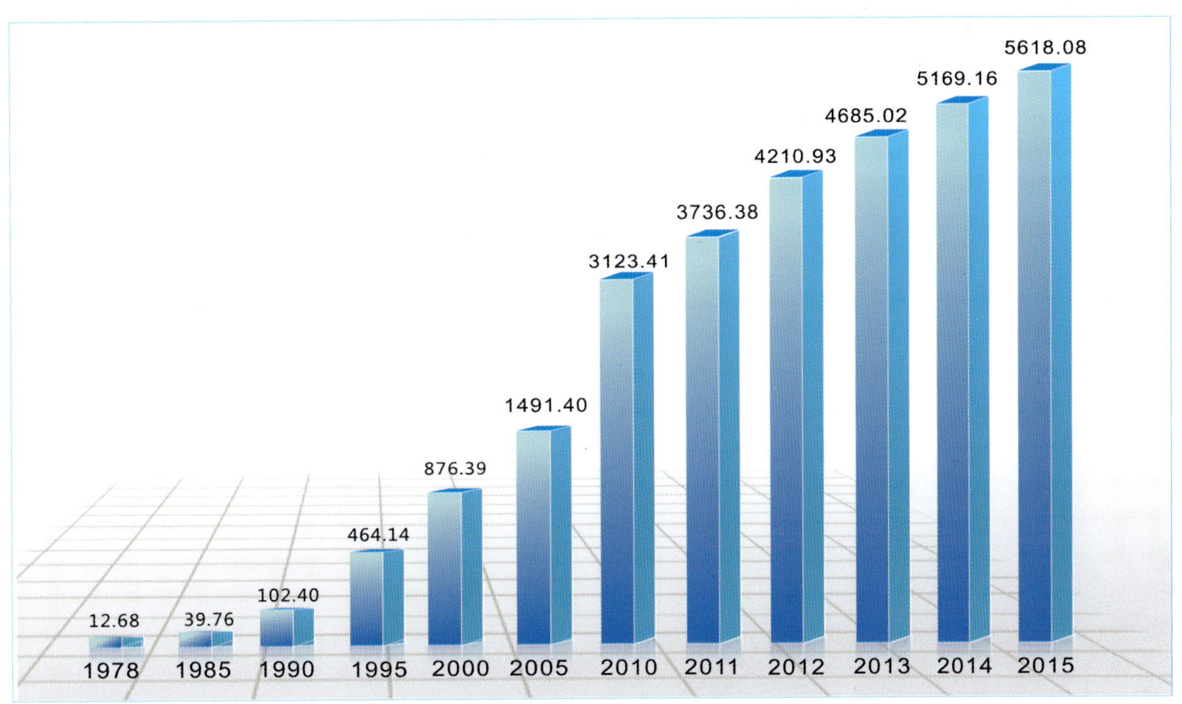

生产总值（亿元）

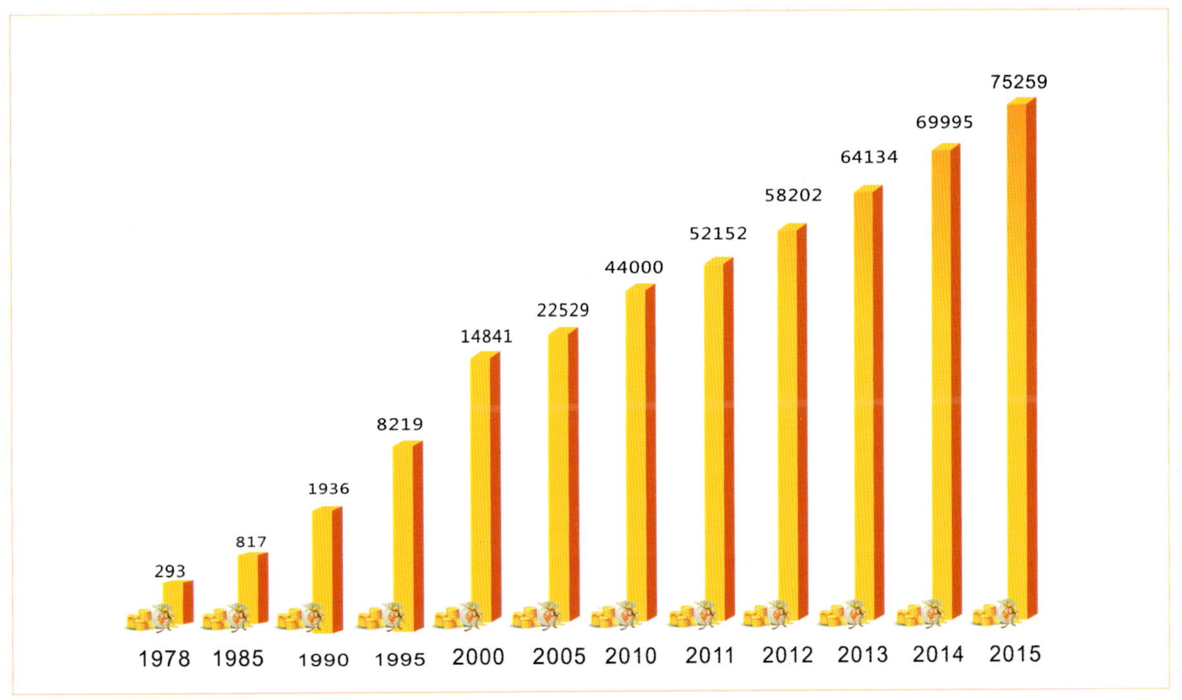

人均生产总值（元）

第一产业
第二产业
第三产业
41.34%
43.23%
15.42%
2000年三产业比例
43.30%
44.98%
11.72%
2005年三产业比例
46.06%
44.88%
9.05%
2010年三产业比例
48.66%
43.60%
7.74%
2015年三产业比例

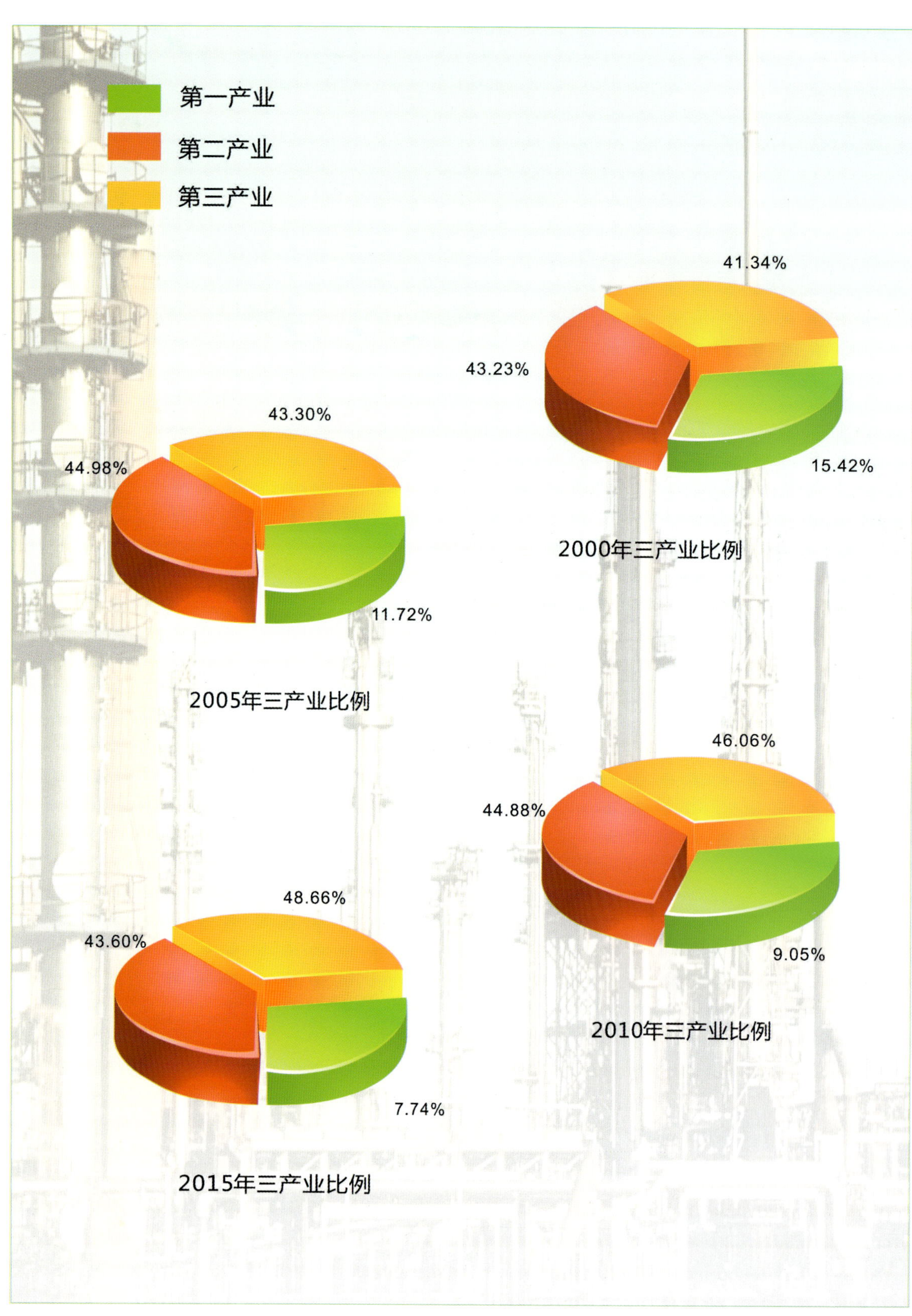

三次产业比例（%）

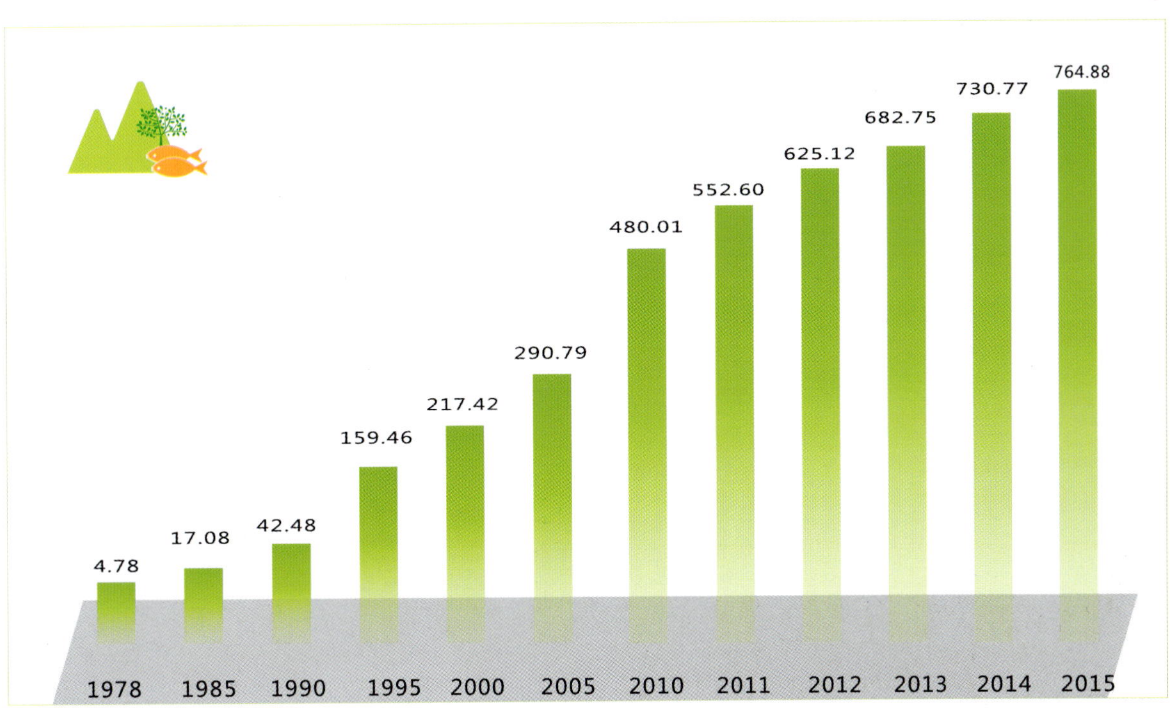

农林牧渔业总产值（亿元）

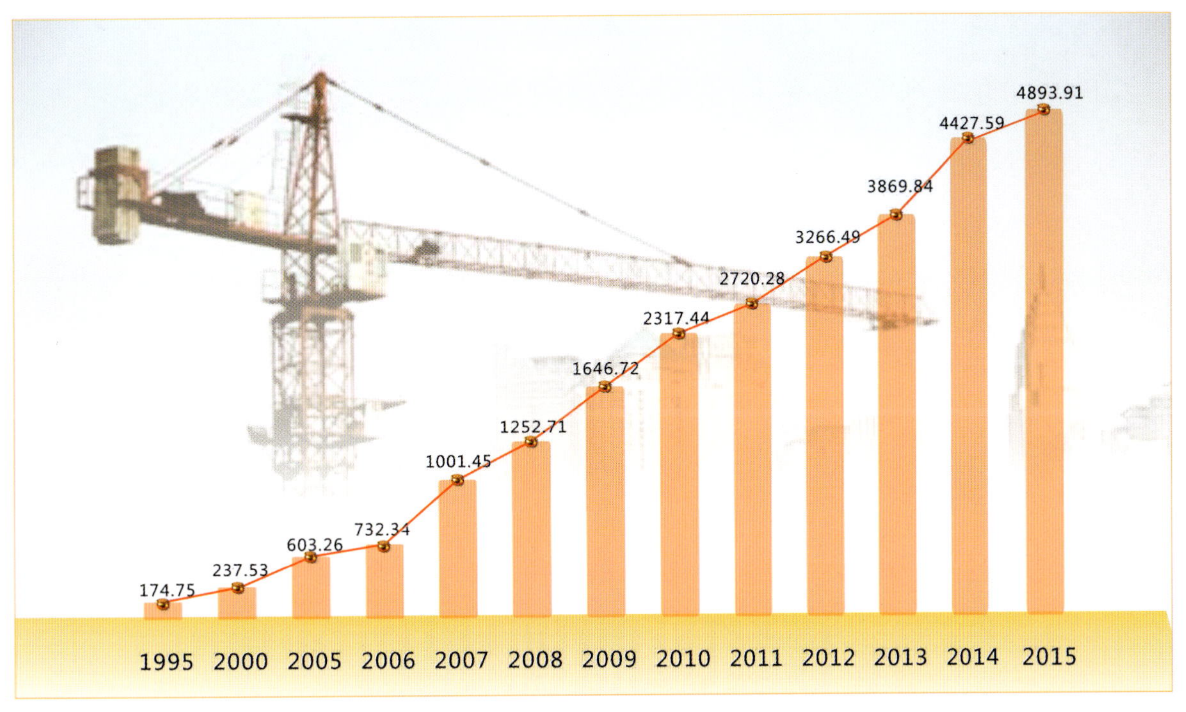

全社会固定资产投资（亿元）

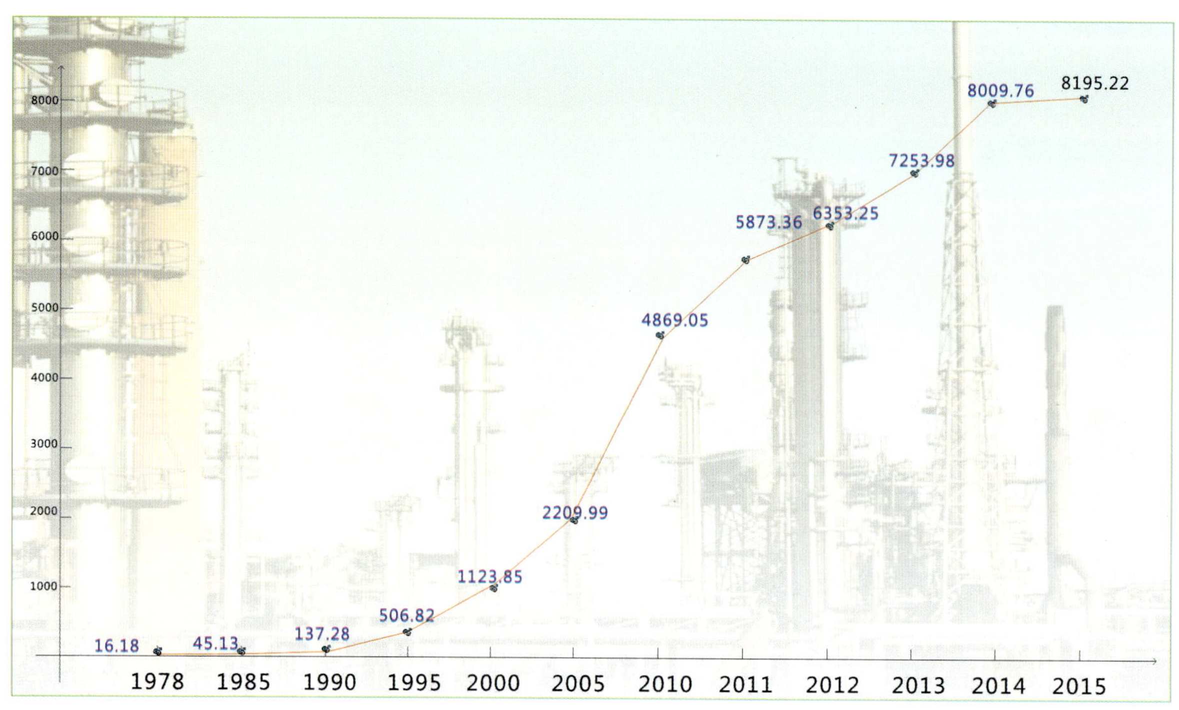

工业总产值（亿元）

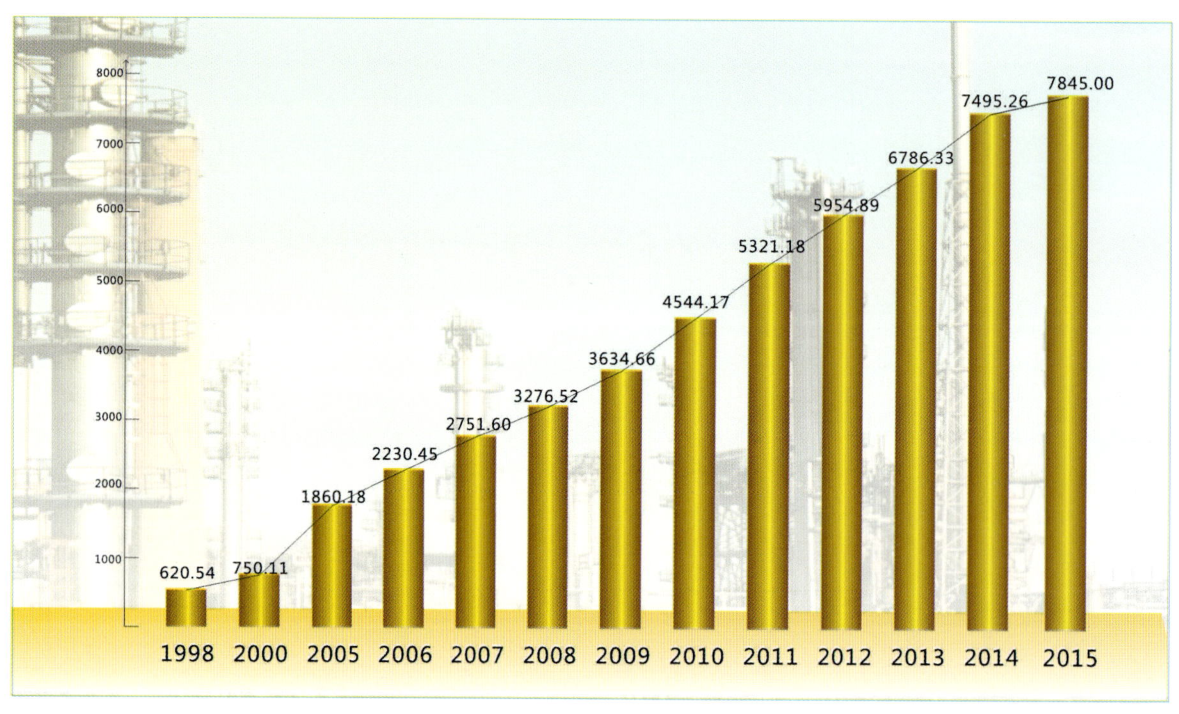

规模以上工业总产值（亿元）

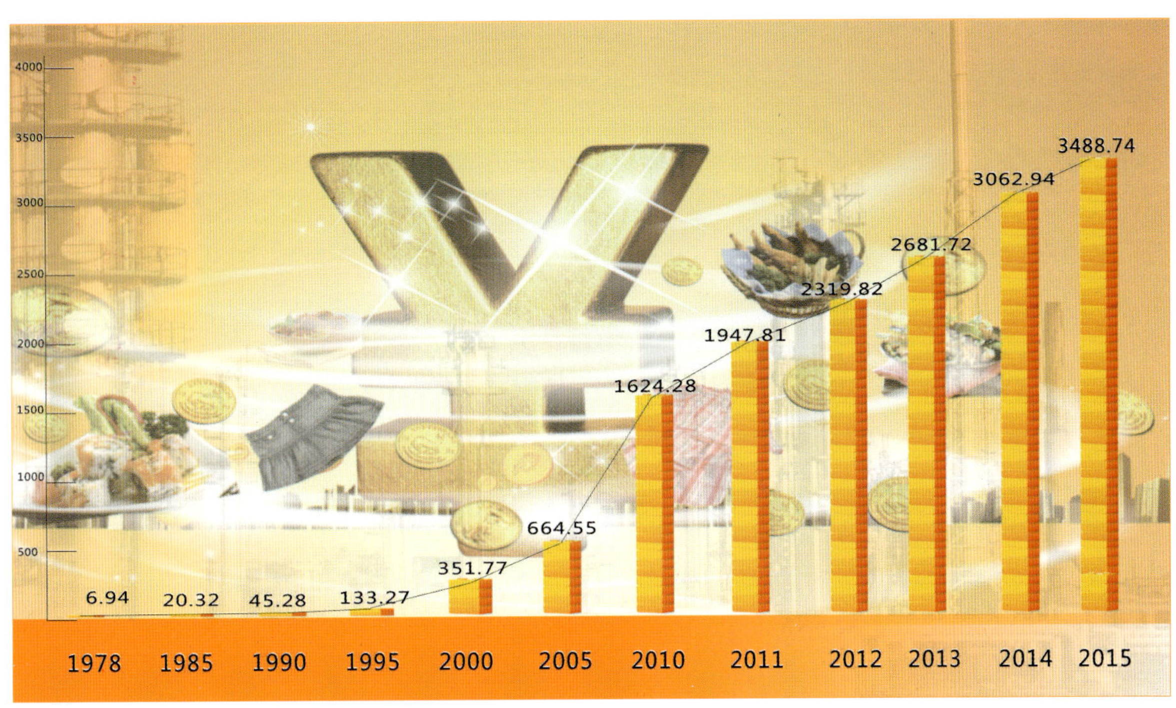

社会消费品零售总额（亿元）

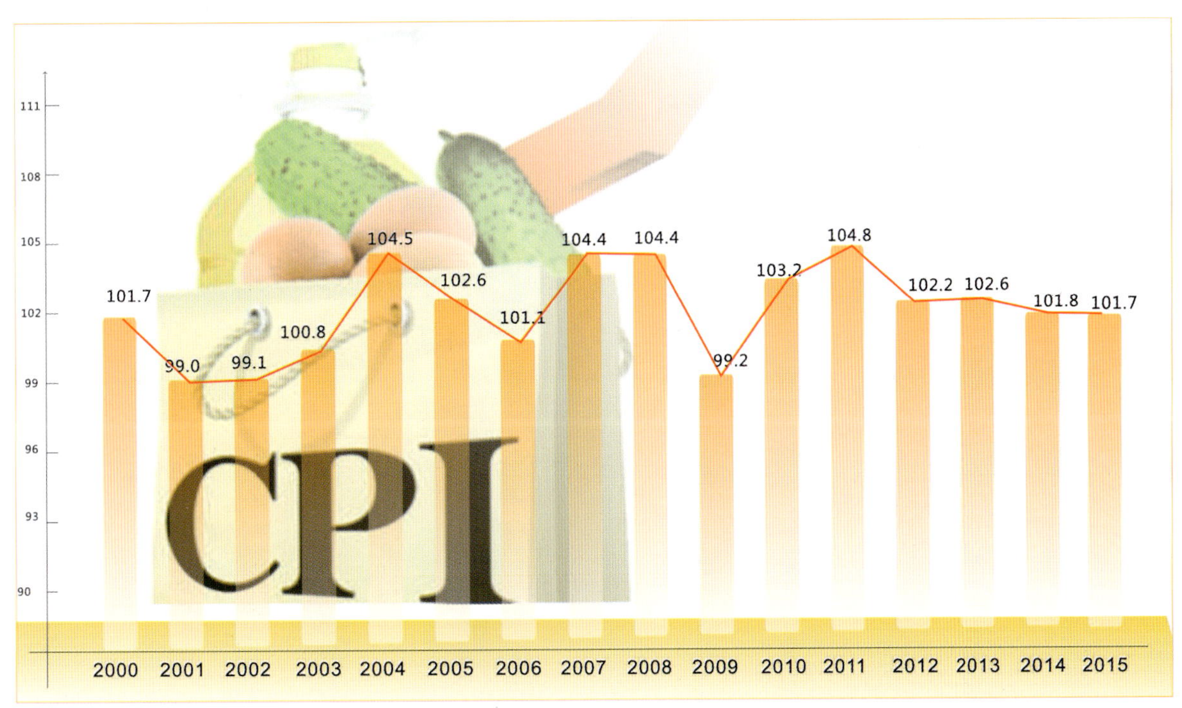

居民消费价格指数（以上年价格为100）

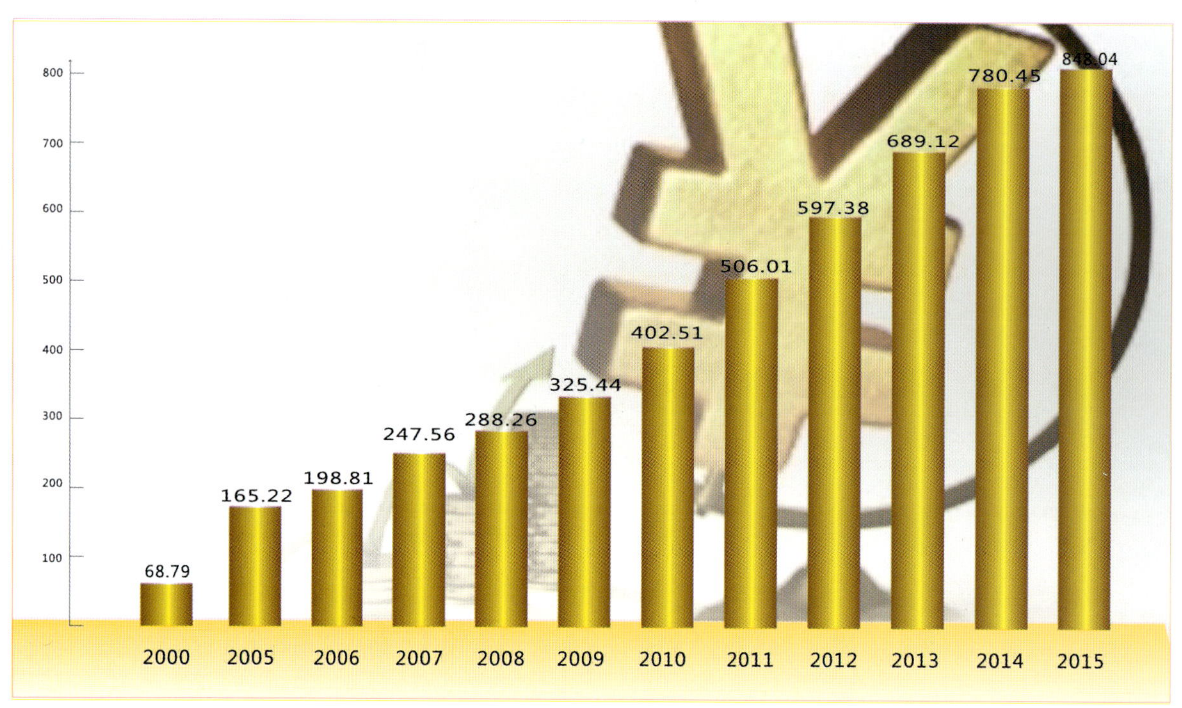

一般公共预算总收入（亿元）

一般公共预算收入（亿元）

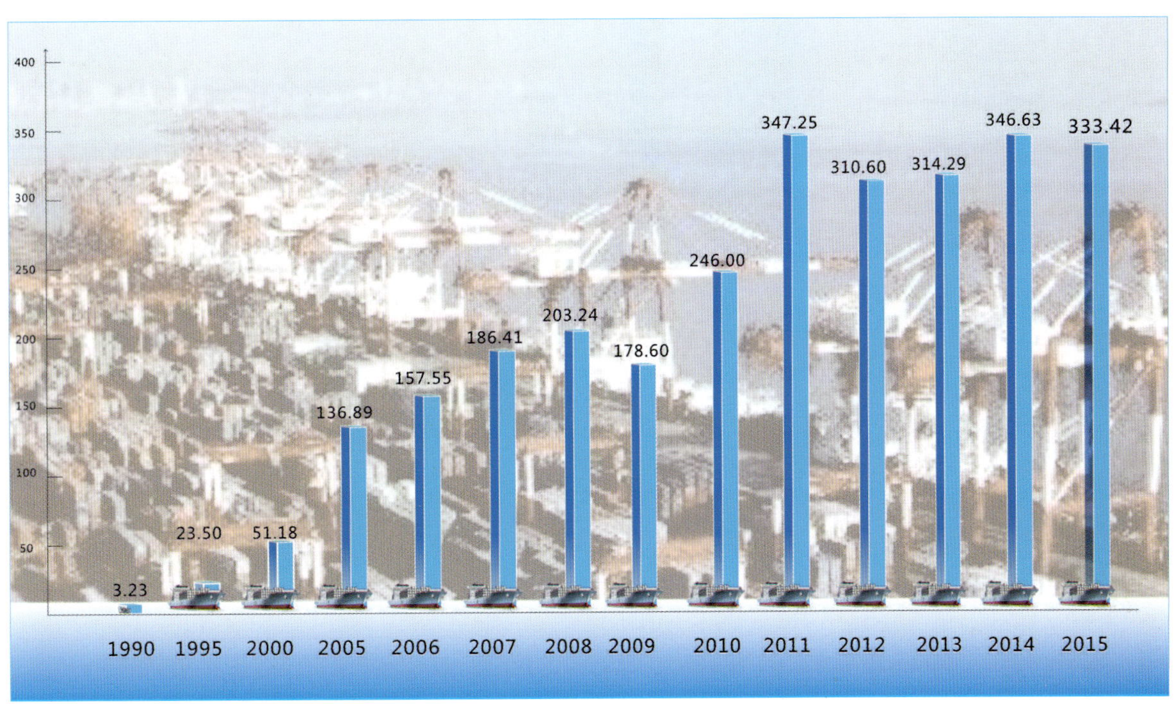

进出口总值（亿美元）

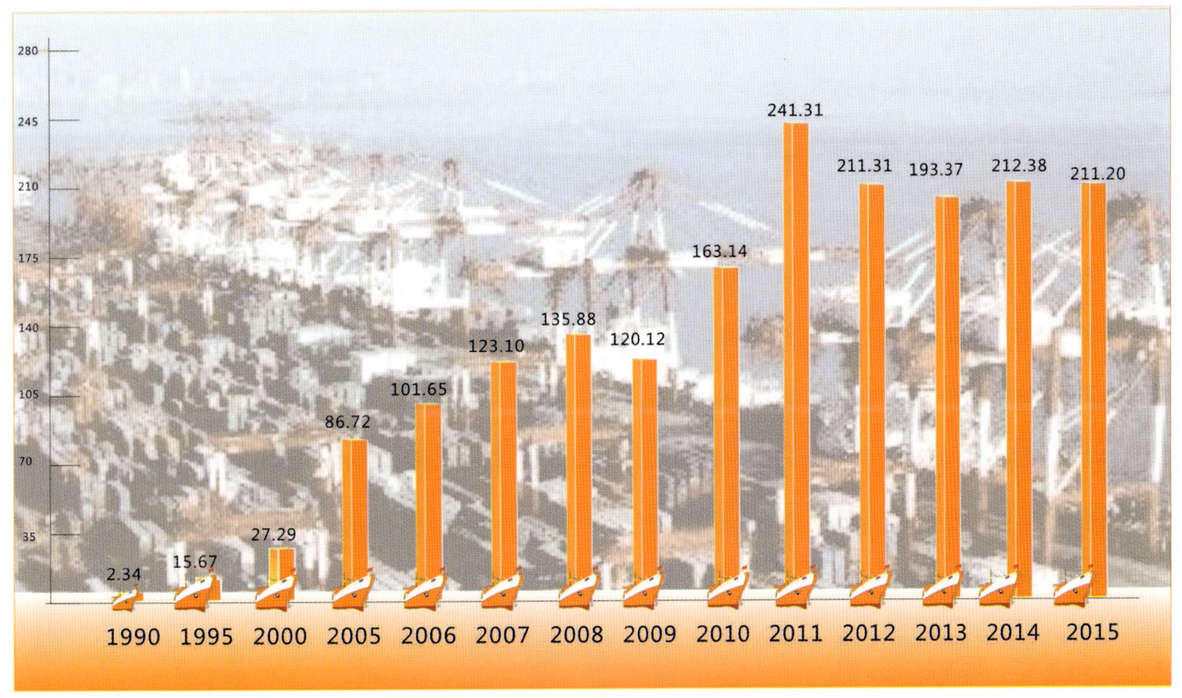

出口总值（亿美元）

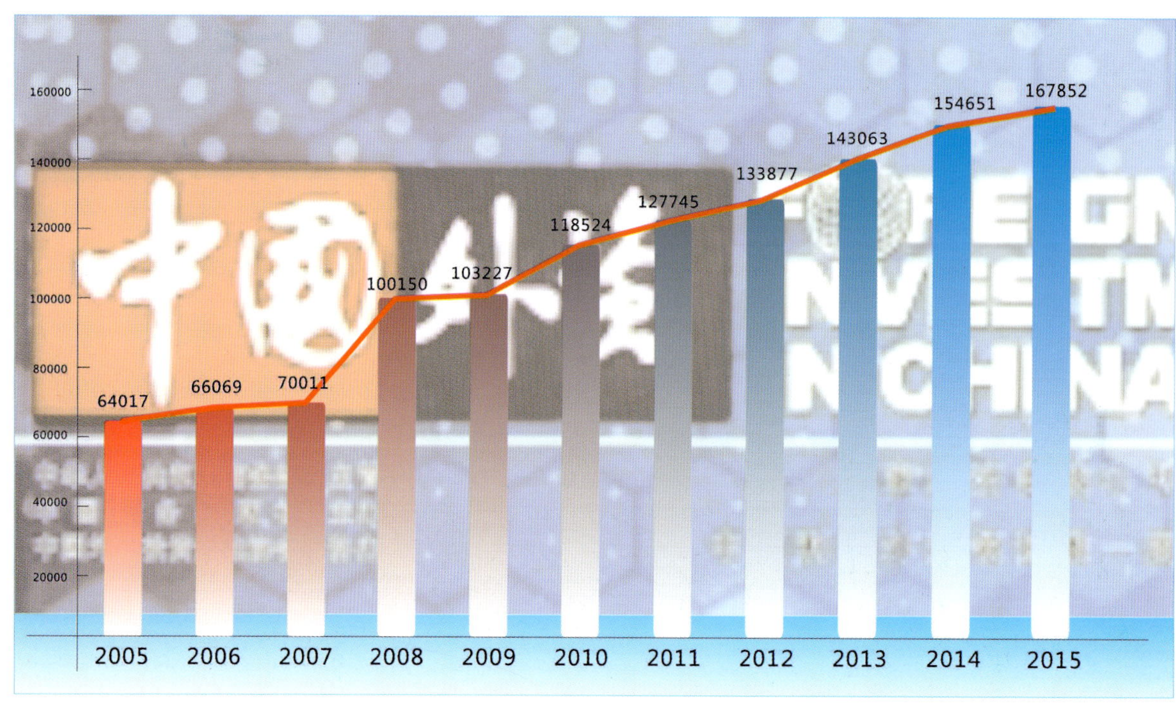

实际利用外资（验资口径，万美元）

城乡居民收入（元）

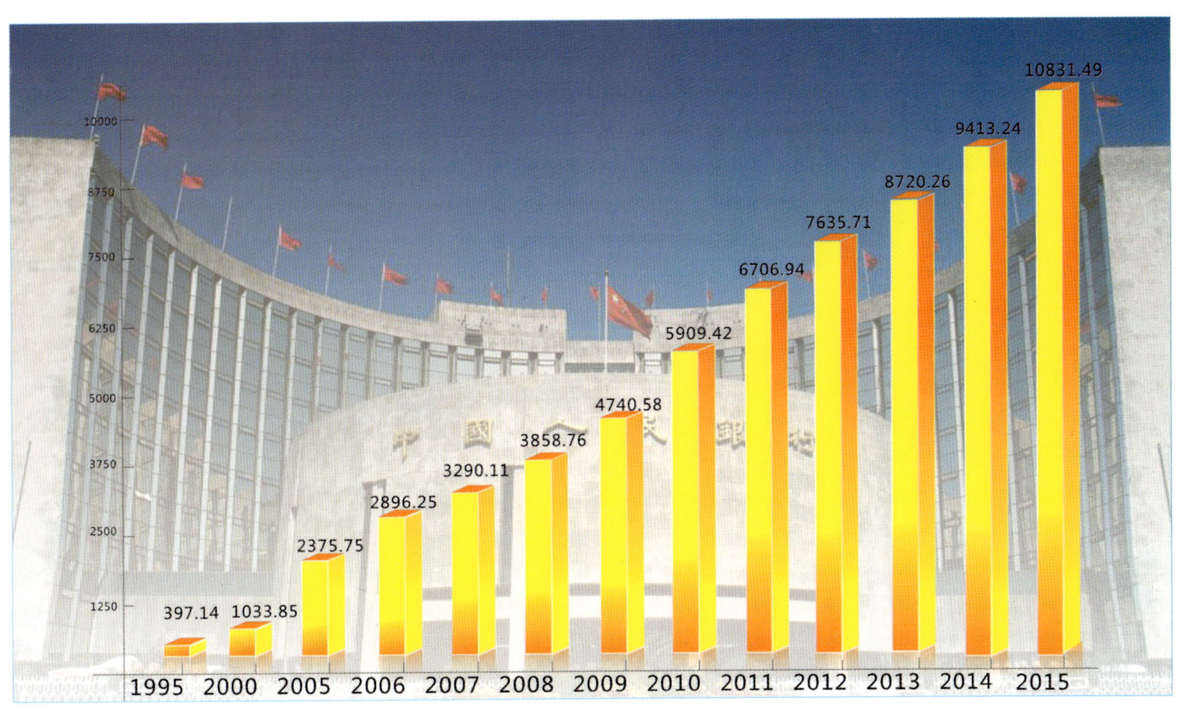

金融机构人民币存款余额（亿元）

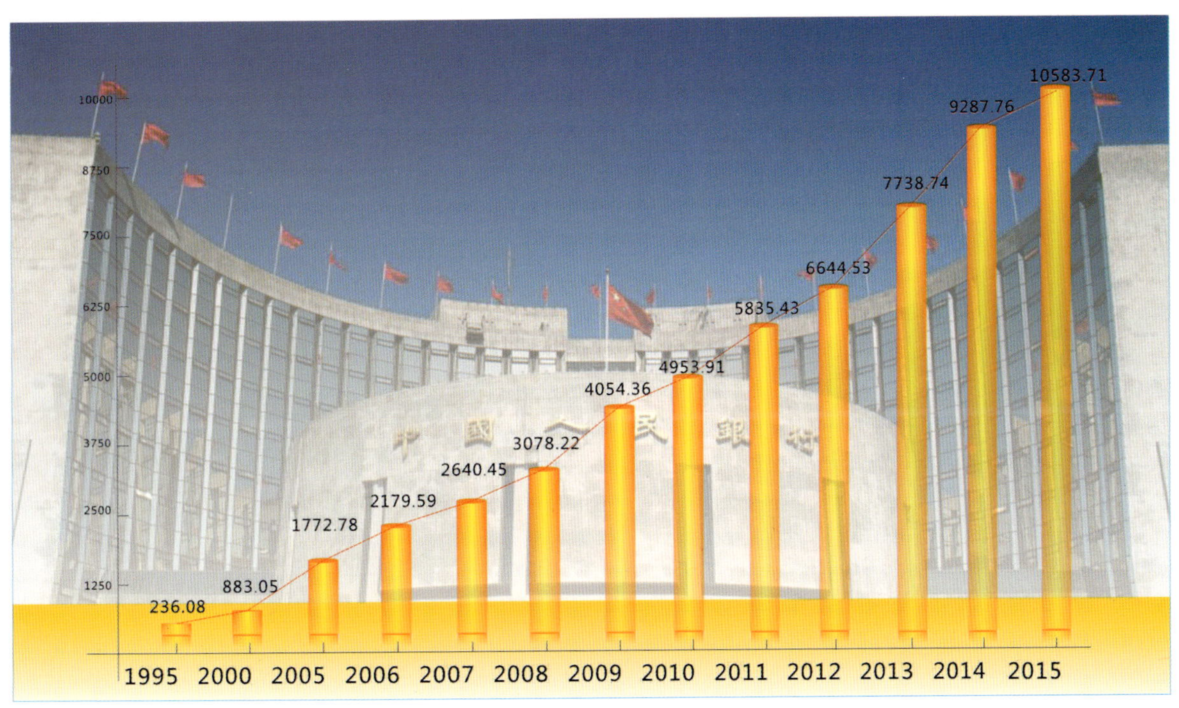

金融机构人民币贷款余额（亿元）

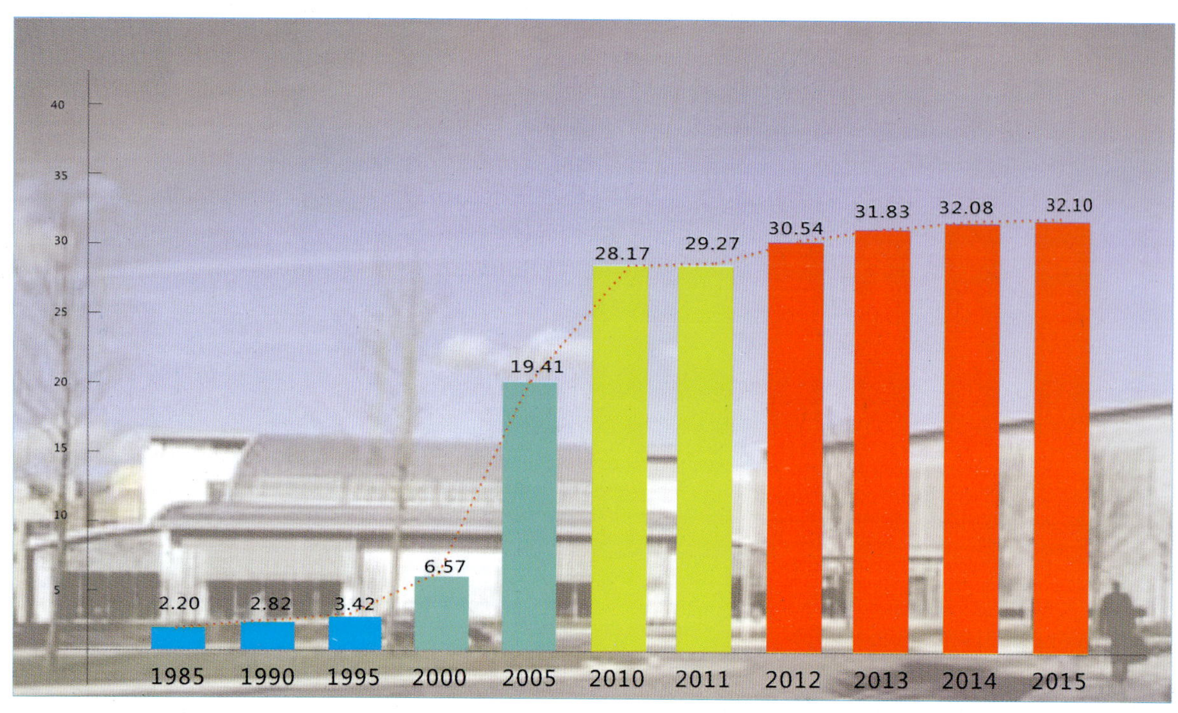

普通高校在校学生（万人）

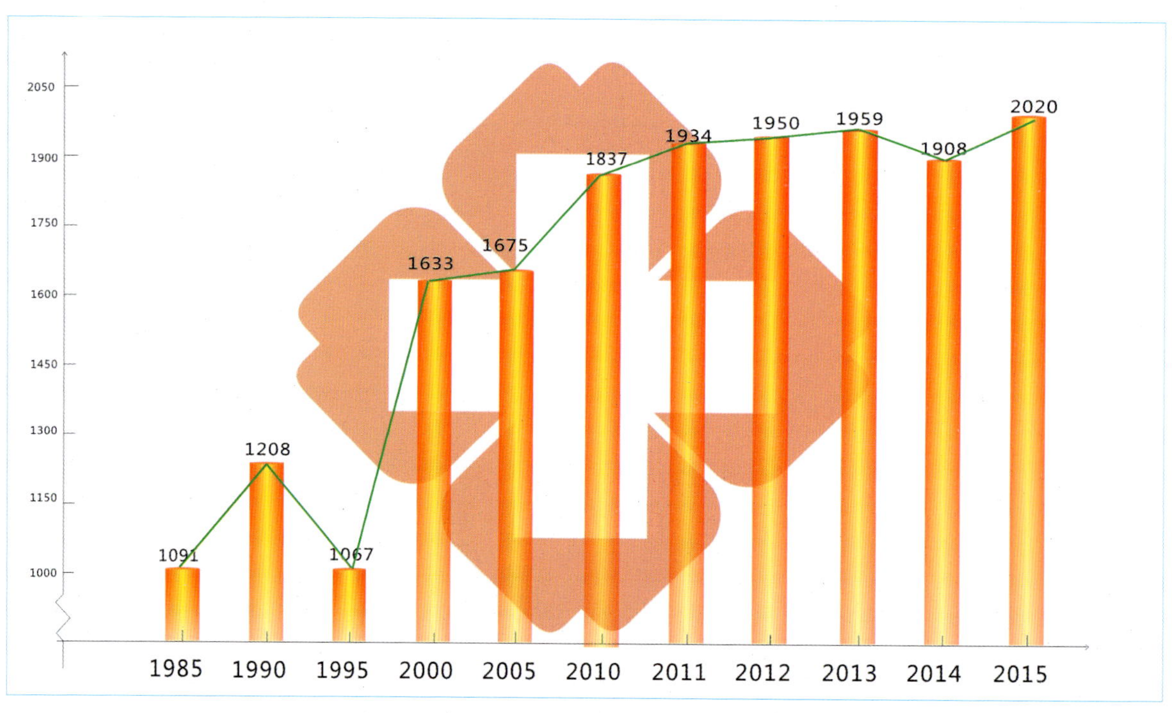

卫生医疗机构（个）

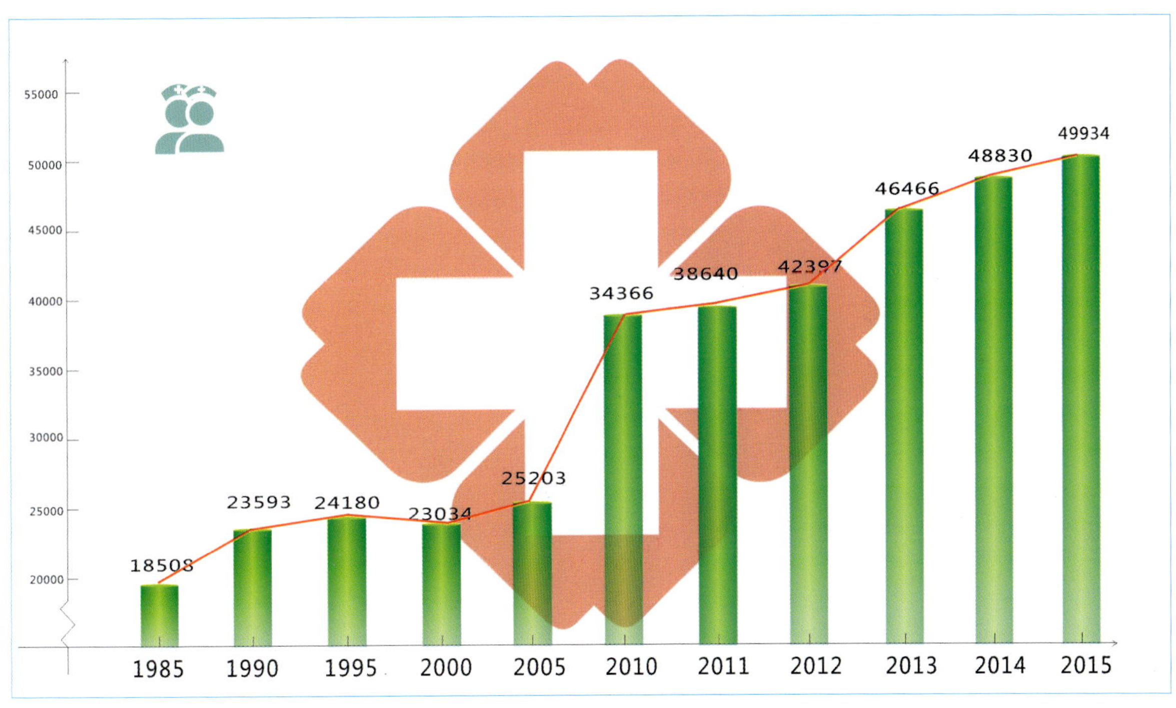

卫生技术人员（人）

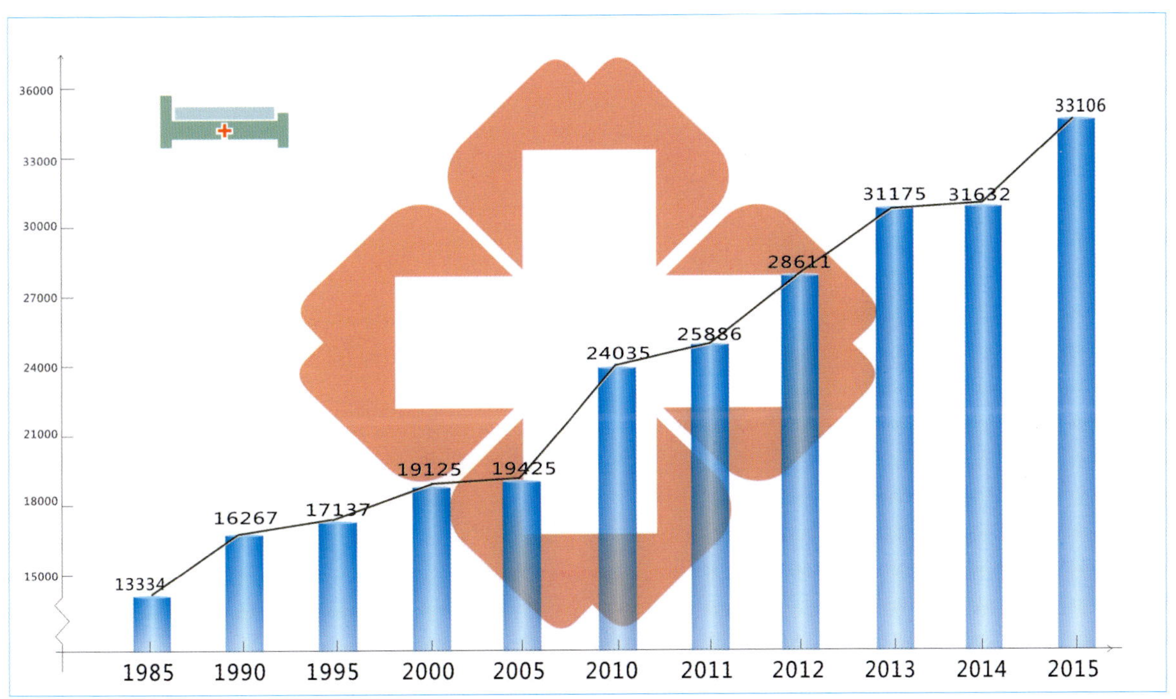

卫生机构医疗床位（张）

目　　录

综　　合

国民经济核算

人　口

就业与职工工资

农林牧渔业

工业、交通邮电业

固定资产投资

建 筑 业

批发零售、住宿餐饮与旅游业

对外经济

价格指数

财政金融

人民生活

科技、教育与文化

卫生、体育与其他

城市比较

附 录

1 综　合

1-1 行 政 区 划

（2015 年末）　　单位：个

县(市)区	土地面积(平方公里)	街道、乡(镇)数				村(居)委会数		
		合　计	街　道	镇	乡	合　计	社区居委会	村委会
总　计	**12251**	**189**	**43**	**99**	**47**	**2830**	**447**	**2383**
市　区	**1026**	**46**	**31**	**13**	**2**	**542**	**265**	**277**
鼓楼区	35	10	9	1		69	69	
台江区	17	10	10			52	52	
仓山区	146	13	8	5		165	63	102
晋安区	552	9	3	4	2	181	68	113
马尾区	276	4	1	3		75	13	62
八县(市)	**11225**	**143**	**12**	**86**	**45**	**2288**	**182**	**2106**
福清市	1899	24	7	17		484	46	438
长乐市	728	18	4	12	2	253	27	226
闽侯县	2126	15	1	8	6	319	27	292
连江县	1255	23		16	7	275	32	243
罗源县	1100	11		6	5	196	7	189
闽清县	1494	16		11	5	291	20	271
永泰县	2229	21		9	12	267	12	255
平潭县	393	15		7	8	203	11	192

1-2 国民经济和社会发展总量和速度指标

项目	单位	总量指标			
		1990年	1995年	2000年	2005年
人口与就业					
年末户籍总人口	万人	535.30	562.27	589.23	614.84
#市区人口	万人	129.24	137.52	148.49	176.11
社会从业人员	万人	245.83	280.45	293.62	330.00
#城镇单位职工人数	万人	75.79	82.40	68.42	80.95
城镇私营个体从业人员	万人	6.19	9.67	21.30	37.19
国民经济核算					
地区生产总值	亿元	102.40	464.14	876.39	1491.40
第一产业	亿元	29.41	98.52	135.18	174.78
第二产业	亿元	41.21	167.19	378.89	670.80
第三产业	亿元	31.78	198.44	362.32	645.82
工　业	亿元	34.50	130.01	321.15	564.20
建筑业	亿元	6.71	37.18	57.74	106.60
工农业					
农林牧渔业总产值	亿元	42.48	159.46	217.42	290.79
全部工业总产值	亿元	137.28	506.82	1123.85	2209.99
#规模以上工业总产值	亿元			750.11	1860.18
固定资产投资					
全社会固定资产投资	亿元		174.75	237.53	603.26
#房地产开发投资	亿元		55.00	75.85	222.03
贸易与价格					
社会消费品零售总额	亿元	45.28	133.27	351.77	664.55
居民消费价格指数(以上年为100)	%	100.1	118.2	101.7	102.6
对外经济					
进出口总额	亿美元	3.23	23.50	51.18	136.89
出口总额	亿美元	2.34	15.67	27.29	86.72
进口总额	亿美元	0.89	7.82	23.89	50.17
新批外资项目	项	233	678	295	326
合同外资金额	亿美元	2.74	32.27	9.55	11.66
实际利用外资(历史可比口径)	亿美元	1.02	11.25	8.01	16.00
(验资口径)	亿美元				6.40

2010 年	2015 年	平均增长速度(%)				
		1991-2015 年	1996-2015 年	2001-2015 年	2006-2015 年	2011-2015 年
645.90	678.37	0.95	0.94	0.94	0.99	0.99
188.59	199.96	1.76	1.89	2.00	1.28	1.18
389.24	511.77	2.98	3.05	3.77	4.49	5.63
105.48	156.28	2.94	3.25	5.66	6.80	8.18
65.35	122.83	12.69	13.55	12.39	12.69	13.45
3123.41	5618.08	14.88	12.79	12.07	12.53	11.23
282.73	434.69	5.55	4.60	3.39	3.68	4.38
1401.92	2449.55	16.87	14.65	13.15	13.26	12.55
1438.76	2733.83	15.95	12.73	13.03	13.54	11.09
1127.59	1875.26	17.16	14.85	12.94	12.83	12.16
274.33	580.40	14.62	12.71	14.06	15.21	14.12
480.01	764.88	6.61	5.15	4.20	4.66	4.44
4869.05	8195.22	19.53	17.57	16.13	16.06	13.40
4544.17	7845.00				16.79	13.64
2317.44	4893.91		18.13	22.35	23.29	16.13
670.69	1381.12		17.49	21.34	20.06	15.54
1624.28	3488.74	18.98	17.73	16.53	18.04	16.52
103.2	101.7					
246.00	333.42	20.38	14.18	13.31	9.31	6.27
163.14	211.20	19.74	13.89	14.61	9.31	5.30
82.86	122.23	21.75	14.73	11.50	9.31	8.08
186	339	1.51	-3.41	0.93	0.39	12.76
16.73	31.75	10.30	-0.08	8.34	10.54	13.67
24.82						
11.85	16.79				10.13	7.22

1-2 续表

项目	单位	总量指标			
		1990年	1995年	2000年	2005年
财政金融					
一般公共预算总收入	亿元		37.84	68.79	165.22
一般公共预算收入	亿元	10.94	25.82	55.35	127.68
一般公共预算支出	亿元	8.28	27.45	54.04	118.99
金融机构存款年末余额	亿元	85.41	397.14	1033.85	2375.75
金融机构贷款年末余额	亿元	67.72	236.08	883.05	1772.78
交通邮电					
货运总量(发送量)	万吨	1230.00	8166.00	9744.00	10175.00
客运总量(发送量)	万人	3396.00	9529.00	8023.00	10320.00
沿海港口货物吞吐量	万吨	615.00	1099.00	2425.00	7443.00
人民生活					
城镇非私营单位在岗职工平均工资	元	2128	5827	11199	18314
城镇居民人均可支配收入	元	1537	4896	7944	12661
城镇居民人均消费支出	元	1381	4021	6009	8382
农村居民人均可支配(纯)收入	元	864	2303	3860	5197
农村居民人均消费支出	元	765	1818	2921	3503
教育卫生					
普通高等学校数	所	12	12	13	36
普通高等学校在校学生数	人	28188	34162	65737	194073
普通高等学校专任教师数	人	4329	4047	4754	12698
中等职业技术学校数	所	42	44	45	95
中等职业技术学校在校学生数	人	21551	36973	53916	122728
中等职业技术学校专任教师数	人	2303	2610	2572	5045
卫生机构数	个	1208	1067	1633	1675
#医院、卫生院	个	198	199	242	240
卫生技术人员数	人	23953	24180	23034	25203
#医　生	人	9330	10275	10639	11056
卫生机构床位数	张	16267	17137	19125	19425

2010年	2015年	平均增长速度(%) 1991-2015年	1996-2015年	2001-2015年	2006-2015年	2011-2015年
402.51	848.04		16.83	18.24	17.78	16.07
247.82	560.46	17.05	16.63	17.59	19.11	17.73
262.42	725.93	19.60	17.79	18.91	19.83	22.57
5909.42	10831.49	21.37	17.97	16.95	16.38	12.88
4953.91	10583.71	22.39	20.94	18.01	19.56	16.40
14907.41						
18600.16						
7124.80	11361.09	12.37	12.39	10.84	4.32	9.78
34806	62478	14.47	12.59	12.14	13.06	12.41
22723	34982	13.87	11.00	11.28	12.05	10.86
15778	24825	12.42	9.74	10.20	11.89	9.82
8543	15203	12.26	10.03	9.74	11.60	12.75
6071	13152	11.33	9.51	9.36	12.31	13.00
31	32	4.00	5.03	6.19	-1.17	0.64
281680	320965	10.22	11.85	11.15	5.16	2.65
17209	19982	6.31	8.31	10.05	4.64	3.03
69	53	0.93	0.93	1.10	-5.67	-5.14
136177	101619	6.40	5.19	4.32	-1.87	-5.69
4603	4703	2.90	2.99	4.11	-0.70	0.43
1837	2020	2.08	3.24	1.43	1.89	1.92
202	232	0.64	0.77	-0.28	-0.34	2.81
34366	49934	2.98	3.69	5.29	7.08	7.76
13813	18307	2.73	2.93	3.68	5.17	5.80
24035	33106	2.88	3.35	3.73	5.48	6.61

1-3 各个计划时期主要经济指标总量

项目	单位	"一五"时期	"二五"时期	1963~1965年	"三五"时期	"四五"时期	"五五"时期	"六五"时期
地区生产总值	亿元	16.73	26.69	16.59	30.74	42.87	65.26	143.43
第一产业	亿元	6.70	7.46	5.94	10.82	13.11	17.91	44.84
第二产业	亿元	3.32	9.38	4.12	9.16	18.33	29.83	63.49
第三产业	亿元	6.71	9.86	6.53	10.80	11.43	17.52	35.10
农林牧渔业总产值	亿元	7.74	10.51	8.60	16.56	19.33	26.17	63.94
工业总产值	亿元	6.76	18.95	10.88	26.59	38.50	79.54	161.99
一般公共预算总收入	亿元	2.23	4.79	1.95	4.20	7.67	10.54	16.98
一般公共预算收入	亿元	2.23	4.79	1.95	4.20	7.67	10.54	16.98
一般公共预算支出	亿元	1.08	2.17	1.26	2.42	3.98	6.21	11.81
金融机构存款年末余额	亿元	1.42	3.93	3.45	3.92	5.85	15.12	28.98
金融机构贷款年末余额	亿元	1.23	4.14	2.94	4.82	7.39	13.81	30.29
货物发送量	万吨	391	2628	1453	2457	3466	3894	4093
旅客发送量	万人次		2643	1964	2663	2610	3346	5480
社会消费品零售总额	亿元	12.23	18.56	12.05	20.70	24.70	37.81	72.27
出口总额	亿美元						0.02	0.56
实际利用外资(验资口径)	亿美元							

1-3 续表

项 目	单 位	“七五”时期	“八五”时期	“九五”时期	“十五”时期	“十一五”时期	“十二五”时期
地区生产总值	亿元	372.02	1327.78	3743.34	5943.67	11799.33	23419.57
第一产业	亿元	108.68	295.78	630.45	750.31	1141.59	1931.05
第二产业	亿元	156.69	501.83	1532.21	2717.48	5055.87	10553.22
第三产业	亿元	106.66	530.17	1581.68	2475.88	5601.87	10935.31
农林牧渔业总产值	亿元	157.60	460.37	1009.35	1230.61	1952.59	3356.13
工业总产值	亿元	485.13	1686.96	4578.07	8334.73	18045.87	35685.57
一般公共预算总收入	亿元	42.06	94.22	298.15	708.20	1462.53	3421.03
一般公共预算收入	亿元	42.06	94.22	213.19	457.44	911.02	2227.36
一般公共预算支出	亿元	32.88	87.05	215.72	428.17	931.10	2608.61
金融机构存款年末余额	亿元	85.41	351.44	1033.85	2375.75	5909.42	10831.49
金融机构贷款年末余额	亿元	67.72	203.21	883.05	1772.78	4953.91	10583.71
货物发送量	万吨	4669	20940	39662	42483	68315.00	
旅客发送量	万人次	43654	26633	46189	49991	68576.00	
社会消费品零售总额	亿元	180.29	427.13	1365.78	2552.88	5833.97	13501.03
出口总额	亿美元	5.21	45.72	103.39	272.92	643.89	1069.57
实际利用外资(验资口径)	亿美元					45.80	72.72

1-4 各个计划时期主要经济指标年均发展速度

单位:%

项　　目	"恢复"时期(1950~1952)	"一五"时期(1953~1957)	"二五"时期	1963~1965年	"三五"时期	"四五"时期	"五五"时期
年末户籍总人口	103.01	102.71	102.46	102.41	101.75	102.69	101.93
#市区人口	103.61	103.72	102.95	101.31	98.81	102.08	102.14
地区生产总值	119.71	111.20	97.81	112.37	101.10	105.41	112.35
第一产业	116.58	106.85	92.96	116.75	100.15	98.57	111.59
第二产业	133.76	113.94	104.98	115.10	106.37	112.39	113.38
第三产业	121.74	109.89	108.52	105.66	97.79	105.67	111.54
农林牧渔业总产值	114.41	107.15	97.05	114.45	101.15	99.34	107.80
全部工业总产值	126.76	116.38	108.03	119.24	108.39	112.01	111.10
一般公共预算收入	393.50	114.20	111.06	101.67	105.39	104.74	109.92
一般公共预算支出		113.47	101.20	107.15	110.05	105.27	110.36
金融机构存款年末余额	162.05	122.45	122.52	95.72	102.60	108.31	120.93
金融机构贷款年末余额	132.57	158.86	127.47	89.22	110.39	108.91	113.33
居民储蓄存款年末余额	361.59	131.69	109.53	108.64	103.30	109.06	118.64
社会消费品零售总额	124.29	114.30	107.83	98.80	100.45	106.18	113.64
出口总额							
实际利用外资额(历史可比口径)							
实际利用外资额(验资口径)							
城镇非私营单位在岗职工平均工资			98.31	103.76	98.67	101.72	102.49
城镇居民人均可支配收入	111.02	107.89	102.02	105.45	103.15	103.11	103.22
农村居民人均可支配(纯)收入	105.38	102.42	104.43	108.00	104.86	95.56	106.62

1-4　续表　　　　单位:%

项　　目	“六五”时期	“七五”时期	“八五”时期	“九五”时期	“十五”时期	“十一五”时期	“十二五”时期
年末户籍总人口	101.68	101.83	100.99	100.94	100.85	100.99	100.99
#市区人口	102.04	101.67	101.25	101.55	103.47	101.38	101.18
地区生产总值	114.04	111.07	123.62	114.98	110.99	113.84	111.23
第一产业	108.06	116.53	109.43	108.32	102.81	102.98	104.38
第二产业	116.72	106.53	126.16	119.27	113.72	113.98	112.55
第三产业	115.22	113.65	129.77	111.84	110.67	116.05	111.09
农林牧渔业总产值	109.39	108.63	112.66	108.06	103.29	104.88	104.44
全部工业总产值	117.18	119.88	127.68	121.99	116.28	118.78	113.40
一般公共预算收入	114.25	116.32	118.73	118.73	118.20	114.18	117.73
一般公共预算支出	122.04	116.16	127.08	114.51	117.07	117.14	122.57
金融机构存款年末余额	113.90	124.13	132.69	128.91	118.11	119.99	112.88
金融机构贷款年末余额	117.02	117.45	124.58	141.61	114.96	122.82	116.40
居民储蓄存款年末余额	132.81	133.22	134.93	119.24	118.98	115.04	
社会消费品零售总额	113.97	117.38	124.10	121.42	113.50	119.57	116.52
出口总额	176.85	175.98	146.33	121.42	126.01	113.47	105.30
实际利用外资额（历史可比口径）	155.92	146.03	161.56	93.43	114.84	109.18	
实际利用外资额（验资口径）						113.11	107.22
城镇非私营单位在岗职工平均工资	108.86	115.00	122.32	113.96	110.34	113.70	112.41
城镇居民人均可支配收入	116.64	117.78	126.08	110.16	109.77	112.41	110.86
农村居民人均可支配(纯)收入	125.66	115.35	121.66	110.88	106.13	110.45	112.75

1-5 国民经济主要比例关系

单位:%

项　　目	1995年	2000年	2005年	2006年	2007年	2008年
三次产业结构						
第一产业	21.23	15.43	11.72	10.44	10.06	10.04
第二产业	36.02	43.23	44.98	42.74	41.76	41.49
第三产业	42.75	41.34	43.30	46.82	48.18	48.47
工农业总产值结构						
农林牧渔业	23.93	16.21	11.63	10.96	10.10	10.09
工　业	76.07	83.79	88.37	89.04	89.90	89.91
农林牧渔业总产值结构						
#农　业	31.53	28.44	27.78	28.22	26.55	21.97
林　业	3.45	3.19	2.19	2.21	2.21	1.72
牧　业	17.25	18.15	17.56	16.11	15.38	12.54
渔　业	47.77	50.22	51.94	52.92	51.68	41.21
工业总产值轻重工业结构						
轻工业	58.41	43.88	38.93	39.70	40.14	39.84
重工业	41.59	56.12	61.07	60.30	59.86	60.16
工业总产值经济类型结构						
#国　有	15.47	6.80	6.05	6.05	6.49	6.13
集　体	27.59	4.99	1.52	1.52	1.43	1.12
外商及港澳台投资	45.21	70.15	59.95	59.95	55.90	54.16
全社会固定资产投资额结构						
#房地产开发投资	21.47	31.93	36.80	41.13	34.60	24.81
进出口总额结构						
出口总额	66.71	53.39	63.35	64.52	66.04	66.79
进口总额	33.29	46.61	36.65	36.65	33.96	33.21

注:工业总产值中主要比例关系2000年起为规模以上工业的比例。

1-5 续表

单位:%

项 目	2009 年	2010 年	2011 年	2012 年	2013 年	2014 年	2015 年
三次产业结构							
第一产业	9.29	9.05	8.70	8.73	8.60	8.00	7.74
第二产业	42.56	44.88	45.80	45.25	45.60	45.50	43.60
第三产业	48.15	46.06	45.50	46.02	45.80	46.50	48.66
工农业总产值结构							
农林牧渔业	9.39	8.97	8.60	8.96	8.60	8.36	8.54
工 业	90.61	91.03	91.40	91.04	91.40	91.64	91.46
农林牧渔业总产值结构							
#农 业	26.61	27.06	26.17	25.93	25.80	27.43	28.06
林 业	2.48	2.77	2.86	2.72	2.76	3.14	2.93
牧 业	14.17	12.73	13.44	11.79	10.81	9.95	9.92
渔 业	52.76	53.79	54.14	56.41	57.56	56.44	56.00
工业总产值轻重工业结构							
轻工业	40.48	40.04	41.17	44.77	45.88	47.39	49.86
重工业	59.52	59.96	58.83	55.23	54.12	52.61	50.14
工业总产值经济类型结构							
#国 有	7.14	6.57	6.92	6.81	3.28	2.71	2.25
集 体	1.09	1.20	1.59	0.55	0.44	0.47	0.46
外商及港澳台投资	50.91	51.39	49.68	46.51	44.08	41.90	36.52
全社会固定资产投资额结构							
#房地产开发投资	21.97	28.94	35.16	29.76	32.68	32.86	28.22
进出口总额结构							
出口总额	67.26	66.32	69.49	68.03	61.53	61.27	63.34
进口总额	32.74	33.68	30.51	31.97	38.47	38.73	36.66

1-6 主要经济指标人均值

项目	单位	1995年	2000年	2005年	2006年	2007年	2008年
地区生产总值	元	8219	14841	20292	25216	30130	34668
农林牧渔业总产值	元	2853	3709	4750	5063	5524	6354
工业总产值	元	8280	18360	36104	41144	49170	56260
全社会固定资产投资额	元	3127	4052	9855	11835	15984	19726
社会消费品零售总额	元	2385	5998	10857	12590	15121	18079
进出口总额	美元	420	874	2236	2546	2975	3214
出口总额	美元	280	466	1417	1643	1965	2146
进口总额	美元	140	408	820	903	1011	1067
实际利用外资额（验资口径）	美元			97	99	104	147
一般公共预算总收入	元	677	1278	3193	3809	3951	4552
一般公共预算收入	元	462	944	2086	2465	2339	2667
一般公共预算支出	元	491	922	1941	2300	2284	2779
城镇非私营单位在岗职工平均工资	元	5827	11199	18314	20666	23950	27521
城镇居民人均可支配收入	元	4896	7944	12661	14206	16642	19009
城镇居民人均消费支出	元	4021	6009	8382	9595	11790	13541
农村居民人均可支配(纯)收入	元	2303	3860	5197	5592	6286	7142

1-6　续表

项　　目	单　位	2009 年	2010 年	2011 年	2012 年	2013 年	2014 年	2015 年
地区生产总值	元	38015	44000	52152	58202	64134	69995	75259
农林牧渔业总产值	元	6449	7476	7720	8640	9346	9895	10246
工业总产值	元	62241	75829	82057	87813	99302	108460	109782
全社会固定资产投资额	元	25845	36091	38005	45148	52975	59954	65558
社会消费品零售总额	元	21010	25296	27213	32064	36711	41475	46735
进出口总额	美元	2803	3831	4851	4293	4302	4694	4466
出口总额	美元	1885	2541	3371	2921	2647	2876	2829
进口总额	美元	918	1284	1480	1372	1655	1818	1637
实际利用外资额（验资口径）	美元	151	169	178	185	196	209	225
一般公共预算总收入	元	5108	6269	7069	8257	9434	10568	11360
一般公共预算收入	元	3065	3859	4471	5280	6214	6918	7508
一般公共预算支出	元	3219	4087	5076	5677	7308	7783	9725
城镇非私营单位在岗职工平均工资	元	30704	34806	41725	48089	53333	58839	62478
城镇居民人均可支配收入	元	20289	22723	26050	29399	32265	32451	34982
城镇居民人均消费支出	元	14105	15778	17847	20040	21695	23330	24825
农村居民人均可支配(纯)收入	元	7669	8543	10107	11492	12910	14012	15203

1-7 平均每天主要社会经济活动

项　　目	单　位	1995年	2000年	2005年	2006年	2007年	2008年
地区生产总值	万元	12716	24011	40860	46217	55597	64539
工业总产值	万元	13885	30790	60548	69752	84401	98208
农林牧渔业总产值	万元	4369	5957	7967	8583	9483	11022
全社会固定资产投资	万元	4788	6508	16528	20064	27437	34216
社会消费品零售总额	万元	3651	9637	18207	21343	25955	31360
进出口总额	万美元	644	1402	3750	4316	5107	5575
出口总额	万美元	429	748	2376	2785	3373	3723
进口总额	万美元	215	654	1375	1532	1735	1846
实际利用外资额（验资口径）	万美元			175	181	192	274
一般公共预算总收入	万元	1037	2052	5355	6458	6783	7896
一般公共预算收入	万元	707	1517	3498	4179	4015	4626
一般公共预算支出	万元	752	1481	3256	3899	3921	4821
沿海港口货物吞吐量	吨	30110	66438	203918	242400	176247	183633
出生人数	人	262	338	151	175	191	295
死亡人数	人	72	111	59	73	79	102

1-7　续表

项　目	单　位	2009 年	2010 年	2011 年	2012 年	2013 年	2014 年	2015 年
地区生产总值	万元	71344	85573	102367	115368	128357	141621	153920
工业总产值	万元	108648	133399	160914	174062	198739	219446	224527
农林牧渔业总产值	万元	11257	13151	15140	17127	18705	20021	20956
全社会固定资产投资	万元	45116	63492	74528	89493	106023	121304	134080
社会消费品零售总额	万元	36675	44501	53365	63557	73472	83916	95582
进出口总额	万美元	4893	6740	9514	8510	8611	9497	9135
出口总额	万美元	3291	4470	6611	5789	5298	5819	5786
进口总额	万美元	1602	2270	2903	2720	3313	3678	3349
实际利用外资额（验资口径）	万美元	283	325	350	367	392	424	460
一般公共预算总收入	万元	8916	11028	13863	16367	18880	21383	23234
一般公共预算收入	万元	5350	6790	8768	10466	12438	13996	15355
一般公共预算支出	万元	5619	7190	9953	11253	14626	15748	19889
沿海港口货物吞吐量	吨	221756	195200	225158	256802	287805	327195	311263
出生人数	人	164	399	235	228	322	323	282
死亡人数	人	58	142	108	79	70	84	84

1-8 主要年份工农林牧渔业总产值

单位:万元

年份	工农林牧渔业	农林牧渔业	工业	工农林牧渔业比重(%) 农林牧渔业	工业
1952	20671	12316	8355	59.58	40.42
1957	36531	18524	18007	50.71	49.29
1962	51236	24505	26731	47.83	52.17
1965	78005	32123	45882	41.18	58.82
1970	106944	39840	67104	37.25	62.75
1975	158379	36946	121433	23.33	76.67
1978	209595	47780	161815	22.80	77.20
1979	243435	62811	180624	25.80	74.20
1980	273649	74270	199379	27.14	72.86
1981	312924	94961	217963	30.35	69.65
1982	351722	113907	237815	32.39	67.61
1983	427093	118985	308108	27.86	72.14
1984	545561	140784	404777	25.81	74.19
1985	622071	170781	451290	27.45	72.55
1986	709704	193788	515916	27.31	72.69
1987	904973	235441	669532	26.02	73.98
1988	1353300	337202	1016098	24.92	75.08
1989	1661737	384783	1276954	23.16	76.84
1990	1797563	424801	1372762	23.63	76.37
1991	2145024	455904	1689120	21.25	78.75
1992	2789324	574779	2214545	20.61	79.39
1993	4165533	798168	3367385	19.16	80.84
1994	5710596	1180238	4530358	20.67	79.33
1995	6662750	1594572	5068178	23.93	76.07
1996	8388792	1775241	6613551	21.16	78.84
1997	9971485	1943061	8028424	19.49	80.51
1998	11438565	2048669	9389896	17.91	82.09
1999	12662639	2152288	10510351	17.00	83.00
2000	13412734	2174225	11238509	16.21	83.79
2001	13780349	2153911	11626438	15.63	84.37
2002	15639899	2210770	13429129	14.14	85.86
2003	18619269	2348379	16270890	12.61	87.39
2004	22606158	2685026	19920952	11.88	88.12
2005	25007792	2907871	22099921	11.63	88.37
2006	28592231	3132626	25459605	10.96	89.04
2007	34267529	3461207	30806322	10.10	89.90
2008	39868889	4023099	35845790	10.09	89.91
2009	43765276	4108816	39656460	9.39	90.61
2010	53490693	4800148	48690545	8.97	91.03
2011	64259628	5526045	58733583	8.60	91.40
2012	69783741	6251218	63532523	8.96	91.04
2013	79367357	6827525	72539832	8.60	91.40
2014	87405354	7307738	80097616	8.36	91.64
2015	89600958	7648776	81952182	8.54	91.46

主要统计指标解释

当年价格　指报告期的实际价格,如工厂的出厂价格,农产品的收购价格,商业的零售价格等。按当年价格计算,是指一些以货币表现的物量指标如工农业总产值、国内生产总值等,按照当年的实际价格来计算总量。使用当年价格计算的数字,是为了使国民经济各项指标相互衔接,便于考察当年经济效益,便于对生产和流通、生产和分配、生产和消费进行经济核算的综合平衡。

按当年价格计算的价值指标,在不同年份之间进行对比时,因为包含有各年间价格变动因素,不能确切反映实物量的增减变动。必须消除价格变动因素后,才能真实反映经济发展动态。因此,在计算增长速度时都使用按可比价格计算的数字。

可比价格　指在不同时期的价值指标对比时,扣除了价格变动的因素,以确切反映物量的变化。按可比价格计算有两种方法:一种是直接用产品产量乘某一年的不变价格计算;另一种是用价格指数换算。

不变价格　指用同类产品的年平均价格作为固定价格,来计算各年产品价值。按不变价格计算的产品价值扣除了价格变动因素,不同时期对比可以反映生产的发展速度。新中国成立后,随着工农业产品价格水平的变化,国家统计局先后五次制定了全国统一的工业产品不变价格和农业产品不变价格。从 1949 年到 1957 年使用 1952 年工(农)业产品不变价格,从 1957 年到 1971 年使用 1957 年不变价格,从 1971 年到 1981 年使用 1970 年不变价格,从 1981 年到 1990 年使用 1980 年不变价格,从 1990 年开始使用 1990 年不变价格。

平均增长速度　我国计算平均增长速度有两种方法。一种是习惯上经常使用的"水平法",又称几何平均法,是以间隔期最后一年的水平同基期水平对比来计算平均每年增长(或下降)速度。另一种是"累计法",又称代数平均法或方程法,是以间隔期内各年的总和同基期水平对比来计算平均每年增长(或下降)速度。在一般正常情况下,两种方法计算的平均每年增长速度比较接近,但在经济发展不平衡,出现大起大落时,两种方法计算的结果差别较大。

本《年鉴》内所列的平均增长速度,均用"水平法"计算。从某年到某年平均增长速度的年份,均不包括基数年在内。如改革开放以来的平均增长速度是以 1978 年为基期计算的,则写为 1979-2010 年平均增长速度,其余类推。

各个计划时期　表内所用各个"时期"代表的年份如下:恢复时期为 1950 年到 1952 年;第一个五年计划时期(简称一五时期)为 1953 年到 1957 年;第二个五年计划时期(简称二五时期)为 1958 年到 1962 年;第三个五年计划时期(简称三五时期)为 1966 年到 1970 年;第四个五年计划期(简称四五时期)为 1971 年到 1975 年;第五个五年计划时期(简称五五时期)为 1976 年到 1980 年;第六个五年计划时期(简称六五时期)为 1981 年到 1985 年;第七个五年计划(简称七五时期)为 1986 年到 1990 年;第八个五年计划时期(简称八五时期)为 1991 年到 1995 年;第九个五年计划时期(简称九五时期)为 1996 年到 2000 年;第十个五年计划时期(简称十五时期)为 2001 年到 2005 年;第十一个五年计划时期(简称十一五时期)为 2006 年到 2010 年;第十二个五年计划时期(简称十二五时期)为 2011 年到 2015 年。

国民经济行业分类　在统计工作中为取得分行业的数据资料并统一分类和编码,正确反映国民经济各行业的结构和发展状况,便于研究国民经济的各项比例关系,而制定的国民经济行业划分标准。按现行统计制度规定,我国行业划分为 20 门类,排列顺序如下:

(1)农、林、牧、渔业;(2)采矿业;(3)制造业;(4)电力、燃气及水的生产和供应业;(5)建筑业;(6)批发和零售业;(7)交通运输、仓储和邮政业;(8)住宿和餐饮业;(9)信息传输、软件和信息技术服务业;(10)金融业;(11)房地产业;(12)租赁和商务服务业;(13)科学研究和技术服务业;(14)水利、环境和公共设施管理业;(15)居民服务、修理和其他服务业;(16)教育;(17)卫生和社会工作;(18)文化、体育和娱乐业;(19)公共管理、社会保障和社会组织;(20)国际组织。

三次产业　是根据社会生产活动历史发展的顺序对产业结构的划分,产品直接取自自然界的部门称为第一产业,对初级产品进行再加工的部门称为第二产业,为生产和消费提供各种服务的部门称为第三产业。它是世界上较为通用的产业结构分类,但各国的划分不尽一致。我国的三次产业划分:

第一产业:农林牧渔业(包括农业、林业、牧业和渔业等,不包含农村牧渔服务业)。

第二产业:工业(包括采掘业,制造业,电力、煤气及水的生产和供应业,不包括开采辅助活动和金属制品、机械和设备修理业)和建筑业。

第三产业:除第一、第二产业以外的其他各业。由于第三产业包括的行业多、范围广,根据我国的实际情况,第三产业可分为两大部门:一是流通部门,二是服务部门。具体又可分为四个层次。

2 国民经济核算

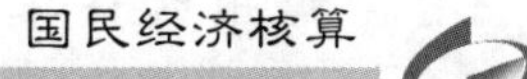

2-1 总产出中间投入率和增加值率

单位:%

项　　目	2000 年	2001 年	2002 年	2003 年	2004 年	2005 年	2006 年	2007 年
社会劳动生产率(元/人)	**29910**	**32294**	**34590**	**38293**	**42147**	**45813**	**50355**	**58142**
总产出中间投入率	**59.5**	**60.4**	**60.0**	**61.6**	**62.5**	**63.6**	**63.7**	**63.4**
第一产业	37.8	38.4	38.5	38.8	39.6	39.9	40.5	41.0
第二产业	71.0	71.7	71.8	71.3	72.0	74.3	75.7	76.0
第三产业	38.5	38.6	40.4	41.5	42.5	45.7	42.7	41.5
#工　业	72.3	72.5	72.7	72.3	73.0	74.8	76.6	77.6
建筑业	61.8	66.6	65.7	65.5	66.1	71.7	69.7	63.7
交通运输、仓储和邮政业	42.9	42.1	42.9	42.9	44.8	53.7	53.7	54.7
批发和零售业	36.6	37.0	40.1	39.2	39.8	29.0	19.2	16.2
金融业	16.7	18.8	37.9	43.1	45.3	53.9	59.0	55.6
房地产业	12.8	14.5	16.7	15.2	16.2	18.8	12.3	18.5
增加值率	**40.5**	**39.6**	**40.0**	**38.4**	**37.5**	**36.4**	**36.3**	**36.6**
第一产业	62.2	61.6	61.5	61.2	60.4	60.1	59.5	59.0
第二产业	29.0	28.3	28.2	28.7	28.0	25.7	24.3	24.0
第三产业	61.5	61.4	59.6	58.5	57.5	54.3	57.3	58.5
#工　业	27.7	27.5	27.3	27.7	27.0	25.3	23.4	22.4
建筑业	38.2	33.4	34.3	34.5	33.9	28.3	30.3	36.3
交通运输、仓储和邮政业	57.1	57.9	57.1	57.1	55.2	46.3	46.4	45.4
批发和零售业	63.4	63.0	59.9	60.8	60.2	71.0	80.8	83.8
金融业	83.3	81.2	62.1	56.9	54.7	46.1	41.0	44.4
房地产业	87.2	85.5	83.3	84.8	83.8	81.2	87.7	81.5

注:1.本表均按当年价格计算;2.本表中2004年及以前年份第一产业不包括农林牧渔服务业;3、2013年及以后年份第一产业不包括农林牧渔服务业;第二产业不包括开采辅助活动和金属制品、机械和设备修理业,第三产业包括农林牧渔服务业、开采辅助活动和金属制品、机械和设备修理业。

2-1 续表 单位:%

项目	2008年	2009年	2010年	2011年	2012年	2013年	2014年	2015年
社会劳动生产率(元/人)	**65250**	**71369**	**82742**	**91709**	**96000**	**1024789**	**109262**	**112891**
总产出中间投入率	**63.2**	**62.6**	**63.2**	**63.4**	**63.2**	**63.2**	**64.1**	**64.0**
第一产业	41.2	41.1	41.1	41.2	41.2	41.4	41.3	41.4
第二产业	76.0	74.4	74.3	75.1	74.5	74.2	75.3	75.9
第三产业	40.7	43.4	43.6	42.7	42.3	43.1	42.2	42.2
#工　业	77.9	76.2	76.3	76.2	75.6	75.4	76.1	77.2
建筑业	63.2	63.3	61.4	69.7	69.7	69.3	71.9	70.3
交通运输、仓储和邮政业	54.8	56.1	56.3	56.5	57.2	57.6	58.6	58.6
批发和零售业	14.5	26.3	25.8	25.7	27.2	27.0	30.5	31.0
金融业	55.6	57.7	59.2	53.0	49.8	48.4	43.2	44.9
房地产业	14.0	23.3	16.7	22.8	18.3	28.0	20.8	19.6
增加值率	**36.8**	**37.4**	**36.8**	**36.6**	**36.8**	**36.8**	**35.9**	**36.0**
第一产业	58.8	58.9	58.9	58.8	58.8	58.6	58.7	58.6
第二产业	24.0	25.6	25.7	24.9	25.5	25.8	24.7	24.1
第三产业	59.3	56.6	56.4	57.3	57.7	56.9	57.8	57.8
#工　业	22.1	23.8	23.7	23.8	24.4	24.6	23.9	22.8
建筑业	36.8	36.7	38.6	30.3	30.3	30.7	28.1	29.7
交通运输、仓储和邮政业	45.2	43.9	43.7	43.5	42.8	42.4	41.4	41.4
批发和零售业	85.5	73.7	74.2	74.3	72.8	73.0	69.5	69.0
金融业	44.4	42.3	40.8	47.0	50.2	51.6	56.8	55.1
房地产业	86.0	76.7	83.3	77.2	81.7	72.0	79.2	80.4

2-2 主要年份地区生产总值

单位:万元

年份	地区生产总值	第一产业	第二产业	第三产业	工业	建筑业
1950	14583	7919	2051	4613		
1952	23431	11231	4333	7867	2339	1994
1957	40773	14547	9449	16777	5041	4408
1962	47418	15684	11327	20407	7484	3842
1965	62052	21946	17225	22881	12846	4379
1970	69747	25181	24039	20527	18789	5250
1975	92367	24119	44093	24155	34001	10092
1978	126791	33933	59896	32962	45308	14588
1979	149738	42468	68698	38572	50574	18124
1980	181671	51745	82093	47833	55826	26267
1985	397567	121532	177895	98140	143136	37560
1990	1023959	294057	412126	317776	345036	67090
1991	1188295	317474	511091	359730	407668	103423
1992	1500027	396097	629221	474709	498552	130669
1993	2457166	530391	891704	1035071	691612	200092
1994	3490842	728654	1314413	1447775	1033673	280740
1995	4641433	985156	1671910	1984367	1300113	371797
1996	5755810	1108933	2205312	2441565	1704501	500811
1997	6873322	1209896	2674609	2988816	2147299	527310
1998	7766600	1285522	3172875	3318203	2536111	636764
1999	8273850	1348355	3480443	3445053	2855006	625437
2000	8763866	1351819	3788885	3623162	3211520	577365
2001	9432352	1326433	4094302	4011617	3469752	624550
2002	10116906	1360279	4496871	4259756	3853609	643262
2003	11621308	1436978	5489984	4694345	4638391	851593
2004	13352090	1631635	6385658	5334798	5395622	990036
2005	14913998	1747751	6707966	6458281	5641988	1065978
2006	16869271	1761368	7210483	7897420	6018520	1191963
2007	20292767	2042409	8474157	9776201	6995548	1478609
2008	23556710	2364867	9773002	11418841	7912404	1860598
2009	26040448	2420004	11081880	12538565	8916393	2165487
2010	31234091	2827270	14019195	14387627	11275850	2743345
2011	37363796	3250916	17111859	17001021	13551859	3560000
2012	42109279	3677283	19054971	19377025	14819871	4235100
2013	46850151	3876188	21348267	21625696	16545111	4856100
2014	51691647	4159141	23521541	24010965	18168681	5411000
2015	56180844	4346949	24495547	27338347	18752552	5804047

2-2 续表

单位:万元

年 份	交通运输仓储邮政业	批发零售餐饮业	金融业	房地产业	其它服务业	人均地区生产总值(元)
1950						66
1952	1507	1814				100
1957	3214	3539				153
1962	3910	6256				158
1965	4383	4976				192
1970	3870	5090				199
1975	4628	6868				229
1978	6369	8652	8181	1791	7969	293
1979	7450	10120	9944	2094	8964	340
1980	9226	12532	12408	2643	11024	406
1985	20473	27578	26219	5544	20453	817
1990	62100	61317	79921	17265	97173	1936
1991	76580	68167	92864	19904	102215	2190
1992	108374	91788	127291	26266	120990	2763
1993	229609	266950	201312	73357	263843	4441
1994	357843	358764	247363	128917	354888	6244
1995	485195	491104	373274	155118	479676	8219
1996	660012	685883	278543	161692	655435	10126
1997	734410	828821	477026	186448	762111	11891
1998	794626	940001	467615	234067	881894	13330
1999	848997	976903	425756	253258	940139	14308
2000	902028	1125373	390780	276047	928934	14841
2001	977560	1211960	413561	320973	1087563	15835
2002	1031353	1318678	377195	367755	1164775	16901
2003	1120000	1418818	451263	447554	1256710	17695
2004	1274062	1454480	529418	489638	1587200	20292
2005	1005975	1431160	474732	817981	2728433	22529
2006	1111982	1569003	679661	1243742	3293032	25216
2007	1185324	2101842	1039662	1242843	4206530	30130
2008	1338803	2509668	1368952	1243969	4957449	33884
2009	1385113	2743899	1555680	1300750	5553123	37041
2010	1581008	3397661	1847059	1349835	6212064	44000
2011	1775830	4625699	2461557	1660739	6477196	52152
2012	1827400	4810790	2909155	2227017	7437590	58202
2013	1975901	5199658	3335424	2521028	9247069	64134
2014	2289913	5599869	4056917	2432344	10247364	69995
2015	2434700	5898586	4548002	2616584	12591727	75259

2-3 主要年份地区生产总值指数

（以上年为100）

单位：%

年 份	地区生产总值	第一产业	第二产业	第三产业	工 业	建筑业	交通运输仓储邮政业	批发和零售业	人均地区生产总值
1952	117.0	110.2	155.9	118.9	160.0	150.2	118.9	113.3	114.0
1957	112.1	110.5	105.4	80.2	100.6	111.6	80.2	73.8	109.6
1962	95.6	105.9	80.3	96.6	86.0	71.1	96.6	132.2	93.8
1965	117.4	118.2	134.2	106.4	131.1	144.2	106.4	103.4	114.8
1970	107.2	110.4	120.2	91.7	118.5	126.8	93.2	94.7	107.5
1975	101.2	94.7	106.3	101.2	109.9	95.6	101.2	110.4	98.9
1978	122.0	117.9	135.0	108.4	123.4	190.8	109.4	107.2	119.6
1979	114.5	113.2	114.4	116.1	111.4	123.9	116.1	116.1	112.2
1980	119.9	117.3	120.5	122.0	111.3	146.1	121.8	121.8	118.3
1985	128.5	108.9	131.7	142.7	136.8	115.3	150.9	149.7	126.4
1990	108.2	152.1	79.0	138.9	79.0	79.0	132.0	123.3	106.1
1991	112.2	106.6	119.7	107.6	115.8	138.0	118.7	105.6	109.3
1992	119.5	111.7	121.0	124.5	124.8	106.1	130.4	133.8	119.5
1993	140.0	107.2	130.7	179.6	133.1	119.2	184.8	224.8	138.6
1994	126.1	96.3	142.1	124.0	144.3	130.5	145.2	120.4	124.8
1995	121.9	127.7	118.8	123.4	118.3	121.7	127.6	122.5	120.7
1996	122.5	118.9	129.6	115.7	129.6	129.8	122.8	133.6	121.7
1997	117.8	106.3	121.1	118.3	124.2	103.5	111.9	115.4	115.9
1998	115.7	108.7	121.1	111.2	121.2	120.3	107.7	113.6	114.8
1999	109.4	106.6	113.0	105.3	114.8	100.6	108.3	107.5	110.2
2000	110.0	101.8	112.4	109.2	114.8	93.5	109.2	115.9	107.7
2001	108.9	100.2	111.4	109.4	111.8	109.3	107.2	110.4	107.9
2002	110.2	103.9	114.0	108.3	115.7	104.3	108.0	110.4	109.7
2003	113.6	103.5	119.7	110.8	118.8	125.6	111.8	108.0	112.9
2004	112.7	103.9	114.9	112.7	115.0	114.3	115.0	109.5	112.3
2005	110.5	102.6	105.2	119.2	105.0	106.7	108.9	114.7	108.9
2006	112.5	97.0	108.3	121.0	108.3	108.4	107.8	109.3	111.8
2007	115.8	104.5	114.2	119.7	113.8	116.4	100.6	129.4	115.0
2008	113.7	104.9	113.7	115.4	113.2	116.4	110.8	113.5	112.7
2009	113.0	104.8	114.8	112.9	113.7	120.0	106.9	114.5	111.8
2010	114.2	103.9	119.1	111.5	118.8	120.8	114.4	116.7	113.1
2011	113.0	104.1	115.9	111.9	115.2	118.6	111.4	110.4	111.9
2012	112.1	104.7	114.9	110.6	114.1	118.3	103.3	108.3	110.9
2013	111.5	104.6	113.2	110.8	113.2	113.1	107.7	108.6	110.4
2014	110.1	104.6	111.5	109.4	111.7	111.0	113.6	110.1	108.9
2015	109.6	104.0	107.5	112.7	106.8	109.9	105.5	103.8	108.4

2-4 主要年份地区生产总值指数

（以1952年为100）

单位:%

年份	地区生产总值	第一产业	第二产业	第三产业	人均地区生产总值
1952	100.0	100.0	100.0	100.0	100.0
1957	170.0	139.3	192.1	160.3	149.4
1962	152.2	96.7	244.9	241.3	119.0
1965	215.9	153.9	373.5	284.6	156.5
1970	228.1	155.1	508.7	254.5	153.0
1975	296.8	144.3	912.3	335.3	172.3
1978	387.0	188.0	1240.1	408.7	209.9
1979	443.1	212.8	1418.9	474.6	235.6
1980	531.3	249.6	1709.2	578.9	278.7
1985	1024.8	367.7	3703.0	1175.3	494.1
1990	1732.2	790.3	5080.6	2229.3	768.4
1991	1943.8	842.1	6080.7	2398.9	839.9
1992	2323.7	940.5	7359.3	2985.5	1004.0
1993	2777.8	1050.5	8906.8	3715.4	1200.0
1994	3889.0	1126.1	11641.2	6672.9	1662.7
1995	4904.0	1084.5	16542.1	8274.5	2074.9
1996	5978.0	1384.9	19652.0	10210.7	2504.3
1997	7323.0	1646.6	25469.0	11813.8	3046.9
1998	8626.5	1750.3	30842.9	13975.7	3530.4
1999	9980.9	1902.6	37350.8	15540.9	4052.7
2000	10919.1	2028.2	42206.4	16364.6	4467.4
2001	12011.0	2064.7	47440.0	17870.2	4811.0
2002	13080.0	2068.8	52848.1	19550.0	5191.1
2003	14414.1	2149.5	60246.9	21172.6	5694.6
2004	16374.5	2224.7	72115.5	23459.2	6429.2
2005	18093.8	2285.5	75865.5	27963.4	7001.4
2006	20355.6	2214.1	82162.3	33835.7	7827.6
2007	23571.7	2313.7	93829.4	40501.3	9001.7
2008	26801.1	2427.1	106684.0	46738.5	10144.9
2009	30285.2	2543.6	122473.3	52767.8	11342.0
2010	34585.7	2642.8	145865.7	58836.1	12827.8
2011	39081.8	2751.2	169058.3	65837.6	14354.3
2012	43810.7	2880.5	194248.0	72816.4	15918.9
2013	48235.4	3012.2	219848.2	80695.7	17573.2
2014	53107.0	3150.1	245220.5	88310.4	19138.5
2015	58184.0	3275.5	263502.6	99526.3	20743.4

2-5 主要年份地区生产总值构成

单位:%

年 份	地区生产总值	第一产业	第二产业	第三产业	工 业	建筑业
1950	100.00	54.30	14.06	31.63		
1952	100.00	47.93	18.49	33.58	9.98	8.51
1957	100.00	35.68	23.17	41.15	12.36	10.81
1962	100.00	33.08	23.89	43.04	15.78	8.10
1965	100.00	35.37	27.76	36.87	20.70	7.06
1970	100.00	36.10	34.47	29.43	26.94	7.53
1975	100.00	26.11	47.74	26.15	36.81	10.93
1978	100.00	26.76	47.24	26.00	35.73	11.51
1979	100.00	28.36	45.88	25.76	33.77	12.10
1980	100.00	28.48	45.19	26.33	30.73	14.46
1985	100.00	30.57	44.75	24.69	36.00	9.45
1990	100.00	28.72	40.25	31.03	33.70	6.55
1991	100.00	26.72	43.01	30.27	34.31	8.70
1992	100.00	26.41	41.95	31.65	33.24	8.71
1993	100.00	21.59	36.29	42.12	28.15	8.14
1994	100.00	20.87	37.65	41.47	29.61	8.04
1995	100.00	21.23	36.02	42.75	28.01	8.01
1996	100.00	19.27	38.31	42.42	29.61	8.70
1997	100.00	17.60	38.91	43.48	31.24	7.67
1998	100.00	16.55	40.85	42.72	32.65	8.20
1999	100.00	16.30	42.07	41.64	34.51	7.56
2000	100.00	15.42	43.23	41.34	36.65	6.59
2001	100.00	14.06	43.41	42.53	36.79	6.62
2002	100.00	13.45	44.45	42.11	38.09	6.36
2003	100.00	12.37	47.24	40.39	39.91	7.33
2004	100.00	12.22	47.83	39.95	40.41	7.41
2005	100.00	11.72	44.98	43.30	37.83	7.15
2006	100.00	10.44	42.74	46.82	35.68	7.07
2007	100.00	10.06	41.76	48.18	34.47	7.29
2008	100.00	10.04	41.49	48.47	33.59	7.90
2009	100.00	9.29	42.56	48.15	34.24	8.32
2010	100.00	9.05	44.88	46.06	36.10	8.78
2011	100.00	8.70	45.80	45.50	36.27	9.53
2012	100.00	8.73	45.25	46.02	35.19	10.06
2013	100.00	8.30	45.50	46.20	35.31	10.37
2014	100.00	8.00	45.50	46.50	35.15	10.47
2015	100.00	7.74	43.60	48.66	33.38	10.33

2-6 主要年份第三产业增加值构成

单位:%

年 份	第三产业增加值	交通运输仓储邮政业	批发零售餐饮业	金融业	房地产业	其他服务业
1950	100.00					
1952	100.00	19.16	23.06			
1957	100.00	19.16	21.09			
1962	100.00	19.16	30.66			
1965	100.00	19.16	21.75			
1970	100.00	18.85	24.80			
1975	100.00	19.16	28.43			
1978	100.00	19.32	26.25	24.82	5.43	24.18
1979	100.00	19.31	26.24	25.78	5.43	23.24
1980	100.00	19.29	26.20	25.94	5.53	23.05
1985	100.00	20.42	27.50	26.15	5.53	20.40
1990	100.00	19.54	19.30	25.15	5.43	30.58
1991	100.00	21.29	18.95	25.81	5.53	28.41
1992	100.00	22.83	19.34	26.81	5.53	25.49
1993	100.00	22.18	25.79	19.45	7.09	25.49
1994	100.00	24.72	24.78	17.09	8.90	24.51
1995	100.00	24.45	24.75	18.81	7.82	24.17
1996	100.00	27.03	28.09	11.41	6.62	26.84
1997	100.00	24.57	27.73	15.96	6.24	25.50
1998	100.00	23.95	28.33	14.09	7.05	26.58
1999	100.00	24.64	28.36	12.36	7.35	27.29
2000	100.00	24.90	31.06	10.79	7.62	25.64
2001	100.00	24.37	30.21	10.31	8.00	27.11
2002	100.00	24.21	30.96	8.85	8.63	27.34
2003	100.00	23.86	30.22	9.61	9.53	26.77
2004	100.00	23.88	27.26	9.92	9.18	29.75
2005	100.00	15.58	22.16	7.35	12.67	42.25
2006	100.00	14.08	19.87	8.61	15.75	41.70
2007	100.00	12.12	21.50	10.63	12.71	43.03
2008	100.00	11.72	21.98	11.99	10.89	43.41
2009	100.00	11.05	21.88	12.41	10.37	44.29
2010	100.00	10.99	23.62	12.84	9.38	43.18
2011	100.00	10.45	27.21	14.48	9.77	38.09
2012	100.00	9.44	24.83	15.01	11.49	38.38
2013	100.00	9.14	24.04	15.42	11.66	42.76
2014	100.00	9.54	23.32	16.90	10.13	42.67
2015	100.00	8.91	21.58	16.64	9.57	46.06

2-7 各个计划时期地区生产总值平均发展指数

单位:%

年 份	地区生产总值	第一产业	第二产业	第三产业	工 业	建筑业	交通运输仓储邮政业	批发和零售业
"一五"时期	111.2	93.0	113.9	109.9	113.6	114.3	109.9	108.0
"二五"时期	97.8	100.2	105.0	108.5	109.6	98.5	108.5	117.0
调整时期	113.2	112.8	124.5	106.9	119.9	104.5	105.6	94.3
"三五"时期	101.1	98.6	106.4	97.8	107.3	103.2	97.5	100.4
"四五"时期	105.4	111.6	112.4	105.7	112.0	113.4	106.0	108.6
"五五"时期	112.4	108.1	113.4	111.5	110.6	121.2	111.7	109.7
"六五"时期	114.0	116.5	116.7	115.2	120.4	107.1	116.5	116.3
"七五"时期	111.2	109.4	106.5	113.7	107.4	102.7	112.5	105.7
"八五"时期	126.6	110.2	127.8	136.0	129.8	119.1	146.3	144.4
"九五"时期	113.2	105.8	116.8	110.9	118.7	104.0	109.3	113.0
"十五"时期	111.5	103.1	114.2	111.0	114.7	110.9	111.2	107.8
"十一五"时期	114.0	103.0	114.0	116.0	113.5	116.3	108.0	116.5
"十二五"时期	111.2	104.4	112.6	111.1	112.2	114.1	108.2	108.2

2-8 地区生产总值项目构成

（2015 年）

单位：万元

项目	增加值	劳动者报酬	生产税净额	固定资产折旧	营业盈余
地区生产总值	**56180844**	**26206336**	**7387535**	**10073748**	**12513225**
第一产业	4346949	1281061		3065889	
第二产业	24495547	13123729	4046797	2653444	4671578
第三产业	27338347	11801546	3340739	4354416	7841647
工业	18752552	8425429	3462484	2600313	4264326
建筑业	5804047	4722196	596007	59820	426024
批发和零售业	5147335	2278870	1133166	399665	1335633
批发业	2488180	926377	693290	219257	649255
零售业	2659155	1352493	439876	180408	686378
交通运输、仓储和邮政业	2434700	1126679	171228	864219	272574
住宿和餐饮业	945839	617039	196659	83039	49102
信息传输、软件和信息技术服务业	2113591	610381	198214	659186	645811
#软件和信息技术服务业	474603	301061	61633	26988	84920
金融业	4548002	1469766	527410	89109	2461717
房地产业	2616584	319403	556926	1050440	689816
#房地产开发经营业	1336967	133317	531829	20129	651692
租赁和商务服务业	3290711	797599	52884	400735	2039492
科学研究和技术服务业	768564	495238	70380	67921	135024
水利、环境和公共设施管理业	133453	51318	19334	18955	43846
居民服务、修理和其他服务业	1038652	698134	174495	119732	46291
教育	1352328	872777	98351	167027	214172
卫生和社会工作	674752	473517	3646	77238	120350
文化、体育和娱乐业	553606	524503	126349	147216	-244462
公共管理、社会保障和社会组织	1519609	1399224		106876	13509

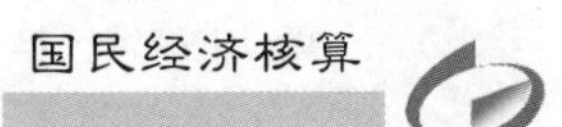

2-9 按行业分增加值

（2004-2015 年）

单位：万元

项　　目	2004 年	2005 年	2006 年	2007 年	2008 年	2009 年
地区生产总值	**13352090**	**14913998**	**16869271**	**20292767**	**23556710**	**26040448**
第一产业	1631635	1747751	1761368	2042409	2364867	2420004
第二产业	6385658	6707966	7210483	8474157	9773002	11081880
第三产业	5334798	6458281	7897420	9776201	11418841	12538565
工　业	5395622	5641988	6018520	6995548	7912404	8916393
建筑业	990036	1065978	1191963	1478609	1860598	2165487
批发和零售业	1235038	1431160	1569003	2101842	2509668	2743899
批发业	381372	494554	648626	1023839	1230175	1343448
零售业	853666	936606	920377	1078003	1279493	1400451
交通运输、仓储和邮政业	935982	1005975	1111982	1185324	1338803	1385113
住宿和餐饮业	260021	307919	351786	441396	504304	552394
信息传输、软件和信息技术服务业	352396	467947	596254	777359	908148	1002702
#软件和信息技术服务业	10293	35510	61412	98155	121151	137832
金融业	529418	474732	679661	1039662	1368952	1555680
房地产业	489638	817963	1243742	1242843	1243969	1300750
#房地产开发经营业	120346	352792	700978	627351	545342	570066
租赁和商务服务业	188068	366335	568901	768956	989032	1123720
科学研究和技术服务业	112028	148503	198699	263864	320873	351027
水利、环境和公共设施管理业	27890	31474	35542	41485	48387	56242
居民服务、修理和其他服务业	165496	203604	239100	308705	350103	415960
教　育	346450	426706	490298	582132	679374	759364
卫生和社会工作	226567	224984	230390	255412	314887	355917
文化、体育和娱乐业	78413	101999	133795	175604	206476	234016
公共管理、社会保障和社会组织	387393	434507	431696	569528	635866	701781

2-9 续表 （2004-2015年） 单位:万元

项　　目	2010年	2011年	2012年	2013年	2014年	2015年
地区生产总值	**31234091**	**37363796**	**42109279**	**46850151**	**51691647**	**56180844**
第一产业	2827270	3250916	3677283	3876188	4159141	4346949
第二产业	14019195	17111859	19054971	21348267	23521541	24495547
第三产业	14387627	17001021	19377025	21625696	24010965	27338347
工　业	11275850	13551859	14819871	16545111	18168681	18752552
建筑业	2743345	3560000	4235100	4856100	5411000	5804047
批发和零售业	3397661	3903375	4201211	4546274	4984427	5147335
批发业	1716644	2025078	2300358	2526925	2364760	2488180
零售业	1681018	1878296	1900853	2019349	2619666	2659155
交通运输、仓储和邮政业	1581008	1775830	1827400	1975901	2289913	2434700
住宿和餐饮业	609470	722324	774652	821384	780159	945839
信息传输、软件和信息技术服务业	1126506	1328366	1369861	1446119	1570222	2113591
#软件和信息技术服务业	149324	225160	251973	477033	430052	474603
金融业	1847059	2461557	2909155	3335424	4056917	4548002
房地产业	1349835	1660739	2227017	2521028	2432344	2616584
#房地产开发经营业	608212	815367	1068230	1312271	1137114	1336967
租赁和商务服务业	1232716	1395996	1799306	2126144	2430224	3290711
科学研究和技术服务业	404592	467050	525596	581375	648658	768564
水利、环境和公共设施管理业	64910	80926	94309	99338	117687	133453
居民服务、修理和其他服务业	457015	500875	612490	684435	902790	1038652
教　育	808723	898048	975174	1050174	1159392	1352328
卫生和社会工作	415668	498675	565918	572722	604199	674752
文化、体育和娱乐业	268573	310150	380758	461186	554811	553606
公共管理、社会保障和社会组织	823890	997111	1114176	1226929	1289502	1519609

2-10 最终消费与资本形成总额

（1990-2015年）

单位：万元

年份	最终消费	居民消费	政府消费	资本形成总额	固定资本形成	存货增加	最终消费率（%）	资本形成率（%）
1990	688523	567557	120966	425773	295644	130129	67.2	41.6
1991	795883	652248	143635	492864	351741	141123	67.0	41.5
1992	880728	689738	190990	807713	629750	177963	58.7	53.8
1993	1168937	869476	299461	1240588	938403	302185	50.0	49.0
1994	1980186	1311149	669037	1795516	1337069	458447	52.2	47.3
1995	2469978	1671463	798515	2612205	1884534	727671	48.7	51.5
1996	2889484	1978009	911475	2950769	2101782	848987	45.5	46.5
1997	3162408	2214062	948346	3368442	2476284	892158	41.7	44.4
1998	3396862	2432270	964592	3876013	2952646	923367	39.0	44.5
1999	3602103	2674525	927578	4103637	3047818	1055819	38.1	43.4
2000	3957685	3004282	953403	4074554	2945051	1129503	39.0	40.2
2001	4217669	3235398	982271	4475959	3315924	1160035	38.9	41.2
2002	4780769	3789739	991030	4818425	3646712	1171713	40.2	40.6
2003	5129027	4115336	1013691	6054794	4830563	1224231	37.6	44.4
2004	5097275	4020966	1076309	6633333	5538440	1094893	35.9	46.7
2005	5683047	4555726	1127321	7446466	6306424	1140042	36.0	47.2
2006	6627895	5355870	1272025	9029542	7392437	1637105	37.0	50.4
2007	7577670	6398402	1179268	10901049	9733323	1167726	35.4	50.1
2008	8914785	7341599	1573186	13387695	12008277	1379418	34.9	52.5
2009	9626285	7930435	1695850	15196592	14127663	1068929	33.8	53.3
2010	10761329	8689589	2071740	17057190	16063452	993738	34.3	54.4
2011	12823398	10305385	2518013	20631579	19470752	1160827	34.2	55.0
2012	14879931	11825846	3054085	23641446	22452483	1188963	35.2	56.0
2013	16171135	12702012	3469124	27437398	26584749	852649	34.6	58.6
2014	17354501	13501493	3853008	30867707	30086308	781399	33.6	59.7
2015	19476109	15306948	4169161	32894039	32588303	305736	34.7	58.5

2-11 最终消费与资本形成总额指数

（1990~2015 年，以上年为 100）

单位：%

年份	最终消费	居民消费	政府消费	资本形成总额	固定资本形成	存货增加
1990	115.1	116.1	110.0	88.8	79.3	119.3
1991	110.8	110.1	113.9	108.7	111.2	102.9
1992	104.6	100.4	123.8	149.9	160.1	124.6
1993	116.3	111.1	135.7	126.3	121.9	139.9
1994	124.2	125.3	122.2	121.0	115.9	136.2
1995	108.8	112.2	104.5	126.1	126.2	125.9
1996	111.6	114.3	106.4	112.3	111.3	114.7
1997	107.9	110.7	102.0	112.9	115.1	107.6
1998	107.9	110.5	101.9	116.4	120.4	105.8
1999	106.2	122.3	95.6	107.5	105.2	114.4
2000	109.3	111.1	104.2	103.5	101.5	108.8
2001	108.1	109.3	104.3	111.1	113.7	104.4
2002	114.7	118.6	101.6	108.3	110.5	102.1
2003	107.0	108.2	102.3	123.8	130.6	102.9
2004	110.6	111.8	105.6	112.7	116.0	100.1
2005	109.3	111.3	102.2	110.8	112.7	101.5
2006	115.5	116.5	111.6	119.4	115.1	143.3
2007	110.7	114.7	93.7	115.5	125.9	69.2
2008	115.0	112.5	127.6	117.8	118.6	111.3
2009	109.3	108.9	111.1	115.3	119.9	76.1
2010	113.5	114.3	110.1	117.7	118.7	100.8
2011	113.7	113.2	115.9	112.5	112.4	112.8
2012	112.8	112.3	114.9	114.1	114.7	103.4
2013	107.1	106.2	110.9	117.4	119.9	72.1
2014	108.2	107.7	109.9	112.2	112.8	93.9
2015	110.4	111.4	106.5	108.9	110.7	45.2

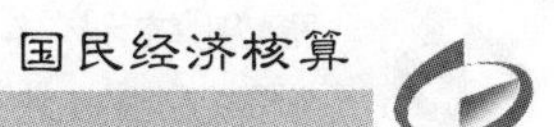

2-12 最终消费与资本形成总额指数

(1990-2015 年,以 1990 年为 100)　　单位:%

年　份	最终消费	居民消费	政府消费	资本形成总　额	固定资本形　成	存货增加
1990	100.00	100.00	100.00	100.00	100.00	100.00
1991	110.77	110.08	113.99	108.65	111.17	102.91
1992	115.87	110.50	141.07	162.84	178.00	128.40
1993	158.85	126.04	312.74	229.92	248.58	187.51
1994	192.28	151.84	382.04	278.09	288.13	255.30
1995	209.26	168.81	399.08	350.75	363.68	321.37
1996	233.6	192.9	424.7	393.8	404.8	368.8
1997	252.1	213.6	433.0	444.8	465.9	396.7
1998	272.2	235.7	443.0	517.7	560.9	419.6
1999	289.0	259.7	426.4	556.4	589.9	480.2
2000	574.8	529.3	788.2	957.0	996.1	868.0
2001	621.4	578.5	822.1	1063.2	1132.6	906.2
2002	712.7	686.1	835.3	1151.4	1251.5	925.2
2003	762.6	742.4	854.5	1425.4	1634.5	952.0
2004	843.4	830.0	902.4	1606.4	1896.0	953.0
2005	921.9	923.8	922.2	1779.9	2136.8	967.2
2006	1064.8	1076.2	1029.2	2125.2	2459.5	1386.0
2007	1178.7	1234.4	964.4	2454.6	3096.5	959.1
2008	1355.5	1388.7	1230.6	2891.5	3672.4	1067.5
2009	1481.6	1512.3	1367.2	3333.9	4403.3	812.4
2010	1681.6	1728.6	1505.3	3917.3	5226.7	818.9
2011	1912.0	1956.8	1744.6	4407.0	5874.8	923.7
2012	2156.7	2197.5	2004.5	5028.4	6703.1	955.1
2013	2310.7	2333.7	2223.0	5903.8	8040.1	688.3
2014	2499.6	2514.3	2442.2	6625.1	9071.9	646.1
2015	2759.6	2801.0	2600.9	7214.7	10042.6	292.0

2-13 居民消费水平

（1990-2015 年）

年份	全体居民消费水平（元/人）	农业居民	非农业居民	城乡居民消费水平对比（农业居民＝1）	全体居民消费水平指数	
					（以 1990 年为 100）	（以上年为 100）
1990	997	817	1568	1.9	100.0	106.9
1991	1110	889	1818	2.0	106.0	106.0
1992	1260	1010	2044	2.0	111.0	104.7
1993	1576	1271	2519	2.0	122.0	109.9
1994	2345	1813	3934	2.2	151.1	123.9
1995	2960	2343	4779	2.0	166.4	110.1
1996	3458	2779	5403	1.9	187.7	112.8
1997	3831	2971	6213	2.1	205.7	109.6
1998	4175	3129	7011	2.2	225.7	109.7
1999	4570	3342	7813	2.3	249.2	110.4
2000	5088	3638	8812	2.4	274.3	110.1
2001	5432	3728	9633	2.6	297.1	108.3
2002	6331	4264	10173	2.4	350.6	118.0
2003	6266	3921	10825	2.8	378.2	107.5
2004	6111	5024	7055	1.4	420.2	111.1
2005	6882	5628	7927	1.4	464.7	110.6
2006	8090	5518	10235	1.9	514.0	110.6
2007	9564	5905	12503	2.1	583.4	113.5
2008	10804	6316	14232	2.3	646.4	110.8
2009	11577	6441	15259	2.4	698.1	108.0
2010	12427	6754	16130	2.4	781.2	111.9
2011	14384	8205	18067	2.2	917.9	117.5
2012	16345	9588	20137	2.1	1041.8	113.5
2013	17388	10797	20886	1.9	1108.3	106.4
2014	18282	12093	21414	1.8	1165.3	105.1
2015	20505	13649	23836	1.7	1307.4	112.2

2-14　三次产业对经济增长贡献

（2000-2015 年）

年　份	地区生产总　值	第一产业	第二产业	第三产业	工　业	交通运输、仓储和邮政业	批发和零售业
2000 年	100.0	2.2	65.5	32.3	69.5	9.2	15.6
2001 年	100.0	0.4	55.8	43.8	48.9	8.4	15.1
2002 年	100.0	5.4	60.8	33.7	58.0	8.0	13.3
2003 年	100.0	0.9	66.5	32.6	54.7	8.6	7.7
2004 年	100.0	3.7	56.6	39.7	48.8	11.5	9.3
2005 年	100.0	3.0	45.9	51.1	45.2	10.2	9.7
2006 年	100.0	3.1	44.0	52.9	42.6	7.4	4.9
2007 年	100.0	2.9	38.9	58.2	31.8	0.3	17.3
2008 年	100.0	3.2	42.7	54.1	34.4	4.4	10.2
2009 年	100.0	3.1	48.6	48.3	37.7	2.9	12.6
2010 年	100.0	2.2	58.4	39.5	47.3	5.3	13.2
2011 年	100.0	2.8	54.8	42.4	42.2	4.4	8.7
2012 年	100.0	3.3	57.0	39.7	42.9	1.4	7.4
2013 年	100.0	3.0	54.4	42.6	43.2	3.1	7.8
2014 年	100.0	3.2	54.8	42.0	44.1	6.1	10.1
2015 年	100.0	2.8	37.9	59.3	27.6	2.7	4.0

2-15 按县(市)区分地区生产总值

(2015年)　　单位:万元

项　　目	全　市	鼓楼区	台江区	仓山区	晋安区	马尾区	福清市
地区生产总值	**56180844**	**11325721**	**3696372**	**4350155**	**4997455**	**3924008**	**7832730**
第一产业	4346949			24765	40516	53187	909498
第二产业	24495547	2326931	778479	2393912	1770063	2490822	3941905
第三产业	27338347	8998790	2917893	1931477	3186877	1380000	2981327
工　业	18752552	718270	261921	2202265	1130771	2291252	3133041
建筑业	5804047	1617920	526475	202814	643350	205909	808926
批发和零售业	5147335	1564531	703889	296529	741563	297782	614657
批发业	2488180	967630	334439	63354	376356	225549	281818
零售业	2659155	596901	369450	233175	365207	72234	332839
交通运输、仓储和邮政业	2434700	238642	241240	83138	405615	123189	294989
住宿和餐饮业	945839	263508	75333	99927	111999	24110	80721
信息传输、软件和信息技术服务业	2113591	587486	425283	63396	75121	159472	435009
#软件和信息技术服务业	474603	130069	41474	12130	2666	117664	663
金融业	4548002	2165347	445208	225510	261829	351826	330074
房地产业	2616584	392078	292352	317936	227758	182200	364140
#房地产开发经营业	1336967	124060	210977	148408	134754	91526	135077
租赁和商务服务业	3290711	1714497	79862	95938	651960	71717	47691
科学研究和技术服务业	768564	676825	93277	34865	55172	22955	1929
水利、环境和公共设施管理业	133453	54923	27220	7747	12789	11469	9908
居民服务、修理和其他服务业	1038652	95549	81346	281116	352437	21028	360791
教　育	1352328	167812	58107	231317	94100	36033	117064
卫生和社会工作	674752	216821	133707	31858	50677	3883	107957
文化、体育和娱乐业	553606	277944	32873	51105	35565	13427	71436
公共管理、社会保障和社会组织	1519609	573569	218279	95942	103434	54467	105948
人均地区生产总值(元/人)	**75259**	**157850**	**79067**	**54377**	**59529**	**157275**	**61169**

2-15 续表 (2015年) 单位:万元

项 目	长乐市	闽侯县	连江县	罗源县	闽清县	永泰县	平潭县
地区生产总值	**5703645**	**4387332**	**3524503**	**1810530**	**1411969**	**1309171**	**1896182**
第一产业	432828	339587	1199308	336836	254932	395952	359540
第二产业	3731945	2691184	1391515	1120198	779009	494908	584676
第三产业	1538872	1356561	933680	353496	378028	418311	951966
工 业	3477181	2385313	1227031	1053888	653915	127218	90486
建筑业	255640	316750	169864	68700	125820	367690	494190
批发和零售业	225538	230080	151380	57036	72285	69990	122075
批发业	88433	68265	23106	7541	15736	9546	26408
零售业	137105	161815	128274	49495	56549	60444	95667
交通运输、仓储和邮政业	186951	118066	231530	52222	57586	62842	338691
住宿和餐饮业	77480	55339	67686	17545	15904	27321	28965
信息传输、软件和信息技术服务业	103206	68154	69019	43417	25685	24508	49677
#软件和信息技术服务业	13189	295	50			25	10222
金融业	294414	134717	101535	36264	45120	40234	115924
房地产业	225623	240830	160494	23226	35585	49047	105313
#房地产开发经营业	119897	194891	73916	6251	5284	26446	54262
租赁和商务服务业	173483	10115	5348	12868	6968	27901	5069
科学研究和技术服务业	7927	1166	1103	617	599	2008	5942
水利、环境和公共设施管理业	6545	12798	2099	1316	1738	5565	11987
居民服务、修理和其他服务业	33040	61288	18060	18802	17870	13895	11666
教 育	59308	287146	34170	19262	26690	18648	55820
卫生和社会工作	31642	17635	11241	7016	22354	17485	15205
文化、体育和娱乐业	32354	10818	12269	14248	10156	13455	10105
公共管理、社会保障和社会组织	69222	80646	41058	33038	36438	38434	54775
人均地区生产总值(元/人)	**80107**	**62811**	**60925**	**86836**	**59577**	**52158**	**157850**

2-16 按县(市)区分地区生产总值指数

(2015年,以上年为100)　　单位:%

项　　目	全 市	鼓楼区	台江区	仓山区	晋安区	马尾区	福清市
地区生产总值	**109.6**	**111.2**	**107.9**	**111.3**	**111.6**	**106.4**	**109.1**
第一产业	104.0			101.8	99.9	100.9	104.8
第二产业	107.5	108.8	106.4	109.7	109.7	101.9	108.2
第三产业	112.7	112.0	108.4	113.8	113.0	117.8	112.0
工　业	106.8	107.1	100.4	109.7	109.7	101.4	107.7
建筑业	109.9	109.8	110.0	110.0	109.7	109.9	110.6
批发和零售业	103.8	103.7	103.5	96.4	105.6	106.9	104.2
批发业	105.9	104.4	107.3	101.1	106.8	109.9	102.6
零售业	102.1	102.6	100.4	95.4	104.4	99.3	105.4
交通运输、仓储和邮政业	105.5	107.7	104.7	110.1	105.0	105.8	108.6
住宿和餐饮业	120.0	103.4	99.8	112.7	105.7	103.0	101.8
信息传输、软件和信息技术服务业	129.9	119.7	124.2	134.6	115.3	133.5	118.7
#软件和信息技术服务业	105.5	105.7	100.1	990.8	117.2	134.7	124.6
金融业	112.1	113.7	112.7	113.7	113.0	140.7	109.4
房地产业	112.6	97.1	87.1	113.7	87.4	139.8	121.9
#房地产开发经营业	118.6	95.4	102.7	119.6	82.0	189.9	159.8
租赁和商务服务业	129.4	119.4	95.7	129.2	138.5	116.3	126.1
科学研究和技术服务业	113.4	111.3	126.6	114.2	126.9	92.5	118.9
水利、环境和公共设施管理业	111.6	114.3	79.9	121.6	126.7	88.4	124.3
居民服务、修理和其他服务业	110.0	127.0	235.6	119.3	118.0	136.5	116.6
教　育	115.4	126.2	100.7	118.6	128.2	81.2	109.3
卫生和社会工作	109.3	112.6	110.7	122.6	128.0	90.5	115.4
文化、体育和娱乐业	97.2	108.8	139.1	187.8	109.2	128.0	124.4
公共管理、社会保障和社会组织	115.9	119.2	112.0	111.9	127.0	82.2	110.4
人均地区生产总值	**108.4**	**110.1**	**106.8**	**110.4**	**110.5**	**105.3**	**108.1**

注:2014年平潭县暂无软件和信息服务业,2015年无法计算增幅。

2-16 续表 （2013年，以上年为100） 单位:%

项　　目	长乐市	闽侯县	连江县	罗源县	闽清县	永泰县	平潭县
地区生产总值	**109.1**	**108.3**	**108.8**	**106.0**	**108.8**	**108.0**	**111.8**
第一产业	104.1	104.2	104.8	104.1	104.3	104.1	103.4
第二产业	108.1	108.2	109.7	101.5	108.5	109.7	110.4
第三产业	113.8	109.5	111.4	126.7	112.5	108.8	116.0
工　业	108.0	108.0	109.6	101.0	108.2	108.8	110.2
建筑业	110.1	109.9	110.3	110.3	110.6	110.2	110.4
批发和零售业	107.0	104.5	106.2	108.2	105.2	105.1	104.8
批发业	115.2	105.9	96.8	99.8	106.3	105.4	121.9
零售业	102.9	104.1	107.8	109.4	104.9	105.0	100.8
交通运输、仓储和邮政业	108.3	107.4	106.4	107.2	107.0	107.3	103.6
住宿和餐饮业	107.6	105.3	143.1	105.3	103.7	103.3	104.3
信息传输、软件和信息技术服务业	127.8	131.5	137.6	157.0	112.4	118.9	116.1
#软件和信息技术服务业	149.2	410.0	147.5			127.5	
金融业	107.7	104.4	121.3	108.7	114.2	112.2	141.6
房地产业	121.7	114.2	104.5	121.8	106.8	82.8	133.7
#房地产开发经营业	149.1	116.3	106.0	204.7	111.7	73.0	176.1
租赁和商务服务业	124.4	145.3	140.1	178.0	135.3	124.9	112.5
科学研究和技术服务业	197.6	106.0	101.4	59.3	130.5	112.2	124.0
水利、环境和公共设施管理业	127.1	125.6	104.6	109.3	125.2	118.8	203.4
居民服务、修理和其他服务业	118.3	140.2	140.1	130.1	121.4	122.0	104.3
教　育	114.2	103.9	93.4	129.6	124.9	105.4	136.0
卫生和社会工作	111.6	104.9	99.3	118.6	114.9	131.9	121.9
文化、体育和娱乐业	116.0	110.2	147.5	622.6	143.7	139.3	121.0
公共管理、社会保障和社会组织	116.6	110.1	97.2	120.6	126.8	125.9	150.2
人均地区生产总值	**108.1**	**107.6**	**107.8**	**105.0**	**107.7**	**106.9**	**107.8**

主要统计指标解释

地区生产总值(GDP) 指按市场价格计算的一个国家(或地区)所有常住单位在一定时期内生产活动的最终成果。国内生产总值有三种表现形态,即价值形态、收入和产品形态。从价值形态看,它是所有常住单位在一定时期内所生产的全部货物和服务价值超过同期投入的全部非固定资产货物和服务价值的差额,即所有常住单位的增加值之和;从收入形态看,它是所有常住单位在一定时期内所创造并分配给常住单位和非常住单位的初次收入之和;从产品形态看,它是所有常住单位在一定时期内最终使用的货物和服务价值减去进口货物和服务价值。

在核算中,国内生产总值的三种表现形态表现为三种计算方法,即生产法、收入法和支出法。三种方法分别从不同的方面反映了国内生产总值及其构成。

按生产法计算,它等于各部门增加值之和;按收入法计算,它等于固定资产折旧、劳动者报酬、生产税净额和营业盈余之和;按支出法计算,它等于总消费、总投资和净出口之和。

在国内生产总值定义中,常住单位的概念对于确定计算国内生产总值的口径,明确各种的交易的范围具有十分重要的意义。所谓常住单位是指在一国经济领土上具有经济利益中心的经济单位。一国经济领土是由该国政府控制或拥有的地理领土组成的。若一个经济单位在一国的经济领土之内拥有一定的活动场所(住宅、厂房或其他建筑物等),从事一定规模的经济活动,并超过一定的时期(一般在一年以上),则称该经济单位在该国具有经济利益中心。国内生产总值反映了所有常住单位生产活动的最终成果。在这里,最终成果有双重含义:一是从使用价值形态上看,它包括了一切用于现期消费、投资和净出口的货物和服务,而不包括用于生产过程中的货物和服务;二是从价值形态上看,生产过程也是价值的转移过程,生产中耗用的产品(中间产品)价值随同生产过程转移到新产品价值之中,因此,必须在总产出基础上扣除一切中间产品的转移价值,以避免产品价值的重复计算。

支出法国内生产总值 指一个国家(或地区)所有常住单位在一定时期内用于最终消费、资本形成总额,以及货物和服务的净出口总额,它反映本期生产的国内生产总值的使用及构成。

最终消费 指常住单位在一定时期内对于货物和服务的全部最终消费支出,也就是常住单位为满足物质、文化和精神生活的需要,从本国经济领土和国外购买的货物和服务的支出,不包括非常住单位在本国经济领土内的消费支出。最终消费分为居民消费和政府消费。

资本形成总额 指常住单位在一定时期内获得的减去处置的固定资产加存货的变动,包括固定资本形成总额和存货增加。

劳动者报酬 指劳动者因从事生产活动所获得的全部报酬。包括劳动者获得的各种形式的工资、奖金和津贴,既包括货币形式的,也包括实物形式的,还包括劳动者所享受的公费医疗和医药卫生费、上下班交通补贴和单位支付的社会保险费、住房公积金等。对于个体经济来说,其所有者所获得的劳动报酬和经营利润不易区分,这两部分统一作为劳动者报酬处理。

生产税净额 指生产税减生产补贴后的余额。生产税指政府对生产单位生产、销售和从事经营活动以及因从事生产活动使用某些生产要素(如固定资产、土地、劳动力)所征收的各种税、附加费和规费。生产补贴与生产税相反,指政府对生产单位的单方面转移支出,因此视为负生产税,包括政策亏损补贴、价格补贴等。

固定资产折旧 指一定时期内为弥补固定资产损耗按照核定的固定资产折旧率提取的固定资产折旧,或按国民经济核算统一规定的折旧率虚拟计算的固定资产折旧。它反映了固定资产在当期生产中的转移价值。各类企业和企业化管理的事业单位的固定资产折旧是指实际计提并计入成本费中的折旧费;不计提折旧的政府机关、非企业化管理的事业单位和居民住房的固定资产折旧是按照统一规定的折旧率和固定资产原值计算的虚拟折旧。原则上,固定资产折旧应按固定资产的重置价值计算,但是目前我国尚不具备对全社会固定资产进行重估价的基础,所以暂时只能采用上述办法。

营业盈余 指常住单位创造的增加值扣除劳动者报酬、生产税净额和固定资产折旧后的余额。它相当于企业的营业利润加上生产补贴,但要扣除从利润中开支的工资和福利等。

3 人口

3-1　主要年份户籍总人口

单位：人

年　份	总人口	按性别分		按农业非农业分		平均人口
		男性人口	女性人口	农业人口	非农业人口	
1952	2366838	1258301	1108538	1803319	563519	2351407
1957	2705794	1433059	1272737	1948659	757135	2665649
1962	3055681	1610988	1444693	2242362	811319	3004409
1965	3282024	1721422	1560602	2467566	814458	3186309
1970	3578846	1867451	1175395	2821277	757569	3541600
1975	4087603	2124558	1963045	3299201	788402	4038537
1978	4372830	2272780	2100050	3526942	845888	4326648
1979	4442268	2308402	2133886	3562568	879700	4407549
1980	4498461	2337786	2160675	3581365	917096	4470365
1985	4888568	2551715	2336853	3762220	1126348	4857514
1990	5352982	2799870	2563262	4117108	1235874	5272621
1995	5622715	2925882	2696833	4219259	1403456	5588723
2000	5892348	3057142	2835224	4240391	1651957	5861800
2001	5941392	3081672	2859720	4208914	1732478	5916870
2002	5975381	3097079	2878302	3702381	2273000	5958387
2003	6048599	3139966	2908633	3994310	2054289	6011990
2004	6093869	3160288	2933581	3952000	2141869	6071234
2005	6148355	3184862	2963493	3929085	2219270	6121112
2006	6227327	3225015	3002312	3849366	2377961	6187841
2007	6303043	3260786	3042257	3853353	2449690	6265185
2008	6359516	3284668	3074848	3730378	2629138	6331280
2009	6383266	3087408	3295858			6371391
2010	6458966	3330500	3128466			6421116
2011	6494105	3344623	3149482			6476536
2012	6552740	3371172	3181568			6523423
2013	6654949	3419418	3235531			6603845
2014	6749436	3462989	3286447			6702193
2015	6783656	3477602	3306054			6766546

注:2009 年户籍人口统计没有统计农业人口、非农业人口,下同。

3-2 主要年份户籍人口构成比重

单位:%

年份	按性别分		按农业非农业分	
	男性人口	女性人口	农业人口	非农业人口
1952	53.16	46.84	76.19	23.81
1957	52.96	47.04	72.02	27.98
1962	52.72	47.28	73.45	26.55
1965	52.45	47.55	75.18	24.82
1970	52.18	47.82	78.32	21.68
1975	51.98	48.02	80.71	19.29
1978	51.98	48.02	80.66	19.34
1979	51.96	48.04	80.20	19.80
1980	51.97	48.03	79.61	20.39
1985	52.20	47.80	76.96	23.04
1990	52.12	47.88	76.91	23.09
1995	52.03	47.97	75.04	24.96
2000	51.52	48.48	71.28	26.92
2001	51.87	48.13	70.84	29.16
2002	51.83	48.17	61.96	38.04
2003	51.92	48.08	66.04	33.96
2004	51.86	48.14	64.85	35.15
2005	51.80	48.20	63.90	36.10
2006	51.79	48.21	61.81	38.19
2007	51.73	48.27	61.13	38.87
2008	51.65	48.35	58.66	41.34
2009	51.63	48.37		
2010	51.56	48.44	66.17	32.14
2011	51.50	48.50		
2012	51.45	48.55		
2013	51.38	48.62		
2014	51.31	48.69		
2015	51.26	48.74		

3-3　户籍人口变动情况

（2015 年）

项　　目	单　位	福州市	市　区	鼓楼区	台江区	仓山区	晋安区	马尾区
年末总户数	户	2083346	666195	179375	120345	177403	135476	53596
年末总人口	人	6783656	1999589	576355	326151	538257	386724	172102
男性人口	人	3477602	992419	286814	162237	265548	191627	86193
女性人口	人	3306054	1007170	289541	163914	272709	195097	85909
出生人数	人	102992	24129	6199	3316	8444	4799	1371
死亡人数	人	30765	7273	2178	1694	1480	1352	569
人口自然增长数	人	72227	16856	4021	1622	6964	3447	802
迁入人数	人	128589	74193	23192	10660	23921	13156	3264
迁出人数	人	112428	60782	24353	12488	12089	10260	1592
出生率	‰	15.22	12.14	10.77	10.16	15.96	12.50	7.98
死亡率	‰	4.55	3.66	3.78	5.19	2.80	3.52	3.31
人口自然增长率	‰	10.67	8.48	6.99	4.97	13.16	8.98	4.67
年平均人口	人	6766546	1986954	575598	326529	529236	383890	171703

项　　目	单　位	福清市	长乐市	闽侯县	连江县	罗源县	闽清县	永泰县	平潭县
年末总户数	户	395009	215792	200861	192347	77665	95489	118581	121407
年末总人口	人	1344179	712525	664706	665101	264533	321926	379990	431107
男性人口	人	693794	375402	342452	345009	138356	169577	202070	218523
女性人口	人	650385	337123	322254	320092	126177	152349	177920	212584
出生人数	人	23466	13978	9469	9317	4025	4713	5827	8068
死亡人数	人	5215	2532	5213	3697	1470	1860	1868	1637
人口自然增长数	人	18251	11446	4256	5620	2555	2853	3959	6431
迁入人数	人	12488	11077	6914	9601	2545	2617	3820	5334
迁出人数	人	12818	9061	6291	8630	2879	3297	4551	4119
出生率	‰	17.52	19.57	14.24	14.01	15.21	14.63	15.34	18.78
死亡率	‰	3.89	3.55	7.84	5.56	5.56	5.77	4.92	3.81
人口自然增长率	‰	13.62	16.03	6.40	8.45	9.66	8.86	10.42	14.97
年平均人口	人	1339669	714158	664812	664839	264573	322161	379860	429523

3-4 常住人口和城镇化率

县(市)、区	常住人口(万人)									
	2006 年	2007 年	2008 年	2009 年	2010 年	2011 年	2012 年	2013 年	2014 年	2015 年
福州市	**671.0**	**676.0**	**683.0**	**687.0**	**711.5**	**720.0**	**727.0**	**734.0**	**743.0**	**750.0**
市 区	267.0	273.0	271.0	271.0	292.2	296.3	298.5	302.8	306.1	308.7
鼓楼区	74.0	75.0	75.0	75.0	68.8	69.0	69.5	70.5	71.5	72.0
台江区	44.0	45.0	45.0	45.0	44.7	45.1	45.3	46.0	46.5	47.0
仓山区	59.0	60.0	60.0	60.0	76.3	77.1	78.0	79.0	79.7	80.3
晋安区	65.0	67.0	67.0	67.0	79.2	81.0	81.5	82.7	83.6	84.3
马尾区	25.0	26.0	24.0	24.0	23.2	24.1	24.2	24.6	24.8	25.1
福清市	119.0	119.0	120.0	121.0	123.5	124.2	125.3	126.3	127.5	128.6
长乐市	67.0	67.0	68.0	69.0	68.3	68.7	69.7	70.2	70.9	71.5
闽侯县	55.0	56.0	63.0	64.0	66.2	67.9	68.8	69.3	69.5	70.2
连江县	55.0	55.0	55.0	55.0	56.1	56.2	56.6	57.0	57.6	58.1
罗源县	20.0	20.0	20.0	20.0	20.8	20.5	20.7	20.5	20.8	20.9
闽清县	25.0	24.0	24.0	24.0	23.8	23.5	23.5	23.3	23.6	23.8
永泰县	28.0	27.0	27.0	27.0	24.9	24.7	24.9	24.7	25.0	25.2
平潭县	35.0	35.0	35.0	36.0	35.8	38.0	39.0	40.0	42.0	43.0

注:本表为人口变动抽样调查数据。

3-4　续表

县(市)、区	城镇化率(%)									
	2006年	2007年	2008年	2009年	2010年	2011年	2012年	2013年	2014年	2015年
福州市	**55.5**	**55.9**	**57.5**	**58.5**	**62.0**	**63.3**	**64.8**	**65.9**	**66.9**	**67.7**
市　区	95.0	95.0	95.8	96.4	96.7	96.8	97.0	97.3	97.4	97.5
鼓楼区	100.0	100.0	100.0	100.0	100.0	100.0	100.0	100.0	100.0	100.0
台江区	100.0	100.0	100.0	100.0	100.0	100.0	100.0	100.0	100.0	100.0
仓山区	100.0	100.0	100.0	100.0	100.0	100.0	100.0	100.0	100.0	100.0
晋安区	93.7	94.0	96.2	96.7	97.4	98.1	98.5	98.9	99.0	99.2
马尾区	62.6	62.8	63.3	68.5	66.9	67.6	68.5	70.5	70.6	72.1
福清市	31.2	31.9	33.3	38.8	38.1	41.2	43.0	45.0	47.3	48.5
长乐市	33.3	33.8	36.2	38.9	40.7	41.9	43.5	45.4	46.5	47.6
闽侯县	26.9	27.7	36.3	39.4	44.5	45.7	49.5	51.0	52.0	53.4
连江县	33.3	33.6	34.1	34.7	35.2	36.6	39.8	40.9	43.0	44.0
罗源县	30.7	31.0	32.0	33.3	36.8	36.9	38.0	39.8	42.5	43.4
闽清县	26.7	27.0	27.8	29.2	30.6	30.9	35.0	36.5	37.5	38.3
永泰县	25.4	26.2	27.0	29.0	31.9	32.1	36.0	37.2	38.5	39.2
平潭县	18.4	19.0	19.5	33.9	31.8	37.8	39.2	40.7	42.6	44.3

主要统计指标解释

人口数 指一定时点、一定地区范围内的有生命的个人的总和。

人口密度 指一定时点一定地区的人口数与该地区的面积数之比,即一定时点的单位面积上人口数,通常以每平方公里的居住人数来表示。

出生率(又称粗出生率) 指在一定时期内(通常为一年)出生的人数与同期平均人数的比率,一般用千分率表示。

出生人数 指活产婴儿,即胎儿脱离母体时(不管怀孕月数),有过呼吸或其他生命现象。

死亡率(又称粗死亡率) 指在一定时期内(通常为一年)一定地区的死亡人数与同期平均人数(或期中人数)之比,一般用千分率表示。

人口自然增长率 指在一定时期内(通常为一年)一定地区人口自然增加数(出生人数减死亡人数)与该时期内平均人数(或期中人数)之比,一般用千分率表示。

人口自然增长率=(本年出生人数-本年死亡人数)÷年平均人数×1000‰

城镇化率 是城市化的度量指标,一般采用人口统计学指标,即城镇人口占总人口的比重(城镇人口是按国家统计局发布的《关于统计上划分城乡的规定》计算的)。

4 就业与职工工资

4-1 全社会从业人员

（1990-2015 年）

单位：万人

年份	全社会从业人员	城镇单位从业人员	城镇私营、个体从业人员	乡村从业人员
1990	245.83	75.79	6.19	163.85
1991	263.93	78.81	6.21	178.91
1992	274.65	85.63	6.21	182.81
1993	278.47	88.14	6.20	184.13
1994	274.03	83.71	3.12	187.20
1995	280.45	82.40	9.67	188.38
1996	298.09	89.61	16.51	191.97
1997	298.77	87.78	16.52	194.47
1998	297.02	78.62	19.81	198.59
1999	292.39	69.84	21.95	200.60
2000	293.62	68.42	21.30	203.90
2001	290.53	68.80	18.59	203.14
2002	294.42	68.48	19.50	206.44
2003	312.53	75.23	30.30	207.00
2004	321.07	81.47	31.99	207.61
2005	330.00	84.10	37.19	208.71
2006	340.01	87.19	43.82	209.00
2007	358.03	92.30	54.14	211.59
2008	364.00	95.84	55.56	212.60
2009	365.73	98.70	50.26	216.77
2010	389.24	105.48	65.35	218.41
2011	425.59	128.07	73.79	223.73
2012	451.68	143.70	85.77	222.21
2013	462.66	142.75	94.30	225.61
2014	483.54	149.17	105.39	228.98
2015	511.77	156.28	122.83	232.66

4-2 城镇非私营单位在岗职工人数

（1985-2015 年）

单位：人

年份	合计	按登记注册类型分			按企事业机关分		
		国有单位	集体单位	其他单位	企业	事业	机关
1985	684425	446688	237737				
1986	707525	468939	238587				
1987	724022	477728	236631	9663			
1988	745247	489035	238355	17857			
1989	745959	491592	228396	25971			
1990	757935	501974	221579	34382			
1991	788054	514221	227289	46544			
1992	856301	538362	236484	81455			
1993	881393	551194	221278	108921			
1994	837106	521977	198730	116399			
1995	823952	506921	171258	145773			
1996	896108	528867	167802	199439			
1997	877839	525497	143456	208886	655715	159997	62143
1998	786225	433737	104787	247701	571883	158545	55797
1999	698417	382954	83237	232226	487489	154147	56781
2000	684213	371367	76337	236509	477196	148084	58933
2001	687997	347883	63524	276590	476959	153051	57987
2002	684803	325647	58285	300871	484459	141407	58937
2003	726563	334258	48633	343672	520031	151814	54718
2004	787736	332046	48722	406968	576400	155160	56176
2005	809450	326612	43996	438842	597257	154740	57453
2006	840593	324817	42642	473134	654044	160466	57380
2007	861002	317628	37491	505883	707486	154146	61417
2008	925431	321349	33470	570612	706576	156590	62265
2009	946215	336222	31559	578434	801757	82695	61733
2010	1001114	340064	32872	628178	789722	149800	60979
2011	1210072	346668	36735	826669	979275	171872	67530
2012	1315144	366835	32224	916085	1064428	174310	67771
2013	1288694	324959	35167	928568	1039435	174763	68765
2014	1322835	336509	37525	948801	1062854	178465	73503
2015	1412746	332614	27301	1052831	1147634	179033	78353

注：1.1998 年起职工的统计口径为“在岗职工人数”。2.1998 年起“职工人数”统计口径为在岗职工人数。2009 年起按企事业机关分增加民间非盈利组织和其他两项，企业、事业和机关相加不等合计。

4-3 按三次产业分城镇非私营单位在岗职工人数及构成

（1987-2015年）

年份	城镇单位职工人数(人)				构成(%)		
	合计	第一产业	第二产业	第三产业	第一产业	第二产业	第三产业
1987	724022	27743	373783	322496	3.83	51.63	44.54
1988	745247	26543	392814	325890	3.56	52.71	43.73
1989	745959	26338	383332	336289	3.53	51.39	45.08
1990	757935	25468	386649	345818	3.36	51.01	45.63
1991	788054	24184	406173	357697	3.07	51.54	45.39
1992	856301	23599	464511	368191	2.76	54.25	43.00
1993	881393	17324	499271	364798	1.97	56.65	41.39
1994	837106	19787	436504	380815	2.36	52.14	45.49
1995	823952	13892	339605	470455	1.69	41.22	57.10
1996	896108	16638	376872	502598	1.86	42.06	56.09
1997	877839	15459	363279	499101	1.76	41.38	56.86
1998	786225	13035	307732	465458	1.66	39.14	59.20
1999	698417	11342	330712	356363	1.62	47.35	51.02
2000	684213	10810	323294	350109	1.58	47.25	51.17
2001	687997	10717	335143	342137	1.56	48.71	49.73
2002	684803	9927	342925	331951	1.45	50.08	48.47
2003	726563	8971	392665	324927	1.24	54.04	44.72
2004	787736	8102	437559	342074	1.01	55.55	43.42
2005	809450	7883	461346	340221	0.97	57.00	42.03
2006	840593	7288	485247	348058	0.88	57.72	41.40
2007	861002	6305	492212	362485	0.73	57.17	42.10
2008	925431	6037	497407	421987	0.65	53.75	45.60
2009	946215	8171	480167	457877	0.86	50.75	48.39
2010	1001114	6981	526766	467367	0.70	52.62	46.68
2011	1210072	5991	747885	456196	0.50	61.81	37.69
2012	1315144	1650	823096	490398	0.13	62.59	37.28
2013	1288694	1473	724476	562745	0.11	56.22	43.67
2014	1322835	2047	749439	571349	0.15	56.65	43.19
2015	1412746	1888	809000	601858	0.13	57.26	42.60

注:在岗职工人数含劳务派遣人员。

4-4 城镇非私营单位从业人员

单位:人

项目	2014年				2015年			
	年末从业人员数	国有单位	城镇集体单位	其他单位	年末从业人员数	国有单位	城镇集体单位	其他单位
合计	**1491695**	**381489**	**49245**	**1060961**	**1562270**	**352717**	**38341**	**1171712**
#女性	526998	153432	13092	360474	551751	158941	11067	381743
按行业分								
农、林、牧、渔业	2522	1902	76	544	2502	1779	74	649
采矿业	1176			1176	1189			1189
制造业	395979	6895	6400	382684	394177	6180	6129	381868
电力、热力、燃气及水生产和供应业	18022	6461	370	11191	16056	4963	378	10715
建筑业	472884	43364	23998	405522	513543	14087	17014	482442
交通运输、仓储和邮政业	50211	14768	942	34501	50703	13198	705	36800
信息传输、软件和信息技术服务业	17572	2582	40	14950	28178	2755	38	25385
批发和零售业	71044	7295	2300	61449	77290	6506	1935	68849
住宿和餐饮业	24103	2392	220	21491	23912	1864	237	21811
金融业	34885	8826	938	25121	35062	8351	930	25781
房地产业	38763	4965	778	33020	42280	5226	715	36339
租赁和商务服务业	39678	8006	6801	24871	42804	7815	4345	30644
科学研究、技术服务业	41107	19098	397	21612	42913	17983	194	24736
水利、环境和公共设施管理业	17477	14569	462	2446	15470	12987	446	2037
居民服务、修理和其他服务业	3619	819	152	2648	3647	823	107	2717
教育	114667	101376	1291	12000	111556	98751	1022	11783
卫生和社会工作	53074	47269	4000	1805	53259	46952	3996	2311
文化、体育和娱乐业	13845	9864	80	3901	16115	10428	76	5611
公共管理、社会保障和社会组织	81067	81038		29	92114	92069		45
按三次产业分								
第一产业	2522	1902	76	544	2502	1779	74	649
第二产业	888061	56720	30768	800573	924965	25230	23521	876214
第三产业	601112	322867	18401	259844	635303	325708	14746	294849

4-5 城镇非私营单位在岗职工人数

单位:人

项目	2014年				2015年			
	年末在岗职工人数	国有单位	城镇集体单位	其他单位	年末在岗职工人数	国有单位	城镇集体单位	其他单位
合计	**1322835**	**336509**	**37525**	**948801**	**1412746**	**332614**	**27301**	**1052831**
按行业分								
农、林、牧、渔业	2047	1476	76	495	1888	1352	74	462
采矿业	717			717	734			734
制造业	391295	6598	6222	378475	387957	5853	5993	376111
电力、热力、燃气及水生产和供应业	17766	6399	360	11007	15872	4908	370	10594
建筑业	339661	16502	13628	309531	404437	13750	7012	383675
交通运输、仓储和邮政业	46640	14140	908	31592	48733	12536	669	35528
信息传输、软件和信息技术服务业	17531	2576	40	14915	27560	2740	38	24782
批发和零售业	67620	6906	2074	58640	72471	6243	1744	64484
住宿和餐饮业	23630	2302	213	21115	23330	1792	233	21305
金融业	32591	8698	934	22959	32108	8150	926	23032
房地产业	37327	4732	591	32004	40902	5036	629	35237
租赁和商务服务业	39128	7739	6760	24629	41965	7703	4330	29932
科学研究、技术服务业	39941	18383	373	21185	41309	17203	183	23923
水利、环境和公共设施管理业	16533	13735	425	2373	14431	12084	410	1937
居民服务、修理和其他服务业	3297	678	151	2468	3148	674	103	2371
教　育	107143	94736	1241	11166	103353	91344	991	11018
卫生和社会工作	50721	45532	3449	1740	50991	45205	3520	2266
文化、体育和娱乐业	13306	9465	80	3761	15309	9831	76	5402
公共管理、社会保障和社会组织	75941	75912		29	86248	86210		38
按三次产业分								
第一产业	2047	1476	76	495	1888	1352	74	462
第二产业	749439	29499	20210	699730	809000	24511	13375	771114
第三产业	571349	305534	17239	248576	601858	306751	13852	281255

注:在岗职工人数含劳务派遣人员。

4-6 城镇非私营单位在岗职工

单位:人

项　　目	2005年	2006年	2007年	2008年	2009年	2010年
合　计	**809450**	**840593**	**861002**	**925431**	**946215**	**1001114**
按行业分						
农、林、牧、渔业	7883	7288	6305	6037	8171	6981
采矿业	1316	1264	1267	1137	2130	1422
制造业	368257	390331	394461	384282	371746	394295
电力、热力、燃气及水生产和供应业	13238	14088	14520	15431	15529	16067
建筑业	78535	79564	81964	96557	90762	114982
交通运输、仓储和邮政业	29639	30256	32392	32560	35754	35454
信息传输、软件和信息技术服务业	8656	10708	11106	11145	10372	11621
批发和零售业	28571	28984	32987	36709	39970	38090
住宿和餐饮业	14584	13082	16669	16203	17814	20279
金融业	20974	21190	21826	23158	26796	27923
房地产业	13371	14945	16911	16931	25260	25733
租赁和商务服务业	10971	12625	14319	47017	53141	60645
科学研究、技术服务业	15972	17202	17372	19329	23104	29515
水利、环境和公共设施管理业	9208	9175	9527	10087	11840	12713
居民服务、修理和其他服务业	3088	2994	3043	4084	3571	2562
教　育	84585	85354	84351	93273	93242	91240
卫生和社会工作	29659	31215	30586	36110	39512	36531
文化、体育和娱乐业	12508	12959	13123	15514	15136	13829
公共管理、社会保障和社会组织	58435	57369	58273	59867	62365	61232
按三次产业分						
第一产业	7883	7288	6305	6037	8171	6981
第二产业	461346	485247	492212	497407	480167	526766
第三产业	340221	348058	362485	421987	457877	467367

注:在岗职工人数含劳务派遣人员。

4-6 续表

单位:人

项 目	2011 年	2012 年	2013 年	2014 年	2015 年
合 计	**1210072**	**1315144**	**1288694**	**1322835**	**1412746**
按行业分					
农、林、牧、渔业	5991	1650	1473	2047	1888
采矿业	10501	1793	642	717	734
制造业	436202	457156	429872	391295	387957
电力、热力、燃气及水生产和供应业	16461	16525	15297	17766	15872
建筑业	284721	347622	278665	339661	404437
交通运输、仓储和邮政业	36072	33188	46046	46640	48733
信息传输、软件和信息技术服务业	16354	14541	17035	17531	27560
批发和零售业	62634	70919	72943	67620	72471
住宿和餐饮业	21250	22367	24375	23630	23330
金融业	28398	31420	31533	32591	32108
房地产业	25881	28063	34735	37327	40902
租赁和商务服务业	17205	16599	47043	39128	41965
科学研究、技术服务业	30058	34959	37302	39941	41309
水利、环境和公共设施管理业	13682	13197	13611	16533	14431
居民服务、修理和其他服务业	1975	1673	2513	3297	3148
教 育	95517	95874	101313	107143	103353
卫生和社会工作	42100	44537	48140	50721	50991
文化、体育和娱乐业	14665	11751	13363	13306	15309
公共管理、社会保障和社会组织	50405	71310	72793	75941	86248
按三次产业分					
第一产业	5991	1650	1473	2047	1888
第二产业	747885	823096	724476	749439	809000
第三产业	456196	490398	562745	571349	601858

4-7 城镇非私营单位女性从业人员

单位:人

项　　目	2005 年	2006 年	2007 年	2008 年	2009 年	2010 年
合　计	**376403**	**391597**	**394009**	**410738**	**414546**	**436494**
按行业分						
农、林、牧、渔业	3334	2773	2400	2358	3364	2778
采矿业	382	293	295	381	624	414
制造业	214079	224238	219972	205307	194857	204479
电力、热力、燃气及水生产和供应业	4165	4374	4545	4568	4539	4721
建筑业	11917	12262	12052	13876	12832	14344
交通运输、仓储和邮政业	9237	9340	9769	9786	10282	11106
信息传输、软件和信息技术服务业	2810	3993	4244	4219	3541	4114
批发和零售业	11880	12213	14517	16229	17732	17070
住宿和餐饮业	8402	7555	9341	8994	10786	11997
金融业	10392	12010	12526	12981	15253	16367
房地产业	4800	5366	6634	6257	8249	8776
租赁和商务服务业	3640	4074	4338	23458	21851	25713
科学研究、技术服务业	4784	5076	5371	6094	7899	11623
水利、环境和公共设施管理业	3777	3804	4204	4641	5217	5457
居民服务、修理和其他服务业	935	891	978	1156	1188	1171
教　育	44234	44543	43541	47597	49610	50603
卫生和社会工作	18340	19180	19112	21759	23487	23956
文化、体育和娱乐业	5019	5233	5283	5607	6224	5724
公共管理、社会保障和社会组织	14276	14379	14887	15470	17011	16081
按三次产业分						
第一产业	3334	2773	2400	2358	3364	2778
第二产业	230543	241167	236864	224132	212852	223958
第三产业	142526	147657	154745	184248	198330	209758

4-7　续表　　　　单位：人

项　　目	2011 年	2012 年	2013 年	2014 年	2015 年
合　计	**468171**	**504748**	**491802**	**526998**	**551751**
按行业分					
农、林、牧、渔业	1370	486	409	698	705
采矿业	6193	756	404	441	444
制造业	211947	216967	182403	195110	191724
电力、热力、燃气及水生产和供应业	4994	5268	4683	5545	5145
建筑业	34839	56102	47475	60311	68171
交通运输、仓储和邮政业	9702	9915	13695	13696	14130
信息传输、软件和信息技术服务业	5812	4738	4483	6418	9808
批发和零售业	28068	34218	34865	35555	39734
住宿和餐饮业	13162	12153	13587	13883	13795
金融业	16090	17377	17766	18988	19311
房地产业	10203	10132	12819	13123	14843
租赁和商务服务业	4019	4500	18364	10446	12786
科学研究、技术服务业	10845	13231	13227	14419	14239
水利、环境和公共设施管理业	5750	3889	4498	5712	5591
居民服务、修理和其他服务业	816	641	1294	1551	1351
教　育	54985	58912	61442	68032	68360
卫生和社会工作	28743	30363	33606	35058	36074
文化、体育和娱乐业	5550	4776	5961	5930	7146
公共管理、社会保障和社会组织	15083	20324	20821	22082	28394
按三次产业分					
第一产业	1370	486	409	698	705
第二产业	257973	279093	234965	261407	265484
第三产业	208828	225169	256428	264893	285562

4-8 城镇非私营单位其他从业人员

单位:人

项　　目	2005年	2006年	2007年	2008年	2009年	2010年
合　计	**31530**	**31297**	**62047**	**33005**	**40797**	**53689**
按企事业机关分						
企　业	26994	26607	56611	25946	36498	45340
事　业	3962	3881	4470	5315	2661	6288
机　关	574	809	966	1744	1638	2061
按行业分						
农、林、牧、渔业	947	393	105	141	233	309
采矿业		34	5	49	68	1
制造业	4651	5588	4476	5189	3496	3753
电力、热力、燃气及水生产和供应业	615	482	242	249	242	131
建筑业	9933	9201	37884	9557	18374	28432
交通运输、仓储和邮政业	3231	3307	3514	3637	2967	3792
信息传输、软件和信息技术服务业	217	155	79	63	77	285
批发和零售业	1274	1160	1012	648	1040	1036
住宿和餐饮业	562	508	369	492	751	737
金融业	2798	3219	3926	3268	2403	2691
房地产业	1434	1417	3816	1019	1032	825
租赁和商务服务业	617	652	523	484	414	430
科学研究、技术服务业	944	854	784	988	1438	1111
水利、环境和公共设施管理业	815	690	1466	1662	1921	696
居民服务、修理和其他服务业	140	150	150	183	155	268
教　育	1140	1111	1422	2029	2180	3876
卫生和社会工作	965	979	906	1082	1427	2300
文化、体育和娱乐业	516	448	300	395	848	870
公共管理、社会保障和社会组织	731	949	1068	1870	1731	2146
按三次产业分						
第一产业	947	393	105	141	233	309
第二产业	15199	15305	42607	15044	22180	32317
第三产业	15384	15599	19335	17820	18384	21063

4-8 续表

单位:人

项　　目	2011 年	2012 年	2013 年	2014 年	2015 年
合　计	**70621**	**121896**	**138819**	**168860**	**150024**
按企事业机关分					
企　业	57595	106968	121975	152254	132059
事　业	9460	9778	10490	11469	10681
机　关	2469	4976	5915	4691	6885
按行业分					
农、林、牧、渔业	607	535	525	475	614
采矿业	2213	761	457	459	455
制造业	5723	5614	5788	4684	6220
电力、热力、燃气及水生产和供应业	160	149	187	256	184
建筑业	37989	88831	102674	133223	109106
交通运输、仓储和邮政业	4356	4562	4198	3571	1970
信息传输、软件和信息技术服务业	149	16	79	41	618
批发和零售业	921	3014	3012	3424	4819
住宿和餐饮业	2006	333	565	473	582
金融业	1593	1497	1598	2294	2954
房地产业	1190	931	1292	1436	1378
租赁和商务服务业	518	375	550	550	839
科学研究、技术服务业	1098	1198	1229	1166	1604
水利、环境和公共设施管理业	340	1452	815	944	1039
居民服务、修理和其他服务业	209	174	383	322	499
教　育	4641	6239	7826	7524	8203
卫生和社会工作	2971	2059	2529	2353	2268
文化、体育和娱乐业	846	430	448	539	806
公共管理、社会保障和社会组织	3091	3726	4664	5126	5866
按三次产业分					
第一产业	607	535	525	475	614
第二产业	46085	95355	109106	138622	115965
第三产业	23929	26006	29188	29763	33445

4-9 城镇非私营单位从业人员劳动报酬

单位:万元

项目	2014年			2015年		
	城镇单位从业人员劳动报酬	在岗职工工资总额	其他从业人员劳动报酬	城镇单位从业人员劳动报酬	在岗职工工资总额	其他从业人员劳动报酬
合计	**8439033**	**7720730**	**718303**	**9315554**	**8647321**	**668233**
按企事业机关分						
企业	6713014	6036796	676219	7312856	6691377	621479
事业	1212353	1182068	30285	1371085	1341224	29861
机关	479801	469072	10729	595850	579880	15970
民间非盈利组织	19779	18933	847	20837	20105	732
其他	14086	13862	224	14926	14736	191
按三次产业分						
第一产业	8744	7460	1284	946	784	162
第二产业	4693358	4059970	633388	492994	436768	56227
第三产业	3736931	3653300	83631	437615	427180	10435
按登记注册类型分						
国有单位	2440985	2284896	156089	2619261	2561143	58118
集体单位	246869	157517	89352	168694	108206	60488
其他单位	5751179	5278316	472862	6527599	5977972	549627
#内资企业	3911751	3466298	445453	4602297	4137442	464855
港澳台商投资企业	895094	883070	12025	967763	902333	65430
外商投资企业	944333	928949	15384	957539	938197	19342
按国民经济行业分						
农、林、牧、渔业	8744	7460	1284	9462	7841	1621
采矿业	5119	3116	2003	5423	3270	2153
制造业	2114909	2088946	25964	2204890	2170597	34293
电力、热力、燃气及水生产和供应业	180363	178230	2133	152468	151896	571
建筑业	2392966	1789678	603289	2567165	2041917	525248
交通运输、仓储和邮政业	270191	258843	11348	324670	313569	11101
信息传输、软件和信息技术服务业	142531	142361	169	228491	225748	2744
批发和零售业	318673	311938	6735	372220	358683	13537
住宿和餐饮业	86405	85142	1263	93949	92303	1646
金融业	447023	440475	6548	466833	457291	9542
房地产业	213888	207885	6004	261591	256580	5011
租赁和商务服务业	238521	234970	3551	247293	244153	3140
科学研究、技术服务业	256382	251612	4769	313519	305892	7627
水利、环境和公共设施管理业	75826	73482	2344	69822	66696	3126
居民服务、修理和其他服务业	14591	13598	993	15946	14408	1538
教育	661731	642524	19207	736391	716881	19510
卫生和社会工作	417087	409674	7413	490588	481166	9422
文化、体育和娱乐业	90808	89387	1421	104999	102809	2190
公共管理、社会保障和社会组织	503275	491410	11866	649836	635622	14214

4-10 城镇非私营单位在岗职工工资总额

（1988-2015 年）

单位：万元

年　份	合　计	按登记注册类型分			按企事业机关分		
		国有单位	集体单位	其他单位	企　业	事　业	机　关
1988	119291	84450	31347	3495	89212	23397	6682
1989	140117	99567	34551	5999	103178	27483	9457
1990	157456	113057	35494	8904	114961	30883	11612
1991	181209	126691	40059	14459	132781	35042	13387
1992	220667	148781	44660	27227	164951	40258	15458
1993	286541	186490	56402	43649	224888	42138	19515
1994	395044	268254	64214	62575	286036	78545	30462
1995	470311	298303	69095	102913	350814	87147	32349
1996	560623	331000	75517	154106	426071	94507	40045
1997	650789	405487	67439	177863	484046	118812	47931
1998	680682	396736	62402	221505	494104	134892	51687
1999	680607	402229	55129	223249	461329	156659	62619
2000	759607	452125	53544	253938	511337	175927	72343
2001	881625	506801	55786	319038	577701	218077	85846
2002	942722	525086	55906	361730	620709	225328	96685
2003	1073262	591956	46788	434519	723615	252181	97467
2004	1296473	679406	49737	567330	885774	296526	114173
2005	1451880	760220	51595	640065	976568	342588	132724
2006	1715622	869443	54276	791903	1173798	390849	150975
2007	2057107	954839	62402	1039866	1424983	438952	193172
2008	2573494	1122240	67420	1383834	1825811	500064	247618
2009	2861961	1304033	72455	1485472	2293889	301361	266684
2010	3429285	1451811	77457	1900017	2543522	602643	281255
2011	4961673	1758717	110686	3092270	3858355	823708	346313
2012	6148482	2140539	107971	3899973	4725704	976138	406186
2013	6997971	2104901	116753	4776317	5501879	1047288	423114
2014	7720730	2284896	157517	5278316	6036796	1182068	469072
2015	8647321	2561143	108206	5977972	6691377	1341224	579880

注：在岗职工含劳务派遣人员。

本表 1998 年起“职工工资总额”统计口径为“在岗职工工资总额”。

4-11 按行业分城镇非私营单位在岗职工工资总额

单位:万元

项目	2005年	2006年	2007年	2008年	2009年	2010年
合　计	**1451880**	**1715622**	**2057107**	**2573494**	**2861961**	**3429285**
按国民经济行业分						
农、林、牧、渔业	10484	10302	10360	11527	14481	16527
采矿业	2495	2570	2609	2723	6643	4690
制造业	511658	615067	711930	858240	858182	1060930
电力、热力、燃气及水生产和供应业	44497	50333	64645	78911	85513	100258
建筑业	119339	145701	192166	235764	255482	391851
交通运输、仓储和邮政业	59365	69783	88996	99786	114360	129345
信息传输、软件和信息技术服务业	39627	47658	49639	54700	58881	77052
批发和零售业	47909	54937	67479	86290	103956	110043
住宿和餐饮业	18226	18219	25134	26240	30611	40392
金融业	79474	103222	132722	174280	216764	261978
房地产业	22065	27027	34401	49390	59866	66123
租赁和商务服务业	21189	26381	29999	94674	113192	135696
科学研究、技术服务业	44796	51309	62611	73560	89689	124866
水利、环境和公共设施管理业	15974	18052	19857	22095	27136	29290
居民服务、修理和其他服务业	4118	4784	5475	5925	7638	8946
教　育	182221	208031	242881	296873	356053	375305
卫生和社会工作	65362	76062	90516	113852	140702	158231
文化、体育和娱乐业	27960	33265	39179	49120	50623	55390
公共管理、社会保障和社会组织	135121	152920	186508	239544	272189	282372
按三次产业分						
第一产业	10484	10302	10360	11527	14481	16527
第二产业	677989	813671	971350	1175637	1205820	1557729
第三产业	763407	891649	1075397	1386330	1641659	1855029

注:在岗职工含劳务派遣人员。

4-11 续表

单位:万元

项 目	2011 年	2012 年	2013 年	2014 年	2015 年
合 计	**4961673**	**6148482**	**6997971**	**7720730**	**8647321**
按国民经济行业分					
农、林、牧、渔业	18568	6181	5538	7460	7841
采矿业	23842	5154	2130	3116	3270
制造业	1543630	1880853	1989134	2088946	2170597
电力、热力、燃气及水生产和供应业	117739	136785	134802	178230	151896
建筑业	1088881	1407720	1469651	1789678	2041917
交通运输、仓储和邮政业	156978	156316	238918	258843	313569
信息传输、软件和信息技术服务业	101667	92302	131075	142361	225748
批发和零售业	194615	280624	313204	311938	358683
住宿和餐饮业	55175	64144	80532	85142	92303
金融业	316241	386343	422804	440475	457291
房地产业	96076	125321	169612	207885	256580
租赁和商务服务业	60544	73016	305973	234970	244153
科学研究、技术服务业	146793	197618	237293	251612	305892
水利、环境和公共设施管理业	39175	44543	49670	73482	66696
居民服务、修理和其他服务业	6814	5537	8478	13598	14408
教 育	448157	512304	565616	642524	716881
卫生和社会工作	234597	282262	345119	409674	481166
文化、体育和娱乐业	65509	62988	79395	89387	102809
公共管理、社会保障和社会组织	246673	428470	449028	491410	635622
按三次产业分					
第一产业	18568	6181	5538	7460	7841
第二产业	2774091	3430512	3595717	4059970	4367680
第三产业	2169014	2711790	3396716	3653300	4271801

4-12 城镇非私营单位在岗职工工资总额

单位:万元

项目	2014年				2015年			
	合计	国有单位	集体单位	其他单位	合计	国有单位	集体单位	其他单位
合计	**7720730**	**2284896**	**157517**	**5278316**	**8647321**	**2561143**	**108206**	**5977972**
按国民经济行业分								
农、林、牧、渔业	7460	5924	271	1265	7841	6081	274	1485
采矿业	3116			3116	3270			3270
制造业	2088946	40767	24584	2023595	2170597	36640	25979	2107977
电力、热力、燃气及水生产和供应业	178230	66948	1360	109922	151896	47587	1414	102896
建筑业	1789678	101437	60884	1627356	2041917	97460	15656	1928802
交通运输、仓储和邮政业	258843	90799	3099	164945	313569	91290	2444	219834
信息传输、软件和信息技术服务业	142361	14482	125	127755	225748	15974	154	209619
批发和零售业	311938	45333	6500	260106	358683	45919	5738	307026
住宿和餐饮业	85142	10093	941	74108	92303	8463	650	83190
金融业	440475	100260	7864	332351	457291	103278	8649	345365
房地产业	207885	18916	2892	186076	256580	23037	2893	230651
租赁和商务服务业	234970	55357	20248	159364	244153	51623	14064	178466
科学研究、技术服务业	251612	146277	2164	103171	305892	164940	1630	139322
水利、环境和公共设施管理业	73482	58474	2080	12928	66696	52448	2195	12053
居民服务、修理和其他服务业	13598	3592	487	9519	14408	4054	258	10097
教育	642524	590939	5248	46337	716881	661198	4456	51227
卫生和社会工作	409674	379355	18503	11815	481166	443732	21480	15955
文化、体育和娱乐业	89387	64629	268	24490	102809	72028	272	30509
公共管理、社会保障和社会组织	491410	491312		98	635622	635393		229
按三次产业分								
第一产业	7460	5924	271	1265	7841	6081	274	1485
第二产业	4059970	209153	86827	3763990	4367680	181687	43049	4142944
第三产业	3653300	2069819	70419	1513062	4271801	2373375	64883	1833543

注:在岗职工含劳务派遣人员。

4-13 城镇非私营单位从业人员人均劳动报酬

单位:元

项　　目	2014年			2015年		
	单位从业人员年平均劳动报酬	在岗职工年平均工资	其他从业人员年平均劳动报酬	单位从业人员年平均劳动报酬	在岗职工年平均工资	其他从业人员年平均劳动报酬
合　计	**57814**	**58839**	**48693**	**61059**	**62478**	**47185**
按企事业机关分						
企　业	56650	57277	51604	58722	59663	50197
事　业	64413	66826	26737	73117	75805	28203
机　关	61512	63960	23009	70363	74449	23513
民间非盈利组织	38549	40077	20803	41212	42886	19886
其　他	42199	42548	27975	48383	48777	29813
按国民经济行业分						
农、林、牧、渔业	34236	36877	24173	38030	42131	25858
采矿业	43750	43157	44705	45876	44362	48382
制造业	52511	52481	55031	55764	55812	52921
电力、热力、燃气及水生产和供应业	100369	100610	83651	95435	96046	35478
建筑业	54619	54852	53939	53666	53902	52769
交通运输、仓储和邮政业	54099	56340	28362	60721	62239	35949
信息传输、软件和信息技术服务业	80141	80235	40333	80472	81409	41319
批发和零售业	44893	45940	21839	48541	49996	27407
住宿和餐饮业	35336	35587	23966	39369	39542	31595
金融业	131924	137976	33391	135122	144479	32926
房地产业	55767	56372	40647	62872	63799	36049
租赁和商务服务业	60022	60278	46846	58364	58699	40416
科学研究、技术服务业	63309	64020	39911	74163	75171	48239
水利、环境和公共设施管理业	43581	44518	26253	45137	46442	28216
居民服务、修理和其他服务业	40052	41281	28456	43712	45437	32239
教　育	58145	60459	25494	66880	70282	24072
卫生和社会工作	79850	81927	33256	93643	95961	41930
文化、体育和娱乐业	65908	67666	25025	65743	67749	27513
公共管理、社会保障和社会组织	62426	65072	23261	71033	74164	24596
按三次产业分						
第一产业	34236	36877	24173	38030	42131	25858
第二产业	54573	54661	54012	55336	55690	52734
第三产业	62582	64386	28141	69213	71446	30360

4-14 按行业分城镇非私营单位在岗职工平均工资

单位:元

项　　目	2005 年	2006 年	2007 年	2008 年	2009 年	2010 年
合　计	**18314**	**20666**	**23950**	**27521**	**30704**	**34806**
按国民经济行业分						
农、林、牧、渔业	13188	13952	16317	19084	18002	23569
采矿业	18616	20643	19995	23636	31232	33073
制造业	14199	15937	18101	20992	23040	27000
电力、热力、燃气及水生产和供应业	33424	36065	45131	50917	55575	62756
建筑业	17260	19583	22612	26838	28721	35611
交通运输、仓储和邮政业	19530	22676	27948	30559	32160	37655
信息传输、软件和信息技术服务业	46543	45781	46666	49996	57221	65699
批发和零售业	16657	18769	20874	23217	25918	28539
住宿和餐饮业	12485	13929	15118	16397	17407	19942
金融业	38004	48960	61705	77845	83754	96864
房地产业	16392	18191	20594	29235	29559	27329
租赁和商务服务业	19149	17617	21976	21128	22541	23838
科学研究、技术服务业	28010	29815	36589	38939	39601	43013
水利、环境和公共设施管理业	17529	19601	20838	22355	23114	23276
居民服务、修理和其他服务业	13773	15416	18220	18833	21396	35152
教　育	21508	24455	28785	32147	39153	41358
卫生和社会工作	22236	24639	30010	32208	36477	44677
文化、体育和娱乐业	22438	26286	29708	31594	32962	39814
公共管理、社会保障和社会组织	23172	26694	32167	40138	43622	46603

注:在岗职工含劳务派遣人员。

4-14 续表 单位:元

项　　目	2011 年	2012 年	2013 年	2014 年	2015 年	2015 年比 2014 年增长 (%)
合　计	**41725**	**48089**	**53333**	**58839**	**62478**	**6.18**
按国民经济行业分						
农、林、牧、渔业	30702	36146	37092	36877	42131	14.25
采矿业	22734	28823	32675	43157	44362	2.79
制造业	34221	41275	46251	52481	55812	6.35
电力、热力、燃气及水生产和供应业	72250	82277	88048	100610	96046	-4.54
建筑业	42916	44585	47923	54852	53902	-1.73
交通运输、仓储和邮政业	43389	47317	51697	56340	62239	10.47
信息传输、软件和信息技术服务业	65025	63674	76913	80235	81409	1.46
批发和零售业	31522	39904	42543	45940	49996	8.83
住宿和餐饮业	25714	29112	32901	35587	39542	11.11
金融业	114514	126949	136402	137976	144479	4.71
房地产业	37683	45065	49494	56372	63799	13.17
租赁和商务服务业	35449	44311	66016	60278	58699	-2.62
科学研究、技术服务业	49641	57660	65201	64020	75171	17.42
水利、环境和公共设施管理业	27942	33904	35455	44518	46442	4.32
居民服务、修理和其他服务业	34945	32940	33377	41281	45437	10.07
教　育	47024	53067	56874	60459	70282	16.25
卫生和社会工作	57399	64686	73784	81927	95961	17.13
文化、体育和娱乐业	44582	51893	59763	67666	67749	0.12
公共管理、社会保障和社会组织	49434	60345	61933	65072	74164	13.97

4-15 城镇非私营单位在岗职工平均工资

（1988-2015 年）

单位：元

年 份	合 计	按登记注册类型分			按企事业机关分		
		国有单位	集体单位	其他单位	企 业	事 业	机 关
1988	1641	1749	1373	2215	1622	1666	1791
1989	1909	2059	1519	2610	1855	2076	2083
1990	2128	2291	1646	2888	2073	2281	2320
1991	2366	2514	1838	3287	2333	2466	2456
1992	2709	2866	2033	3592	2690	2769	2765
1993	3356	3476	2642	4204	3386	3210	3346
1994	4803	5204	3301	5561	4664	5189	5267
1995	5827	6020	4125	7142	5919	5526	5699
1996	6453	6441	4687	7954	6530	6138	6433
1997	7571	7798	5027	8660	7527	7640	7858
1998	8772	9160	5992	9280	8748	8642	9378
1999	9780	10371	6618	9933	9512	10196	10933
2000	11199	12001	7304	11125	10846	11875	12323
2001	12760	14240	8688	11780	12020	14311	14814
2002	14046	15979	9712	12693	13183	15945	16385
2003	15052	17643	10163	13110	14276	16635	17870
2004	16586	20382	10264	14187	15512	19161	20424
2005	18314	23228	12122	15133	16811	22166	23155
2006	20666	26651	13465	17081	19001	25066	26725
2007	23950	30419	16418	20509	21941	29400	32109
2008	27521	35373	20181	23679	25433	32205	39988
2009	30704	39287	22943	26125	29103	36711	43152
2010	34806	43481	23335	30736	32787	40578	46579
2011	41725	50528	30412	38429	40186	48203	51411
2012	48089	58716	33907	44209	45963	55952	60194
2013	53333	63412	36025	50395	51639	60803	61752
2014	58839	68174	45550	56007	57277	66826	63960
2015	62478	77143	45469	58137	59663	75805	74449

注：在岗职工含劳务派遣人员。

本表 1998 年起“职工平均工资”统计口径为“在岗职工平均工资”。

4-16 按行业分城镇非私营单位在岗职工平均工资

单位:元

项目	2014年				2015年			
	合计	国有单位	集体单位	其他单位	合计	国有单位	集体单位	其他单位
合计	**58839**	**68174**	**45550**	**56007**	**62478**	**77143**	**45469**	**58137**
按国民经济行业分								
农、林、牧、渔业	36877	40858	35697	25445	42131	46102	37068	31739
采矿业	43157			43157	44362			44362
制造业	52481	61694	39928	52524	55812	62783	44063	55887
电力、热力、燃气及水生产和供应业	100610	105898	37145	99685	96046	97754	38849	97227
建筑业	54852	57245	56510	54649	53902	62494	43560	53632
交通运输、仓储和邮政业	56340	65840	35749	52723	62239	70800	37957	59668
信息传输、软件和信息技术服务业	80235	55380	32842	84662	81409	55992	40553	84391
批发和零售业	45940	65709	31143	44149	49996	74483	33055	48092
住宿和餐饮业	35587	43732	44368	34622	39542	46966	28143	39038
金融业	137976	117373	83836	148080	144479	126799	93501	152945
房地产业	56372	40026	49517	58946	63799	45964	44915	66737
租赁和商务服务业	60278	72061	29856	65002	58699	67287	32138	60403
科学研究、技术服务业	64020	79815	57403	50088	75171	95973	87176	59744
水利、环境和公共设施管理业	44518	42496	48148	55867	46442	43594	52752	62974
居民服务、修理和其他服务业	41281	53130	32066	38600	45437	60411	25058	42121
教　育	60459	62895	41619	41911	70282	73359	44922	47096
卫生和社会工作	81927	84500	54454	68975	95961	99890	61336	71932
文化、体育和娱乐业	67666	68813	33438	65517	67749	74034	35750	56814
公共管理、社会保障和社会组织	65072	65084		33793	74164	74170		60316

注:在岗职工含劳务派遣人员。

4-17 按县(市)区分城镇非私营单位从业人员及劳动报酬

县(市)区	城镇单位年末从业人员(人)		城镇单位年末在岗职工(人)		城镇单位从业人员劳动报酬(万元)	
	2015年	比上年增长(%)	2015年	比上年增长(%)	2015年	比上年增长(%)
福州市	**1562770**	**4.76**	**1412746**	**6.80**	**9315554**	**10.39**
鼓楼区	434449	-0.88	384455	3.24	2785181	2.15
台江区	134369	50.02	117307	42.57	824306	47.82
仓山区	137225	4.66	134183	4.70	814612	16.61
晋安区	130524	-6.51	105682	-3.39	750518	2.53
马尾区	109296	-1.18	107608	-0.94	674698	7.13
福清市	196292	-0.30	187146	-0.95	1098206	7.24
长乐市	99578	4.78	92492	4.00	564853	1.03
闽侯县	95071	-0.10	90026	0.43	588900	12.83
连江县	50884	37.11	48029	35.11	275279	22.73
罗源县	30627	-0.52	29388	-0.45	167398	7.62
闽清县	46567	24.76	46073	24.88	281420	47.16
永泰县	65319	11.82	41662	80.05	315235	22.81
平潭县	23474	4.75	20848	3.67	136621	4.86

注:在岗职工含劳务派遣人员。

4-17 续表

县(市)区	城镇单位在岗职工工资总额(万元)		城镇单位从业人员年平均劳动报酬(元)		城镇单位在岗职工年平均工资(元)	
	2015 年	比上年增长(%)	2015 年	比上年增长(%)	2015 年	比上年增长(%)
福州市	**8647321**	**12.00**	**61059**	**5.61**	**62478**	**6.18**
鼓楼区	2531125	3.08	65274	-0.39	65933	0.56
台江区	743442	40.43	60924	-2.57	63341	-2.61
仓山区	803163	17.29	60166	13.27	60675	13.63
晋安区	613340	7.27	57516	12.59	59637	13.16
马尾区	666911	7.28	61014	8.24	61283	8.16
福清市	1058707	6.57	58829	8.10	59778	8.57
长乐市	543610	1.45	62446	1.76	63889	1.94
闽侯县	567835	13.14	62634	12.07	63732	11.76
连江县	262762	19.82	56470	5.98	56998	5.60
罗源县	163774	8.13	54557	5.19	55598	5.83
闽清县	279707	46.92	64244	16.83	64575	16.43
永泰县	249514	119.43	52042	14.53	61991	23.44
平潭县	129613	7.83	58978	2.08	63257	6.11

主要统计指标解释

从业人员　指从事一定社会劳动并取得劳动报酬或经营收入的人员。包括：

(1)在岗职工；
(2)再就业的离退休人员；
(3)私营业主；
(4)个体业主；
(5)私营和个体从业人员；
(6)乡镇企业从业人员；
(7)农村从业人员；
(8)其他从业人员(包括宗教职业者等)。

城镇单位从业人员　指在各级国家机关、政党机关、社会团体及企业、事业单位中工作,并取得工资或其他形式的劳动报酬的全部人员。包括在岗职工、再就业的离退休人员、民办教师以及在各单位中工作的外方人员和港澳台方人员、兼职人员、借用的外单位人员和第二职业者。不包括离开本单位仍保留劳动关系的职工。

在岗职工　指在国有经济、城镇集体经济、联营经济、股份制经济、外商和港澳台投资经济、其他经济单位及其附属机构工作,并由其支付工资的各类人员,不包括返聘的离退休人员、民办教师、在国有经济单位工作的外方人员和港澳台人员。

城镇私营和个体从业人员　城镇私营从业人员指在工商管理部门注册登记,其经营地址设在县城关镇(含城关镇)及以上的私营企业的从业人员。包括:私营企业投资者和雇工。城镇个体从业人员指在工商管理部门注册登记,并持有城镇户口或在城镇长期居住,经批准从事个体工商经营的从业人员。包括:个体经营者和在个体工商户劳动的家庭帮工和雇工。

从业人员劳动报酬　指各单位在一定时期内直接支付给本单位全部从业人员的劳动报酬总额。包括职工工资总额和本单位其他从业人员劳动报酬两部分。

职工工资总额　指各单位在一定时期内直接支付给本单位全部职工的劳动报酬总额。工资总额的计算原则应以直接支付给职工的全部劳动报酬为凭据。各单位支付给职工的劳动报酬以及其他根据有关规定支付的工资,不论是计入成本还是不计入成本的,不论是按国家规定列入计征奖金税项目的,还是未列入计征奖金税项目的,不论是以货币形式支付的还是以实物形式支付的,均包括在工资总额内。

其他从业人员劳动报酬　指各单位在一定时期内直接支付给本单位其他从业人员的全部劳动报酬。

职工平均工资　指在岗职工在一定时期内平均每人所得的工资总额。是反映职工工资水平的主要指标。

5 农林牧渔业

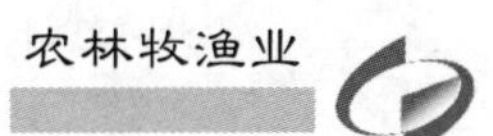

5-1 农村基层基本情况

项　　目	单位	1995 年	2000 年	2005 年	2007 年	2008 年	2009 年
乡(镇)政府	个	156	157	146	146	145	145
乡政府	个	56	51	47	47	47	47
镇政府	个	100	106	99	99	98	98
村民委员会	个	2490	2477	2422	2388	2400	2393
乡村户数	户	1064409	1179647	1236397	1272609	1288521	1303155
乡村人口数	人	4330795	4432781	4418912	4468405	4486920	4504721
乡村劳动力资源数	人	2126068	2241281	2456334	2461856	2492513	2509285
乡村从业人员数	人	1883781	2039022	2087147	2115910	2125964	2167682
#农、林、牧、渔业	人	1131650	1124898	1011933	955874	943568	919786
国有农林牧渔业劳动力	人	15253	11853	3439	3208	3158	2981
国有农林牧渔场	个	57	42	28	28	28	26
自来水受益村数	个	1293	1489	1699	1892	1988	2126
通汽车村数	个	2307	2442	2371	2367	2388	2381
通电话村数	个	2003	2470	2395	2387	2398	2392

5-1 续表

项目	单位	2010年	2011年	2012年	2013年	2014年	2015年
乡(镇)政府	个	145	145	145	145	145	145
乡政府	个	47	47	47	47	47	47
镇政府	个	98	98	98	98	98	98
村民委员会	个	2393	2393	2395	2396	2396	2396
乡村户数	户	1314568	1324438	1327214	1345900	1359599	1380152
乡村人口数	人	4517925	4552645	4562606	4622152	4685505	4751828
乡村劳动力资源数	人	2524917	2560078	2576923	2615153	2682557	2713083
乡村从业人员数	人	2184081	2207312	2222069	2256078	2289825	2326611
#农、林、牧、渔业	人	903145	903595	890473	881346	866408	843386
国有农林牧渔业劳动力	人	2887	2898	2899	2885		
国有农林牧渔场	个	26	26	26	26		
自来水受益村数	个	2191	2208	2239	2271	2265	2276
通汽车村数	个	2384	2384	2386	2387		
通电话村数	个	2392	2392	2394	2396		

5-2 农业机械拥有量

项　目	单 位	1995年	2000年	2005年	2006年	2007年	2008年	2009年
农业机械总动力	千瓦	**1156125**	**1407517**	**1540512**	**1543211**	**1548417**	**1550177**	**1607019**
柴油发动机动力	千瓦	867238	1119010	1298738	1312250	1327891	1345246	1363883
汽油发动机动力	千瓦			63915	50372	38829	23048	21844
电动机动力	千瓦			177859	180589	181697	181883	221292
耕作机械	台	23562	13910	20803	7431	21307	6755	7270
大中型拖拉机	台	403	93	103	126	128	129	164
小型拖拉机(含变型拖拉机)	台	23159	13817	20700	7305	6918	6626	7106
农用排灌机械动力	千瓦	100349	98965	98668	100935	110645	105005	115133
排灌动力机械	台	9523		9846	9853	10464	10845	11581
农用水泵	台	6869	8997	9163	8833	9178	10638	10897
收获机械	千瓦	17356	1815	4726	7129	9104	12446	15426
机动脱粒机	台	54	5916	6736	6556	6539	6603	6658
植保机械	千瓦	2557	2228	2748	2958	3267	3459	
畜牧养殖机械	千瓦	19650	21312	20273	21254	27489	27933	28737
饲草料加工机械	台	2976	2809	2684	2817	2542	2392	2394
林业机械	千瓦			272	272	272		
渔业机械	千瓦	313470	456418	473150	476120	552782	614155	721033
农产品初加工动力机械	千瓦	114005	114029	105269	104269	110615	111545	114823
运输机械	千瓦	358670	444070	518708	506918	377452	534407	430957
农用载重汽车	辆	2373	2552	2377	2245	1525	737	
机动运输船	艘	2129	2197	2314	2376	1642	789	
农用运输车	辆	3140	5447	4613	4370	4313	4491	4954

5-2 续表

项　目	单位	2010年	2011年	2012年	2013年	2014年	2015年
农业机械总动力	**千瓦**	**1328325**	**1346272**	**1376763**	**1400091**	**1429751**	**1453959**
柴油发动机动力	千瓦	1077402	1110471	1124035	1128510	1148587	1140033
汽油发动机动力	千瓦	33016	35935	36610	58481	45565	68930
电动机动力	千瓦	217907	199866	216118	213100	235599	244149
耕作机械	台	6991	6765	6992	6909	6652	6648
大中型拖拉机	台	194	242	269	319	385	430
小型拖拉机(含变型拖拉机)	台	6797	6523	6723	6590	6267	6218
农用排灌机械动力	千瓦	110417	110853	111786	111621	112012	11099
排灌动力机械	台	10766	10910	10971	11029	11088	11167
农用水泵	台	10582	10816	10910	11088	11052	112539
收获机械	千瓦	17608	18365	19258	20114	19365	19728
机动脱粒机	台	6632	6839	6621	6629	8066	8446
植保机械	千瓦						10598
畜牧养殖机械	千瓦	28833	27618	27635	27771	28324	28607
饲草料加工机械	台	2366					2498
林业机械	千瓦						
渔业机械	千瓦	487169	496264	505728	527813	554849	586715
农产品初加工动力机械	千瓦	111689	112019	116750	104057	122213	106980
运输机械	千瓦	408137	402644	407194	399930	380273	368672
农用载重汽车	辆						
机动运输船	艘						
农用运输车	辆	4621	4342	4461	4436	4299	4240

5-3 农业基础设施

项　　目	单　位	1995年	2000年	2005年	2007年	2008年	2009年
农业机械使用							
机耕地面积	公顷	55240	56797	53926	54102	102930	113482
机械播种面积	公顷	73	498	138	171	211	962
机械收割面积	公顷	833	3005	12074	17137	21145	26688
农村电力设施							
乡村办水电站	处	327	330	355	360	360	359
发电能力	千瓦	56710	89390	158644	180478	185553	193863
农村用电量	万千瓦时	118636	153755	449280	605714	618858	623851
化肥施用量							
按折纯量计算	吨	130019	128390	112290	86717	86578	87337
氮　肥	吨	60777	54840	45928	34380	33531	32936
磷　肥	吨	16953	15896	14263	11614	11613	11408
钾　肥	吨	25061	26353	24697	19379	19316	19416
复合肥	吨	27228	31301	27402	21344	22118	23577
农用塑料薄膜使用量	吨	3736	4292	4578	4940	4955	4991
# 地膜使用量	吨	1240	1566	2094	2260	2281	2329
农用柴油使用量	吨	140136	174089	176506	215515	222596	227403
农药使用量	吨	6399	8357	7931	8156	8144	8488

5-3 续表

项目	单位	2010年	2011年	2012年	2013年	2014年	2015年
农业机械使用							
机耕地面积	公顷	113611	115011	117980	118734	126536	130355
机械播种面积	公顷	2607	4714	6690	10081	13841	16979
机械收割面积	公顷	27369	29134	31644	32074	35069	37296
农村电力设施							
乡村办水电站	处	368	370	373	372		
发电能力	千瓦	267323	276666	288868	280456		
农村用电量	万千瓦时	731578	779260	1080019	1127109	1215403	1187043
化肥施用量							
按折纯量计算	吨	85872	87840	87349	87997	90465	91744
氮肥	吨	32115	32158	32189	32373	32873	34116
磷肥	吨	11340	11449	11407	11522	12066	12501
钾肥	吨	18606	19145	18874	19099	19641	19506
复合肥	吨	23811	24728	24879	25003	25885	25621
农用塑料薄膜使用量	吨	4796	5183	5525	5772	6061	6159
#地膜使用量	吨	2239	2387	2507	2688	2848	2938
农用柴油使用量	吨	233955	242289	243886	246339	248238	245784
农药使用量	吨	8509	8391	8272	8297	8628	8202

5-4 主要年份农作物播种面积

单位:公顷

年　份	合　计	粮食作物	#谷　物	经济作物	其他作物
1952	292589	263941	190147	15537	13111
1957	316472	279965	188653	17312	19195
1962	285511	254457	164220	12410	18644
1965	304627	258924	175076	18518	27185
1970	302445	265275	182240	12879	24291
1975	328225	274193	193685	16693	37339
1978	329089	275119	191684	20170	33799
1979	328075	271517	185714	24411	32147
1980	320909	265343	183469	27167	28399
1985	281825	225346	166242	28503	27977
1990	357606	266969	171475	24551	66087
1995	380705	263954	169112	20282	96468
2000	388129	254791	158170	17173	116165
2001	361740	229504	141486	18201	114034
2002	355112	220135	136879	20504	114474
2003	336468	198916	125062	23081	114471
2004	327271	190057	120222	21005	116209
2005	315599	179995	111916	22740	112864
2006	316310	178766	111501	23093	114451
2007	261922	123231	82624	22359	116332
2008	260431	121945	77717	21935	116551
2009	260734	118693	73502	20828	121213
2010	261686	115991	69085	22965	122731
2011	262553	113173	67590	23534	125846
2012	260727	106882	63395	24139	129705
2013	263152	105117	61091	24769	133266
2014	266454	103683	61254	25375	137396
2015	270867	102281	58373	26317	142269

5-5 粮食作物播种面积

单位:公顷

项目	1995年	2000年	2005年	2006年	2007年	2008年	2009年
总计	**263954**	**254791**	**179995**	**178766**	**123231**	**121945**	**118693**
按收获季节分							
春收粮食	31298	33583	16197	15669	7447	8530	8725
夏收粮食	78966	76322	50445	47378	27629	25554	25068
秋收粮食	153690	144886	113353	115719	88155	87861	84899
按品种分							
稻谷	169112	158170	111916	111501	82624	77717	73505
早稻	69913	66499	41986	39528	22933	20685	19804
中稻和一季晚稻	32217	30793	34913	36606	34214	33001	33243
双季晚稻	66982	60878	35016	35367	25476	24031	20458
大小麦	16782	11964	7	15	545	426	4
甘薯	48100	46576	38095	38602	25950	28101	28320
马铃薯	7320	11116	10724	10498	6736	7067	8211
杂粮	1498	2184	2175	1886	1674	1756	1741
大豆	11596	11159	8825	8546	4607	4829	5377
杂豆	9547	13622	8253	7707	1095	2049	1535

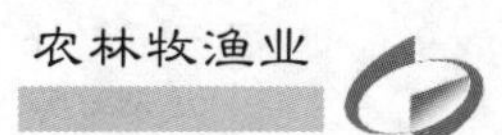

5-5 续表

单位:公顷

项　目	2010年	2011年	2012年	2013年	2014年	2015年
总　计	**115991**	**113173**	**106882**	**105117**	**103683**	**102281**
按收获季节分						
春收粮食	8674	8761	8763	8943	9076	9425
夏收粮食	22987	22778	22168	21726	21277	20364
秋收粮食	84329	81634	75951	74449	73330	72492
按品种分						
稻　谷	69085	67590	63395	61091	58670	55624
早　稻	17530	17185	16384	15877	15210	14043
中稻和一季晚稻	31642	30059	29219	28385	27921	27097
双季晚稻	19913	20345	17791	16830	15539	14485
大小麦	4					
甘　薯	29586	27780	25327	25502	25902	26693
马铃薯	8236	8324	8411	8565	8723	9096
杂　粮	1958	2121	2306	2445	2584	2749
大　豆	5554	5837	5919	5937	6183	6476
杂　豆	1567	1516	1521	1577	1622	1643

5-6 经济作物和其他农作物播种面积

单位:公顷

项　　目	1995年	2000年	2005年	2006年	2007年	2008年	2009年
经济作物	**20282**	**17173**	**22740**	**23093**	**22359**	**21935**	**20828**
#油　料	15160	15601	17687	18142	19991	19336	20058
#花　生	14029	14691	17562	18027	19887	19220	19865
油菜籽	1114	909	122	109	101	111	187
甘　蔗	1654	727	769	749	354	440	433
烟　叶	479	567	21	21	16	6	6
其他农作物	**96468**	**116165**	**112864**	**114451**	**116332**	**116551**	**121213**
#蔬　菜	74923	90190	97317	99037	99396	100462	103256
西　瓜	3717	3639	4933	5162	4976	4919	5139
绿　肥	14273	15895	5864	5429	5161	4978	4922
青饲料		2141	2343	2195	2054	1653	1619

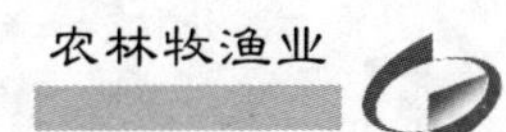

5-6 续表

单位:公顷

项　　目	2010年	2011年	2012年	2013年	2014年	2015年
经济作物	**22965**	**23534**	**24139**	**24769**	**25375**	**26317**
#油　料	20198	20546	21184	21669	22417	23451
#花　生	19930	20259	20886	21354	22079	23068
油菜籽	263	284	296	310	329	369
甘　蔗	447	442	416	429	428	420
烟　叶	1					
其他农作物	**122731**	**125846**	**129705**	**133266**	**137396**	**142269**
#蔬　菜	106753	109600	113676	117014	121154	125511
西　瓜	5185	5258	5220	5442	5499	5473
绿　肥	4893	4909	4736	4609	4490	4056
青饲料	1594	1676	1676	1559	1422	1437

5-7 各类水果种植面积

单位:公顷

项 目	1995年	2000年	2005年	2006年	2007年	2008年	2009年
水果种植面积	**48729**	**48032**	**45405**	**44826**	**44829**	**45758**	**46343**
#柑 桔	15451	10726	8341	8418	8429	8262	6026
龙 眼	3318	4745	4354	4122	4205	4184	4204
荔 枝	404	325	292	307	262	269	269
香 蕉	861	822	1117	1230	1232	1173	1143
枇 杷	2611	3015	5168	5183	5504	5642	5809
橄 榄	4000	5754	5792	5732	5704	6922	7326
柿	2707	2454	1951	1931	1827	1762	1747
桃	2073	1576	1718	1672	1696	1818	1819
李	6832	9942	9165	9130	9097	9063	9224
柚	152	198	222	227	218	221	281
梨	432	377	357	377	380	398	396
葡 萄	562	565	672	647	656	657	660
杨 梅	768	458	366	414	414	391	386

5-7 续表

单位:公顷

项　　目	2010 年	2011 年	2012 年	2013 年	2014 年	2015 年
水果种植面积	**47035**	**47709**	**48665**	**49968**	**51015**	**51541**
#柑　桔	8383	8660	8878	9135	9316	9503
龙　眼	4382	4480	4589	4643	4703	4714
荔　枝	257	277	270	269	269	273
香　蕉	1151	1162	1185	1199	1226	1268
枇　杷	6071	6418	6585	6783	7034	7092
橄　榄	7556	7601	7640	7717	8169	8207
柿	1830	1830	2081	2083	2062	2049
桃	1823	1821	1797	1703	1701	1726
李	9177	8947	9149	9682	9769	9902
柚	273	303	303	389	530	567
梨	411	398	405	402	410	416
葡　萄	660	674	667	763	737	744
杨　梅	384	387	386	366	359	370

5-8 主要年份茶叶水果种植面积及产量

年份	茶叶		水果	
	种植面积（公顷）	产量（吨）	种植面积（公顷）	产量（吨）
1952	1141	248	2751	16377
1957	1812	322	4763	31506
1962	1611	198	4434	10970
1965	2205	290	5962	16306
1970	5052	579	4668	15023
1975	6678	1116	6555	12906
1978	7656	1237	7274	9348
1980	8428	1367	10061	16787
1985	8432	1997	22351	33667
1990	6652	2976	39332	101359
1995	8472	4942	48729	220343
2000	8131	7908	48032	250515
2001	7932	8312	46724	256930
2002	7822	8522	47473	256098
2003	8122	9074	46680	296572
2004	8150	10499	46386	291315
2005	8214	11434	45405	278591
2006	8133	12008	44826	290098
2007	8315	13143	44829	310090
2008	8895	15011	45758	320489
2009	8933	15537	46343	338370
2010	9179	16578	47035	348995
2011	9562	18168	47709	380241
2012	9794	19535	48665	410419
2013	10485	21934	49968	454596
2014	10754	24803	51015	496405
2015	10551	27461	51541	533792

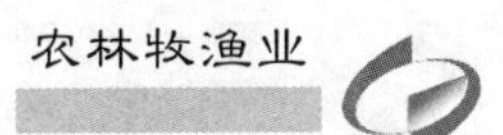

5-9 水产品养殖面积

单位:公顷

项目	1995年	2000年	2005年	2006年	2007年	2008年	2009年
水产品养殖面积	**28579**	**42128**	**45565**	**46090**	**38458**	**42919**	**46587**
海水养殖	**16924**	**29004**	**32910**	**33358**	**25625**	**29337**	**32151**
#鱼类	291	5528	1322	2856	2131	1978	1616
虾蟹类	4048	3666	4791	5278	3111	5253	6828
#对虾	3696	2440	2838	2797	1505	2853	4718
贝类	9466	15006	19009	19218	14670	15045	16724
#蛏	2140	3532	4179	3925	3082	2859	3491
蛤	2135	2234	3434	3708	3199	3638	4008
蚶	14	281	320	450	233	231	258
牡蛎	4316	8004	9433	9707	6745	6664	7310
藻类	3052	4455	7439	5890	5635	7015	6942
#海带	963	1790	4320	3042	2984	3772	3630
紫菜	2088	2660	2774	2423	2322	2810	2978
在海水养殖中							
海上养殖	3441	12550	13621	13920	11032	12171	12368
滩涂养殖	4394	5353	12384	12082	9185	10329	12573
陆基养殖	9089	11101	6905	7356	5408	6837	7210
淡水养殖	**11656**	**13124**	**12655**	**12732**	**12833**	**13582**	**14436**
#池塘养殖	5008	5706	6265	6318	7053	7977	8344
湖泊养殖	431	527	580	567	252	383	384
河沟养殖	2145	1579	1410	1398	1212	1173	1208
水库养殖	2768	4031	3226	3333	3237	2577	3194

5-9 续表 单位:公顷

项 目	2010年	2011年	2012年	2013年	2014年	2015年
水产品养殖面积	**48777**	**51434**	**54524**	**58042**	**60363**	**62770**
海水养殖	**33823**	**36108**	**38835**	**41909**	**43490**	**45384**
#鱼 类	1722	1680	1772	1988	2114	2348
虾蟹类	6237	6503	8149	8133	8844	8741
#对 虾	4285	4288	5575	5520	5949	5695
贝 类	17719	18791	19486	20438	20918	21483
#蛏	3920	3958	4108	4401	4452	4573
蛤	4410	4727	4406	4353	4293	4308
蚶	218	349	317	291	288	292
牡 蛎	7396	7802	8654	8969	9252	9357
藻 类	8122	8998	9089	9636	10007	10969
#海 带	4138	4670	4652	5108	5224	5511
紫 菜	3087	3182	3361	3422	3553	3753
在海水养殖中						
海上养殖	13374	15380	16912	17563	19062	20832
滩涂养殖	13260	13236	13240	14946	15383	15272
陆基养殖	7189	7492	8683	9400	9045	9280
淡水养殖	**14954**	**15326**	**15689**	**16133**	**16873**	**17386**
#池塘养殖	9123	9656	10268	10647	11083	11574
湖泊养殖	392	383	386	402	426	421
河沟养殖	1076	1055	981	932	930	961
水库养殖	3218	3027	2904	3005	3077	3103

5-10 农林牧渔业增加值

（1993-2015年）

单位：万元

年份	合计	农业	林业	牧业	渔业
1993	530391	200661	29333	92902	217745
1994	728654	250044	36367	117058	327185
1995	985156	337342	39643	158543	449628
1996	1108933	358436	41132	194627	514738
1997	1209896	382462	46113	233862	547450
1998	1285522	406604	48932	239589	590397
1999	1348355	423332	46987	238460	639576
2000	1351822	414588	47807	227059	662368
2001	1326433	442508	18453	235020	630452
2002	1360280	458454	18666	238623	644536
2003	1436978	461564	40083	235797	699534
2004	1622965	507563	41238	284568	789596
2005	1747751	530105	42150	286787	879562
2006	1761368	535742	43668	228328	875200
2007	2042412	600093	48138	292118	1016137
2008	2364866	656183	60064	367846	1187171
2009	2420005	711384	63226	318786	1229252
2010	2827271	845058	82536	333246	1462704
2011	3250916	941011	97709	406109	1695517
2012	3677283	1055541	104765	401596	1998598
2013	4000506	1146797	116102	388157	2225132
2014	4290722	1303722	141120	382578	2331721
2015	4486522	1391576	137797	399257	2418320

5-11 主要年份农林牧渔业总产值

单位:万元

年　份	合　计	农 业	林 业	牧 业	渔 业
1952	12316	9734	215	1228	1139
1957	18524	12495	890	2359	2780
1962	24505	16424	768	2178	5135
1965	32123	21393	1258	4329	5143
1970	39840	24707	1826	5764	7543
1975	36946	24304	1733	4472	6437
1978	47780	31845	1633	5253	9049
1979	62811	42046	2262	7787	10716
1980	74270	49102	2888	9387	12893
1985	170781	85547	8224	33855	43155
1990	424801	188913	22070	94358	119460
1995	1594572	502701	55001	275179	761691
2000	2174225	618324	69349	394533	1092019
2001	2153911	659853	26811	411876	1055371
2002	2210770	642627	68257	419142	1080744
2003	2348379	694864	55839	417443	1180233
2004	2685206	765033	60794	504275	1355104
2005	2907871	807694	63837	510637	1510342
2006	3132626	883991	69142	504578	1657722
2007	3461207	918981	76381	532423	1788673
2008	4023099	1007146	96549	671220	2090826
2009	4108815	1093168	101706	582075	2168011
2010	4800148	1298939	133141	611016	2581890
2011	5526045	1446379	158109	742443	2992001
2012	6251218	1620658	169810	736779	3526352
2013	6827525	1761562	188517	737776	3929663
2014	7307738	2004837	229293	726840	4124359
2015	7648776	2146577	223945	759043	4283273

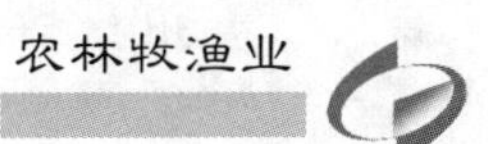

5-12 主要年份农林牧渔业总产值指数

(以上年为100)

单位:%

年　份	合　计	农　业	林　业	牧　业	渔　业
1957	107.30	98.20	151.20	125.70	118.10
1962	112.00	112.00	82.50	120.10	113.30
1965	117.70	118.40		118.00	113.50
1970	122.70	129.30	148.10	137.70	102.70
1975	95.80	95.10	112.80	100.90	92.30
1978	114.90	109.90	113.00	128.40	121.20
1979	111.80	112.20	117.00	125.30	100.10
1980	103.70	102.40	111.40	105.20	105.00
1985	109.20	103.90	127.20	118.40	109.40
1990	104.90	100.00	106.30	104.70	111.10
1995	111.80	109.50	108.10	110.60	114.40
2000	103.30	100.10	104.30	101.00	105.80
2001	100.80	99.30	97.20	103.40	100.90
2002	103.90	103.40	95.50	102.10	105.70
2003	104.00	100.30	97.10	100.40	107.50
2004	105.10	101.20	106.20	104.40	107.90
2005	102.72	100.29	100.64	101.59	104.60
2006	104.10	102.70	104.50	100.20	106.30
2007	105.20	103.70	104.10	97.00	108.50
2008	105.60	102.30	107.90	105.70	107.30
2009	105.40	105.10	103.80	103.70	105.60
2010	104.10	102.70	109.00	103.40	104.70
2011	104.00	104.10	105.70	101.20	104.70
2012	104.80	103.40	101.20	104.60	104.70
2013	104.70	103.70	100.80	102.10	105.90
2014	104.70	103.90	112.80	97.90	105.90
2015	104.00	105.80	106.90	95.50	104.50

5-13 主要年份农林牧渔业总产值指数

（以1952年为100）

年 份	合 计	农 业	林 业	牧 业	渔 业
1952	100.00	100.00	100.00	100.00	100.00
1957	141.20	114.00	376.20	173.90	220.90
1962	121.60	95.50	209.30	103.50	263.00
1965	182.30	145.20	394.30	236.20	302.50
1970	193.00	140.90	476.00	262.00	369.60
1975	186.80	146.60	480.20	215.70	334.80
1978	236.70	188.30	438.30	245.40	455.80
1979	262.10	211.40	513.00	307.40	456.10
1980	271.90	216.50	571.20	323.30	478.70
1985	425.70	278.40	1563.90	684.50	827.80
1990	643.90	354.90	2059.10	1103.50	1573.80
1995	1168.60	465.40	4162.10	1834.90	3881.20
2000	1722.00	597.50	5152.70	2748.20	6258.00
2001	1735.20	593.20	5007.80	2841.10	6311.50
2002	1802.90	613.20	4780.00	2900.00	6671.00
2003	1907.60	656.50	2647.20	2945.70	7418.30
2004	2033.31	685.76	2858.55	3000.74	8096.90
2005	2055.44	654.16	2920.86	3054.01	8251.60
2006	2139.70	671.90	3052.30	3060.10	8771.50
2007	2251.00	696.60	3177.40	2968.30	9517.10
2008	2376.60	712.60	3427.80	3136.00	10207.10
2009	2504.94	748.94	3558.06	3252.03	10778.70
2010	2607.64	769.16	3878.28	3362.60	11285.30
2011	2711.95	800.70	4099.34	3402.95	11815.71
2012	2842.12	827.92	4148.53	3559.49	12371.05
2013	2975.70	858.56	4181.72	3634.23	13100.94
2014	3115.56	892.04	4716.98	3557.91	13873.90
2015	3240.18	943.78	5042.45	3397.81	14498.22

5-14 农林牧渔业分项产值

单位:万元

项　　目	1995年	2000年	2005年	2006年	2007年	2008年	2009年
农林牧渔业总产值	**1648429**	**2174225**	**2907871**	**3132627**	**3461207**	**4023099**	**4108816**
一、农业产值	**502701**	**618324**	**807695**	**883991**	**918981**	**1007146**	**1093168**
#粮　食	195114	168471	237438	288062	246841	222285	220816
蔬菜、瓜类	178363	260474	392981	432372	486938	566083	692365
茶、桑、果	43359	71974	96071	122852	146425	172308	178026
二、林业产值	**55001**	**69349**	**63837**	**69142**	**76381**	**96549**	**101705**
#竹木采伐	16700	12223	31058	32553	38472	45896	46829
林产品	33902	54278	28078	31600	32312	44489	48546
林木培育和种植			4701	4989	5596	6164	6330
三、牧业产值	**329036**	**394533**	**510637**	**504578**	**532423**	**671220**	**582075**
#猪	203631	225641	310332	307406	350475	449257	345862
家禽饲养	51994	64229	158607	155268	142489	160810	174929
狩猎和捕捉动物	174	513	749	676	544	531	532
其他畜牧业	5678	7819	10431	9961	11080	17059	15683
四、渔业产值	**761691**	**1092019**	**1510342**	**1657722**	**1788673**	**2090826**	**2168011**
海水产值	447740	753290	1130325	1259247	1328973	1645055	1693008
淡水产值	313951	338729	380017	398476	459701	445771	475003

注:1.本表中2010起年粮食产值包括谷物及其他农作物产值;蔬菜、瓜类类产值包括蔬菜、食用菌及花卉盆景园艺产品产值;2.本表中2004年起茶、桑、果产值包括水果、坚果、饮料和香料作物的产值。

5-14 续表

单位:万元

项目	2010年	2011年	2012年	2013年	2014年	2015年
农林牧渔业总产值	**4800149**	**5526045**	**6251218**	**6827524**	**7307738**	**7648776**
一、农业产值	**1298940**	**1446380**	**1620658**	**1761562**	**2004837**	**2146577**
#粮食	217695	243458	262842	274966	295115	306773
蔬菜、瓜类	646133	916774	1017564	1148984	1259159	1333881
茶、桑、果	238241	276982	326246	318187	423722	450329
二、林业产值	**133141**	**158109**	**169810**	**188517**	**229293**	**223945**
#竹木采伐	58121	54857	58868	63643	97968	95793
林产品	59100	62680	75355	87160	96343	96165
林木培育和种植	15920	40572	35587	37714	34982	31986
三、牧业产值	**611016**	**742443**	**736779**	**737776**	**726840**	**759043**
#猪	363492	481170	490271	467019	421456	426997
家禽饲养	180245	176622	154333	154727	161596	178368
狩猎和捕捉动物	1041	924	883	1063	1082	1097
其他畜牧业	18018	23397	25006	31187	37393	37729
四、渔业产值	**2581890**	**2992002**	**3526352**	**3929663**	**4124359**	**4283273**
海水产值	2015226	2264355	2764675	3140111	3350043	3558926
淡水产值	566665	727647	761677	789552	774316	724347

5-15 主要年份粮食总产量及单位播种面积产量

年　份	粮食总产量（吨）	#稻　谷	粮食单产（公斤/亩）	#稻　谷
1952	607376	434326	154	153
1957	655981	450829	156	160
1962	523324	353333	137	144
1965	802162	577140	207	220
1970	827816	603764	208	221
1975	834994	621476	203	214
1978	989434	752856	240	262
1980	1081911	837805	272	305
1985	1007395	8325550	298	334
1990	1226972	948202	306	369
1995	1351140	1023769	341	404
2000	1403843	1021520	367	431
2001	1247727	897823	362	423
2002	1222864	885947	370	431
2003	1086208	789352	364	421
2004	1058508	770233	371	427
2005	974376	693882	361	413
2006	986935	701045	368	419
2007	640500	454673	347	367
2008	637721	435306	349	373
2009	619245	411649	348	373
2010	606916	392600	349	379
2011	599800	389932	353	385
2012	559950	363650	349	382
2013	555280	354807	352	387
2014	553738	342535	356	389
2015	543437	319171	354	383

5-16 各类粮食产量

单位:吨

项　目	1995年	2000年	2005年	2006年	2007年	2008年	2009年
总　计	**1351140**	**1403843**	**974376**	**986935**	**640500**	**637721**	**619245**
按收获季节分							
春收粮食	74589	91596	50245	49627	27571	30788	33308
夏收粮食	461809	465299	282657	266986	133328	127189	124114
秋收粮食	814742	846948	641474	670322	479601	479744	461823
按品种分							
稻　谷	1023769	1021520	693882	701045	454673	435306	411649
早　稻	448473	446374	263967	249425	122171	115086	111070
中稻和一季晚稻	200591	210388	227865	240983	197065	192259	195453
双季晚稻	374705	364758	202050	210637	135437	127961	105126
大小麦	41219	30845	9	22	856	1165	6
#小　麦	25682	18855	9	19	856	1165	6
甘　薯	228878	258093	199171	206371	141101	152841	154247
马铃薯	24521	46072	44237	43736	27932	29442	34332
杂　粮	3146	5083	6152	5776	5071	5656	5743
大　豆	15381	18877	16386	16388	8789	9561	10609

5-16 续表

单位:吨

项　　目	2010 年	2011 年	2012 年	2013 年	2014 年	2015 年
总　　计	**606916**	**599800**	**559950**	**555280**	**553738**	**543437**
按收获季节分						
春收粮食	33125	34153	34505	35426	36706	38660
夏收粮食	110757	112545	108716	106459	103753	99069
秋收粮食	463034	453102	416729	413395	413279	405708
按品种分						
稻　谷	392600	389932	363650	354807	342535	319171
早　稻	96932	98119	93680	90862	87230	81252
中稻和一季晚稻	190031	181613	171621	168074	165442	155371
双季晚稻	105637	110200	98349	95871	89863	82548
大小麦	6	6				
#小　麦	6	6				
甘　薯	159373	152457	136726	138912	146420	155077
马铃薯	34269	35326	36028	36949	38258	40426
杂　粮	6755	7468	8456	9231	10238	11165
大　豆	11064	11766	12175	12333	13046	14298

5-17 主要年份经济作物总产量及单位播种面积产量

年份	总产量（吨）				单产（公斤/亩）			
	油料	花生	甘蔗	烤烟	油料	花生	甘蔗	烤烟
1952	18626	16849	24450	120	94	106		73
1957	15622	14323	39379	35	69	79	3083	55
1962	9966	9293	10964	48	61	67	1928	45
1965	18795	16059	79266	31	87	102	3705	2
1970	15835	19492	52931	7	97	144	2952	27
1975	18341	15301	34936	70	85	111	3033	62
1978	17433	13280	92962	207	71	92	4024	75
1980	21119	13351	182324	149	64	87	4852	73
1985	25765	24173	469378	1939	123	137	4384	85
1990	28378	25542	244966	905	114	134	4219	77
1995	33624	32596	92618	567	148	155	3733	80
2000	32992	31998	33792	848	141	145	3097	100
2001	32926	32206	32516	841	140	142	3054	113
2002	35530	34994	39268	806	152	155	3219	101
2003	34365	34200	43008	853	139	139	3208	104
2004	40772	40603	38358	28	151	151	3271	88
2005	40013	39828	38296	29	151	151	3319	91
2006	39535	39363	37253	29	145	146	3314	91
2007	46149	45997	16821	23	154	154	3168	99
2008	44819	44642	26470	9	155	155	4010	95
2009	45557	45230	25718	9	151	152	3961	105
2010	45887	45407	26329	1	152	152	3927	91
2011	47158	46641	25448		153	154	3841	
2012	49030	48486	20853		154	155	3340	
2013	50891	50307	23768		157	157	3690	
2014	53205	52563	23958		158	159	3728	
2015	56380	55638	23936		160	161	3797	

5-18 茶叶水果食用菌产量

单位:吨

项　　目	1995年	2000年	2005年	2006年	2007年	2008年	2009年
茶叶产量	**4942**	**7908**	**11434**	**12008**	**13143**	**15011**	**15537**
#绿毛茶	4926	7855	9707	11144	12260	13757	14228
乌龙茶			528	742	883	1217	1308
水果产量	**220343**	**250515**	**278591**	**290098**	**310090**	**320489**	**338370**
#柑　桔	132883	110975	87131	90676	92719	95438	99908
龙　眼	2508	11202	17859	16645	18941	18834	20660
荔　枝	916	1363	1925	2125	1962	1951	2041
香　蕉	5391	6010	12179	13010	13755	14136	13802
枇　杷	8719	16883	13710	28310	31419	33219	26884
菠　萝		36	36	36	36	36	36
橄　榄	3795	9981	18762	19408	21350	29734	35866
柿	3850	9360	13098	13998	13681	14509	14546
桃	10393	9861	13006	12718	13857	15055	16684
李	25196	25966	49165	39560	48630	44399	51794
柚	173	897	1745	1776	1757	1923	2957
梨	2979	3985	4357	4537	4883	5082	5295
苹　果		1	15	15	15	16	15
葡　萄	8507	11916	6219	14076	13719	13816	14550
杨　梅	701	1148	1581	1703	1805	1856	1985
食用菌产量	**29909**	**34419**	**62537**	**72455**	**79217**	**87944**	**98351**
#蘑　菇	18042	14751	19006	10631	21526	22408	22231
香　菇	9317	12877	9471	10245	10608	12060	12618
白木耳	401	1105	1343	1378	1482	1674	1781
黑木耳	947	1691	4236	4203	4508	5087	5699

5-18 续表 单位:吨

项 目	2010年	2011年	2012年	2013年	2014年	2015年
茶叶产量	**16578**	**18168**	**19535**	**21934**	**24803**	**27461**
#绿毛茶	16550	16471	17546	17813	19549	21113
乌龙茶						
水果产量	**348995**	**380241**	**410419**	**454596**	**496405**	**533792**
#柑 桔	108039	113906	119769	128852	138007	145442
龙 眼	21310	22258	25321	24327	27203	29601
荔 枝	2218	2552	2401	2327	2414	2532
香 蕉	14146	14447	15658	16516	17709	19105
枇 杷	29522	32966	35718	40010	43090	46878
菠 萝	36	36	36	34		
橄 榄	39530	45974	53402	56869	68263	71985
柿	16299	16841	17728	19171	19978	21334
桃	17382	17857	17771	19281	20635	22824
李	43945	53665	62062	78933	86171	95028
柚	3935	4096	4165	5779	8048	9554
梨	5405	5559	5558	5713	6022	6285
苹 果	15					
葡 萄	14769	16095	17017	19427	18439	18832
杨 梅	1975	1979	2004	2118	2234	2399
食用菌产量	**106678**	**116858**	**130842**	**145024**	**153530**	**173993**
#蘑 菇	22798	24034	24138	24351	25389	26773
香 菇	13175	14121	14785	15401	16616	17897
白木耳	1813	1853	1797	1479	1578	1643
黑木耳	6033	6315	6782	7733	8349	8813

5-19 主要年份林业 牧业 水产品生产情况

年份	造林面积（公顷）	猪牛羊肉产量（吨）	猪出栏数（头）	水产品产量（吨）
1952	5828		220146	52718
1957	14034		433618	99877
1962	7858		183119	96056
1965	26001		526678	127761
1970	30130		521406	139001
1975	22790		599998	129771
1978	20891		671865	153731
1980	22453		755444	156087
1985	31750		927279	265359
1990	36341	94566	928283	440433
1995	4530	177027	2006653	804394
2000	3469	198081	2561742	1462961
2001	2398	213177	2759628	1459291
2002	3397	216571	2829732	1508296
2003	2433	216918	2881159	1617731
2004	2925	222732	2955053	1685635
2005	2228	233068	3094176	1712836
2006	3601	238382	3148552	1740456
2007	7564	170796	2154173	1538387
2008	5895	196660	2456643	1648255
2009	6012	209465	2658355	1691129
2010	4839	216853	2756838	1771046
2011	26246	221280	2821030	1847918
2012	6833	236989	3062932	1962207
2013	10013	243318	3095043	2076954
2014	4389	233807	2935448	2187393
2015	4729	216773	2551911	2282179

5-20 造林面积

单位:公顷

项目	1995年	2000年	2005年	2006年	2007年	2008年	2009年
当年造林面积	4530	3469	2228	3601	7564	5894	6012
#用材林	3276	1636	1321	2485	1251	3779	3332
经济林	310	482	33	51	55	173	474
防护林	1903	1295	864	1016	1876	1908	2207
薪炭林	2592	55	9	48	6		
人工促进天然林更新面积	3551	4702	9650	8223	4908		1512
零星植树(万株)	20	6	252	12	142	152	165
育苗面积	24	35	27	31	31	41	42
幼林抚育作业面积	41478	9692	7792	9749	11972	12259	13805
成林抚育作业面积	14683	6360	2397	1598	1410	1149	2027

注:1985年以前造林面积成活率45%以上统计,1986年及以后各年成活率85%以上统计;2011年数据不含平潭。

5-20 续表 单位:公顷

项 目	2010年	2011年	2012年	2013年	2014年	2015年
当年造林面积	4839	26246	6833	10013	4389	4729
#用材林	2397	16219	2738	5738	2436	6963
经济林	620	1703	1977	572	214	182
防护林	2294	8286	2119	3501	1688	6250
薪炭林				202		
人工促进天然林更新面积	2432	8644	3411	7615	492	1762
零星植树(万株)	7	56	457	649	634	1018
育苗面积	44	27	289	383	1190	1011
幼林抚育作业面积	14820	41599	70730	50279	45385	11310
成林抚育作业面积	13277	14506	41414	36347	39837	20677

5-21 主要林产品产量

单位:吨

项　目	1995 年	2000 年	2001 年	2002 年	2003 年	2004 年	2005 年	2006 年	2007 年
木材采伐产量(立方米)	123885	77034	77597	76669	183494	187167	149259	161922	702337
竹材采伐产量(万根)	1889	1236	979	1101	296	1088	1267	2028	2401
油桐籽	936	2422	2297	2444	2600	2575	2726	2535	2646
油茶籽	3620	5600	5161	5463	5523	6039	6312	6675	7145
棕　片	752	1944	1899	2103	2119	2245	2481	2719	2787
松　脂	591	983	1048	1003	1039	1076	1199	1332	1405
笋　干	2051	5527	5424	5494	5285	5504	6557	7342	8256
板　栗	138	2362	1894	2344	2371	2572	3043	3718	3845
紫　胶		32	32						106
山苍籽	101	207	191	191	277	334	372	429	459

注:本表 2004 年木材采伐产量不含薪材;竹材采伐产量含毛竹、篙竹;2003 年起为全社会口径,其他年份为村及村以下口径。

5-21　续表　　单位:吨

项　　目	2008年	2009年	2010年	2011年	2012年	2013年	2014年	2015年
木材采伐产量(立方米)	665705	714887	791697	652785	765869	786839	916617	878455
竹材采伐产量(万根)	2696	2853	2943	2970	3388	3909	7671	8118
油桐籽	2793	2922	3040	3166	3299	3471	3534	3199
油茶籽	7976	8895	10167	11206	13301	15237	17314	19862
棕　片	2809	2967	3429	3447	3647	3769	3810	3734
松　脂	1449	1539	1839	1837	1866	1923	1923	1935
笋　干	9600	10392	11874	12783	14021	15551	17471	19773
板　栗	4493	4666	5213	5454	5791	5954	6526	6981
紫　胶	98	106	102					
山苍籽	495	531	573	572	606	634	659	691

5-22 主要畜禽产品产量

项　　目	单　位	1995 年	2000 年	2005 年	2006 年	2007 年	2008 年	2009 年
肉类产量	吨	210142	245787	283425	287798	201723	230900	244802
#猪　肉	吨	172233	192111	226284	231361	164561	189903	202559
牛　肉	吨	2088	2708	2494	2378	2169	2286	2269
羊　肉	吨	2706	3262	4290	4643	4066	4471	4637
禽　肉	吨	30865	44868	47197	46422	27516	30701	32133
兔　肉	吨	2250	2838	3160	2994	3411	3445	3103
牛奶产量	吨	34138	38539	40032	36655	22522	24759	24452
蜂蜜产量	吨	836	775	907	836	1050	957	1038
禽蛋产量	吨	91500	152478	155656	156899	137300	115166	117792
肉猪出栏数	头	2006653	2561742	3094176	3148552	2154173	2456643	2658355
肉羊出栏数	头	215065	262579	331407	364472	318458	348641	361440
肉牛出栏数	头	18775	27609	25015	25071	21009	22395	22322
家禽出栏数	只	25445259	34309369	35730267	35156291	19909745	21209931	22220499
家兔出栏数	只	1756271	2275287	2389477	2252492	2302779	2331491	2201494

5-22 续表

项　　目	单 位	2010 年	2011 年	2012 年	2013 年	2014 年	2015 年
肉类产量	吨	253058	257969	269037	275581	262571	247092
#猪　肉	吨	209716	213770	229038	234726	224281	206490
牛　肉	吨	2344	2482	2620	2912	3247	3595
羊　肉	吨	4793	5028	5331	5680	6279	6688
禽　肉	吨	33058	33370	28663	28615	24961	26348
兔　肉	吨	3142	3319	3385	3648	3803	3971
牛奶产量	吨	22067	21733	19108	16941	17446	17624
蜂蜜产量	吨	1069	1127	1164	1223	1263	1454
禽蛋产量	吨	120547	123007	126660	106316	102057	104157
肉猪出栏数	头	2756838	2821030	3062932	3095043	2935448	2551911
肉羊出栏数	头	373413	392052	413137	432972	471593	500305
肉牛出栏数	头	23039	24391	25677	27699	30629	34213
家禽出栏数	只	23099853	23792849	19524862	19510455	16794211	16837685
家兔出栏数	只	2242233	2376219	2435816	2576273	2668774	2790769

5-23 年末畜禽存栏数

项目	单位	1995年	2000年	2005年	2006年	2007年	2008年	2009年
大牲畜	头	125733	108228	96365	89841	68687	70946	70083
牛	头	125730	108226	96363	89792	66141	70946	70083
#乳 牛	头		8868	9998	8112	4919	5904	7637
#役 畜	头	84434	64978	50832	46918	33037	21057	19556
猪	头	1267342	1472923	1519169	1587448	1647877	1725669	1730479
#能繁殖母猪	头	25083	76349	98084	95397	131028	145494	161986
羊	只	193419	193741	240842	255442	229208	248361	250494
蜜蜂箱数	箱	41242	42655	42613	41634	48861	44620	46014
家 兔	只	1139739	1237035	1227390	1257436	1349558	1255941	1274911
家 禽	只	15917782	17547471	18172230	17622955	15249057	13155578	13788580

5-23 续表

项　　目	单　位	2010年	2011年	2012年	2013年	2014年	2015年
大牲畜	头	69050	71188	72329	74759	74817	74510
牛	头	69050	71188	72329	74759	74817	74510
#乳　牛	头	7168	8082	7300	7014	7253	7434
#役　畜	头	19018	18958	18142	17395	16909	16737
猪	头	1759074	1827694	1867715	1788827	1622463	1502979
#能繁殖母猪	头	166887	172215	191235	180990	160121	153668
羊	只	259029	267577	283624	293696	311379	333259
蜜蜂箱数	箱	46805	48275	47922	49407	47597	49614
家　兔	只	1296344	1362616	1298219	1310769	1371453	1486117
家　禽	只	14243604	14685156	13617748	13232381	11658765	10795205

5-24 淡水产品产量

单位:吨

项目	1995年	2000年	2005年	2006年	2007年	2008年	2009年
淡水产品产量	**83082**	**149340**	**159158**	**165612**	**185383**	**166919**	**179006**
#鱼类	77359	118596	128496	134808	163319	140378	153152
虾蟹类	472	1516	6867	7210	8124	9974	9189
贝类	4062	27728	22387	22412	12505	15121	15364
淡水养殖产量	78234		145212	190995	168290	152518	164951
#池塘			98722	94770	128395	115745	127087
水库			16455	49995	17599	15467	16650
河沟			10230	20970	5727	7939	8360
湖泊			4286	8505	913	2841	2906

5-24 续表

单位:吨

项　　目	2010 年	2011 年	2012 年	2013 年	2014 年	2015 年
淡水产品产量	**186610**	**198648**	**206357**	**221966**	**240085**	**253818**
#鱼　类	156261	160887	163063	175307	190048	191534
虾蟹类	15435	20701	25116	27652	30772	33427
贝　类	13873	15924	16531	17061	17230	12022
淡水养殖产量	172786	184179	191974	207581	225383	239006
#池　塘	142124	150153	155874	168932	183306	194460
水　库	16304	17100	18790	20062	21889	24111
河　沟	6407	6160	6488	7414	7962	8479
湖　泊	3210	3203	3439	3547	3660	3790

5-25 海水产品产量

单位:吨

项　　目	1995年	2000年	2005年	2006年	2007年	2008年	2009年
海水产品产量	**721312**	**1313621**	**1553678**	**1574844**	**1353005**	**1481336**	**1512123**
#鱼　类	486701	582172	699645	679973	543664	635820	636565
虾蟹类	28419	52964	67559	73181	63413	83613	91625
贝　类	134777	555200	623718	650981	574586	553018	553018
藻　类	66278	116223	146062	153454	157409	192757	189310
#海水养殖产量	194312	673686	797615	842736	752956	799279	825603
#鱼　类			34799	40396	41603	41256	46286
虾蟹类			14535	17621	13733	21303	27111
贝　类			601799	631238	525041	543808	562471
藻　类			145972	153344	172514	192757	189285
主要海水产品产量							
大黄鱼	5294	11328	18303	15230	21439	23187	18611
带　鱼	53347	73304	93216	81316	59982	105473	114225
鲳　鱼	9879	22973	29478	28363	23917	30344	30259
鳓　鱼	2324	3398	9035	9304	5218	14880	11529
马鲛鱼	5456	13930	19828	23913	15160	19581	20713
鲷　鱼		2660	4177	5179	4061	5679	8331
鲐　鱼	2130	2609	7280	11436	4471	4791	4889
鳗　鱼	27977	25623	36986	34820	26403	27553	35983
墨　鱼	1712	5632	5020	4298	2876	3861	6664
海蜇皮	3944	6415	3855	3868	4455	3272	4923
对　虾	2630	5419	12994	15258	14759	21605	25894
毛　虾	5290	11353	13446	13637	8022	8830	12490
梭子蟹	5904	13125	14475	16455	14487	18112	18112
蛏	30695	72139	69572	71691	66043	63231	66044
蛤			73275	84344	78260	81657	92377
蚶	35	1292	4280	4825	2433	2406	2525
牡　蛎	20381	363475	399617	420119	361962	347696	347696
海　带	59775	107387	129261	131650	135770	173700	169861
紫　菜	6432	8834	11171	13519	11029	11861	13185

5-25 续表 单位:吨

项　　目	2010 年	2011 年	2012 年	2013 年	2014 年	2015 年
海水产品产量	**1584436**	**1649270**	**1755850**	**1854988**	**1947308**	**2028361**
#鱼　类	648748	648626	664080	690520	701898	684761
虾蟹类	99484	105916	122602	130436	143028	144960
贝　类	598123	632268	668978	717098	761383	787799
藻　类	207371	226250	247604	271401	284667	326401
#海水养殖产量	879635	946091	1024919	1107384	1189546	1282872
#鱼　类	48434	53978	60913	66319	82589	99139
虾蟹类	32620	38553	51090	52507	61836	69332
贝　类	591066	625455	661636	710570	753613	780776
藻　类	207306	226205	247554	270951	283967	325376
主要海水产品产量						
大黄鱼	17653	17707	19358	21849	27081	29234
带　鱼	119086	119097	133630	120556	108765	80361
鲳　鱼	31314	34635	37260	44283	45450	30590
鳓　鱼	6360	6472	6303	6980	6357	4825
马鲛鱼	29325	25536	25988	26697	29840	21504
鲷　鱼	11832	13603	14384	16063	19488	25990
鲐　鱼	4817	4610	9077	15668	28164	32586
鳗　鱼	34482	35488	38168	39079	39501	33759
墨　鱼	6831	6699	9253	8443	9236	13752
海蜇皮	4202	4200	4353	8104	7674	7828
对　虾	31921	35925	47129	46148	53050	58911
毛　虾	12239	11824	10564	10788	10838	11172
梭子蟹	23599	24234	27108	30153	32492	32937
蛏	77336	83038	84845	84520	93742	95924
蛤	99519	102879	101160	112841	113836	119970
蚶	3205	3719	3979	4062	4075	3926
牡　蛎	350450	363809	384322	401769	422168	435134
海　带	175208	190224	211295	229359	240761	254840
紫　菜	13814	14577	15198	17549	16935	19079

5-26 按县(市)区分农林牧渔业总产值

单位:万元

县(市)区	农林牧渔业总产值		#农业产值	林业产值	牧业产值	渔业产值
	2015年	比上年增长(%)				
福州市	**7648776**	**4.0**	**2146577**	**223945**	**759043**	**4283273**
市　区						
仓山区	50932	1.7	27940		8016	5878
马尾区	96812	2.3	51280	400	10699	34128
晋安区	76689	-0.3	55399	2035	10921	4467
福清市	1562149	4.6	377869	5766	324444	789211
长乐市	823575	4.1	210796	1334	79656	510990
闽侯县	588670	4.5	400020	12336	102127	48710
连江县	2120891	5.1	130930	4326	43086	1902091
罗源县	602666	4.4	162946	6234	35425	374769
闽清县	427747	4.6	322522	40027	41298	20632
永泰县	618212	4.6	371444	150055	53942	32743
平潭县	680435	3.5	35430	1431	49430	559653

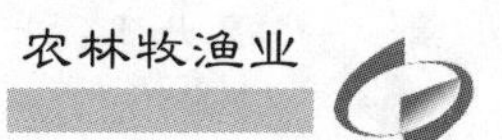

5-27 按县(市)区分主要农产品产量

单位:吨

县(市)区	粮食总产量		油料总产量		蔬菜总产量	
	2015 年	比上年增长(%)	2015 年	比上年增长(%)	2015 年	比上年增长(%)
福州市	**543437**	**-1.9**	**56380**	**6.0**	**3599961**	**5.2**
市　区	8076	-3.5	5	-16.7	290180	-8.0
仓山区					70628	-6.3
马尾区	3400	-4.9	5	-16.7	89454	-2.5
晋安区	4676	-2.3			130098	-12.3
福清市	111326	-2.4	36949	5.9	689019	9.2
长乐市	81044	-5.0	1758	-1.4	492142	5.8
闽侯县	64963	-0.2	1539	8.9	924908	6.3
连江县	51268	7.1	1481	14.2	134497	-6.4
罗源县	33582	-3.4	200	19.0	89421	6.0
闽清县	61758	-4.5	1266	8.1	442773	9.2
永泰县	110036	-2.1	5033	16.5	474227	6.5
平潭县	21384	0.9	8149	-0.2	62794	2.3

5-27 续表1 单位:吨

县(市)区	水果总产量		茶叶总产量		禽蛋总产量		牛奶总产量	
	2015年	比上年增长(%)	2015年	比上年增长(%)	2015年	比上年增长(%)	2014年	比上年增长(%)
福州市	**533792**	**7.5**	**27461**	**10.7**	**104157**	**2.1**	**17624**	**1.0**
市　区	23590	0.7	1480	10.6	3463	1.0	6788	0.2
仓山区	1308	7.1			1580	1.0	4650	1.0
马尾区	16733	-0.4			1351	2.0	1656	-0.2
晋安区	5549	2.9	1480	10.6	532	-1.8	482	-6.0
福清市	80915	6.6	230	6.0	48787	-5.7	1611	6.0
长乐市	26945	15.2	84	-2.3	14447	-5.8	3258	0.6
闽侯县	81173	4.8	748	6.9	8675	5.5	4864	1.9
连江县	31199	0.6	7118	9.9	10247	18.2	110	-32.1
罗源县	11098	5.7	7432	8.5	2289	4.0	638	2.2
闽清县	130938	8.4	2060	10.1	4031	-8.8	262	3.1
永泰县	145610	10.6	8309	14.4	2232	7.4	93	-4.1
平潭县	2324	3.6			9986	66.7		

5-27 续表2

单位:吨

县(市)区	肉类总产量		水产品产量		海水产品产量	
	2015年	比上年增长(%)	2015年	比上年增长(%)	2015年	比上年增长(%)
福州市	**247092**	**-5.9**	**2282179**	**4.3**	**2028361**	**4.2**
市 区	8179		103705	-14.7	84452	-18.0
仓山区	692	-0.7	9070	3.0	74	-1.3
马尾区	3227	4.8	21967	5.5	13285	6.6
晋安区	4260	-3.2	1575	3.6		
福清市	109434	-3.2	425309	5.8	319026	5.8
长乐市	22445	-22.1	161550	6.6	105832	4.5
闽侯县	36942	-12.4	31033	0.1	3025	-0.2
连江县	11911	-6.6	946800	6.7	939898	6.7
罗源县	11614	-4.2	152070	4.8	134813	4.9
闽清县	13093	-2.0	8943	8.1		
永泰县	14357	-19.0	11259	7.0		
平潭县	19117	32.4	441510	2.8	441315	2.8

5-28 按县(市)区分年末畜禽存栏数

(2015年)

县(市)区	猪		牛		羊		兔		禽	
	年末存栏(头)	比上年增长(%)	年末存栏(头)	比上年增长(%)	年末存栏(头)	比上年增长(%)	年末存栏(头)	比上年增长(%)	年末存栏(头)	比上年增长(%)
福州市	**1502979**	**-7.4**	**74510**	**-0.4**	**333259**	**7.0**	**1486117**	**8.4**	**10795205**	**-7.4**
市　区	31003	17.6	2955	6.8	5060	-5.0	1827	-14.2	472304	-10.2
仓山区	123	-1.6	1386	1.5	300				186660	-20.1
马尾区	17269	-10.4	925	-2.1	1106	-24.6			183886	-3.5
晋安区	13611	95.0	644	40.9	3654	2.6	1827	-14.2	101758	0.4
福清市	767497	2.5	29727	4.0	87422	8.0	441161	6.0	3360330	-16.0
长乐市	116721	-19.6	10916	3.4	11619	-0.4	273980	-9.5	1211780	2.8
闽侯县	196160	-31.7	8979	2.8	38509	4.4	34761		1694099	-4.0
连江县	81202	-14.8	5165	-1.4	2884	-89.6	273124	65.9	767998	0.7
罗源县	59143	-4.4	5563	2.3	40240	3.2	268141	1.4	272286	-22.9
闽清县	67039	2.1	2836	-45.4	27657	7.5	70545	2.4	1411435	13.2
永泰县	54831	-13.9	3884	-2.0	74465	16.3	87049	14.2	737588	-3.2
平潭县	129388	0.9	4485	3.3	19403	-3.7	35529	-14.2	867385	-18.5

5-29 按县(市)区分粮食播种面积和产量

(2015年)

单位:公顷、吨

县(市)区	粮食作物		春收粮食		夏收粮食		秋收粮食	
	播种面积	总产量	播种面积	总产量	播种面积	总产量	播种面积	总产量
福州市	**1534208**	**543437**	**141371**	**38660**	**305455**	**99069**	**1087382**	**405708**
市　区	21203	8076	196	57	3202	1167	17805	6852
马尾区	9255	3400	196	57	3047	1120	6012	2223
晋安区	11948	4676			155	47	11793	4629
福清市	313336	111326	19246	5248	100273	34768	193817	71310
长乐市	208607	81044	39816	12614	71807	27883	96984	40547
闽侯县	183737	64963	15830	4485	31287	8996	136620	51482
连江县	143799	51268	8789	2387	32338	9378	102672	39759
罗源县	104432	33582	8360	1027	4035	995	92037	31560
闽清县	173367	61758	6691	1567	19322	5732	147354	54459
永泰县	315862	110036	34806	9720	40321	9993	240735	90323
平潭县	69865	21384	7637	1555	2870	413	59358	19416

主要统计指标解释

乡镇个数 指农村中经省、自治区、直辖市人民政府批准成立的乡一级行政区划的数量。不包括城关镇、城市街道办事处、工矿区。

村委会个数 指农村中经上级政府批准,按居住地区设立的基层群众性自治组织的个数,含城关镇中的村。

乡村户数 是指长期(一年以上)居住在乡镇(不包括城关镇)行政管理区域内的住户,还包括居住在城关镇所辖行政村范围内的农村住户。户口不在本地而在本地居住一年及以上的住户也包括在本地农村住户内;有本地户口,但举家外出谋生一年以上的住户,无论是否保留承包耕地都不包括在本地农村住户范围内。不包括乡村地区内的国有经济的机关、团体、学校、企业、事业单位的集体户。

乡村人口数 指乡村地区常住居民户数中的常住人口数,即经常在家或在家居住6个月以上,而且经济和生活与本户连成一体的人口。外出从业人员在外居住时间虽然在6个月以上,但收入主要带回家中,经济与本户连为一体,仍视为家庭常住人口;在家居住,生活和本户连成一体的国家职工、退休人员也为家庭常住人口。但是现役军人、中专及以上(走读生除外)的在校学生、以及常年在外(不包括探亲、看病等)且已有稳定的职业与居住场所的外出从业人员,不应当作家庭常住人口。

乡村劳动力资源数 指乡村人口中劳动年龄以上(16周岁)能够参加生产经营活动的人员。

乡村从业人员 指乡村人口中16岁以上实际参加生产经营活动并取得实物或货币收入的人员,既包括劳动年龄内经常参加劳动的人员,也包括超过劳动年龄但经常参加劳动的人员。但不包括户口在家的在外学生、现役军人和丧失劳动能力的人,也不包括待业人员和家务劳动者。从业人员按从事主业时间最长(时间相同按收入)分为农业从业人员、工业从业人员、建筑业从业人员、交运仓储及邮政业从业人员、信息传输、计算机服务和软件业从业人员、批发与零售业从业人员、住宿和餐饮业从业人员、其他行业从业人员。

耕地 指种植农作物的土地,包括熟地,新开发、复垦、整理地,休闲地(含轮歇地、轮作地);以种植农作物(含蔬菜)为主,间有零星果树、桑树或其他树木的土地;平均每年能保证收获一季的已垦滩地和海涂。耕地中包括南方宽度<1.0米、北方宽度<2.0米固定的沟、渠、路和地坎(埂);临时种植中草药材、草皮、花卉、苗木等的耕地,以及其他临时改变用途的耕地。

农用化肥施用量 指本年度内实际用于农业生产的化学肥料数量,包括氮肥、磷肥、钾肥和复合肥。化肥施用量要求按折纯量计算数量,折纯量是指把氮肥、磷肥、钾肥分别按含氮、含五氧化二磷、含氧化钾的百分之一百成分进行折算后的数量。复合肥按其所含主要成份折算。计算公式为:

折纯量=实物量×某种化肥有效成份含量的百分比

农作物播种面积 指实际播种或移植的面积。凡是实际种植有农作物的面积,不论种植在耕地还是非耕地上,也不论面积大小,均应如实统计,种什么就报什么,种多少就报多少,不得遗漏。时改变用途的耕地。

粮食产量 指全社会的产量。包括国有经济经营的、集体统一经营的和农民家庭经营的粮食产量,还包括工矿企业办的农场和其他生产单位的产量。粮食除包括稻谷、小麦、玉米、高粱、谷子及其他杂粮外,还包括薯类和豆类。其产量计算方法,豆类按去豆荚后的干豆计算;薯类(包括甘薯和马铃薯,不包括芋头和木薯)1963年以前按每4公斤鲜薯折1公斤粮食计算,从1964年开始及以后改为按5公斤鲜薯折1公斤粮食计算。城市郊区作为蔬菜的薯类(如马铃薯等到)按鲜品计算,并且不作粮食统计。其他粮食一律按脱粒后的原粮计算。

农林牧渔业总产值 指以货币表现的农、林、牧、渔全部产品和对农业生产进行各种支持性服务活动的总量,它反映一定时期内生产的总规模和总成果。从2003年开始农林牧渔业总产值执行新的国民经济行业分类标准,包括农业、林业、牧业、渔业及农林牧渔业服务业,不再包括农民家庭兼营商品性工业。

农林牧渔业中间消耗 指各种经济类型的农业生产单位和农户在农业生产经营过程中投入(或消耗)的

各种物质产品和劳务价值的总和。包括中间物质消耗和中间劳务消耗两个部分。计入中间消耗必须具备以下两个条件:一是与总产出相对应的生产过程中消耗的物质产品和劳务活动;二是本期投入并一次消耗的不属于固定资产的非耐用品。

农林牧渔业增加值 指各种经济类型的农业生产单位和农户从事生产经营活动所提供的社会最终产品的货币表现。增加值的计算方法有两种,一是生产法:农林牧渔业增加值=农林牧渔业总产出-农林牧渔业中间消耗;二是分配法:农林牧渔业增加值=固定资产折旧+劳动者报酬+生产税净额(生产税-生产补贴)+营业盈余。

6 工业、交通邮电业

6-1 主要年份工业总产值和工业增加值

单位:万元

年份	工业总产值	工业总产值指数		工业增加值	工业增加值指数	
		以上年为100	以1952年为100		以上年为100	以1952年为100
1952	8355	130.8	100.0	2339	160.0	100.0
1957	18007	213.5	213.5	5041	100.6	215.5
1962	26731	147.1	314.2	7484	86.0	320.0
1965	45882	169.5	532.7	12846	131.1	549.2
1970	67104	149.6	796.9	18789	118.5	803.3
1975	121433	176.3	1405.0	34001	109.9	1453.7
1978	161815	134.6	1890.4	45308	123.4	1937.1
1979	180624	111.2	2101.4	50574	111.4	2162.2
1980	199379	113.2	2378.1	55826	111.3	2386.8
1985	451290	118.1	5254.2	143136	136.8	6119.5
1990	1372762	110.6	13008.4	345036	79.0	14751.4
1995	5068178	111.1	44141.6	1300113	118.3	48430.8
2000	11238509	109.5	119234.2	3211520	114.8	124540.1
2001	11626438	111.0	132397.0	3469752	111.8	139235.9
2002	13429129	118.5	156894.1	3853609	115.7	161096.2
2003	16270890	121.9	185113.8	4638391	118.8	191382.4
2004	19920952	118.9	220100.3	5395622	115.0	220099.9
2005	22099921	111.5	245412.2	5641988	105.0	232205.4
2006	25459605	119.5	293267.3	6018520	108.3	251478.4
2007	30806322	121.8	357199.6	6995548	113.8	286182.5
2008	35845790	117.5	419709.5	7912404	113.2	323958.6
2009	39656460	113.6	476790.0	8916393	113.7	368340.9
2010	48690545	121.7	580253.3	11275850	118.8	437589.0
2011	58733583	115.8	671933.3	13551859	115.2	504102.5
2012	63532523	115.3	774739.1	14819871	114.1	575181.0
2013	72539832	114.1	883977.3	16545111	113.2	651104.9
2014	80097616	112.3	992706.5	18168681	111.7	727284.2
2015	81952182	109.6	1081057.4	18752552	106.8	776739.5

6-2 “规模以上”工业企业单位数

单位:个

项目	2003年	2004年	2005年	2006年	2007年	2008年
合计	**1901**	**2345**	**2359**	**2470**	**2656**	**2902**
一、按轻重工业分						
轻工业	1112	1356	1363	1419	1520	1644
重工业	789	989	996	1051	1136	1257
二、按企业规模分						
大型企业	10	12	11	13	15	18
中型企业	169	196	223	257	282	315
小型企业	1722	2137	2125	2200	2359	2568
微型企业						
三、按登记注册类型分						
内资企业	1129	1437	1426	1489	1649	1855
港澳台商投资企业	470	502	500	532	545	562
外商投资企业	302	406	433	449	462	485
四、按经济组织类型分						
独资企业	921	942	883	896	889	902
合作、合伙企业	138	106	100	85	81	85
股份有限公司	60	62	69	65	71	64
有限责任公司	782	1235	1307	1424	1615	1851

注:1.2011年起规模以上工业企业指年主营业务收入2000万元及以上工业企业,下同。
2.2011年起增加微型企业规模分类,故企业数与往年不可比,下同。

6-2 续表

单位：个

项目	2009年	2010年	2011年	2012年	2013年	2014年	2015年
合计	**2889**	**2879**	**2050**	**2119**	**2205**	**2275**	**2302**
一、按轻重工业分							
轻工业	1647	1660	1153	1182	1229	1262	1281
重工业	1242	1219	897	937	976	1013	1021
二、按企业规模分							
大型企业	20	26	81	81	85	84	92
中型企业	299	327	401	471	468	484	476
小型企业	2570	2526	1493	1526	1603	1647	1654
微型企业			75	41	49	60	80
三、按登记注册类型分							
内资企业	1883	1889	1318	1403	1508	1610	1665
港澳台商投资企业	545	547	394	383	371	349	346
外商投资企业	461	443	338	333	326	316	291
四、按经济组织类型分							
独资企业	851	837	577	562	520	484	459
合作、合伙企业	68	67	66	61	35	27	28
股份有限公司	67	72	65	65	83	90	105
有限责任公司	1903	1903	1342	1431	1567	1674	1710

6-3 “规模以上”工业总产值

单位:亿元

项　　目	2011 年	2012 年	2013 年	2014 年	2015 年
合　计	**5321.18**	**5954.89**	**6786.33**	**7495.26**	**7845.00**
#国有及国有控股企业	887.81	917.09	1034.42	1095.82	1124.01
农村工业	24.65	15.47	12.53	13.54	10.92
“规模以上”工业总产值比上年增长(%)	**16.1**	**15.7**	**14.4**	**12.4**	**9.7**
一、按轻重工业分					
轻工业	2190.57	2665.90	3113.75	3551.96	3911.87
重工业	3130.61	3288.99	3672.58	3943.29	3933.13
二、按企业规模分					
大型企业	1871.23	2274.33	2492.15	2586.40	2791.14
中型企业	1687.82	1896.82	2246.79	2694.66	2616.77
小型企业	1632.75	1762.64	2023.17	2168.32	2294.67
微型企业	129.37	21.10	24.22	45.88	142.43
三、按登记注册类型分					
国有企业	368.14	405.31	222.30	203.09	176.18
集体企业	84.84	32.69	30.05	34.91	35.77
股份合作企业	2.37	2.16	3.53	4.21	4.34
联营企业	46.50	63.74	50.53	59.77	49.73
有限责任公司	678.77	801.18	1264.88	1535.43	1722.45
股份有限公司	149.88	147.90	208.92	260.67	477.18
私营企业	1319.77	1691.47	1998.35	2251.55	2502.79
其他企业	27.29	40.53	16.33	4.85	11.21
港澳台商投资企业	1436.54	1438.58	1581.41	1658.84	1673.76
外商投资企业	1207.07	1331.32	1410.02	1481.95	1191.60
四、按国民经济行业分					
煤炭开采和洗选业	2.34				
有色金属矿采选业	1.71	2.17			
非金属矿采选业	25.91	26.53	25.93	23.59	21.82
农副食品加工业	378.16	456.10	520.53	589.20	634.89
食品制造业	91.83	104.03	96.14	106.84	119.37
酒、饮料和精制茶制造业	47.51	58.09	74.77	82.76	91.52
烟草制品业	1.15	1.85	2.73	3.30	3.00

6-3 续表 单位:亿元

项　　目	2011 年	2012 年	2013 年	2014 年	2015 年
纺织业	486.96	570.36	718.59	808.41	850.01
纺织服装、服饰业	103.38	99.83	110.55	127.44	139.61
皮革、毛皮、羽毛及其制品和制鞋业	267.94	322.33	382.72	436.94	492.52
木材加工和木、竹、藤、棕、草制品业	22.56	22.94	31.91	37.33	37.73
家具制造业	59.18	68.95	76.23	81.67	87.50
造纸和纸制品业	46.07	55.72	57.51	61.05	69.44
印刷和记录媒介复制业	14.09	20.87	31.26	37.95	46.13
文教、工美、体育和娱乐用品制造业	100.04	165.26	153.92	186.02	209.37
石油加工、炼焦和核燃料加工业	37.65	50.85	36.29	37.57	23.64
化学原料和化学制品制造业	69.81	88.39	103.94	130.17	160.89
医药制造业	56.71	62.61	72.59	78.97	83.49
化学纤维制造业	256.01	354.65	460.04	572.05	673.27
橡胶和塑料制品业	226.05	236.95	254.16	261.74	270.02
非金属矿物制品业	252.88	286.94	351.71	408.94	419.64
黑色金属冶炼和压延加工业	486.55	505.54	574.42	589.99	428.22
有色金属冶炼和压延加工业	96.83	99.08	130.07	158.76	171.10
金属制品业	76.20	93.14	108.37	133.63	160.89
通用设备制造业	103.51	115.00	112.82	131.69	138.14
专用设备制造业	91.98	88.64	96.30	94.81	107.04
汽车制造业	281.78	283.66	297.61	289.95	292.20
铁路、船舶、航空航天和其他运输设备制造业	92.45	97.00	104.62	137.13	124.21
电气机械和器材制造业	263.74	312.49	384.44	413.94	438.14
计算机、通信和其他电子设备制造业	733.63	712.61	769.09	822.21	891.65
仪器仪表制造业	50.26	47.49	44.31	54.31	63.29
其他制造业	13.23	15.24	15.19	11.94	14.47
废弃资源综合利用业	1.29	2.39	3.14	3.63	2.27
金属制品、机械和设备修理业	12.21	17.03	18.80	21.51	26.63
电力、热力生产和供应业	454.50	485.78	535.90	526.77	520.97
燃气生产和供应业	9.23	15.58	19.77	21.41	22.42
水的生产和供应业	5.84	8.80	9.95	11.64	9.50

6-4 “规模以上”工业主要产品产量

品 名	单 位	2005年	2006年	2007年	2008年	2009年
食用植物油	万吨	9.12	11.63	26.29	18.05	18.42
啤 酒	万升	8.13	9.68	9.55	9.05	9.55
软饮料	万吨	30.44	44.04	51.36	66.04	58.28
精制茶	万吨	0.45	0.48	0.53	0.67	0.29
纱	万吨	47.09	78.89	83.88	99.33	114.31
布	万米	10849	13227	17397	13109	13946
#棉 布	万米	2964	3598	5041	8937	7211
棉混纺布	万米	232	414	430	831	2845
化学纤维布	万米	7653	9215	11926	3341	3890
服 装	万件	3294	3013	2867	4453	4283
皮 鞋	万双	4807	5259	4836	4981	5833
纯 碱	万吨	17.73	19.80	18.88	18.02	19.28
氮 肥	万吨	6.53	9.52	6.67	4.89	5.57
化学纤维	万吨	13.74	30.87	45.97	74.41	91.50
塑料制品	万吨	49.36	45.37	55.93	75.31	70.10
花岗石板材	万平方米	2801.58	2924.05	4032.37	5280.03	6101.38
粗 钢	万吨	13.80	45.43	69.31	175.73	179.19
钢 材	万吨	129.79	205.44	327.93	257.05	384.08
泵	万台	17.82	12.69	82.73	97.62	61.07
汽 车	万辆	6.67	5.72	6.95	4.49	9.65
交流电动机	万千瓦	23.72	25.82	29.51	26.98	22.01
电力变压器	万千伏安	336.45	387.90	443.06	385.18	353.38
显示器	万台	2240.15	2646.41	2902.42	2692.61	2381.14
彩色显像管	万只	1189.50	900.50	1092.67	882.69	350.42
彩色电视机	万部	22.70	33.65	38.18	381.90	327.60
钟	万只	2429.43	2060.98	2374.70	4118.21	2868.42
发电量	亿千瓦小时	157.41	173.27	212.59	280.82	328.68
#水 电	亿千瓦小时	60.99	67.92	56.18	57.10	49.24

6-4 续表

品 名	单 位	2010 年	2011 年	2012 年	2013 年	2014 年	2015 年
食用植物油	万吨	29.30	19.33	16.34	19.58	68.38	71.90
啤 酒	万升	9.53	9.04	10.85	12.44	11.12	10.55
软饮料	万吨	75.15	74.03	91.46	127.80	134.97	91.19
精制茶	万吨	0.38	0.46	0.79	1.02	0.44	0.78
纱	万吨	133.18	159.95	198.19	213.91	241.66	255.88
布	万米	19626	26589	28371	35490	55585	54449
#棉 布	万米	11574	19517	16320	14992	24759	23110
棉混纺布	万米	4177	6072	7571	8176	14987	14819
化学纤维布	万米	3875	1000	4480	12322	15839	16520
服 装	万件	4927	4840	8449	9478	11024	10760
皮 鞋	万双	8283	9396	13294	14988	8015	12511
纯 碱	万吨	17.07	9.27				
氮 肥	万吨	4.88	3.28				
化学纤维	万吨	105.46	105.09	135.16	211.40	247.28	337.55
塑料制品	万吨	74.46	83.80	104.08	99.68	99.03	104.56
花岗石板材	万平方米	7417.82	8096.96	9606.84	12851	14255	17299
粗 钢	万吨	428.19	502.15	618.77	682.45	770.64	581.43
钢 材	万吨	440.16	629.62	738.78	865.67	851.08	838.65
泵	万台	68.90	78.36	63.81	88.64	94.41	120.60
汽 车	万辆	14.08	13.10	12.65	13.92	9.30	9.86
交流电动机	万千瓦	1.06		14.06	16.70	24.39	31.74
电力变压器	万千伏安	551.05	256.30	346.05	343.09	485.03	479.77
显示器	万台	2710.88	3064.81	2988.06	3330.18	3076.95	2884.49
彩色显像管	万只	465.25	230.33				
彩色电视机	万部	267.25	142.99	146.93	169.91	240.89	299.05
钟	万只	3795.40	3338.50	3833.83	2984.26	2689.33	3337.79
发电量	亿千瓦小时	341.98	460.98	419.55	431.47	446.50	459.01
#水 电	亿千瓦小时	80.30	44.79	81.94	63.80	73.90	80.51

6-5 “规模以上”工业主要经济指标

（2015年）　　单位：万元

项　　目	企业单位数（个）	工业总产值	资产总计	主营业务收　入	利润总额	从业人员年平均人数（人）
合　计	**2302**	**78450045**	**59549101**	**74486989**	**3844269**	**660928**
#亏损企业	228	4916906	6070924	4302365	-438985	53475
国有控股企业	92	11240088	19793290	10638421	454730	57951
农村工业	12	109240	20776	108538	5564	2070
一、按轻重工业分						
轻工业	1281	39118744	21449400	37296933	2036606	402379
重工业	1021	39331301	38099700	37190055	1807663	258549
二、按企业规模分						
大型企业	92	27911402	26081190	26377673	1392738	214180
中型企业	476	26167667	17235910	24905117	1148757	249072
小型企业	1654	22946704	14778633	21891360	1263007	196279
微型企业	80	1424271	1453368	1312838	39767	1397
三、按登记注册类型分：						
内资企业	1665	49796464	40804675	47641739	2479787	371781
国有企业	10	1761758	2303975	1781298	62021	5277
中央企业	2	1368845	1732074	1429953	23194	2424
地方企业	8	392914	571901	351345	38827	2853
集体企业	20	357715	48762	354456	20920	5019
股份合作企业	1	43363	6660	26150	4311	671
联营企业	8	497291	113228	500596	35034	2675
国有联营企业						
集体联营企业	3	65944	8594	65935	6016	901
国有与集体联营企业	1	2349	871	2349	10	29
其他联营企业	4	428998	103763	432311	29008	1745
有限责任公司	498	17224523	18154851	16298587	717106	106251
国有独资公司	18	2587894	2829471	2490778	118548	7122
其他有限责任公司	480	14636629	15325381	13807809	598557	99129
股份有限公司	62	4771760	7831818	4456416	332459	35458
私营企业	1061	25027925	12278545	24113034	1300006	215079
私营独资企业	20	350663	74870	346358	28179	5155
私营合作企业	7	131367	30723	131087	12832	1158
私营有限责任公司	1004	23951203	11705761	23074757	1225682	203758
私营股份有限公司	30	594693	467190	560832	33314	5008
其他企业	5	112128	66836	111202	7932	1351
港、澳、台商投资企业	346	16737558	11503748	15638204	664005	143629
合资经营企业（港或澳、台资）	112	5069554	3037721	4758031	239046	39594

6-5 续表 （2015年） 单位：万元

项　　目	企业单位数（个）	工业总产值	资产总计	主营业务收　入	利润总额	从业人员年平均人数（人）
合作经营企业（港或澳、台资）	2	39987	7010	39987	3804	833
港澳台商独资经营企业	225	9982021	5565693	9069202	136047	95800
港澳台商投资股份有限公司	7	1645996	2893324	1770984	285108	7402
外商投资企业	291	11916023	7240677	11207046	700477	145518
中外合资经营企业	96	5769699	3877218	5383590	199579	52110
中外合作经营企业	5	97436	51867	97319	8232	851
外资企业	184	5639753	3171880	5372070	481872	89940
外商投资股份有限公司	6	409135	139712	354067	10793	2617
四、按经济组织类型分						
独资企业	459	18091909	11165181	16923385	729039	201191
国有企业	10	1761758	2303975	1781298	62021	5277
集体企业	20	357715	48762	354456	20920	5019
私营独资企业	20	350663	74870	346358	28179	5155
港澳台商独资经营企业	225	9982021	5565693	9069202	136047	95800
外资企业	184	5639753	3171880	5372070	481872	89940
合作、合伙企业	28	921573	276325	906341	72144	7539
股份合作企业	1	43363	6660	26150	4311	671
国有联营企业						
集体联营企业	3	65944	8594	65935	6016	901
国有与集体联营企业	1	2349	871	2349	10	29
其他联营企业	4	428998	103763	432311	29008	1745
私营合伙企业	7	131367	30723	131087	12832	1158
合作经营企业（港或澳、台资）	2	39987	7010	39987	3804	833
中外合作经营企业	5	97436	51867	97319	8232	851
其他企业（内资）	5	112128	66836	111202	7932	1351
股份有限公司	105	7421584	11332045	7142299	661674	50485
股份有限公司（内资）	62	4771760	7831818	4456416	332459	35458
私营股份有限公司	30	594693	467190	560832	33314	5008
港澳台商投资股份有限公司	7	1645996	2893324	1770984	285108	7402
外商投资股份有限公司	6	409135	139712	354067	10793	2617
有限责任公司	1710	52014978	36775551	49514964	2381412	401713
国有独资公司	18	2587894	2829471	2490778	118548	7122
私营有限责任公司	1004	23951203	11705761	23074757	1225682	203758
合资经营企业（港或澳、台资）	112	5069554	3037721	4758031	239046	39594
中外合资经营企业	96	5769699	3877218	5383590	199579	52110
其他有限责任公司	480	14636629	15325381	13807809	598557	99129

6-6 按行业分"规模以上"工业主要经济指标

（2015年）　　单位：万元

项目	企业单位数（个）	工业总产值	工业销售产值	#出口交货值	资产总计	#流动资产合计
总计	**2302**	**78450045**	**75932125**	**16015603**	**59549101**	**28080337**
非金属矿采选业	5	218173	218162		20356	14105
农副食品加工业	194	6348901	6172461	1414540	2905209	2149331
食品制造业	54	1193677	1158886	25195	635945	335951
酒、饮料和精制茶制造业	34	915195	936458	23996	412933	218035
烟草制品业	1	30033	27370	38	45308	32061
纺织业	288	8500068	8449490	251607	5842199	2864799
纺织服装、服饰业	69	1396113	1376331	557553	488954	323124
皮革、毛皮、羽毛及其制品和制鞋业	131	4925211	4862935	2699080	1070697	724057
木材加工和木、竹、藤、棕、草制品业	31	377272	372122	6912	148307	103222
家具制造业	49	875030	870211	391384	339572	206644
造纸和纸制品业	56	694403	684078	95053	333234	169876
印刷和记录媒介复制业	28	461276	448235	367	311726	141971
文教、工美、体育和娱乐用品制造业	124	2093695	2036560	986960	895120	625477
石油加工、炼焦和核燃料加工业	7	236433	236920	892	151915	81957
化学原料和化学制品制造业	61	1608889	1498863	95489	1840870	504335
医药制造业	25	834869	793461	68226	691983	435961
化学纤维制造业	33	6732731	6429862	158143	4418958	2117585
橡胶和塑料制品业	122	2700202	2684048	217777	1765726	1095105
非金属矿物制品业	252	4196431	4040949	400540	4497588	2638673
黑色金属冶炼和压延加工业	38	4282176	3937063	85580	2847218	1389113
有色金属冶炼和压延加工业	19	1711002	1641000	85101	878359	323681
金属制品业	66	1608927	1579569	246559	866948	478404
通用设备制造业	90	1381432	1329996	260238	1077121	703918
专用设备制造业	68	1070429	950216	27886	753660	397142
汽车制造业	100	2921990	2764295	398391	2402558	1405631
铁路、船舶、航空航天和其他运输设备制造业	23	1242113	1222805	562416	1488445	1150584
电气机械和器材制造业	123	4381379	4171533	1107730	2656768	1796527
计算机、通信和其他电子设备制造业	106	8916519	8502212	5525807	5263639	3926553
仪器仪表制造业	37	632898	624077	291532	409124	248939
其他制造业	4	144695	141022	25538	133307	105430
废弃资源综合利用业	6	22715	20478		65884	31288
金属制品、机械和设备修理业	8	266333	263538	5077	297221	36546
电力、热力生产和供应业	34	5209723	5181458		12696676	1083625
燃气生产和供应业	7	224160	213024		197659	67381
水的生产和供应业	9	94956	92438		697915	153309

6-6 续表1 （2015年） 单位:万元

项目	固定资产合计	固定资产原价	负债合计	#流动负债合计	所有者权益合计	主营业务收入	主营业务成本
总计	**20819615**	**31670910**	**34510181**	**23248804**	**24818339**	**74486989**	**65125319**
非金属矿采选业	4992	1487	5160	5160	15196	218162	174567
农副食品加工业	436538	680683	1885126	1776314	1017488	6129457	5516140
食品制造业	184464	279080	323339	298391	312605	1161817	958405
酒、饮料和精制茶制造业	158033	233558	192971	164187	219963	945182	746375
烟草制品业	11267	21022	17870	17870	27438	27370	17774
纺织业	2209843	3083981	2894167	2437775	2902798	8348990	7347793
纺织服装、服饰业	122440	147172	298287	288800	190668	1324094	1211503
皮革、毛皮、羽毛及其制品和制鞋业	217884	415790	518606	385027	551624	4857057	4218978
木材加工和木、竹、藤、棕、草制品业	39921	56709	50577	49618	97729	351997	311354
家具制造业	83785	135717	164490	152260	173804	842504	738392
造纸和纸制品业	121398	136485	175346	140378	157888	678442	591703
印刷和记录媒介复制业	71468	135445	138038	127090	173688	442472	389749
文教、工美、体育和娱乐用品制造业	154668	289267	501427	451853	392820	1960340	1733089
石油加工、炼焦和核燃料加工业	63487	76706	70662	69180	81253	221926	216746
化学原料和化学制品制造业	990724	1077285	1161062	504637	674182	1468826	1284852
医药制造业	138687	216490	267872	253262	424111	696488	513601
化学纤维制造业	2059842	3381033	2995287	1802439	1408671	5969280	5203966
橡胶和塑料制品业	401256	599343	1127505	995122	616463	2547202	2300248
非金属矿物制品业	980542	1662031	1998814	1700587	2477227	4258498	3609208
黑色金属冶炼和压延加工业	1085694	1785999	1844192	1366151	1034535	3852507	3738199
有色金属冶炼和压延加工业	400511	452067	517308	448081	306069	1628782	1487517
金属制品业	192626	254310	461915	377704	396526	1504909	1346271
通用设备制造业	218724	323919	498796	454422	553183	1286964	1048895
专用设备制造业	171772	264346	356625	297114	393998	897657	768686
汽车制造业	598963	1322790	1137438	963259	1256024	2717485	2265209
铁路、船舶、航空航天和其他运输设备制造业	147450	223865	1165500	979662	322944	1221493	1094454
电气机械和器材制造业	503181	659331	1422679	1314677	1207322	4012304	3554507
计算机、通信和其他电子设备制造业	566562	1414512	2795471	2651513	2461756	8403604	7399892
仪器仪表制造业	115889	123084	121095	110683	288029	608685	508309
其他制造业	9323	20965	77320	76628	55987	140457	122734
废弃资源综合利用业	10854	14957	47987	16947	14134	23061	20887
金属制品、机械和设备修理业	180119	191535	183581	95591	113639	259120	197985
电力、热力生产和供应业	7666242	11336308	8659090	2308371	4037585	5164838	4245128
燃气生产和供应业	54023	100738	104537	101962	93122	221739	175076
水的生产和供应业	446443	552903	330043	66090	367872	93281	67127

6-6 续表2　　(2015年)　　单位:万元

项　　目	主营业务税金及附加	利润总额	应交所得税	亏损企业亏损总额	利税总额	本年应交增值税	全部从业人员年平均人数(万人)
总　　计	**490665**	**3844269**	**395888**	**438985**	**6014442**	**1670570**	**66.09**
非金属矿采选业	10549	24951	1567		46864	11364	0.27
农副食品加工业	20543	312999	23710	7156	467120	132772	3.47
食品制造业	4252	77345	6470	6540	124302	42705	1.42
酒、饮料和精制茶制造业	10072	62427	5145	4062	101296	28797	0.98
烟草制品业	182	2861	746		4778	1735	0.04
纺织业	20210	453591	25541	10144	555358	81259	7.20
纺织服装、服饰业	5134	30045	3532	1026	71597	36375	2.51
皮革、毛皮、羽毛及其制品和制鞋业	18620	356432	22066	1273	505824	130750	9.51
木材加工和木、竹、藤、棕、草制品业	6474	16016	1754		28895	6270	0.50
家具制造业	5034	23627	2577	915	44263	14227	1.34
造纸和纸制品业	4098	24765	4310	2924	41348	11197	0.80
印刷和记录媒介复制业	3094	19807	2302	226	39434	15812	0.60
文教、工美、体育和娱乐用品制造业	10998	66807	7074	2345	124788	46880	4.08
石油加工、炼焦和核燃料加工业	607	-3406	432	7008	-1077	1722	0.15
化学原料和化学制品制造业	4890	39609	11719	58521	87184	42606	1.26
医药制造业	4573	73905	9835	294	104303	25564	0.89
化学纤维制造业	6901	309641	12404	1523	413304	96760	1.55
橡胶和塑料制品业	11595	87827	13409	5381	143594	43502	2.54
非金属矿物制品业	39898	431781	22434	146439	576336	104035	4.43
黑色金属冶炼和压延加工业	11697	-41426	728	132995	76538	106267	1.52
有色金属冶炼和压延加工业	5565	57275	11802	4797	110781	47942	0.73
金属制品业	4715	69418	5220	591	105150	30955	1.06
通用设备制造业	9107	91144	14284	1772	148120	47798	1.56
专用设备制造业	4474	48726	5926	3848	83490	30277	1.10
汽车制造业	73298	134111	25589	24647	282938	75193	3.02
铁路、船舶、航空航天和其他运输设备制造业	4958	54685	9176		66976	7331	0.63
电气机械和器材制造业	19375	142844	20213	2863	231068	67779	3.51
计算机、通信和其他电子设备制造业	21965	329692	41203	8668	460504	108723	6.34
仪器仪表制造业	3497	33057	2418	168	52209	15584	0.82
其他制造业	1635	4405	398		10290	4250	0.29
废弃资源综合利用业	160	96	167	647	665	409	0.02
金属制品、机械和设备修理业	1383	34164	349	28	41025	5478	0.21
电力、热力生产和供应业	139801	443303	75607	1345	826851	243127	1.29
燃气生产和供应业	915	22852	4297		26072	2305	0.17
水的生产和供应业	398	8894	1483	837	12257	2824	0.32

6-7 规模以上工业主要经济效益指标

（2015 年）

项　　目	总资产贡献率（%）	资产负债率（%）	流动资产周转率（次/年）	成本费用利润率（%）	产品销售率（%）
总　计	**11.46**	**57.95**	**2.68**	**5.40**	**96.79**
#亏损企业	-3.71	60.96	1.84	-9.31	92.39
国有控股企业	6.83	65.21	2.46	4.45	95.76
农村工业	47.64	44.36	8.55	5.37	99.78
一、按轻重工业分					
轻工业	15.23	55.22	3.11	5.76	97.86
重工业	9.35	59.49	2.36	5.05	95.72
二、按企业规模分					
大型企业	9.66	63.41	2.53	5.48	95.99
中型企业	12.68	53.66	2.93	4.84	96.83
小型企业	13.72	51.95	2.72	6.08	97.58
微型企业	6.51	71.87	1.61	3.14	99.15
三、按登记注册类型分：					
内资企业	11.01	58.92	2.97	5.48	97.64
国有企业	9.61	68.80	4.95	3.69	99.72
中央企业	9.45	71.06	9.16	1.72	100.00
地方企业	10.10	61.92	1.75	11.73	98.76
集体企业	81.19	46.45	10.86	6.34	99.21
股份合作企业	94.59	42.97	7.85	18.20	100.00
联营企业	40.83	40.07	15.11	7.58	102.09
国有联营企业					
集体联营企业	133.73	18.43	21.82	10.60	99.99
国有与集体联营企业	32.12	47.26	7.71	0.41	100.68
其他联营企业	33.20	41.80	14.51	7.19	102.42
有限责任公司	8.03	66.32	3.01	4.59	96.71
国有独资公司	11.60	66.63	7.90	5.08	99.16
其他有限责任公司	7.37	66.26	2.71	4.50	96.28
股份有限公司	7.74	52.35	1.22	7.85	96.02
私营企业	17.16	50.69	3.72	5.72	98.31
私营独资企业	65.82	26.16	11.20	8.94	99.48
私营合作企业	74.67	15.54	14.61	11.31	99.79
私营有限责任公司	16.95	51.42	3.75	5.63	98.33
私营股份有限公司	10.77	38.76	1.94	6.28	96.50
其他企业	14.93	31.99	3.52	7.73	100.08
港、澳、台商投资企业	9.99	57.59	2.22	4.34	95.11
合资经营企业（港或澳、台资）	12.33	60.91	2.73	5.19	96.08

6-7 续表 (2015年)

项　　目	总资产贡献率(%)	资产负债率(%)	流动资产周转率(次/年)	成本费用利润率(%)	产品销售率(%)
合作经营企业(港或澳、台资)	84.28	30.79	15.04	10.26	100.00
港澳台商独资经营企业	7.66	60.42	2.48	1.53	94.15
港澳台商投资股份有限公司	11.82	48.74	1.11	15.93	97.76
外商投资企业	16.36	53.08	2.39	6.56	95.62
中外合资经营企业	12.11	62.18	2.21	3.80	93.09
中外合作经营企业	20.44	29.13	4.33	9.15	99.86
外资企业	21.63	42.46	2.50	9.69	98.04
外商投资股份有限公司	13.09	50.39	4.31	2.98	96.85
四、按经济组织类型分					
独资企业	12.74	56.75	2.71	4.51	96.11
国有企业	9.61	68.80	4.95	3.69	99.72
集体企业	81.19	46.45	10.86	6.34	99.21
私营独资企业	65.82	26.16	11.20	8.94	99.48
港澳台商独资经营企业	7.66	60.42	2.48	1.53	94.15
外资企业	21.63	42.46	2.50	9.69	98.04
合作、合伙企业	36.90	33.17	8.87	8.70	101.09
股份合作企业	94.59	42.97	7.85	18.20	100.00
国有联营企业					
集体联营企业	133.73	18.43	21.82	10.60	99.99
国有与集体联营企业	32.12	47.26	7.71	0.41	100.68
其他联营企业	33.20	41.80	14.51	7.19	102.42
私营合伙企业	74.67	15.54	14.61	11.31	99.79
合作经营企业(港或澳、台资)	84.28	30.79	15.04	10.26	100.00
中外合作经营企业	20.44	29.13	4.33	9.15	99.86
其他企业(内资)	14.93	31.99	3.52	7.73	100.08
股份有限公司	8.97	50.85	1.27	9.56	96.49
股份有限公司(内资)	7.74	52.35	1.22	7.85	96.02
私营股份有限公司	10.77	38.76	1.94	6.28	96.50
港澳台商投资股份有限公司	11.82	48.74	1.11	15.93	97.76
外商投资股份有限公司	13.09	50.39	4.31	2.98	96.85
有限责任公司	11.65	60.69	3.14	5.04	96.99
国有独资公司	11.60	66.63	7.90	5.08	99.16
私营有限责任公司	16.95	51.42	3.75	5.63	98.33
合资经营企业(港或澳、台资)	12.33	60.91	2.73	5.19	96.08
中外合资经营企业	12.11	62.18	2.21	3.80	93.09
其他有限责任公司	7.37	66.26	2.71	4.50	96.28

6-8 按行业分“规模以上”工业企业主要经济效益指标

（2015年）

项目	总资产贡献率（%）	资产负债率（%）	流动资产周转率（次/年）	成本费用利润率（%）	产品销售率（%）
总计	**11.46**	**57.95**	**2.68**	**5.40**	**96.79**
非金属矿采选业	229.67	25.35	15.47	13.62	100.00
农副食品加工业	16.59	64.89	2.88	5.33	97.22
食品制造业	20.44	50.84	3.48	7.03	97.09
酒、饮料和精制茶制造业	25.24	46.73	4.41	7.11	102.32
烟草制品业	11.10	39.44	0.85	11.75	91.13
纺织业	11.70	49.54	2.92	5.75	99.40
纺织服装、服饰业	15.33	61.00	4.11	2.33	98.58
皮革、毛皮、羽毛及其制品和制鞋业	50.24	48.44	6.73	7.94	98.74
木材加工和木、竹、藤、棕、草制品业	20.69	34.10	3.44	4.81	98.63
家具制造业	14.42	48.44	4.08	2.91	99.45
造纸和纸制品业	13.10	52.62	4.02	3.78	98.51
印刷和记录媒介复制业	13.32	44.28	3.16	4.59	97.17
文教、工美、体育和娱乐用品制造业	15.43	56.02	3.19	3.48	97.27
石油加工、炼焦和核燃料加工业	0.18	46.51	2.71	-1.51	100.21
化学原料和化学制品制造业	7.15	63.07	2.94	2.73	93.16
医药制造业	15.93	38.71	1.60	11.92	95.04
化学纤维制造业	11.37	67.78	2.82	5.48	95.50
橡胶和塑料制品业	9.57	63.86	2.44	3.40	99.40
非金属矿物制品业	13.75	44.44	1.66	10.70	96.29
黑色金属冶炼和压延加工业	4.01	64.77	2.80	-1.06	91.94
有色金属冶炼和压延加工业	15.09	58.89	5.11	3.57	95.91
金属制品业	13.45	53.28	3.16	4.83	98.18
通用设备制造业	14.45	46.31	1.85	7.51	96.28
专用设备制造业	12.08	47.32	2.27	5.70	88.77
汽车制造业	12.23	47.34	1.99	5.20	94.60
铁路、船舶、航空航天和其他运输设备制造业	5.56	78.30	1.06	4.71	98.45
电气机械和器材制造业	9.89	53.55	2.27	3.66	95.21
计算机、通信和其他电子设备制造业	9.33	53.11	2.15	4.06	95.35
仪器仪表制造业	13.52	29.60	2.46	5.75	98.61
其他制造业	9.15	58.00	1.34	3.05	97.46
废弃资源综合利用业	1.52	72.84	0.74	0.42	90.15
金属制品、机械和设备修理业	14.19	61.77	7.10	15.27	98.95
电力、热力生产和供应业	8.19	68.20	4.79	9.46	99.46
燃气生产和供应业	13.14	52.89	3.30	11.15	95.03
水的生产和供应业	1.61	47.29	0.66	9.60	97.35

6-9 规模以上工业企业能源购进、消费与库存

（2015 年）

能源名称	计量单位	年初库存量	购进量	合　计	工业生产消　费	非工业生产消费	年末库存量
原　煤	吨	1074860.91	15282518.89	15096602.99	15037016.80	59586.19	1171930.17
#无烟煤	吨	84889.68	599664.04	594900.95	594900.95		68669.85
炼焦烟煤	吨						
一般烟煤	吨	989971.23	14682854.85	14501702.04	14442115.85	59586.19	1103260.32
褐　煤	吨						
洗精煤	吨	44206.60	942858.48	945754.93	945754.93		41310.15
其它洗煤	吨						
煤制品	吨	820.47	158091.65	157739.66	157739.66		1172.43
焦　炭	吨	79374.51	1946811.09	1804746.71	1804718.71	28.00	172276.98
其它焦化产品	吨		165.00	165.00	165.00		
焦炉煤气	万立方米			10702.48	10702.48		
高炉煤气	万立方米			119794.58	119794.58		
转炉煤气	万立方米						
发生炉煤气	万立方米						
天然气（气态）	万立方米	13.27	39318.21	39288.12	39125.59	162.53	33.36
液化天然气（液态）	吨	2.60	20346.05	20346.52	20342.02	4.50	1.94
煤层气（煤田）	万立方米						
原　油	吨		171.92	171.92	171.92		
汽　油	吨	414.29	24794.97	25408.52	17160.28	8248.24	58.89
煤　油	吨	45.69	106.23	108.77	88.63	20.11	2.64
柴　油	吨	3606.75	69318.62	70553.79	63841.63	6712.14	2871.92
燃料油	吨	435.13	7591.60	7624.28	7573.96	50.32	429.06
液化石油气	吨	38.18	4467.33	4485.65	4390.42	95.23	26.88
炼厂干气	吨						
石脑油	吨						
润滑油	吨	323.16	608.68	673.23	672.58	0.65	259.26
石　蜡	吨	19.00	463.00	468.00	468.00		8.00
溶剂油	吨	285.27	538.95	548.88	548.88		269.34
石油焦	吨						
石油沥青	吨	107.66	4271.16	4301.08	4301.08		77.74
其它石油制品	吨	1.72	265.17	264.02	264.02		2.87
热　力	百万千焦		320017.12	321115.12	297083.98	24031.14	
电　力	万千瓦时		1937007.62	2420854.40	2391891.13	28963.16	
煤矸石用于燃料	吨						
城市垃圾用于燃料	吨						
生物质废料用于燃料	吨		20847.98	20830.78	20830.78		13.20
余热余压	百万千焦		269.00	269.00	269.00		
其它工业废料用于燃料	吨		518.00	518.00	518.00		
其他燃料	吨标准煤	23.00	4979.12	4994.65	4994.65		7.00
能源合计	吨标准煤			16805365.88	16704660.95	100704.83	

6-10 规模以上工业企业主要能源品种分行业消费量

(2015年)

指标	综合能源消费量(吨标准煤)	原煤(吨)	洗精煤(吨)	煤制品(吨)	焦炭(吨)
合计	**12485173.75**	**15096602.99**	**945754.93**	**157739.66**	**1804746.71**
轻工业					
重工业	2002440.03	896732.76		150253.39	0.30
一、按工业行业门类分	10482733.72	14199870.23	945754.93	7486.27	1804746.41
采矿业	3170.10				
煤炭开采和洗选业					
石油和天然气开采业					
黑色金属矿采选业					
有色金属矿采选业					
非金属矿采选业	3170.10				
开采辅助活动					
其他采矿业					
制造业	7423678.42	3482896.99	945754.93	157739.66	1804746.71
农副食品加工业	157237.77	121343.23		70.00	0.30
食品制造业	31201.95	1557.91			
酒、饮料和精制茶制造业	26153.47	12012.54			
烟草制品业	10736.36	11523.80			
纺织业	707588.26	253049.34		8636.50	
纺织服装、服饰业	9167.16				
皮革、毛皮、羽毛及其制品和制鞋业	78513.18	10277.70			
木材加工和木、竹、藤、棕、草制品业	7474.98				
家具制造业	11797.26	48.30			
造纸和纸制品业	37948.94	10531.74		3950.00	
印刷和记录媒介复制业	6150.26	129.00		235.00	
文教、工美、体育和娱乐用品制造业	40636.09	4814.39		2240.00	
石油加工、炼焦和核燃料加工业	83266.07		945754.93	94.50	
化学原料和化学制品制造业	895907.86	1054501.69			
医药制造业	66528.93	55930.95			
化学纤维制造业	523145.67	283411.21		135121.89	
橡胶和塑料制品业	113266.56	29186.43		6430.53	
非金属矿物制品业	1266372.56	687606.27		263.00	
黑色金属冶炼和压延加工业	2951135.27	937393.98			1802124.76
有色金属冶炼和压延加工业	98432.94	1868.00			
金属制品业	32994.81	138.00			26.00
通用设备制造业	20493.12	23.97		153.84	253.10
专用设备制造业	14121.65	96.00			123.00
汽车制造业	82858.66			544.40	2219.55
铁路、船舶、航空航天和其他运输设备制造业	18321.11				
电气机械和器材制造业	39121.02	1818.34			
计算机、通信和其他电子设备制造业	68762.78				
仪器仪表制造业	8132.26	36.00			
其他制造业	1774.96				
废弃资源综合利用业	8748.97	5598.20			
金属制品、机械和设备修理业	5687.54				
电力、热力、燃气及水生产和供应业	5058325.23	11613706.00			
电力、热力生产和供应业	5034217.62	11613706.00			
燃气生产和供应业	4657.73				
水的生产和供应业	19449.88				
二、按企业登记注册类型分					
国有企业	411683.63	397516.10			
集体企业	7707.87	2902.00			78.00
股份合作企业	68.21				
股份制企业	8117421.20	9514124.56	945754.93	150199.39	1139985.51
外商及港澳台商投资企业	3897296.79	5168392.38		7405.27	664683.20
其他经济类型企业	51051.05	13667.95		135.00	

6-10 续表 1 (2015 年)

指 标	天然气（气态）（万立方米）	液化天然气（液态）（吨）	汽 油（吨）	煤 油（吨）	柴 油（吨）
合 计	**39288.12**	**20346.52**	**25408.52**	**108.77**	**70553.79**
轻工业					
重工业	8898.75	1448.92	14043.94	21.53	15603.41
一、按工业行业门类分	30389.37	18897.60	11364.58	87.24	54950.38
采矿业			3.50		758.50
煤炭开采和洗选业					
石油和天然气开采业					
黑色金属矿采选业					
有色金属矿采选业					
非金属矿采选业			3.50		758.50
开采辅助活动					
其他采矿业					
制造业	38901.50	20346.52	22607.11	108.39	66655.04
农副食品加工业	436.02	77.49	1181.45		4735.60
食品制造业	592.00	25.71	683.61	2.70	1205.85
酒、饮料和精制茶制造业	166.62	1012.00	495.94		74.68
烟草制品业			20.64		13.09
纺织业	562.49		1439.72	7.04	756.12
纺织服装、服饰业	12.00		921.69	2.28	260.12
皮革、毛皮、羽毛及其制品和制鞋业	242.00		1997.76		2143.29
木材加工和木、竹、藤、棕、草制品业			151.52		131.82
家具制造业			426.98	0.29	267.28
造纸和纸制品业			313.88		1093.53
印刷和记录媒介复制业			555.45	6.76	209.43
文教、工美、体育和娱乐用品制造业	229.38	25.44	1394.29		1042.33
石油加工、炼焦和核燃料加工业					207.00
化学原料和化学制品制造业		0.60	1776.41		1023.75
医药制造业			568.47	0.69	433.82
化学纤维制造业			251.98	1.77	251.91
橡胶和塑料制品业			1512.51		1717.06
非金属矿物制品业	32106.40		1151.37	3.50	37665.20
黑色金属冶炼和压延加工业	1457.00		241.72	16.43	2999.85
有色金属冶炼和压延加工业	1446.11	18650.00	17.87		335.78
金属制品业	731.24	160.00	387.54		227.56
通用设备制造业			1309.30		451.12
专用设备制造业			833.88	37.50	729.54
汽车制造业	750.58	87.60	1501.53	14.05	2294.91
铁路、船舶、航空航天和其他运输设备制造业	57.77		161.81		4426.96
电气机械和器材制造业	84.55	291.94	1335.27	0.17	938.43
计算机、通信和其他电子设备制造业	27.34		1272.88	0.05	246.11
仪器仪表制造业			565.31		8.20
其他制造业		15.74	98.97		189.70
废弃资源综合利用业			28.12	15.16	111.00
金属制品、机械和设备修理业			9.24		464.00
电力、热力、燃气及水生产和供应业	386.62		2797.91	0.38	3140.25
电力、热力生产和供应业			2343.11	0.38	2977.19
燃气生产和供应业	386.62		138.53		132.41
水的生产和供应业			316.27		30.65
二、按企业登记注册类型分					
国有企业			811.27	6.00	2527.18
集体企业			172.30		25.60
股份合作企业					
股份制企业	22106.10	18908.85	14252.95	87.85	47921.32
外商及港澳台商投资企业	16978.02	1437.67	9945.33	14.92	19014.38
其他经济类型企业	204.00		226.67		1065.31

6-10 续表 2 （2015 年）

指　　　　标	燃料油（吨）	液化石油气（吨）	热　力（百万千焦）	电　力（万千瓦时）	生物质废料用于燃料（吨）	其他燃料（吨标准煤）
合　　计	**7624.28**	**4485.65**	**321115.12**	**2420854.40**	**20830.78**	**4994.65**
轻工业						
重工业	4283.63	2426.90	296952.12	918986.00	18294.78	4784.12
一、按工业行业门类分	3340.65	2058.75	24163.00	1501868.40	2536.00	210.53
采矿业				1675.95		
煤炭开采和洗选业						
石油和天然气开采业						
黑色金属矿采选业						
有色金属矿采选业						
非金属矿采选业				1675.95		
开采辅助活动						
其他采矿业						
制造业	7624.28	4442.10	321115.12	1921832.46	20830.78	4994.65
农副食品加工业	1054.71	1342.92	53505.36	41551.22	403.59	1319.60
食品制造业	859.13	283.60		13611.23	3605.00	
酒、饮料和精制茶制造业	17.86			10056.28	866.00	
烟草制品业				1997.94		
纺织业	826.60	4.18		421933.68	82.40	
纺织服装、服饰业		8.45		6729.26		
皮革、毛皮、羽毛及其制品和制鞋业	122.00	1.48		50750.28	938.17	
木材加工和木、竹、藤、棕、草制品业				5812.75		
家具制造业				9056.92		
造纸和纸制品业	649.57		761.00	13232.48	11938.36	3460.35
印刷和记录媒介复制业				3996.76		
文教、工美、体育和娱乐用品制造业		39.83		25797.07	130.72	
石油加工、炼焦和核燃料加工业	202.00			4181.72		
化学原料和化学制品制造业		13.75		141981.41		5.82
医药制造业	501.09	83.55	223231.36	14835.44	330.54	
化学纤维制造业				221014.59		
橡胶和塑料制品业	565.89	3.15	43584.40	69603.63		
非金属矿物制品业	810.28	1221.94		239433.14		195.00
黑色金属冶炼和压延加工业		68.00		388689.71		
有色金属冶炼和压延加工业	1803.00			34162.00		
金属制品业	20.00	430.95		17735.68		
通用设备制造业	82.68	78.40		15930.91		
专用设备制造业	81.94	31.72	33.00	10118.98		
汽车制造业		192.04		52829.37	2536.00	
铁路、船舶、航空航天和其他运输设备制造业		28.00		8954.44		
电气机械和器材制造业		610.14		26842.47		
计算机、通信和其他电子设备制造业	27.53			55773.44		13.88
仪器仪表制造业				6133.77		
其他制造业				1280.66		
废弃资源综合利用业				3689.38		
金属制品、机械和设备修理业				4115.85		
电力、热力、燃气及水生产和供应业		43.55		497345.99		
电力、热力生产和供应业				480765.12		
燃气生产和供应业		43.55		787.60		
水的生产和供应业				15793.27		
二、按企业登记注册类型分						
国有企业				101612.30		
集体企业				4307.02		
股份合作企业				55.50		
股份制企业	4703.86	2724.26	53538.36	1633166.18	5551.30	4798.00
外商及港澳台商投资企业	2853.42	1759.39	267576.76	651918.93	15134.48	196.65
其他经济类型企业	67.00	2.00		29794.47	145.00	

6-11 按县(市)区分“规模以上”工业总产值

(2015年)

单位:万元

项目	福州市	鼓楼区	台江区	仓山区	晋安区	马尾区	福清市
合计	**78450045**	**2998867**	**1588314**	**7612286**	**4029675**	**8746965**	**14912722**
#亏损企业	4916906	90829	2355	293880	273716	475858	601729
国有控股企业	11240088	1664424	1381883	676062	204241	988969	1470399
农村工业	109240			76477			4323
一、按轻重工业分							
轻工业	39118744	756862	110943	4676752	2068949	3371909	5421407
重工业	39331301	2242005	1477371	2935534	1960725	5375056	9491315
二、按经济类型分							
国有企业	1761758	2949	1362305	4102	6540		191665
集体企业	357715			148944	120091		5465
股份合作企业	43363			43363			
联营企业	497291				62936		2349
有限责任公司	17224523	1514133	36240	593211	369095	1833594	3311887
股份有限公司	4771760	540724	12765	310334	79498	1923717	925856
私营企业	25027925	420002	171826	3388505	2092361	1422781	1970660
港、澳、台商投资企业	16737558	193469	5178	1560756	852696	1993668	7104341
外商投资企业	11916023	327591		1552777	446458	1512883	1397330
其他企业	112128			10295		60321	3169
三、按登记注册分							
内资企业	49796464	2477807	1583136	4498754	2730521	5240414	6411051
港、澳、台商投资企业	16737558	193469	5178	1560756	852696	1993668	7104341
外商投资企业	11916023	327591		1552777	446458	1512883	1397330
四、按经济组织分							
独资企业	18091909	246311	1367483	2085200	1123011	2540300	5303368
合作、合伙企业	921573			155898	62936	65111	5518
股份有限公司	7421584	715456	12765	406053	115995	2275604	1361306
有限责任公司	52014978	2037100	208066	4965136	2727732	3865951	8242530
五、按企业规模分							
大型企业	27911402	1691362	1362305	1858827	279374	3415642	6683965
中型企业	26167667	389801	15509	3374432	2656084	3031774	4508238
小型企业	22946704	917704	210500	2303750	1082451	2271575	3554631
微型企业	1424271			75278	11766	27973	165888

6-11 续表 (2015 年) 单位:万元

项　目	长乐市	闽侯县	连江县	罗源县	闽清县	永泰县	平潭县
合　计	**19557707**	**8135977**	**5245324**	**3065180**	**1679851**	**498938**	**378240**
#亏损企业	499234	907920	87352	1604675	5819	15069	58471
国有控股企业	824627	1658793	482779	1336283	238995	28465	284170
农村工业		2887	5275	20279			
一、按轻重工业分							
轻工业	15765876	2922738	3215267	146905	327766	291893	41477
重工业	3791831	5213239	2030057	2918275	1352086	207045	336762
二、按经济类型分							
国有企业		187254	3614				3329
集体企业		3996	64763	14457			
股份合作企业							
联营企业	432006						
有限责任公司	3610623	1063534	2291995	1992232	142733	147343	317903
股份有限公司	609456	111177			231548	26686	
私营企业	9829961	3139501	651675	474533	1179891	275454	10777
港、澳、台商投资企业	3450669	830061	477604	153419	46632	37519	31548
外商投资企业	1614920	2772184	1755673	430540	79048	11936	14683
其他企业	10073	28270					
三、按登记注册分							
内资企业	14492118	4533732	3012047	2481222	1554172	449483	332009
港、澳、台商投资企业	3450669	830061	477604	153419	46632	37519	31548
外商投资企业	1614920	2772184	1755673	430540	79048	11936	14683
四、按经济组织分							
独资企业	1884014	1855761	1535549	44862	59282	33665	13104
合作、合伙企业	453366	36981	121420		20343		
股份有限公司	2091803	175936			231548	26686	8434
有限责任公司	15128524	6067300	3588355	3020318	1368679	438586	356702
五、按企业规模分							
大型企业	8681617	1399755	998973	1462133		77449	
中型企业	5680195	2946952	1736944	529755	954292	80225	263466
小型企业	4685811	3505107	2174371	1059208	725559	341264	114774
微型企业	510084	284163	335036	14084			

6-12 按县(市)区分"规模以上"工业分行业总产值

(2015年)　　单位:万元

项　　目	福州市	鼓楼区	台江区	仓山区	晋安区	马尾区	福清市
合　　计	**78450045**	**2998867**	**1588314**	**7612286**	**4029675**	**8746965**	**14912722**
非金属矿采选业	218173				207194		
农副食品加工业	6348901	16480	20944	376423	90169	945831	1756457
食品制造业	1193677		14704	175130	27180	211109	304455
酒、饮料和精制茶制造业	915195	2165	5178	257809	49944	75134	49398
烟草制品业	30033						
纺织业	8500068	21131		44434	129493	210259	149745
纺织服装、服饰业	1396113	39449	40519	657747	418365	13518	32692
皮革、毛皮、羽毛及其制品和制鞋业	4925211			1291034	295746	439895	1222020
木材加工和木、竹、藤、棕、草制品业	377272	51384		53245	90149	29812	68220
家具制造业	875030	2010		88250	153910	203607	272174
造纸和纸制品业	694403			217879	11378	140347	140819
印刷和记录媒介复制业	461276	2725	16834	217395	143635	3518	62621
文教、工美、体育和娱乐用品制造业	2093695	54652		385999	170345	71625	248519
石油加工、炼焦和核燃料加工业	236433				4842		84562
化学原料和化学制品制造业	1608889	26454		218955	100195		827260
医药制造业	834869	153876	12765	262404	104012	10944	263331
化学纤维制造业	6732731					1799	271178
橡胶和塑料制品业	2700202	18100		363107	333968	119518	1192704
非金属矿物制品业	4196431			142920	82251	297870	712020
黑色金属冶炼和压延加工业	4282176			57089	44653	82029	48390
有色金属冶炼和压延加工业	1711002				5192	452389	1087255
金属制品业	1608927		13360	121675	369663	241839	176009
通用设备制造业	1381432	197530		328450	154792	217986	115399
专用设备制造业	1070429	45527		159365	44394	111139	145371
汽车制造业	2921990	29781		314039	86657	92540	157177
铁路、船舶、航空航天和其他运输设备制造业	1242113	5676		121657	44158	614507	37920
电气机械和器材制造业	4381379	174930	38010	704148	392860	787521	1310911
计算机、通信和其他电子设备制造业	8916519	872668	12981	839783	306170	3122572	3253736
仪器仪表制造业	632898	51259	50716	150726	45210	244869	4301
其他制造业	144695	46506		32051			66138
废弃资源综合利用业	22715						
金属制品、机械和设备修理业	266333			30572			
电力、热力生产和供应业	5209723	1138961	1362305		10242		798093
燃气生产和供应业	224160				112909		40465
水的生产和供应业	94956	47604				4790	13384

6-12 续表 （2015年） 单位：万元

项目	长乐市	闽侯县	连江县	罗源县	闽清县	永泰县	平潭县
合计	**19557707**	**8135977**	**5245324**	**3065180**	**1679851**	**498938**	**378240**
非金属矿采选业		7611				3368	
农副食品加工业	1111595	503149	1417193	62776	11237	15525	21123
食品制造业	56201	78725	251427		3623	56440	14683
酒、饮料和精制茶制造业	195783	181452	80288	3355	14689		
烟草制品业				30033			
纺织业	7257109	449834	75001			163063	
纺织服装、服饰业	16936	146751	1930		5046	23160	
皮革、毛皮、羽毛及其制品和制鞋业	419684	195025	1059314			2494	
木材加工和木、竹、藤、棕、草制品业		50236	4735	10082	11470	7939	
家具制造业	46098	80815		16216	7821	4130	
造纸和纸制品业	55570	76308	9572	12396	30134		
印刷和记录媒介复制业	10379	2061	2108				
文教、工美、体育和娱乐用品制造业	138019	901394	65162	4172	34667	19142	
石油加工、炼焦和核燃料加工业		43833		83793		19403	
化学原料和化学制品制造业	151724	74058	130099	31291	14656	34199	
医药制造业		20211			7328		
化学纤维制造业	6387773		69733	2249			
橡胶和塑料制品业	109527	230107	62363	159291	109173		2342
非金属矿物制品业	219791	901239	423579	522349	826830	27258	40325
黑色金属冶炼和压延加工业	1708189	18106	165638	1858863	271768	27452	
有色金属冶炼和压延加工业	144098	19407	2660				
金属制品业	75822	306734	276956	10024		16845	
通用设备制造业	124244	194240	35650		13140		
专用设备制造业	84982	457282	7192	15177			
汽车制造业	72461	2161389	2033	5914			
铁路、船舶、航空航天和其他运输设备制造业			203888	2414			211892
电气机械和器材制造业	203899	478887	257998		29288	2928	
计算机、通信和其他电子设备制造业	100657	407954					
仪器仪表制造业	11819	18309			22153	33538	
其他制造业							
废弃资源综合利用业	1948	3456	3929	13382			
金属制品、机械和设备修理业			178280	32947	5368		19165
电力、热力生产和供应业	808394	120468	453832	178447	231548	42053	65380
燃气生产和供应业	34859		1628	4384	29916		
水的生产和供应业	10148	6937	3137	5628			3329

6-13 按县(市)区分“规模以上”工业主要财务指标

(2015 年)

单位:万元

项目	企业单位数(个)	工业总产值	工业销售产值	#出口交货值	资产总计	#流动资产合计
福州市	**2302**	**78450045**	**75932125**	**16015603**	**59549101**	**28080337**
鼓楼区	98	2998867	2976741	218867	3717044	1476348
台江区	16	1588314	1573424	2935	1862081	256530
仓山区	336	7612286	7366804	2395685	3893124	2567782
晋安区	152	4029675	4026421	893621	1615270	1014842
马尾区	140	8746965	8536117	4288984	5814320	3787509
福清市	360	14912722	14026974	4203719	17307916	7104845
长乐市	426	19557707	19187150	731999	13559237	6818065
闽侯县	348	8135977	7827838	1458771	4633638	2528995
连江县	139	5245324	5142065	1609420	2590888	955145
罗源县	126	3065180	2736279	34911	2369140	838288
闽清县	105	1679851	1666502	132619	1075648	399424
永泰县	40	498938	488088	36725	536476	171768
平潭县	16	378240	377723	7348	574320	160797

6-13 续表1 （2015年） 单位:万元

项 目	固定资产合计	固定资产原价	负债合计	#流动负债合计	所有者权益合计	主营业务收入
福州市	**20819615**	**31670910**	**34510181**	**23248804**	**24818339**	**74486989**
鼓楼区	1525722	2208086	2140052	1387182	1576991	2878859
台江区	1240630	1954773	1281381	712900	580700	1607292
仓山区	790285	1049970	1869601	1712667	2009947	7214227
晋安区	330811	654852	649900	625375	965368	3931497
马尾区	1053513	1988026	3379012	2993114	2435307	8486223
福清市	5729322	7210405	11337600	5630834	5878669	13804660
长乐市	5480380	8812551	7575618	5544919	5924673	18558268
闽侯县	1163620	2068634	2433456	1984918	2160834	7667971
连江县	1245584	1896529	1457925	818022	1132961	5131180
罗源县	1178285	1652970	1367465	1233898	984620	2672379
闽清县	515561	1321808	225088	189909	850560	1650193
永泰县	244489	344927	331346	204195	205128	510816
平潭县	321417	507379	461739	210871	112581	373424

6-13 续表2 （2015年） 单位：万元

项 目	主营业务成本	主营业务税金及附加	利润总额	应交所得税	利税总额	本年应交增值税
福州市	**65125319**	**490665**	**3844269**	**395888**	**6014442**	**1670570**
鼓楼区	2345862	60407	154013	16193	286296	71710
台江区	1396063	69461	38511	2898	154309	46230
仓山区	6152176	54195	324321	56466	656073	275350
晋安区	3503270	42696	142123	18649	234445	49158
马尾区	7613888	17250	258373	32752	405111	128829
福清市	12387189	43887	729933	83375	1121328	344983
长乐市	16135390	33556	1155039	63570	1442483	253653
闽侯县	6590283	110618	332935	49352	644533	200502
连江县	4205088	32580	655987	32740	846513	156912
罗源县	2624492	13031	-85980	4534	-20248	52010
闽清县	1368235	9728	208891	28679	287823	68872
永泰县	457290	1714	19080	3482	36723	15930
平潭县	346091	1543	-88955	3198	-80947	6432

6-13 续表3 （2015年） 单位：万元

项　目	全部从业人员年平均人数（人）	总资产贡献率（%）	资产负债率（%）	流动资产周转率（次/年）	成本费用利润率（%）	产品销售率（%）
福州市	**660928**	**11.46**	**57.95**	**2.68**	**5.40**	**96.79**
鼓楼区	25614	8.65	57.57	1.96	5.69	99.26
台江区	4684	10.18	68.81	6.28	2.55	99.06
仓山区	123366	17.70	48.02	2.88	4.67	96.78
晋安区	55693	15.23	40.23	3.88	3.77	99.92
马尾区	58008	8.05	58.12	2.26	3.11	97.59
福清市	128205	7.83	65.51	1.97	5.40	94.06
长乐市	99775	12.48	55.87	2.73	6.63	98.11
闽侯县	80879	14.95	52.52	3.07	4.55	96.21
连江县	32115	34.55	56.27	5.39	14.69	98.03
罗源县	20528	0.42	57.72	3.35	-2.97	89.27
闽清县	23247	27.69	20.93	4.15	14.40	99.21
永泰县	6327	8.42	61.76	2.98	3.89	97.83
平潭县	2487	-12.90	80.40	2.36	-23.29	99.86

6-14 规模以上工业企业科技活动情况

（2015 年）

单位:万元

项　　目	企业数（个）	# 有 R&D 活动	# 有科技机构	R&D 人员合计（人）	R&D 经费内部支出	R&D 经费外部支出
总　　计	**2302**	**504**	**159**	**28394**	**738732**	**25275**
一、按企业规模分						
大中型企业	566	202	87	21019	592794	15287
大型企业	90	51	25	12001	392543	7492
中型企业	476	151	62	9018	200252	7795
小型企业	1654	298	71	6831	142124	3184
微型企业	82	4	1	544	3814	6804
二、按隶属关系分组						
中　央	17	5	3	1409	27648	7864
省（自治区、直辖市）	48	13	6	2019	61837	4789
地（区、市、州、盟）	42	18	7	956	15395	832
县（区、市、旗）	122	42	17	3499	117376	1810
街　道	7					
镇	27	4	1	96	2094	82
乡	5					
居委会						
村委会	7	1		27	273	
其　他	2027	421	125	20388	514110	9899
三、按登记注册类型分						
内资企业	1665	348	107	15386	386596	19826
国有企业	10	2		56	3035	10
集体企业	20	1		9	57	
股份合作企业	1					
联营企业	8	1		7	22	
国有联营企业						
集体联营企业	3					
国有与集体联营企业	1	1		7	22	
其他联营企业	4					
有限责任公司	498	110	35	5746	140313	10875
国有独资公司	18	4	1	556	6425	6804
其他有限责任公司	480	106	34	5190	133888	4071
股份有限公司	62	40	16	3381	82240.3	6086
私营企业	1061	193	56	6087	159460	2855
私营独资企业	20	4		16	193	
私营合伙企业	7					
私营有限责任公司	1004	176	54	5195	129905	2781
私营股份有限公司	30	13	2	876	29362	74
其他企业	5	1		100	1469	
港、澳、台商投资企业	346	84	30	5336	176675	867
合资经营企业（港或澳、台资）	112	34	14	1894	48265	344
合作经营企业（港或澳、台资）	2				117419	523
港、澳、台商独资经营企业	225	46	15	3120	10991	
港、澳、台商投资股份有限公司	7	4	1	322		
外商投资企业	291	72	22	7672	175461	4583
中外合资经营企业	96	29	10	5139	114790	3083
中外合作经营企业	5	1		28	1055	22
外资企业	184	40	11	2250	51979	1313
外商投资股份有限公司	6	2	1	255	7637	166

6-14 续表1　　　　　　　　（2015年）　　　　　　　　单位:万元

项　　目	专利申请数（件）	#发明专利（件）	新产品开发项目数（项）	新产品销售收入	引进境外技术经费支出	技术改造经费支出
总　　计	**4203**	**1766**	**2007**	**8089342**	**30899**	**307248**
一、按企业规模分						
大中型企业	2085	909	1044	7175194	30295	197299
大型企业	987	448	460	5528660	21059	105955
中型企业	1098	461	584	1646534	9236	91344
小型企业	1331	451	897	913501	604	17050
微型企业	787	406	66	648		92899
二、按隶属关系分组						
中　央	809	414	87	250326		103441
省（自治区、直辖市）	309	98	152	1441320	9374	19276
地（区、市、州、盟）	120	39	89	102798		3723
县（区、市、旗）	406	186	239	946138	3677	54936
街　道						
镇	39	5	7	14407		65
乡						
居委会						
村委会	29	13	1	1500		2
其　他	2491	1011	1432	5332854	17849	125804
三、按登记注册类型分						
内资企业	2951	1191	1266	2995821	18562	250087
国有企业	6	4	2			
集体企业			1			8
股份合作企业						
联营企业				35		
国有联营企业						
集体联营企业						
国有与集体联营企业				35		
其他联营企业						
有限责任公司	1531	652	496	893052	80	188312
国有独资公司	792	410	51	49		92899
其他有限责任公司	739	242	445	893002	80	95413
股份有限公司	477	163	226	1099279	1704	12014
私营企业	937	372	540	1003455	16778	49753
私营独资企业			2			37
私营合伙企业						
私营有限责任公司	741	209	465	840014	11955	49519
私营股份有限公司	196	163	73	163441	4823	197
其他企业			1			
港、澳、台商投资企业	524	170	431	3027353	300	28873
合资经营企业（港或澳、台资）	135	43	150	459299		21407
合作经营企业（港或澳、台资）						
港、澳、台商独资经营企业	320	103	205	2302625	300	6415
港、澳、台商投资股份有限公司	69	24	76	265429		1051
外商投资企业	728	405	310	2066168	12038	28288
中外合资经营企业	457	286	145	1193001	11786	20545
中外合作经营企业			3			
外资企业	260	118	142		69	2717
外商投资股份有限公司	11	1	20		183	5027

6-14 续表2 （2015年） 单位:万元

项 目	企业数（个）	#有R&D活动	#有科技机构	R&D人员合计（人）	R&D经费内部支出	R&D经费外部支出
四、按国民经济行业分						
采矿业	5					
有色金属矿采选业						
非金属矿采选业	5					
制造业	2247	501	158	27372	725141	17471
农副食品加工业	194	52	16	1176	34610	1168
食品制造业	54	15	5	398	13802	216
酒、饮料和精制茶制造业	34	8	2	144	3636	214
烟草制品业	1	1	1	55	1814	
纺织业	288	22	9	1455	39854	365
纺织服装、服饰业	69	3	1	89	948	7
皮革、毛皮、羽毛及其制品和制鞋业	131	4	3	345	6816	25
木材加工及木、竹、藤、棕、草制品业	31	6	1	47	517	
家具制造业	49	4	1	50	887	
造纸及纸制品业	56	3		22	691	320
印刷业和记录媒介的复制	28	3	2	128	2365	60
文教、工美、体育和娱乐用品制造业	124	28	4	483	10264	
石油加工、炼焦及核燃料加工业	7	1		10	1139	
化学原料及化学制品制造业	61	12	2	279	4354	147
医药制造业	25	18	7	939	12781	413
化学纤维制造业	33	12	8	1105	51411	1638
橡胶和塑料制品业	122	21	6	824	24633	653
非金属矿物制品业	252	38	16	1344	31595	36
黑色金属冶炼和压延加工业	38	7		541	34813	23
有色金属冶炼和压延加工业	19	6	2	312	13812	20
金属制品业	66	15	5	380	7472	180
通用设备制造业	90	23	5	1240	31666	3583
专用设备制造业	68	23	7	706	18752	136
汽车制造业	100	35	8	1608	40494	2087
铁路、船舶、航空航天和其他运输设备制造业	23	5	2	713	16169	2952
电气机械和器材制造业	123	44	13	1877	44546	727
计算机、通信和其他电子设备制造业	106	68	23	9939	259103	1358
仪器仪表制造业	37	20	6	1029	13446	278
其他制造业	4	2	1	113	1967	729
废弃资源综合利用业	6		1			
金属制品、机械和设备修理业	8	2	1	21	787	138
电力、燃气及水的生产和供应业	50	3	1	1022	13591	7804
电力、热力的生产和供应业	34	3	1	1022	13591	7804
燃气生产和供应业	7					
水的生产和供应业	9					

6-14 续表 3 (2015 年) 单位:万元

项　　目	专利申请数(件)	#发明专利(件)	新产品开发项目数(项)	新产品销售收入	引进境外技术经费支出	技术改造经费支出
四、按国民经济行业分						
采矿业						
有色金属矿采选业						
非金属矿采选业						
制造业	3413	1359	1937	8089342	30899	205346
农副食品加工业	107	63	127	364353		5300
食品制造业	80	13	42	33565	55	4441
酒、饮料和精制茶制造业	7	3	13	9934		323
烟草制品业	4	1	7	54		177
纺织业	127	16	42	246377	11745	23891
纺织服装、服饰业			3	27935		547
皮革、毛皮、羽毛及其制品和制鞋业	106	4	18	325906		741
木材加工及木、竹、藤、棕、草制品业	2	1	5			115
家具制造业	12		3	12222		35
造纸及纸制品业	25		3			26
印刷业和记录媒介的复制	10	3	9	10813		
文教、工美、体育和娱乐用品制造业	145	31	24	60803		89
石油加工、炼焦及核燃料加工业						
化学原料及化学制品制造业	63	22	45	43784		1357
医药制造业	61	35	121	179180	300	3290
化学纤维制造业	156	46	60	935325		3892
橡胶和塑料制品业	170	32	86	285787		5076
非金属矿物制品业	138	75	136	369363		16809
黑色金属冶炼和压延加工业	18	6	24	830		63454
有色金属冶炼和压延加工业	23	5	20	287186		8786
金属制品业	90	17	46	8920	215	27192
通用设备制造业	243	115	87	384876	3617	927
专用设备制造业	133	63	62	29433	499	589
汽车制造业	219	54	161	682759	8421	21139
铁路、船舶、航空航天和其他运输设备制造业	75	12	66	521723	1205	2169
电气机械和器材制造业	290	91	195	382153		8549
计算机、通信和其他电子设备制造业	926	604	397	2801572	4843	5429
仪器仪表制造业	173	41	126	66491		748
其他制造业	6	4	9	15183		257
废弃资源综合利用业	2			2816		
金属制品、机械和设备修理业	2	2				
电力、燃气及水的生产和供应业	790	407	70			101902
电力、热力的生产和供应业	790	407	70			101902
燃气生产和供应业						
水的生产和供应业						

6-15 民用车辆拥有量

(2015年)　　单位:辆

项　　目	总　计	营　运	非营运	校　车	进　口	个　人	新注册	报　废
合　　计	**1186952**	**80609**	**1098977**	**662**	**79410**	**1032105**	**168490**	**13888**
一、汽　车	**962932**	**68961**	**893309**	**662**	**79304**	**826519**	**148347**	**12782**
载客汽车	839341	20095	818584	662	78836	752364	136634	5859
#大　型	8804	6883	1756	165	95	184	1701	549
中　型	6006	1572	3937	497	223	1378	548	662
小　型	818688	11640	807048		77587	745351	134034	4413
微　型	5843		5843		931	5451	351	235
#轿　车	600562	11514	589048		36824	554921	88807	3621
载货汽车	118163	48337	69826		427	72194	11358	6692
#重　型	20824	18262	2562		309	4500	1756	1997
中　型	3330	2514	816			1409	178	571
轻　型	93867	27523	66344		118	66178	9422	4104
微　型	142	38	104			107	2	20
#普通载货	51324	5639	45685		116	37263	5551	1898
其它汽车	5428	529	4899		41	1961	355	231
#三轮汽车	41		41			41		
低速货车	379	166	213			315	31	10
二、摩托车	**205451**	**1**	**205450**		**105**	**204560**	**19437**	**951**
普　通	200446	1	200445		105	199579	19394	830
轻　便	5005		5005			4981	43	121
三、拖拉机(农机部门数据)	**6704**							
四、挂　车	**11865**	**11647**	**218**		**1**	**1026**	**706**	**155**

补充资料:机动车驾驶员1780680人,其中汽车驾驶员1577095人。

6-16 运输线路长度

(2015年)

单位:公里

项　　目	福州市	市　区	福清市	长乐市	闽侯县
公路通车里程合计	**7817.395**	**644.178**	**1266.271**	**694.697**	**1360.157**
#国　道	728.086	89.092	88.973	11.373	205.605
省　道	660.470	49.989	178.430	98.969	42.508
县　道	1882.686	164.125	222.095	118.794	430.694
乡　道	4546.153	340.972	776.773	465.561	681.350
等级公路	**10075.254**	**803.548**	**1984.682**	**901.624**	**1584.545**
#高速公路	588.394	78.777	100.368	34.758	162.799
一　级	74.350	34.262		15.408	24.680
二　级	747.788	31.400	184.329	146.425	97.652
三　级	1071.180	77.622	234.061	128.326	123.351
四　级	7593.542	581.487	1465.924	576.707	1176.063

注:公路通车里程不含专用公路、村道。

6-16 续表 (2015年) 单位:公里

项　　目	连江县	罗源县	闽清县	永泰县
公路通车里程合计	**913.712**	**601.789**	**1005.402**	**1331.189**
#国　道	144.051	57.862	84.837	46.293
省　道	65.341	17.213	44.059	163.961
县　道	160.504	157.935	316.626	311.913
乡　道	543.816	368.779	559.880	809.022
等级公路	**1087.447**	**900.737**	**1237.914**	**1574.757**
#高速公路	87.224	25.615	52.560	46.293
一　级				
二　级	110.334	26.946	75.401	75.301
三　级	73.675	57.051	145.392	231.702
四　级	816.214	791.125	964.561	1221.461

6-17 邮政电信基本情况

(2015年)

项　　目	单　位	福州市	市　区	福清市	长乐市	闽侯县
一、邮政基本情况						
邮路单程长度	公里	12648	11397	29	64	267
城市投递路线	公里	7259	5440	262	302	198
农村投递路线	公里	11183	781	2045	1517	1906
国内平常函件	万件	2531.11	1657.73	178.61	202.30	80.16
国际平常函件	万件	785.42	779.46	3.32	0.66	0.57
国内给据函件	万件	191.77	150.70	7.70	7.30	11.35
国际给据函件	万件	256.07	229.57	0.61	25.71	0.09
国内普通包件	万件	22.66	9.28	2.14	2.08	5.22
国内快递包件(代理)	万件	136.36	103.78	4.27	5.94	13.95
国际包件(代理)	万件	2.31	1.08	0.75	0.16	0.07
国内特快专递(代理)	万件	49.17	29.12	4.89	2.31	5.15
国际特快专递(代理)	万件	2.38	1.00	0.77	0.23	0.07
报纸杂志期发数	万份	90.22	51.06	9.70	7.10	7.12
集邮业务	万枚	1212.00	796.72	70.56	42.07	39.22
邮政业务总量	万元	65420.94	37731.31	6040.96	6181.76	6285.27
邮政储蓄期末余额(代理)	万元	1478839.00	390900.00	193843.00	243736.00	288171.00
二、电信基本情况						
IC卡电话机数(智能IC卡)	万部	0.19	0.09	0.02	0.02	0.01
年末固定电话机数	万部	172.66	92.21	25.83	12.07	12.60
国内长途电话	万分钟	27233.04	23262.45	1388.17	690.95	852.43
国际港澳台长话	万分钟	420.44	242.65	66.92	41.96	44.04
互联网用户	万户	259.96	137.73	35.02	22.73	28.36

6-17 续表 (2015年)

项目	单位	连江县	罗源县	闽清县	永泰县	平潭县
一、邮政基本情况						
邮路单程长度	公里	77	159	178	224	253
城市投递路线	公里	204	130	126	154	443
农村投递路线	公里	1015	817	993	1406	703
国内平常函件	万件	256.90	79.06	35.68	27.79	12.88
国际平常函件	万件	0.37	0.78	0.01	0.02	0.23
国内给据函件	万件	5.54	1.24	1.43	3.23	3.28
国际给据函件	万件	0.04	0.01	0.01	0.01	0.02
国内普通包件	万件	1.53	0.52	0.22	0.30	1.37
国内快递包件(代理)	万件	2.53	0.44	0.89	1.12	3.45
国际包件(代理)	万件	0.09	0.01	0.03	0.01	0.11
国内特快专递(代理)	万件	2.60	1.19	0.66	1.09	2.16
国际特快专递(代理)	万件	0.18	0.02	0.02	0.01	0.07
报纸杂志期发数	万份	4.86	1.96	2.90	2.18	3.34
集邮业务	万枚	22.01	12.53	28.25	8.49	191.67
邮政业务总量	万元	2788.23	1118.45	2199.77	1254.40	1820.79
邮政储蓄期末余额(代理)	万元	111883.00	30690.00	110588.00	46700.00	62328.00
二、电信基本情况						
IC卡电话机数(智能IC卡)	万部	0.01	0.01	0.01	0.01	0.01
年末固定电话机数	万部	12.24	3.34	3.72	3.28	7.37
国内长途电话	万分钟	301.45	145.71	145.98	97.00	348.89
国际港澳台长话	万分钟	16.41	1.34	1.76	0.56	4.79
互联网用户	万户	12.73	5.60	4.97	4.19	8.64

主要统计指标解释

工业 指从事物质产品生产活动的部门,工业生产活动主要包括以下几个方面:对自然资源的开采,如采矿、晒盐等,但禽兽捕猎和水产捕捞按国家标准《国民经济行业分类和代码》的划分,均属农业生产活动,不包括在工业生产活动内。对农副产品的加工、再加工,如粮油加工、食品加工、轧花、缫丝、纺织、制革等。对采掘品的加工、再加工,如冶金加工、石油加工、化学加工、机械加工、木材加工等,以及电力、煤气及水的生产和供应等。对工业品的修理、翻新,如机器设备的修理、交通运输工具(包括小卧车)的修理等。拆船业也是工业生产活动。

工业总产值 指以货币表现的工业企业在报告期内生产的工业最终产品或提供工业性劳务活动的总价值量。它是反映一定时间内工业生产总规模和总水平的重要标志,是计算工业生产发展速度和主要比例关系,计算工业产品销售率和其他经济指标的重要依据。

工业增加值 指工业企业在报告期内以货币表现的工业生产活动的最终成果。工业增加值有两种计算方法:一是生产法,即工业总产出减去工业中间投入;二是收入法,即从收入的角度出发,根据生产要素在生产过程中应得到的收入份额计算,具体构成项目有固定资产折旧、劳动者报酬、生产税净额、营业盈余,这种方法也称要素分配法。

轻工业 指主要提供生产消费品和制作手工工具工业。按其所使用的原料不同,可分为两大类:(1)以农产品为原料的轻工业,是指直接或间接以农产品为基本原料的轻工业。主要包括食品制造、饮料制造、烟草加工、纺织、缝纫、皮革和毛皮制作、造纸以及印刷等工业;(2)以非农产品为原料的轻工业,是指以工业品为原料的轻工业。主要包括文教体育用品、化学药品制造、合成纤维制造、日用化学制品、日用玻璃制品、日用金属制品、手工工具制造、医疗器械制造、文化和办公用机械制造等工业。

重工业 指为国民经济各部门提供物质技术基础的主要生产资料的工业。按其生产性质和产品用途,可以分为下列三类:(1)采掘(伐)工业,是指对自然资源的开采,包括石油开采、煤炭开采、金属矿开采、非金属矿开采和木材采伐等工业;(2)原材料工业,指向国民经济各部门提供基础材料、动力和燃料的工业。包括金属冶炼及加工、炼焦及焦炭化学、化工原料、水泥、人造板以及电力、石油和煤炭加工等工业;(3)加工工业,是指对工业原材料进行再加工制造的工业。包括装备国民经济各部门的机械设备制造工业、金属结构、水泥制品等工业,以及为农业提供的生产资料如化肥、农药等工业。

固定资产原值 指企业在建造、购置、安装、改建、扩建、技术改造某项固定资产时所支出的全部货币总额。它一般包括买价、包装费、运杂费和安装费等。

固定资产净值 指固定资产原价减去历年已提折旧额后的净额。

流动资产 流动资产是指可以在一年或者超过一年的一个经营周期内变现或者运用的资产,包括货币资金、短期投资、应收票据、实收股利、实收利息、应收帐款、预付货款、其他应收款、实收补贴款、存货、待摊费用、一年内到期的长期债权投资和其他流动资产等。

利税总额 指企业利润总额、产品销售税金及附加和应交增值税之和。

资金利税率 指在一定时期内已实现的利润、税金总额与同期的资产(固定资产净值和流动资产)平均总额之比。

工业增加值率 指在一定时期内工业增加值占工业总产出的比重,反映降低中间消耗的经济效益。

流动资产周转次数 指在一定时期内流动资产完成的周转次数,反映流动资产的周转速度。

主营业务收入 指企业经营和提供劳务等主要经营业务取得的业务总额。

全员劳动生产率 指根据产品的价值量指标计算的平均每一个职工在单位时间内的产品生产量。目前全员劳动生产率是将工业企业的工业增加值除以同一时期从业人员的平均人数来计算。

公路里程 也称“公路通车里程”,是反映公路建设发展规模的重要指标,也是计算运输网密度等指标的基础资料;是指实际达到交通部制定的公路工程技术标准规定的等级的公路长度。它包括大中城市的郊区公路以及通过小城镇街道的公路里程,也包括桥梁、渡口的长度,但不包括城市的街道以及厂矿、林区和农业生产用道的里程,两条或多条公路共同经由同一路段,只计算一次,不得重复计算里程长度。

货(客)运量 指运输业实际运送的货物(旅客)数量。货运按吨计算,货物不论运输距离长短,货物类别,均按实际重量统计。客运按人计算,半价票、小孩票也按一人统计。

沿海主要港口货物吞吐量 指由水运进出沿海主要港区范围,并经过装卸的货物数量,包括邮件及办理托运手续的行李、包裹以及补给运输船舶的燃、物料和淡水。其计量单位为吨。货物吞吐量的货种分类及其主要流向流量,反映了港口在国内外物资交流和对外贸易运输中的地位和作用。吞吐量可分为进口、出口,又可分为国内贸易和对外贸易。

邮电业务总量 指以货币表现的邮电部门用于传递信息和其他邮电服务的总量。它综合反映了一定时期邮电工作的成果,是研究邮电业务量构成和发展趋势的重要指标。它用各种邮电分类业务量,如函件件数、电报份数、长话张数、市内电话和农村电话的年均户数、订销报刊累计份数等,分别乘以相应的平均单价(不变价)、加总后再加上出租电路和设备的收入、代用户维护电话交换机和线路等设备的收入、其他业务收入求得。

7 固定资产投资

7-1 全社会固定资产投资完成额

（1994-2015 年）

单位:万元

年 份	全社会固定资产投资额	#基本建设	更新改造	房地产开发投资	其他投资
1994	1377148	410693	117593	470743	102894
1995	1747461	569613	157881	549959	197686
1996	1891344	571186	189701	519497	253707
1997	2198600	619227	186848	476460	474280
1998	2556799	882479	211613	505414	284088
1999	2609877	900993	252372	593645	229434
2000	2375269	517043	268441	758488	295738
2001	2608253	756176	275303	895214	221033
2002	3028329	917561	288114	999867	304074
2003	4257211	1283778	375388	1670394	311244
2004	5266318	1185421	461519	2238298	771774
2005	6032595			2220270	
2006	7323412			3011836	
2007	10014521			3764663	
2008	12527105			3136079	
2009	16467177			3617991	
2010	23174379			6706940	
2011	27202827			9564451	
2012	32664861			9722667	
2013	38698351			12647907	
2014	44275880			14550729	
2015	48939072			13811248	

注:2005 年起固定资产投资不再以基本建设、更新改造和其他投资划分,而将其统称为城镇项目投资,2012 年起改为项目投资。

7-2 项目投资完成情况

（2006-2015 年）　　　　单位：万元

项　　目	2006 年	2007 年	2008 年	2009 年	2010 年
总　　计	**3681993**	**5144570**	**7903876**	**10768157**	**14115734**
#国有经济控股	1607833	2027886	3207652	4879751	8329521
#住　宅	64385	57571	35746	337020	394434
按国民经济行业分					
农、林、牧、渔业	21881	30750	43331	89942	138025
采矿业	17936	800	9395	9266	10254
制造业	1170340	1887170	2541741	2688890	3106642
电力、热力、燃气及水的生产和供应业	692474	677292	1290841	1701059	2025989
建筑业	17219	22415	11265	44393	85682
交通运输、仓储及邮政业	398535	455261	792119	1320076	2127521
信息传输、软件和信息技术服务业	126612	150800	475030	672645	788868
批发和零售业	37905	86287	234718	420104	677820
住宿和餐饮业	27300	52438	73107	170370	161250
金融业	54014	82756	113263	114210	201919
房地产业	26171	12267	63764	339988	938717
租赁和商务服务业	30718	67403	168531	238676	605833
科学研究和技术服务业	6372	26905	20087	47672	79453
水利、环境和公共设施管理业	368294	757752	1037370	1698924	1952645
居民服务、修理和其他服务业	10090	4516	3729	20079	48132
教　育	232878	217352	232744	334733	358059
卫生和社会工作	53268	68239	98203	174105	170702
文化、体育和娱乐业	40684	192313	211056	145882	249241
公共管理、社会保障和社会组织	349302	351854	483582	537143	388982
按三次产业分					
第一产业	21881	30750	43331	89942	138025
第二产业	1897969	2587677	3853242	4443608	5228567
第三产业	1762143	2526143	4007303	6234607	8749142

注：1. 本表不含高速公路和铁路投资数字。2015 年高速公路投资额为 705768 万元，铁路投资额为 733506 万元。
2. 本表 2011 年以前数据为城镇项目投资，2012 年起数据为项目投资。
3. 2012 年起执行《国民经济行业分类》（GDB/T 4754-2011）。

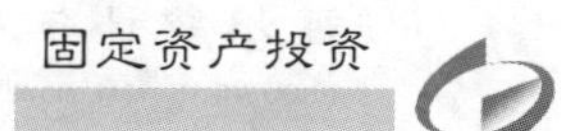

7-2 续表 （2006-2015 年） 单位：万元

项　　目	2011 年	2012 年	2013 年	2014 年	2015 年
总　计	**15817803**	**21638878**	**25022342**	**28478980**	**33285590**
#国有经济控股	8602923	11789409	12346879	14107117	16072393
#住　宅	294081	108265	233095	70351	44753
按国民经济行业分					
农、林、牧、渔业	202050	445638	406628	568994	620812
采矿业		7462	4167	24665	81426
制造业	4283413	5960256	7629936	7747347	8935880
电力、热力、燃气及水的生产和供应业	2227985	2322676	2733746	3914291	3346585
建筑业	31279	45629	104502	513215	1077454
交通运输、仓储及邮政业	2430993	2851712	3486600	3811605	3655873
信息传输、软件和信息技术服务业	1072544	1037605	1047494	755963	1489490
批发和零售业	413219	684771	1045152	1339812	2019190
住宿和餐饮业	372722	586982	409074	505920	515523
金融业	137885	194741	293587	174811	279597
房地产业	628179	1514442	1682728	1370330	2269847
租赁和商务服务业	91553	466281	636381	633814	527007
科学研究和技术服务业	59820	71561	154540	119269	120710
水利、环境和公共设施管理业	1986722	3086312	3071619	4341755	5516115
居民服务、修理和其他服务业	41076	133098	87053	74447	164923
教　育	439796	648421	548601	518074	691168
卫生和社会工作	144980	156270	253928	310835	437728
文化、体育和娱乐业	387092	595674	672142	1159509	774391
公共管理、社会保障和社会组织	866495	829347	754464	594324	761871
按三次产业分					
第一产业	202050	445638	406628	568994	620812
第二产业	6542677	8336023	10472351	12199518	13441345
第三产业	9073076	12857217	14143363	15710468	19223433

7-3 房地产开发投资情况

项目	单位	1990年	1995年	2000年	2005年	2006年	2007年	2008年
完成投资额	**万元**	**39178**	**549959**	**758488**	**2220270**	**3011836**	**3764663**	**3136079**
按经济类型分								
国有经济	万元	15117	138579	153831	114735	238345	353732	287194
集体经济	万元	6803	42013	57057	157396	131971	139816	217156
其他经济	万元	17258	369367	547600	1948139	2641520	3271115	2631729
按构成分								
#建筑工程	万元	31167	377911	533277	1425189	1469573	1893265	2133196
安装工程	万元	1371	35730	22201	95726	109178	126400	145323
设备工器具购置	万元	1685	11665	20588	19408	7790	8734	17440
按工程用途分								
商业营业用房	万元	6073	68010	103134	171875	208634	150235	158889
住　宅	万元	22955	357930	461013	1588398	2028782	2704938	2239851
办公楼	万元	9246	82476	84642	49015	23143	26872	28085
其　他	万元	904	41543	109699	410982	751277	882618	709254
按隶属关系分								
中　央	万元	1527	3272	5516				252
地　方	万元	37651	546687	752972	2220270	3011836	3764663	3135827
新增固定资产	万元	14418	356867	502619	790832	954632	877325	678775
施工面积	万平方米	164.68	923.83	1236.99	2023.33	2126.41	2431.91	2520.39
#住　宅	万平方米	117.75	643.06	873.12	1714.72	1809.35	2083.42	2155.02
本年竣工面积	万平方米	67.28	328.86	323.56	501.43	479.54	474.07	329.15
#住　宅	万平方米	50.86	260.77	255.90	448.11	411.12	411.8	294.68
土地开发投资额	万元	3483	41809	87982	96701	52551	17418	63925
土地购置费	万元	4087	23177	111815	467989	1248672	1658440	653667
土地开发面积	万平方米	18.41	208.36	142.25	180.53	100.8	144.75	52.11
商品房屋销售额	万元	26907	275644	490304	2702461	2921840	3343512	2044541
#住　宅	万元	9956	171757	382120	2373901	2470916	2903189	1790644

注:1.2005年起商品房销售额包括现房和期房两部分,以前年份只统计现房部分,不包括期房部分。

2.2008年为经济普查代年报;2011年房地产企业实行网络直报,与快报比数据有变动。

7-3 续表

项 目	单 位	2009 年	2010 年	2011 年	2012 年	2013 年	2014 年	2015 年
完成投资额	**万元**	**3617991**	**6706940**	**9634087**	**9722667**	**12647907**	**14550729**	**13811248**
按经济类型分								
国有经济	万元	162836	498897	711343	1161179	1414648	1386959	1670773
集体经济	万元	224160	219469	267039	63341	79718	48950	45028
其他经济	万元	3230995	5988574	8655705	8498147	11153541	13114820	12095447
按构成分								
#建筑工程	万元	2367528	3311464	4937192	6487181	8163735	9598181	8802608
安装工程	万元	138266	196939	288755	488344	1045565	1293555	1114049
设备工器具购置	万元	17106	17156	12371	27687	67222	93710	96233
按工程用途分								
商业营业用房	万元	203354	482384	864472	878689	1203579	2219297	2565794
住 宅	万元	2521901	3842829	6800822	6284804	8654077	9265800	8566533
办公楼	万元	39777	249356	532640	811513	1082242	1369490	1113150
其 他	万元	852959	2132371	1436153	1747661	1708009	1696142	1565771
按隶属关系分								
中 央	万元		11393	47198	10806	3556	580	52664
地 方	万元	3617991	6695547	9586889	9711861	12644351	14550149	13758584
新增固定资产	万元	1076320	945411	1756326	1693930	2677016	2859755	3992627
施工面积	万平方米	2635.06	3599.46	4939	5704.68	6871.04	7598.91	7800.01
#住 宅	万平方米	2244.38	2908.55	3819.54	4275.69	4961.57	5108.45	4992.32
本年竣工面积	万平方米	485.90	345.81	541.43	534.33	832.55	833.86	1064.05
#住 宅	万平方米	423.59	294.57	457.87	402.46	605.83	600.12	745.09
土地开发投资额	万元	30793	22003					
土地购置费	万元	897691	2924155	3996054	2296969	2924812	3353251	3491957
土地开发面积	万平方米	39.66	25.87					
商品房屋销售额	万元	4576114	5029944	6321066	9414937	14117852	10350054	10659342
#住 宅	万元	4175460	4183336	5082318	7812616	11226626	8252471	8488111

7-4 按三次产业分固定资产投资

（1990-2015 年）

单位:亿元

年份	合计	第一产业	第二产业	第三产业
1990	21.98	0.10	11.90	9.98
1991	29.60	0.25	13.16	16.19
1992	52.51	0.43	17.76	34.32
1993	84.99	0.92	25.56	58.51
1994	110.19	0.89	30.66	78.64
1995	147.51	0.65	46.85	100.01
1996	153.41	1.42	47.91	104.08
1997	175.68	2.13	73.89	99.66
1998	188.36	3.37	69.44	115.55
1999	197.64	2.70	57.37	137.57
2000	183.97	1.11	55.19	127.67
2001	203.44	1.79	56.80	144.85
2002	250.96	1.94	61.83	187.19
2003	364.08	2.17	86.14	275.77
2004	465.70	1.72	140.57	323.41
2005	536.56	2.43	164.34	369.79
2006	696.69	2.19	189.80	504.70
2007	946.54	3.08	258.77	684.69
2008	1163.67	4.33	385.32	777.82
2009	1544.60	8.99	444.36	1091.25
2010	2231.69	13.80	522.86	1695.03
2011	2656.60	20.21	654.27	1982.12
2012	3234.77	44.56	833.60	2356.61
2013	3834.22	40.66	1047.24	2746.32
2014	4388.62	56.90	1219.95	3111.77
2015	4853.61	62.08	1344.13	3447.40

7-5 房地产开发企业主要指标

（2015年） 单位：万元、平方米

指标名称	计划总投资	自开始建设累计完成投资	本年完成投资	住宅投资	#90平方米以下	144平方米以上	别墅、高档公寓
总　计	**65451300**	**58210026**	**13811248**	**8566533**	**3533252**	**1376572**	**157737**
一、按控股情况分							
国有控股	7803850	6734252	1927894	1695666	1456199	122307	24130
集体控股	401874	337205	155725	127895	80386	258	5
私人控股	40187203	36800953	8214811	5125899	1391834	935655	89243
港澳台商控股	6035097	5499333	939772	545565	123476	187780	42460
外商控股	612115	685671	100026	25018	3423	629	
其他	10411161	8152612	2473020	1046490	477934	129943	1899
二、按隶属关系分组							
中　央	277060	128431	52664	818	818		
省(自治区、直辖市)	2765213	2724411	377956	256064	133979	63249	683
地区(州、盟、省辖市)	10778669	9224583	2690286	2019339	1529694	74815	20462
县(区、市、旗)	9531095	8670014	2475363	1606507	369619	451390	22393
其他	42099263	37462587	8214979	4683805	1499142	787118	114199
三、按营业状态分							
营业	64817412	57690463	13748552	8514205	3505327	1370572	157437
停业(歇业)	182248	82886	2964	2551	1523		
当年关闭							
其他	451640	436677	59732	49777	26402	6000	300
四、按企业资质等级分							
一　级	2768890	2347095	512294	444432	278686	32539	961
二　级	8364352	8492638	1811236	1515247	1138004	80202	1649
三　级	14258732	13898675	2195606	1515170	509413	339871	61560
四　级	2581198	2029075	264271	143573	30881	56214	21654
暂　定	37252692	31229674	8999120	4923763	1572907	864284	71913
其　他	225436	212869	28721	24348	3361	3462	
五、按登记注册类型分							
内资企业	59378458	52516849	12890033	8096242	3420546	1206303	115277
港澳台商投资企业	5680727	5215871	850025	468138	111525	170269	42460
外商投资企业	392115	477306	71190	2153	1181		

7-5 续表1 (2015年) 单位:万元、平方米

指标名称	办公楼投资	商业营业用房投资	其他用房投资	本年新增固定资产	待开发土地面积	本年购置土地面积	本年土地成交价款	房屋施工面积
总计	**1113150**	**2565794**	**1565771**	**3992627**	**2708867**	**2077420**	**787933**	**78000146**
一、按控股情况分								
国有控股	37774	86567	107887	99143	151043	285434	52775	10756792
集体控股	6351	6269	15210					763926
私人控股	826720	1314537	947655	2947886	1970074	1467741	598977	45743206
港澳台商控股	38244	257768	98195	88768	331360	123725	69833	7725924
外商控股	14587	35976	24445	77417				985018
其他	189474	864677	372379	779413	256390	200520	66348	12025280
二、按隶属关系分组								
中央	5500	39095	7251					164268
省(自治区、直辖市)	12214	19574	90104	233054	57443			2367238
地区(州、盟、省辖市)	56635	477921	136391	251590	385445	47332	6062	11907241
县(区、市、旗)	93260	583780	191816	830766	555677	631590	110536	15575778
其他	945541	1445424	1140209	2677217	1710302	1398498	671335	47985621
三、按营业状态分								
营业	1112985	2559131	1562231	3976854	2640049	2077420	787933	77193877
停业(歇业)	100	168	145	11748	60000			210694
当年关闭								
其他	65	6495	3395	4025	8818			595575
四、按企业资质等级分								
一级		16360	51502	312858		51058	54133	3689182
二级	40554	95800	159635	205053	110385	46878	74900	9882043
三级	221048	233588	225800	512698	83887	170631	90209	16428341
四级	17105	64485	39108	141691	317362			3492328
暂定	834372	2154015	1086970	2790996	2171101	1808853	568691	44116744
其他	71	1546	2756	29331	26132			391508
五、按登记注册类型分								
内资企业	1062575	2276265	1454951	3826442	2377507	2004753	772233	70292769
港澳台商投资企业	38244	256047	87596	88768	331360	72667	15700	6986017
外商投资企业	12331	33482	23224	77417				721360

7-5 续表2 (2015年) 单位:万元、平方米

指标名称	#本年新开工面积	房屋竣工面积	竣工房屋价值	商品房销售面积合计	住宅	#90平方米以下	144平方米以上	别墅、高档公寓
总计	**13889082**	**10640476**	**3039731**	**9147024**	**7489896**	**1340180**	**1572272**	**200134**
一、按控股情况分								
国有控股	1739052	173388	75536	452712	448108	89227	31677	13351
集体控股	347695			24880	24026	19599	4427	
私人控股	8453231	8056223	2050796	5676434	4671707	959827	1012503	117719
港澳台商控股	1009466	212223	69711	1099402	802543	68836	393837	67044
外商控股	160542	209355	77414	29523	2213	129	476	476
其他	2179096	1989287	766274	1864073	1541299	202562	129352	1544
二、按隶属关系分组								
中　央	105300							
省(自治区、直辖市)	376771	697135	203203	339805	318419	39199	84657	13953
地区(州、盟、省辖市)	2758614	649388	227974	952268	778705	76932	30031	7349
县(区、市、旗)	2421079	2649377	682775	1271962	1060964	94349	287718	36155
其他	8227318	6644576	1925779	6582989	5331808	1129700	1169866	142677
三、按营业状态分								
营业	13737206	10555376	3023958	9027797	7386906	1267948	1572272	200134
停业(歇业)	70394	71202	11748	807	807	692		
当年关闭								
其他	81482	13898	4025	118420	102183	71540		
四、按企业资质等级分								
一　级	572570	676874	312857	459693	350451	46785	151070	2437
二　级	535329	446220	166764	469304	422458	50579	119330	15311
三　级	2243574	1700583	477951	1882320	1644136	156961	481280	108716
四　级	618323	313971	101111	423311	279256	48618	88316	16901
暂　定	9876559	7418291	1964142	5847240	4732465	1004712	731800	56293
其　他	42727	84537	16906	65156	61130	32525	476	476
五、按登记注册类型分								
内资企业	12820191	10218898	2892606	8163715	6787804	1272569	1254478	132614
港澳台商投资企业	908349	212223	69711	972311	701364	67482	317318	67044
外商投资企业	160542	209355	77414	10998	728	129	476	476

7-5 续表3 (2015年) 单位:万元、平方米

指标名称	办公楼销售面积	商业营业用房销售面积	其他房屋销售面积	出租面积	#商业营业用房	待售面积	#住宅	商品房销售额
总计	**448643**	**709320**	**499165**			**4606414**	**2741446**	**10659342**
一、按控股情况分								
国有控股		626	3978			73288	50032	529430
集体控股		854						20435
私人控股	341579	375107	288041			3332928	2046307	6072399
港澳台商控股	55311	116490	125058			256071	181710	1480563
外商控股	20974	151	6185			53694	27636	45212
其他	30779	216092	75903			890433	435761	2511303
二、按隶属关系分组								
中央								
省(自治区、直辖市)	6258	2469	12659			97525	61987	444154
地区(州、盟、省辖市)	1201	117914	54448			257510	70737	1526299
县(区、市、旗)	62752	120593	27653			1524744	878479	1066729
其他	378432	468344	404405			2726635	1730243	7622160
三、按营业状态分								
营业	438981	704566	497344			4595274	2730306	10540902
停业(歇业)						11140	11140	287
当年关闭								
其他	9662	4754	1821					118153
四、按企业资质等级分								
一级	20368	52533	36341			297557	256500	786334
二级	3189	22503	21154			335219	149395	566429
三级	63482	27696	147006			302710	204387	2176977
四级	16439	93083	34533			354051	242196	485950
暂定	345165	509479	260131			3301567	1873658	6596120
其他		4026				15310	15310	47532
五、按登记注册类型分								
内资企业	383062	592830	400019			4296649	2532100	9408893
港澳台商投资企业	55311	116490	99146			256071	181710	1230560
外商投资企业	10270					53694	27636	19889

7-5 续表 4　　(2015 年)　　单位:万元、平方米

指标名称	住宅销售额	# 90 平方米以下住房	144 平方米以上住房	别墅、高档公寓	办公楼销售额	商业营业用房销售额	其他房屋销售额
总　计	**8488111**	**1308252**	**2023680**	**268879**	**616198**	**1204689**	**350344**
一、按控股情况分							
国有控股	523083	103471	54193	14253		1453	4894
集体控股	18450	15195	3255			1985	
私人控股	4754379	902002	1201995	124170	476236	639512	202272
港澳台商控股	1135059	72516	609719	127720	47874	218715	78915
外商控股	1808	152	371	371	40555	435	2414
其　他	2055332	214916	154147	2365	51533	342589	61849
二、按隶属关系分组							
中　央							
省(自治区、直辖市)	414151	56556	137133	20017	15250	4473	10280
地区(州、盟、省辖市)	1237475	101568	48643	27079	2505	235550	50769
县(区、市、旗)	849426	55894	319961	44093	54471	141923	20909
其　他	5987059	1094234	1517943	177690	543972	822743	268386
三、按营业状态分							
营　业	8390313	1243053	2023680	268879	605590	1195750	349249
停业(歇业)	287	247					
当年关闭							
其　他	97511	64952			10608	8939	1095
四、按企业资质等级分							
一　级	529721	57128	279958	4539	20347	203874	32392
二　级	496865	68987	207101	21063	6175	47105	16284
三　级	1886358	139810	536871	136144	105438	98383	86798
四　级	380143	74831	104491	39017	13914	65009	26884
暂　定	5150665	937901	894888	67745	470324	787145	187986
其　他	44359	29595	371	371		3173	
五、按登记注册类型分							
内资企业	7578236	1237808	1596808	140788	549073	985974	295610
港澳台商投资企业	909237	70292	426501	127720	47874	218715	54734
外商投资企业	638	152	371	371	19251		

7-6　房地产开发企业资金来源情况

（2015 年）

单位：万元

指标名称	本年资金来源合计	上年末结余资金	本年资金来源小计	国内贷款	利用外资	自筹资金	其他资金来源	#定金及预收款	个人按揭贷款	本年各项应付款合计
总　　计	**21645520**	**3655505**	**17990015**	**3256290**	**7984**	**6626635**	**8099106**	**4068903**	**2470928**	**1421113**
一、按控股情况分										
国有控股	2837724	560812	2276912	432078		735760	1109074	224204	74205	362301
集体控股	137925	17192	120733	5614		20797	94322	40	5218	44979
私人控股	12289357	2328164	9961193	1545494		4578030	3837669	2178509	1160031	679747
港澳台商控股	2670402	373656	2296746	711629	153	242066	1342898	801686	476291	31156
外商控股	228819	43983	184836	35900	7831	115337	25768	15711	8435	46400
其　他	3481293	331698	3149595	525575		934645	1689375	848753	746748	256530
二、按隶属关系分										
中　央	49800	3237	46563			45314	1249	1249		7562
省（自治区、直辖市）	803179	51576	751603	236000		307304	208299	116783	81718	7690
地区（州、盟、省辖市）	3520435	666133	2854302	793756		554322	1506224	478837	230693	318854
县（区、市、旗）	3408733	519517	2889216	214114		1721845	953257	356499	474340	180791
其　他	13863373	2415042	11448331	2012420	7984	3997850	5430077	3115535	1684177	906216
三、按营业状态分										
营　业	21494612	3654748	17839864	3243385	7984	6593873	7994622	3965212	2470418	1397778
停业（歇业）	9915	662	9253	8000		400	853	60	510	3735
当年关闭										
其　他	140993	95	140898	4905		32362	103631	103631		19600
四、按企业资质等级分										
一　级	1420216	121019	1299197	504824		35484	758889	305432	284268	33337
二　级	2697084	481703	2215381	399664		710521	1105196	312389	145719	281023
三　级	3587700	576717	3010983	488968	153	693853	1828009	738449	648418	311750
四　级	757346	251439	505907			89981	415926	283753	83490	37396
暂　定	13142405	2216677	10925728	1853834	7831	5089922	3974141	2419253	1301716	743847
其　他	40769	7950	32819	9000		6874	16945	9627	7317	13760
五、按登记注册类型分										
内资企业	19522126	3277516	16244610	2952261		6287570	7004779	3399992	2111383	1344154
港澳台商投资企业	1925486	336081	1589405	268129	153	242066	1079057	658535	355601	31156
外商投资企业	197908	41908	156000	35900	7831	96999	15270	10376	3944	45803

7-7 房地产开发企业主要财务指标

（2015 年）

单位：万元

指标名称	企业数（个）	年末从业人数（人）	资产总计	流动资产合计	#存货	固定资产原价	累计折旧	#本年折旧
总计	**553**	**22748**	**72049385**	**59406906**	**32077700**	**563870**	**167737**	**38278**
一、按控股情况分								
国有控股	46	2044	12859166	7883419	4512499	72477	14157	3646
集体控股	14	274	488247	471322	387089	1889	1131	33
私人控股	346	14547	40915162	36091777	18805540	365136	89295	24219
港澳台商控股	68	2616	7458963	6011458	2803044	74598	41859	4967
外商控股	22	907	1384178	1185137	353445	23380	8919	1179
其他	57	2360	8943670	7763794	5216084	26390	12375	4234
二、按隶属关系分								
中央	4	110	141196	116188	101524	877	432	95
省（自治区、直辖市）	28	1118	4162558	3541374	1362052	43777	10223	2265
地区（州、盟、省辖市）	32	2195	14617622	9875087	5868705	63261	20201	4142
县（区、市、旗）	78	3105	9293449	8433268	5349287	42857	19532	3366
其他	411	16220	43834560	37440990	19396133	413099	117349	28410
三、按营业状态分								
营业	509	21883	70918707	58362758	31481624	558458	164741	37794
停业（歇业）	23	287	310377	255462	68914	3059	1717	135
当年关闭	1		2057	2057				
其他	20	578	818244	786630	527163	2353	1279	349
四、按企业资质等级分								
一级	13	1063	11496882	6828962	1910650	61261	21830	7204
二级	44	3561	14501422	9717936	5180275	218329	56139	11219
三级	139	5848	15098874	14191501	8177986	153275	37460	8120
四级	63	1668	2867009	2575213	1543049	22145	15675	1498
暂定	277	10259	27699866	25758623	15134640	100913	34844	9837
其他	17	349	385332	334671	131101	7947	1788	401
五、按登记注册类型分								
内资企业	465	19828	65598895	53574114	29237698	490090	127334	33798
港澳台商投资企业	67	2374	5250137	4830683	2531198	49483	31021	3323
外商投资企业	21	546	1200353	1002109	308805	24297	9382	1156

7-7 续表1 （2015年） 单位:万元

指标名称	负债合计	实收资本	主营业务收入	商品房屋销售收入	房屋出租收入	其他收入	主营业务成本	主营业务税金及附加
总　计	**56508570**	**7423026**	**8965087**	**8853215**	**45426**	**65854**	**5835813**	**992544**
一、按控股情况分								
国有控股	8007205	479905	696515	627455	12136	56898	472343	61706
集体控股	465104	26262	64648	63281	672	695	61328	6710
私人控股	34694602	4305426	5702358	5686006	14635	1150	3947711	605279
港澳台商控股	5341338	1046692	1046064	1026963	13900	5202	579741	159324
外商控股	835689	381057	13134	8698	3276	1161	7962	1422
其　他	7164633	1183685	1442368	1440812	807	749	766728	158103
二、按隶属关系分								
中　央	71905	71034	4050	1091	147	2811	2850	235
省(自治区、直辖市)	2726088	979871	390662	339279	3500	47883	307885	33456
地区(州、盟、省辖市)	9563604	638683	862705	847610	9224	5871	463601	86843
县(区、市、旗)	7953177	796468	1298203	1292193	5018	966	906631	185946
其　他	36193797	4936970	6409467	6373040	27538	8321	4154846	686065
三、按营业状态分								
营　业	55571102	7223227	8862482	8755159	40888	65843	5773599	983597
停业(歇业)	221824	65151	102605	98056	4539	10	62214	8947
当年关闭		2000						
其　他	715644	132648						
四、按企业资质等级分								
一　级	7453088	782170	536472	481401	6527	48544	265313	82339
二　级	10923475	1064436	899021	889951	4331	4739	612998	94930
三　级	12393668	1676444	3219761	3202190	10001	7545	1984729	361196
四　级	2237066	478788	499782	489942	8547	726	265358	59767
暂　定	23207928	3327777	3803391	3785148	13944	4300	2703755	393562
其　他	293344	93410	6661	4584	2077		3661	751
五、按登记注册类型分								
内资企业	51709122	6084397	8223675	8136218	26567	60297	5378890	885337
港澳台商投资企业	4143961	950537	729942	710088	15186	4668	450459	106109
外商投资企业	655488	388092	11471	6909	3673	889	6464	1098

7-7　续表 2　　　　（2015 年）　　　　单位：万元

指标名称	营业利润	投资收益	销售费用	管理费用	财务费用	利润总额	应交所得税	应付职工薪酬
总　　计	**1688806**	**449539**	**291163**	**323314**	**210763**	**1724743**	**342871**	**252607**
一、按控股情况分								
国有控股	126372	34046	11208	33363	21150	190985	19593	23803
集体控股	-5203	27	74	2389	420	-5233	12	1964
私人控股	730147	102835	190238	196202	119339	717422	176764	159694
港澳台商控股	191550	433	29749	47426	38582	154693	49052	26825
外商控股	296168	312080	3823	10585	5594	294763	-488	7713
其　他	349772	118	56072	33349	25678	372114	97937	32608
二、按隶属关系分								
中　央	-744		106	1571	32	-747		1851
省（自治区、直辖市）	19268	5781	12914	17770	6118	-7705	4762	13811
地区（州、盟、省辖市）	162655		35385	37832	18840	222255	39694	32525
县（区、市、旗）	107499	239	32544	39538	29937	107357	44062	40044
其　他	1400127	443519	210214	226604	155836	1403583	254352	164376
三、按营业状态分								
营　业	1679052	449539	284024	310855	208672	1715719	339034	237153
停业（歇业）	23000		851	5569	2024	22302	3836	11347
当年关闭								
其　他	-13246		6289	6890	67	-13277		4107
四、按企业资质等级分								
一　级	146472	97298	19632	35613	86638	205656	24574	23018
二　级	360180	311971	26600	63814	46697	327119	14210	32146
三　级	682292	907	84438	79182	33269	705137	163385	57644
四　级	85939	656	14952	20764	1697	84956	21931	22752
暂　定	415207	38707	144760	121141	42228	403182	118590	114807
其　他	-1285		783	2800	236	-1306	181	2240
五、按登记注册类型分								
内资企业	1276051	137459	267227	278900	202543	1345052	313958	227021
港澳台商投资企业	106538		22670	37251	6798	73800	28715	21515
外商投资企业	306217	312080	1267	7164	1422	305892	197	4072

7-8　按县(市)区分固定资产投资完成情况

(2015 年)

单位:万元

县(市)区	固定资产投资		项目投资		房地产开发投资	
	2015 年	比上年增长(%)	2015 年	比上年增长(%)	2015 年	比上年增长(%)
福州市	**48536112**	**10.6**	**34724864**	**18.4**	**13811248**	**-5.1**
市　区	21163340	15.6	13868870	25.2	7294470	0.8
鼓楼区	4490511	12.1	3755694	7.8	734817	40.8
台江区	3895680	14.9	2781505	26.0	1114175	-5.9
仓山区	4936738	15.1	1636107	55.1	3300631	2.1
晋安区	4843154	16.5	3579984	42.1	1263170	-22.9
马尾区	2738038	26.2	1856361	22.6	881677	34.5
福清市	7654790	19.1	6587326	23.0	1067464	-0.7
长乐市	4472228	13.3	3432545	10.6	1039683	23.2
闽侯县	3833993	-28.4	2156716	-30.5	1677277	-25.5
连江县	5186649	22.1	4306594	32.8	880055	-12.3
罗源县	1373361	-13.1	907818	19.7	465543	-43.4
闽清县	620034	25.5	428480	20.6	191554	38.0
永泰县	799740	2.6	340866	29.1	458874	-11.0
平潭县	3431976	25.3	2695648	30.0	736328	10.7

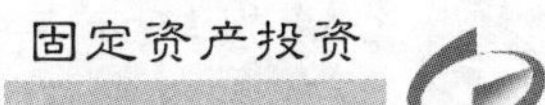

7-9 按登记注册类型分固定资产投资

（2015 年）

单位：万元

指标名称	绝对数	比上年增长（%）	指标名称	绝对数	比上年增长（%）
总 计	**48536112**	**10.6**	港澳台商投资企业	1700548	-18.7
内资企业	45558193	11.7	港澳台合资经营企业	601966	-41.5
国有企业	14870619	19.5	港澳台合作经营企业	38573	1614.4
集体企业	1046124	43.2	港澳台独资经营企业	762299	3.1
股份合作企业	132775	-20.5	港澳台商投资股份有限公司	297710	-5.6
联营企业	293802	-31.7	其他港澳台商投资企业		-100.0
国有联营企业	82563	-61.3	外商投资企业	1240626	21.4
集体联营企业	8300	-10.6	中外合资经营企业	425633	18.9
国有与集体联营企业	202939	2.7	中外合作经营企业		-100.0
其他联营企业		-100.0	外资企业	449806	35.5
有限责任公司	15200493	8.1	外商投资股份有限公司	336306	26.4
国有独资公司	1799344	32.2	其他外商投资企业	28881	-47.6
其他有限责任公司	13401149	5.6	个体经营	36745	1497.6
股份有限公司	1751958	66.1	个体户	5345	* * *
私营企业	10519935	-0.7	个人合伙	31400	1265.2
其他企业	1742487	34.4			

主要统计指标解释

全社会固定资产投资 是以货币表现的建造和购置固定资产活动的工作量。它是反映固定资产投资规模、速度、比例关系和使用方向的综合性指标。全社会固定资产投资指各种登记注册经济类型的投资。按照报表管理种类,全社会固定资产投资总额分为项目投资、房地产开发投资和农户固定资产投资。

房地产开发投资 指各种登记注册类型的房地产开发法人单位统一开发的包括统代建、拆迁还建的住宅、厂房、仓库、饭店、宾馆、度假村、写字楼、办公楼等房屋建筑物,配套的服务设施,土地开发工程(如道路、给水、排水、供电、供热、通讯、平整场地等基础设施工程)和土地购置的投资;不包括单纯的土地开发和交易活动。

固定资产投资额 指以货币形式表现的在一定时期内建造和购置固定资产的工作量以及与此有关的费用的总称。

计划总投资 指在建的建设工程按照总体设计(或按设计概算或预算)规定的内容全部建成计划需要的总投资。没有总体设计的建设工程,分别按报告期施工工程的计划总投资合计数填报。单纯购置单位应填报单纯购置的计划总投资。计划总投资是反应固定资产投资在建总规模的重要指标,也是检查工程进度,计算建设周期的依据之一。

本年完成投资 指从本年1月1日起至报告期完成的全部投资额。本年完成投资是反映本年的实际投资规模,计算有关投资效果,进行国民经济核算和经济分析的重要指标。

完成投资额是以货币表示的工作量指标,包括实际完成的建筑安装工程价值,设备、工具、器具的购置费,以及实际发生的其他费用。没用到工程实体的建筑材料、工程预付款和没有进行安装的需要安装的设备等,不能计入投资完成额。

建筑工程 指各种房屋、建筑物的建造工程,又称建筑工作量。这部分投资额必须兴工动料,通过施工活动才能实现,是固定资产投资额的重要组成部分。

安装工程 指各种设备、装置的安装工程,又称安装工作量。在安装工程中,不包括被安装设备本身价值。

本年新增固定资产 指在报告期已经完成建造和购置过程,并已交付生产或使用单位的固定资产的价值,包括已经建成投入生产或交付使用的工程投资和达到固定资产标准的设备、工具、器具的投资及有关应摊入的费用。属于增加固定资产价值的其他建设费用,应随同交付使用的工程一并计入新增固定资产。

房屋施工面积 指报告期内施工的全部房屋建筑面积。包括本期新开工的房屋建筑面积、上期跨入本期继续施工的房屋建筑面积、上期停缓建在本期恢复施工的房屋建筑面积、本期竣工的房屋建筑面积以及本期施工后又停缓建的房屋建筑面积。多层建筑应填各层建筑面积之和。

房屋竣工面积 指报告期内房屋建筑按照设计要求已全部完工,达到住人和使用条件,经验收鉴定合格或达到竣工验收标准,可正式移交使用的各栋房屋建筑面积的总和。

竣工面积以房屋单位工程(栋)为核算对象,在整栋房屋符合竣工条件后按其全部建筑面积一次性计算,而不是按各栋施工房屋中已完成的部分或层次分割计算。

商品房销售面积 指报告期内出售商品房屋的合同总面积(即双方签署的正式买卖合同中所确定的建筑面积)。本月销售面积指从本月1日起至本月最后一天止出售商品房屋的合同总面积。商品房销售面积由现房销售面积和期房销售面积两部分组成。

商品房销售额 指报告期内出售商品房屋的合同总价款(即双方签署的正式买卖合同中所确定的合同总价)。本月销售额指从本月1日起至本月最后一天止出售商品房屋的合同总价款。该指标与商品房销售面积同口径,由现房销售额和期房销售额两部分组成。

待售面积 指报告期末已竣工的可供销售或出租的商品房屋建筑面积中,尚未销售或出租的商品房屋建筑面积,包括以前年度竣工和本期竣工的房屋面积,但不包括报告期已竣工的拆迁还建、统建代建、公共配套建筑、房地产公司自用及周转房等不可销售或出租的房屋面积。按照商品房待售时间的长短可以划分为待售一年以下、待售一到三年(含一年)和待售三年以上(含三年)。

8 建筑业

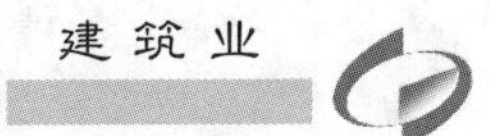

8-1 按登记注册类型分建筑业总承包、专业承包施工企业生产情况

(2015年)

项目	单位	总计	#国有及国有控股企业	按登记注册类型分		
				内资企业	港、澳、台商投资企业	外商投资企业
建筑业企业个数	个	901	52	885	13	3
签订的合同额	万元	55101687	17809549	53785654	1269948	46085
上年结转合同额	万元	27175236	10016661	26726660	437860	10716
本年新签合同额	万元	27926451	7792888	27058994	832088	35369
承包工程完成情况						
直接从建设单位承揽工程完成的产值	万元	26163653	5552332	25287645	856302	19707
自行完成施工产值	万元	25991104	5517394	25203757	767640	19707
分包出去工程的产值	万元	172549	34938	83888	88662	
从建设单位以外承揽工程完成的产值	万元	1301643	40912	1288854	9624	3166
建筑业总产值	万元	27292747	5558306	26492611	777264	22872
#装饰装修产值	万元	1309740	188071	1293566	13893	2281
在外省完成的产值	万元	11425275	1116952	11100499	317221	7555
建筑业总产值按构成分						
建筑工程产值	万元	24976315	4992537	24295654	664235	16425
安装工程产值	万元	2075101	522866	1962283	112736	82
其他产值	万元	241332	42902	234673	293	6365
竣工产值	万元	15679330	2145398	15252062	423158	4110
房屋建筑施工面积	平方米	244147735	48950926	230981397	13124539	41799
#本年新开工面积	平方米	66807978	6744161	63253464	3535798	18716
实行投标承包面积	平方米	161284072	46460410	148748548	12516808	18716
计算建筑业劳动生产率的平均人数	人	1046230	159595	1030308	14706	1216
年末从业人数	人	1054862	160851	1039391	14376	1095
#工程技术人员	人	109603	14873	108184	1306	113
一级建造师	人	4627	1338	4543	82	2
房屋建筑竣工面积	平方米	60685059	6939205	58905384	1758044	21631
住　宅	平方米	47265769	5100489	45507725	1758044	
商业及服务用房	平方米	2615445	335213	2615445		
办公用房	平方米	3115450	178340	3115450		
科研、教育、医疗用房	平方米	1290347	102438	1290347		
文化、体育、娱乐用房	平方米	343225	146834	343225		
厂房及建筑物	平方米	5673009	1014746	5651378		21631
仓　库	平方米	225504	6542	225504		
其他用房	平方米	156310	54603	156310		
房屋竣工价值	万元	11075779	1329271	10720236	351433	4110
住　宅	万元	8622821	898443	8271388	351433	
商业及服务用房	万元	457111	51169	457111		
办公用房	万元	584362	41202	584362		
科研、教育、医疗用房	万元	191214	22296	191214		
文化、体育、娱乐用房	万元	131737	76723	131737		
厂房及建筑屋	万元	1011606	223914	1007496		4110
仓　库	万元	38676	1007	38676		
其他用房	万元	38251	14516	38251		

8-2 按行业分建筑业总承包、专业承包施工企业生产情况

（2015 年）

项　　　目	单　位	总　　计	按国民经济行业分			
			房屋建筑业	土木工程建筑业	建筑安装业	建筑装饰和其他建筑业
建筑业企业个数	个	901	388	193	123	197
签订的合同额	万元	55101687	44769755	6997465	1765381	1569087
上年结转合同额	万元	27175236	22903187	3139851	719729	412469
本年新签合同额	万元	27926451	21866568	3857614	1045652	1156618
承包工程完成情况						
直接从建设单位承揽工程完成的产值	万元	26163653	20086157	3909097	949581	1218819
自行完成施工产值	万元	25991104	19953447	3891365	927483	1218809
分包出去工程的产值	万元	172549	132710	17732	22098	10
从建设单位以外承揽工程完成的产值	万元	1301643	532529	743118	10806	15191
建筑业总产值	万元	27292747	20485976	4634483	938289	1233999
#装饰装修产值	万元	1309740	682728	105190	15181	506641
在外省完成的产值	万元	11425275	8977774	1884794	226170	336537
建筑业总产值按构成分						
建筑工程产值	万元	24976315	19815007	3879374	333542	948393
安装工程产值	万元	2075101	527443	684158	600253	263246
其他产值	万元	241332	143526	70951	4494	22361
竣工产值	万元	15679330	11931546	2415593	480957	851235
房屋建筑施工面积	平方米	244147735	235958823	7255199	237397	696316
#本年新开工面积	平方米	66807978	61940282	4338821	43000	485875
实行投标承包面积	平方米	161284072	156750811	3955729		577532
计算建筑业劳动生产率的平均人数	人	1046230	793014	174637	31158	47421
年末从业人数	人	1054862	816689	164859	28984	44330
#工程技术人员	人	109603	72562	21840	7740	7461
一级建造师	人	4627	2751	930	496	450
房屋建筑竣工面积	平方米	60685059	56708132	3534577		442350
住　宅	平方米	47265769	45093818	1738871		433080
商业及服务用房	平方米	2615445	2146869	468576		
办公用房	平方米	3115450	2881384	234066		
科研、教育、医疗用房	平方米	1290347	1103138	187209		
文化、体育、娱乐用房	平方米	343225	257850	76105		9270
厂房及建筑物	平方米	5673009	4941549	731460		
仓　库	平方米	225504	192141	33363		
其他用房	平方米	156310	91383	64927		
房屋竣工价值	万元	11075779	10455733	569215		50830
住　宅	万元	8622821	8273013	299874		49934
商业及服务用房	万元	457111	394783	62328		
办公用房	万元	584362	549354	35008		
科研、教育、医疗用房	万元	191214	157988	33226		
文化、体育、娱乐用房	万元	131737	121598	9243		896
厂房及建筑屋	万元	1011606	902217	109390		
仓　库	万元	38676	32873	5803		
其他用房	万元	38251	23907	14344		

8-3 按企业资质等级分建筑业总承包施工企业生产情况

（2015 年）

项目	单位	总计	按企业资质等级分			
			特级	一级	二级	三级以下
建筑业企业个数	个	537	2	68	159	308
签订的合同额	万元	52314684	10970104	29505791	7736192	4102597
上年结转合同额	万元	26409318	6243766	16269831	3102290	793430
本年新签合同额	万元	25905367	4726338	13235960	4633902	3309167
承包工程完成情况						
直接从建设单位承揽工程完成的产值	万元	24179825	2552318	14142881	4511581	2973045
自行完成施工产值	万元	24037253	2552318	14016507	4496567	2971861
分包出去工程的产值	万元	142572		126374	15014	1184
从建设单位以外承揽工程完成的产值	万元	757921		332863	382336	42723
建筑业总产值	万元	24795174	2552318	14349370	4878903	3014584
#装饰装修产值	万元	770727	84249	401082	103060	182337
在外省完成的产值	万元	10461546	386259	7161985	2256717	656585
建筑业总产值按构成分						
建筑工程产值	万元	23238421	2533655	13241345	4648715	2814705
安装工程产值	万元	1344101		969151	213125	161825
其他产值	万元	212653	18663	138873	17063	38053
竣工产值	万元	13965152	555743	8330132	3077222	2002055
房屋建筑施工面积	平方米	244011058	33662435	155165986	40783408	14399229
#本年新开工面积	平方米	66775597	3637565	36162723	18358035	8617274
实行投标承包面积	平方米	161203976	33662435	106860391	14081196	6599954
计算建筑业劳动生产率的平均人数	人	950905	71538	537198	198296	143873
年末从业人数	人	967635	71538	553892	197550	144655
#工程技术人员	人	95075	5814	39333	25399	24529
一级建造师	人	3789	519	2110	767	393
房屋建筑竣工面积	平方米	60624507	3130862	37727187	12802508	6963950
住宅	平方米	47249169	2783337	31393091	10020210	3052531
商业及服务用房	平方米	2600773		1701188	591776	307809
办公用房	平方米	3115450	1640	1908959	259888	944963
科研、教育、医疗用房	平方米	1270337		430942	314739	524656
文化、体育、娱乐用房	平方米	333955	30170	220409	21636	61740
厂房及建筑物	平方米	5673009	315715	1890463	1532348	1934483
仓库	平方米	225504		100172	13245	112087
其他用房	平方米	156310		81963	48666	25681
房屋竣工价值	万元	11063829	555743	7287045	2133717	1087324
住宅	万元	8619993	452208	6000499	1709099	458187
商业及服务用房	万元	454055		329648	75974	48433
办公用房	万元	584362	1178	388203	39358	155623
科研、教育、医疗用房	万元	186044		82627	45043	58374
文化、体育、娱乐用房	万元	130841	10900	109704	3054	7183
厂房及建筑屋	万元	1011606	91457	340648	246377	333124
仓库	万元	38676		16028	1904	20744
其他用房	万元	38251		19687	12908	5656

8-4 按企业资质等级分建筑业专业承包施工企业生产情况

（2015 年）

项　　目	单 位	总　计	按企业资质等级分		
			一　级	二　级	三级以下
建筑业企业个数	个	364	54	152	158
签订的合同额	万元	2787003	1325119	752930	708954
上年结转合同额	万元	765918	324870	310429	130619
本年新签合同额	万元	2021085	1000249	442500	578335
承包工程完成情况					
直接从建设单位承揽工程完成的产值	万元	1983828	917001	509170	557657
自行完成施工产值	万元	1953851	905299	495632	552920
分包出去工程的产值	万元	29977	11702	13538	4737
从建设单位以外承揽工程完成的产值	万元	543722	494480	23012	26230
建筑业总产值	万元	2497573	1399779	518644	579150
#装饰装修产值	万元	539013	324091	125199	89722
在外省完成的产值	万元	963729	773699	150587	39444
建筑业总产值按构成分					
建筑工程产值	万元	1737894	1128019	317630	292245
安装工程产值	万元	731000	263816	200047	267138
其他产值	万元	28679	7944	967	19768
竣工产值	万元	1714179	880388	354669	479121
房屋建筑施工面积	平方米	136677	83011	22580	31086
#本年新开工面积	平方米	32381		22580	9801
实行投标承包面积	平方米	80096	67011	5000	8085
计算建筑业劳动生产率的平均人数	人	95325	50673	21013	23639
年末从业人数	人	87227	43171	20318	23738
#工程技术人员	人	14528	4471	5488	4569
一级建造师	人	838	362	277	199
房屋建筑竣工面积	平方米	60552	50682	9870	
住　宅	平方米	16600	16000	600	
商业及服务用房	平方米	14672	14672		
办公用房	平方米				
科研、教育、医疗用房	平方米	20010	20010		
文化、体育、娱乐用房	平方米	9270		9270	
厂房及建筑物	平方米				
仓　库	平方米				
其他用房	平方米				
房屋竣工价值	万元	11950	10904	1046	
住　宅	万元	2828	2678	150	
商业及服务用房	万元	3056	3056		
办公用房	万元				
科研、教育、医疗用房	万元	5170	5170		
文化、体育、娱乐用房	万元	896		896	
厂房及建筑屋	万元				
仓　库	万元				
其他用房	万元				

8-5 按县(市)区分建筑业总承包、专业承包施工企业生产情况

(2015 年)

项目	单位	福州市	鼓楼区	台江区	仓山区	马尾区	晋安区	福清市
建筑业企业个数	个	901	237	64	42	53	127	66
签订的合同额	万元	55101687	16174021	1871313	820852	9528444	3564464	4333374
上年结转合同额	万元	27175236	9269179	661501	456117	5293410	1367573	2036916
本年新签合同额	万元	27926451	6904842	1209811	364735	4235034	2196891	2296458
承包工程完成情况								
直接从建设单位承揽工程完成的产值	万元	26163653	6586955	1283520	489073	2436576	1979878	2221920
自行完成施工产值	万元	25991104	6532227	1189843	489073	2436576	1965361	2221920
分包出去工程的产值	万元	172549	54728	93677			14517	
从建设单位以外承揽工程完成的产值	万元	1301643	101477	6229	2222	713	8148	1209
建筑业总产值	万元	27292747	6633704	1196072	491294	2437289	1973509	2223129
# 装饰装修产值	万元	1309740	567297	119430	28564	154081	126849	12929
在外省完成的产值	万元	11425275	2249980	284223	94259	353444	748308	1366398
建筑业总产值按构成分								
建筑工程产值	万元	24976315	5906667	926603	481159	2247617	1651311	2219525
安装工程产值	万元	2075101	661807	256600	8964	173454	318353	3604
其他产值	万元	241332	65230	12869	1172	16218	3846	
竣工产值	万元	15679330	3807266	679564	171084	644257	1363568	1619182
房屋建筑施工面积	平方米	244147735	53504197	14733042	2140856	31199958	8578867	22900095
# 本年新开工面积	平方米	66807978	9791258	4125469	838843	4891038	2547520	8176390
实行投标承包面积	平方米	161284072	29276023	12778445	135450	27876178	5215150	10814949
计算建筑业劳动生产率的平均人数	人	1046230	220239	29353	19966	86532	77830	90555
年末从业人数	人	1054862	266809	32689	36146	86587	89952	98416
# 工程技术人员	人	109603	35044	4540	3262	5331	10821	7853
一级建造师	人	4627	1805	271	176	319	667	236
房屋建筑竣工面积	平方米	60685059	12360712	1845697	477035	2811026	3545028	7995387
住　宅	平方米	47265769	8855607	1814265	314401	2692495	2749748	7049889
商业及服务用房	平方米	2615445	1175616		35860		93420	137413
办公用房	平方米	3115450	751832	3500	15824	64140	56387	79749
科研、教育、医疗用房	平方米	1290347	210906	22538	9533	7144	75255	244549
文化、体育、娱乐用房	平方米	343225	172401		7823		56780	36964
厂房及建筑物	平方米	5673009	1072099		85910	43592	506896	419673
仓　库	平方米	225504	57288		5004		6542	6150
其他用房	平方米	156310	64963	5394	2680	3655		21000
房屋竣工价值	万元	11075779	2576081	360909	97096	412251	601447	1268024
住　宅	万元	8622821	1778379	355933	62113	393987	446810	1122088
商业及服务用房	万元	457111	232413		7839		14114	30301
办公用房	万元	584362	181918	200	3563	9026	9224	13578
科研、教育、医疗用房	万元	191214	33269	3234	2128	1048	13680	40732
文化、体育、娱乐用房	万元	131737	106148		1601		9058	7079
厂房及建筑屋	万元	1011606	219073		18346	7562	107554	47381
仓　库	万元	38676	8500		847		1007	816
其他用房	万元	38251	16381	1542	660	630		6050

8-5 续表 (2015年)

项目	单位	长乐市	闽侯县	连江县	罗源县	闽清县	永泰县	平潭县
建筑业企业个数	个	23	60	41	16	81	62	29
签订的合同额	万元	1831567	949859	3967069	441882	5163297	5477873	977673
上年结转合同额	万元	949462	553394	1661468	218579	1966575	2192435	548627
本年新签合同额	万元	882105	396465	2305601	223303	3196722	3285438	429046
承包工程完成情况								
直接从建设单位承揽工程完成的产值	万元	1252215	432733	2453457	211303	3514012	2943996	358016
自行完成施工产值	万元	1251896	423661	2453457	211293	3514012	2943996	357789
分包出去工程的产值	万元	319	9072		10			227
从建设单位以外承揽工程完成的产值	万元	553	5667	15282	55	5717	23096	1131274
建筑业总产值	万元	1252449	429329	2468739	211348	3519730	2967092	1489063
#装饰装修产值	万元	50720	16193	88853	18270	89696	35292	1566
在外省完成的产值	万元	737374	69206	595941	66276	1734092	1842513	1283261
建筑业总产值按构成分								
建筑工程产值	万元	1210007	387862	2098315	201935	3219318	2945154	1480843
安装工程产值	万元	41770	38506	259660	3063	288049	14521	6752
其他产值	万元	672	2960	110765	6350	12364	7417	1468
竣工产值	万元	906131	283652	1855782	177569	1717719	1885769	567787
房屋建筑施工面积	平方米	15404186	3701614	19463718	1506287	40344605	28608738	2061572
#本年新开工面积	平方米	3604480	1035886	7954831	453435	9539316	13327067	522445
实行投标承包面积	平方米	11936945	1855374	3861991	234197	37119922	18795584	1383864
计算建筑业劳动生产率的平均人数	人	38998	18597	80871	9894	153167	145641	74587
年末从业人数	人	37601	13986	77860	9376	139563	99242	66635
#工程技术人员	人	4317	4016	6933	1838	13835	9535	2278
一级建造师	人	167	51	219	59	306	226	125
房屋建筑竣工面积	平方米	4217876	959392	8037640	401941	7969836	9491534	571955
住　宅	平方米	3072900	388055	7177883	298856	4913574	7414084	524012
商业及服务用房	平方米	319868	60098	111558		153391	481482	46739
办公用房	平方米	176330	15230	209514	26035	1337475	378230	1204
科研、教育、医疗用房	平方米	3630	4588	40867	9802	348305	313230	
文化、体育、娱乐用房	平方米				54919	8069	6269	
厂房及建筑物	平方米	642396	486972	407513	12329	1172171	823458	
仓　库	平方米	2752	1229	50423		22195	73921	
其他用房	平方米		3220	39882		14656	860	
房屋竣工价值	万元	819561	164027	1758310	70728	1303422	1508412	135512
住　宅	万元	595751	85975	1596094	56475	799372	1203223	126624
商业及服务用房	万元	46895	5411	21708		28347	61533	8552
办公用房	万元	34509	2865	37423	3748	221093	66880	336
科研、教育、医疗用房	万元	545	799	6740	2126	44958	41956	
文化、体育、娱乐用房	万元				5803	1275	773	
厂房及建筑屋	万元	139843	68447	79190	2576	201819	119816	
仓　库	万元	2019	98	7705		3617	14068	
其他用房	万元		432	9452		2941	164	

8-6 建筑业盈利总承包、专业承包施工企业数及利润总额

（2015年）

项目	单位	福州市	鼓楼区	台江区	仓山区	马尾区	晋安区	福清市
企业个数	个	**765**	**196**	**52**	**30**	**46**	**96**	**61**
施工总承包	个	475	66	15	15	26	46	50
特级	个	2	1			1		
一级	个	61	15	2	1	2	7	9
二级	个	152	23	8	5	7	14	20
三级以下	个	260	27	5	9	16	25	21
专业承包	个	290	130	37	15	20	50	11
一级	个	49	23	8	2	2	8	2
二级	个	116	61	13	3	5	23	5
三级以下	个	125	46	16	10	13	19	4
利润总额	**万元**	**738649**	**157489**	**32917**	**18281**	**81328**	**44977**	**49371**
施工总承包	万元	619028	73609	26977	16057	77056	33624	48933
特级	万元	75117	4745			70372		
一级	万元	257141	42749	21856	768	940	19134	34654
二级	万元	147351	6596	4253	12426	2218	8792	9794
三级以下	万元	139419	19519	868	2863	3526	5698	4485
专业承包	万元	119621	83881	5940	2224	4273	11353	437
一级	万元	29291	15477	3430	504	1190	2977	32
二级	万元	23169	14430	792	200	1342	4845	282
三级以下	万元	67161	53974	1718	1520	1741	3531	124

8-6 续表 (2015年)

项 目	单 位	长乐市	闽侯县	连江县	罗源县	闽清县	永泰县	平潭县
企业个数	个	**23**	**45**	**39**	**14**	**79**	**61**	**23**
施工总承包	个	19	40	38	11	74	57	18
特 级	个							
一 级	个	4	2	5		8	4	2
二 级	个	6	14	12	5	11	22	5
三级以下	个	9	24	21	6	55	31	11
专业承包	个	4	5	1	3	5	4	5
一 级	个		1		1			2
二 级	个	2	2	1				1
三级以下	个	2	2		2	5	4	2
利润总额	**万元**	**27288**	**14133**	**52903**	**10524**	**122964**	**89095**	**37380**
施工总承包	万元	26886	11233	52292	9886	122090	88509	31878
特 级	万元							
一 级	万元	8970	588	27016		44011	37030	19424
二 级	万元	4654	5221	19050	7331	19035	36980	11001
三级以下	万元	13262	5423	6225	2554	59044	14499	1453
专业承包	万元	402	2900	611	639	875	586	5502
一 级	万元		279		165			5238
二 级	万元	338	253	611				75
三级以下	万元	64	2368		474	875	586	189

8-7 按行业分劳务分包企业主要指标

（2015 年）

项　　目	单　位	总　计		按国民经济行业分			
			内资企业	房　屋建筑业	土木工程建 筑 业	建　筑安装业	建筑装饰和其他建筑　　业
企业个数	个	217	217	127	25	7	58
建筑业总产值	万元	1679804	1679804	1312148	50995	45209	271452
#装饰装修产值	万元	52712	52712	47397	2658	357	2301
建筑业劳动生产率的平均人数	人	275430	275430	208524	6865	11775	48266
年末从业人数	人	295855	295855	226107	5948	11680	52120
#工程技术人员	人	7227	7227	5192	476	1014	545
现场施工工人	人	232664	232664	177657	5116	10726	39165
固定资产原价	万元	32781	32781	19305	6952	326	6198
本年折旧	万元	3897	3897	1864	748	22	1263
资产总计	万元	423002	423002	326064	20825	2933	73180
负债合计	万元	276382	276382	222515	4419	645	48803
实收资本	万元	89069	89069	57892	11540	2156	17481
营业收入合计	万元	1691475	1691475	1322582	49098	47156	272638
#主营业务收入	万元	1686242	1686242	1321673	49098	47156	268314
主营业务成本	万元	1590891	1590891	1254852	44159	44732	247148
主营业务税金及附加	万元	59280	59280	45580	1870	1935	9895
费用合计(营业费用、管理费用、财务费用)	万元	21290	21290	15604	2116	353	3217
营业利润	万元	9193	9193	8405	982	96	-291
利润总额	万元	6031	6031	6234	792	88	-1083
从业人员工资总额	万元	1272730	1272730	980127	21026	49058	222519
全部从业人员年平均人数	人	268646	268646	198803	5142	11780	52921

8-8 按企业资质等级分劳务分包企业主要指标

(2015年)

项目	单位	总计	一级	二级	三级及以下
企业个数	个	217	141	31	45
建筑业总产值	万元	1679804	1327845	94879	257081
#装饰装修产值	万元	52712	26327	1303	25082
建筑业劳动生产率的平均人数	人	275430	211919	13969	49542
年末从业人数	人	295855	237853	6151	51851
#工程技术人员	人	7227	6040	528	659
现场施工工人	人	232664	182117	3183	47364
固定资产原价	万元	32781	24171	2738	5872
本年折旧	万元	3897	2479	484	935
资产总计	万元	423002	340241	32191	50570
负债合计	万元	276382	227759	18630	29993
实收资本	万元	89069	60186	10832	18051
营业收入合计	万元	1691475	1340156	94694	256625
#主营业务收入	万元	1686242	1335880	93802	256560
主营业务成本	万元	1590891	1260864	87896	242131
主营业务税金及附加	万元	59280	46321	3168	9792
费用合计(营业费用、管理费用、财务费用)	万元	21290	14472	2803	4015
营业利润	万元	9193	6126	2151	917
利润总额	万元	6031	5007	457	567
从业人员工资总额	万元	1272730	1028812	36492	207426
全部从业人员年平均人数	人	268646	211625	6166	50855

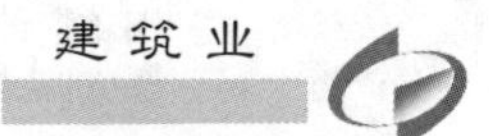

8-9 按登记注册类型分建筑业总承包、专业承包施工企业主要财务指标

(2015年)

单位:万元

项目	总计	#国有及国有控股企业	按登记注册类型分		
			内资企业	港、澳、台商投资企业	外商投资企业
年初存货	2041233	650087	1960633	76300	4299
流动资产合计	11955063	4008834	11698906	222317	33840
#存　货	2510488	965704	2446010	62889	1590
固定资产合计	2074938	1272677	2067459	3710	3768
固定资产原价	1755336	555722	1736891	9581	8864
累计折旧	670753	193278	659785	5872	5096
#本年折旧	94006	29440	92782	566	658
在建工程	156555	115093	156555		
资产合计	15572058	6131038	15237592	296536	37930
流动负债合计	8871205	4239623	8640242	201906	29057
非流动负债合计	670637	346729	657624	13013	
负债合计	9991137	4880403	9746720	214941	29476
所有者权益合计	5580921	1250635	5490872	81594	8455
#实收资本	3755665	647247	3701996	41806	11864
国家资本	450776	441803	450776		
集体资本	79829	5745	79829		
法人资本	1100357	177259	1072454	21926	5977
个人资本	2104556	17617	2098937	5619	
港澳台资本	14261	400		14261	
外商资本	5887	4423			5887
主营业务收入	24343609	4998228	23493290	821162	29157
主营业务成本	21988203	4557919	21200851	761071	26281
主营业务税金及附加	888591	151658	858707	29615	270
其他业务利润	15353	6307	14027	440	886
销售费用	31667	1530	31166	365	136
管理费用	640390	150713	632146	5864	2380
#税金	25500	3562	25127	300	74
财务费用	131126	56404	129235	1160	731
#利息支出	140633	90087	138881	1043	708
营业利润	687561	143375	663375	23728	458
营业外收入	31308	22472	31297	2	9
营业外支出	8561	4752	8513	33	15
建筑业企业在境外完成的营业收入	262323	262323	262323		
利润总额	710415	161094	686266	23698	452
应交所得税	266500	44367	259986	6470	44
应付职工薪酬(本年贷方累计发生额)	6259040	1090563	6074062	178378	6600
从业人员工资总额	4649007	452964	4588062	56606	4339
#在岗职工工资总额	3160882	170668	3149216	9359	2306
从业人员平均工资(元)	57616	68549	57756	48274	55627
#在岗职工平均工资(元)	59432	69840	59485	45900	57802
应收工程款	2315996	811009	2199548	107066	9382
全部从业人员年平均人数(人)	806894	66079	794388	11726	780
资产减值损失	10253	7031	10466		-213
公允价值变动收益	165		165		
投资收益	64198	61752	63798	400	

8-10 按行业分建筑业总承包、专业承包施工企业主要财务指标

(2015年)　　　　单位:万元

项目	总计	按国民经济行业分			
		房屋建筑业	土木工程建筑业	建筑安装业	建筑装饰和其他建筑业
年初存货	2041233	1419303	351922	142801	127208
流动资产合计	11955063	7399638	2518521	1308887	728019
#存　货	2510488	1926139	365617	114007	104725
固定资产合计	2074938	1631367	289812	81274	72485
固定资产原价	1755336	934923	526912	156161	137341
累计折旧	670753	263705	258779	78555	69714
#本年折旧	94006	37356	35368	12687	8595
在建工程	156555	137178	15427	2018	1932
资产合计	15572058	9842119	3176030	1700339	853570
流动负债合计	8871205	5478083	1891348	1097238	404537
非流动负债合计	670637	450726	86443	128534	4934
负债合计	9991137	6320086	2003939	1235089	432023
所有者权益合计	5580921	3522033	1172091	465250	421547
#实收资本	3755665	2282136	915808	282646	275076
国家资本	450776	320283	95706	30336	4451
集体资本	79829	47943	15293	13725	2868
法人资本	1100357	658032	272482	78956	90888
个人资本	2104556	1242002	532327	159629	170598
港澳台资本	14261	8590			5672
外商资本	5887	5287			600
主营业务收入	24343609	18097360	4200777	962770	1082703
主营业务成本	21988203	16529877	3738955	800368	919004
主营业务税金及附加	888591	679757	145006	25358	38470
其他业务利润	15353	8826	1525	4452	549
销售费用	31667	8624	8097	9376	5570
管理费用	640390	309729	208565	71877	50218
#税　金	25500	14615	6227	2190	2468
财务费用	131126	79741	17243	30336	3807
#利息支出	140633	94190	16212	27122	3108
营业利润	687561	483401	107028	30874	66259
营业外收入	31308	8093	20631	2480	105
营业外支出	8561	3831	4017	371	342
建筑业企业在境外完成的营业收入	262323		246432	15891	
利润总额	710415	487771	123640	32982	66022
应交所得税	266500	199986	44038	11480	10995
应付职工薪酬(本年贷方累计发生额)	6259040	4822025	1046390	165287	225339
从业人员工资总额	4649007	3631149	712169	137356	168333
#在岗职工工资总额	3160882	2489082	431059	108783	131957
从业人员平均工资(元)	57616	57870	60438	48106	50953
#在岗职工平均工资(元)	59432	60242	60500	49745	51643
应收工程款	2315996	1292012	559963	270901	193120
全部从业人员年平均人数(人)	806894	627469	117835	28553	33037
资产减值损失	10253	5739	1788	2470	255
公允价值变动收益	165	41		124	
投资收益	64198	5461	19864	3220	35653

8-11 按企业资质等级分建筑业总承包施工企业主要财务指标

（2015年） 单位:万元

项　　目	总　计	#特　级	一　级	二　级	三级以下
年初存货	1776101	278875	955292	422883	119050
流动资产合计	10415536	1487419	5651878	2217631	1058608
#存　货	2257684	548631	1149482	410115	149456
固定资产合计	1910001	839955	609622	238345	222079
固定资产原价	1455910	32439	782019	354998	286454
累计折旧	527531	12288	305991	135016	74237
#本年折旧	74343	2405	39610	17142	15187
在建工程	153182	24886	111803	11696	4797
资产合计	13681356	2511945	7132491	2597583	1439338
流动负债合计	7920236	1917044	4223625	1316577	462990
非流动负债合计	661959	186255	394890	79513	1302
负债合计	8989805	2103299	4929014	1423024	534468
所有者权益合计	4691551	408645	2203477	1174559	904871
#实收资本	3166464	210000	1431864	825131	699469
国家资本	433815	210000	160320	28637	34858
集体资本	63825		14567	36291	12967
法人资本	911463		679212	126205	106047
个人资本	1744348		569175	629576	545597
港澳台资本	8590		8590		
外商资本	4423			4423	
主营业务收入	22042276	2309268	12358452	4562198	2812358
主营业务成本	20016572	2106302	11386521	4101136	2422613
主营业务税金及附加	811352	82857	428238	178981	121277
其他业务利润	12351	-92	5033	6024	1387
销售费用	15535		3891	4091	7553
管理费用	499822	28392	232449	117409	121573
#税　金	20503	315	9024	4722	6442
财务费用	119472	15714	87356	7368	9034
#利息支出	132370	48822	74423	7704	1423
营业利润	580916	74815	236979	132930	136191
营业外收入	29759	323	13624	15262	550
营业外支出	7922	21	5414	2067	420
建筑业企业在境外完成的营业收入	262323		262323		
利润总额	602860	75117	245189	146125	136428
应交所得税	245173	22208	118573	64099	40294
应付职工薪酬(本年贷方累计发生额)	5762353	522869	3382145	1106548	750791
从业人员工资总额	4322790	30216	2774051	892643	625880
#在岗职工工资总额	2927975	29886	1801560	621569	474960
从业人员平均工资(元)	58223	87609	59183	58136	53615
#在岗职工平均工资(元)	60346	88842	62121	60052	53778
应收工程款	1968951	235561	1011154	490799	231437
全部从业人员年平均人数(人)	742452	3449	468724	153543	116736
资产减值损失	7612	5086	2221	117	189
公允价值变动收益	41			41	
投资收益	28367	3990	10522	1905	11950

8-12 按企业资质等级分建筑业专业承包施工企业主要财务指标

（2015年）

单位:万元

项目	总计	一级	二级	三级以下
年初存货	265132	120733	34232	110167
流动资产合计	1539527	440533	486048	612947
#存货	252805	72712	49893	130200
固定资产合计	164936	32011	51166	81759
固定资产原价	299426	67252	90418	141756
累计折旧	143222	35805	42995	64422
#本年折旧	19663	3656	4853	11154
在建工程	3373	309	1005	2060
资产合计	1890702	505002	658376	727324
流动负债合计	950969	269226	300728	381015
非流动负债合计	8678	378	3775	4525
负债合计	1001332	283494	322685	395153
所有者权益合计	889370	221508	335691	332172
#实收资本	589201	146843	211006	231352
国家资本	16961	8959	1372	6630
集体资本	16004		1956	14048
法人资本	188893	45354	77424	66116
个人资本	360208	88383	127267	144558
港澳台资本	5672	4148	1524	
外商资本	1464		1464	
主营业务收入	2301333	1221661	495839	583834
主营业务成本	1971631	1083894	407687	480051
主营业务税金及附加	77239	43814	15198	18227
其他业务利润	3002	1164	1104	733
销售费用	16132	5987	5164	4980
管理费用	140568	58850	42670	39048
#税金	4997	1560	2004	1433
财务费用	11654	2865	5792	2997
#利息支出	8262	1161	4855	2247
营业利润	106645	27718	14875	64053
营业外收入	1549	455	483	611
营业外支出	639	174	214	251
建筑业企业在境外完成的营业收入				
利润总额	107555	27999	15143	64414
应交所得税	21326	7761	5354	8211
应付职工薪酬(本年贷方累计发生额)	496687	262524	115264	118900
从业人员工资总额	326217	128006	97588	100623
#在岗职工工资总额	232907	81828	71542	79536
从业人员平均工资(元)	50622	53541	47592	50352
#在岗职工平均工资(元)	49925	51780	47905	50061
应收工程款	347045	106851	121839	118355
全部从业人员年平均人数(人)	64442	23908	20505	19984
资产减值损失	2641	159	913	1569
公允价值变动收益	124	124		
投资收益	35831	27	-339	36143

8-13 按县(市)区分建筑业总承包、专业承包施工企业主要财务指标

（2015年） 单位:万元

项目	福州市	鼓楼区	台江区	仓山区	马尾区	晋安区	福清市
年初存货	2041233	712702	109481	93560	192702	400868	114117
流动资产合计	11955063	4613710	586387	581720	1109304	1856058	596048
#存　货	2510488	837451	100713	162755	162910	693557	126638
固定资产合计	2074938	513265	37280	31108	111235	870260	122968
固定资产原价	1755336	645449	70834	42295	192999	83774	158412
累计折旧	670753	235927	37610	18046	88673	32290	51462
#本年折旧	94006	31630	3080	3203	13845	6138	5175
在建工程	156555	94208	295	6383	5741	26107	14641
资产合计	15572058	6116260	755011	633974	1301968	2750773	761498
流动负债合计	8871205	3465161	509680	443320	744420	2172281	338091
非流动负债合计	670637	496154	14212	690	40526	99484	4900
负债合计	9991137	4281050	526998	450949	795674	2280657	359859
所有者权益合计	5580921	1835209	228013	183025	506294	470117	401639
#实收资本	3755665	1073393	144108	125507	387514	340511	284715
国家资本	450776	232376	19867	9965	31362	152567	
集体资本	79829	24474	23174		4583	5950	1136
法人资本	1100357	403118	39301	73086	139750	33269	39526
个人资本	2104556	403332	58244	42455	210975	144302	242788
港澳台资本	14261	9228	3523		245		1265
外商资本	5887	864			600	4423	
主营业务收入	24343609	5329943	1191320	387293	1777608	2486005	1994723
主营业务成本	21988203	4797815	1079772	353479	1590919	2242640	1841618
主营业务税金及附加	888591	165485	38312	12593	61620	92126	81295
其他业务利润	15353	8383	2566	76	-1049	2203	256
销售费用	31667	9339	3892	533	4157	881	524
管理费用	640390	195815	31491	10606	72677	50534	20011
#税　金	25500	7812	1909	395	2724	1693	812
财务费用	131126	67143	2579	5699	6374	19014	2719
#利息支出	140633	72387	2491	5965	6052	42606	2453
营业利润	687561	137413	28178	4319	40391	79178	47911
营业外收入	31308	5390	3795	11563	2844	1428	1300
营业外支出	8561	1670	182	393	3392	263	122
建筑业企业在境外完成的营业收入	262323	250042	12280				
利润总额	710415	141133	31791	15597	39843	80343	49089
应交所得税	266500	38609	8022	5220	15726	25337	23912
应付职工薪酬(本年贷方累计发生额)	6259040	1223166	258208	138386	490976	674225	577578
从业人员工资总额	4649007	1001717	122719	52607	381774	133924	571248
#在岗职工工资总额	3160882	291282	53930	36867	140800	98064	505271
从业人员平均工资(元)	57616	57722	50108	44330	52030	52468	65456
#在岗职工平均工资(元)	59432	54467	52564	48129	53134	55000	67374
应收工程款	2315996	842025	158987	70733	324244	278584	114663
全部从业人员年平均人数(人)	806894	173541	24491	11867	73376	25525	87272
资产减值损失	10253	3526	1098	-9	681	4876	
公允价值变动收益	165					124	
投资收益	64198	60842	1825		410	438	

8-13 续表 (2015年) 单位:万元

项目	长乐市	闽侯县	连江县	罗源县	闽清县	永泰县	平潭县
年初存货	98242	45874	79880	11428	67920	88147	26313
流动资产合计	280914	271668	356466	65067	854417	577751	205555
#存货	65917	43194	92310	9980	97311	95665	22088
固定资产合计	33391	42042	48907	7238	114455	77786	65004
固定资产原价	40591	60390	71578	6241	133747	121958	127069
累计折旧	15884	20185	25835	1992	35730	44356	62763
#本年折旧	1721	3610	4408	234	7303	7587	6074
在建工程	5084	656	134	2301	631	41	333
资产合计	351494	396980	425609	93539	997407	705140	282406
流动负债合计	169068	176277	188407	32410	314723	209702	107664
非流动负债合计	199	584	499	301	456	12326	306
负债合计	202995	181718	191212	37175	345514	224088	113250
所有者权益合计	148500	215262	234397	56364	651893	481053	169156
#实收资本	125046	165349	160274	42079	476459	301333	129379
国家资本		2386	2033	220			
集体资本	2025		279	3200	5515	7807	1686
法人资本	21557	30693	46445	7300	221996	38776	5539
个人资本	101464	132270	111516	31359	248948	254750	122154
港澳台资本							
外商资本							
主营业务收入	1044038	385170	2099189	191040	3270079	2858209	1328995
主营业务成本	945945	335697	1933212	166932	2924808	2584501	1190866
主营业务税金及附加	38761	15477	85554	8274	126572	109904	52619
其他业务利润	278	769	41		-531	2362	
销售费用	201	1804	2274	748	5982	1087	245
管理费用	17606	16529	22923	3951	86916	64052	47280
#税金	1644	1523	890	204	2804	2126	966
财务费用	2743	3057	3045	715	3247	11536	3258
#利息支出	262	2494	552	53	1567	2275	1476
营业利润	26625	13362	52271	10418	122644	88268	36583
营业外收入	889	1084	660	19	1039	1127	173
营业外支出	226	991	77	11	914	311	8
建筑业企业在境外完成的营业收入							
利润总额	27288	13455	52854	10426	122768	89083	36747
应交所得税	9674	5962	36844	1625	37913	39599	18056
应付职工薪酬(本年贷方累计发生额)	255153	95957	490123	45285	898589	779792	331604
从业人员工资总额	246448	81414	384508	35680	857469	767014	12485
#在岗职工工资总额	220942	52005	320263	30043	782049	619560	9804
从业人员平均工资(元)	67189	50061	62690	42101	58252	55529	45566
#在岗职工平均工资(元)	68089	48332	62540	41273	58687	59533	46687
应收工程款	71291	47009	48411	19886	188065	97970	54128
全部从业人员年平均人数(人)	36680	16263	61335	8475	147200	138129	2740
资产减值损失	-72			2	152		
公允价值变动收益			41				
投资收益			25		202		455

主要统计指标解释

签订合同额 指建筑业企业在报告期直接同建设单位签订的各种国内工程合同的总价款和以前年度同建设单位签订的各种国内工程合同的未完工程跨入本年度继续施工工程合同的总价款余额。

建筑业总产值 指以货币表现的建筑业企业在一定时期内生产的建筑业产品和服务的总和。建筑业总产值包括建筑工程产值、安装工程产值和其他产值三部分内容。

劳务分包企业建筑业总产值指劳务分包企业与总承包企业或专业承包企业签定劳务分包合同后,从事建筑安装工程取得的所有劳务收入。

建筑工程产值 指列入建筑工程预算内的各种工程价值,包括:

(1)各种房屋如厂房、仓库、办公室、住宅、商店、学校、医院、俱乐部、食堂、车库、招待所等房屋建筑,按照当前预算制度规定,列入房屋工程预算内的暖气、卫生、通风、照明、煤气等设备价值及其装饰油漆工程,以及列入建筑工程预算内的各种管道(如蒸汽、压缩空气、石油、给排水等管道),电力、电讯电缆导线的敷设等工程。

(2)设备基础、支柱、操作平台、梯子、烟囱、凉水塔、水池、灰塔等建筑工程、炼焦炉、裂解炉、蒸汽炉等各种窑炉的砌筑工程及金属结构工程。

(3)为施工而进行的建筑场地的布置,工程地质勘探,原有建筑物和障碍物的拆除及平整土地,施工临时用水、电、汽、道路工程,以及完工后建筑场地的清理,环境绿化工作等。

(4)矿井的开凿、井巷掘进延伸、露天矿的剥离、石油、天然气钻井工程和铁路、公路、港口、桥梁等工程。

(5)水利工程,如水库、堤坝、灌渠以及河道整治等工程。

(6)防空、地下建筑等特殊工程。

(7)装饰装修工程。

安装工程产值 指设备安装工程价值,包括:

(1)生产、动力、起重、运输、传动和医疗、实验等各种需要安装设备的装配和安装与设备相连的工作台、梯子、栏杆等装设工程,附属于被安装设备的管线敷设工程、被安装设备的绝缘、防腐、保温、油漆等工作。

(2)为测定安装工作质量,对单个设备、系统设备进行单机试运和系统联动无负荷试运工作。

在设备安装产值中,不得包括被安装设备本身价值。

其他产值 建筑业总产值中除建筑工程、安装工程以外的产值。包括房屋构筑物修理产值、非标准设备制造产值、总包企业向分包企业收取的管理费以及不能明确划分的施工活动所完成的产值。

房屋构筑物修理产值:指房屋和构筑物的修理所完成的产值,但不包括被修理房屋、构筑物本身价值和生产设备的修理价值。

非标准设备制造产值:指加工制造没有定型的非标准生产设备的加工费和原材料价值(如化工厂、炼油厂用的各种罐、槽,矿井生产统一使用的各种漏斗、三角槽、阀门等)以及附属加工厂为本企业承建工程制作的非标准设备的价值。

竣工产值 一般是以单位工程为对象,当该工程按照设计所规定的工程内容全部完成,达到了设计规定的交工条件,经有关部门检查验收鉴定合格的单位工程价值,即为竣工产值。

主营业务收入 指企业确认的销售商品、提供劳务等主营业务的收入。根据会计“主营业务收入”科目的期末贷方余额(结转前)填报。执行2006年《企业会计准则》或2011年《小企业会计准则》的企业,如未设置该科目,以“营业收入”代替填报。

主营业务成本 指企业经营主要业务所发生的成本总额。根据会计“主营业务成本”科目的期末借方余额(结转前)填报。执行2006年《企业会计准则》或2011年《小企业会计准则》的企业,如未设置该科目,以

"营业成本"代替填报。

主营业务税金及附加 指企业经营主要业务应负担的营业税、消费税、城市维护建设税、教育费附加等。根据会计"主营业务税金及附加"科目的期末借方余额(结转前)填报。执行2006年《企业会计准则》或2011年《小企业会计准则》的企业,如未设置该科目,以"营业税金及附加"代替填报。

房屋施工面积 指报告期内施工的全部房屋建筑面积。包括本期新开工的房屋建筑面积、上期跨入本期继续施工的房屋建筑面积、上期停缓建在本期恢复施工的房屋建筑面积、本期竣工的房屋建筑面积以及本期施工后又停缓建的房屋建筑面积。多层建筑应填各层建筑面积之和。

房屋竣工面积 指报告期内房屋建筑按照设计要求已全部完工,达到住人和使用条件,经验收鉴定合格或达到竣工验收标准,可正式移交使用的各栋房屋建筑面积的总和。

竣工面积以房屋单位工程(栋)为核算对象,在整栋房屋符合竣工条件后按其全部建筑面积一次性计算,而不是按各栋施工房屋中已完成的部分或层次分割计算。

9 批发零售、住宿餐饮与旅游业

9-1 主要年份社会消费品零售总额

单位:万元

年份	社会消费品零售总额	批发和零售业	住宿和餐饮业	其他行业
1952	14728			
1957	28730			
1962	41885			
1965	40392			
1970	41312			
1975	55755			
1978	69385			
1979	81434			
1980	105652			
1981	107486			
1982	119816			
1983	132492			
1984	159722			
1985	203152			
1986	246647			
1987	284971			
1988	377931	291538	13826	45290
1989	440614	330248	16209	58669
1990	452764	331223	20587	62384
1991	506952	370231	20464	79497
1992	606802	464470	27776	78591
1993	777163	593644	43875	90776
1994	1048674	779362	58964	160914
1995	1332693	989155	106433	186642
1996	1873235	1517625	185902	111718
1997	2344414	1885178	255068	144607
1998	2770234	2249704	294374	167361
1999	3152256	2539537	368167	181403
2000	3517653	2833875	418509	196414
2001	3862850	3137011	449542	206858
2002	4306946	3485075	524865	297006
2003	4909778	4043290	608730	257757
2004	5803820	4852169	711629	240022
2005	6645454	5689260	913330	42864
2006	7790321	6716281	1024511	49529
2007	9473711	8154373	1264089	55249
2008	11446381	9862225	1519862	64294
2009	13386447	11464073	1819200	103175
2010	16242808	13917104	2190655	135049
2011	19478102	16791660	2524519	161923
2012	23198231	19669508	2920788	607935
2013	26817155	22910353	3202548	704254
2014	30629431	26506705	3430539	692187
2015	34887426	30961581	3546212	379633

9-2 限额以上批发企业基本情况

（2015 年） 单位：万元

项目	法人企业（个）	年末从业人员（人）	商品购进总额	商品销售总额	#批发额	商品年末库存
总计	**1043**	**36751**	**35446123**	**38582465**	**31808827**	**1913654**
按登记注册类型分						
内资企业	1010	34931	30786364	33466289	28746877	1795458
国有企业	20	2278	1339654	1723932	1719819	63021
集体企业	6	93	29511	34508	29385	1231
有限责任公司	309	15170	13737636	14698928	13717005	1016795
国有独资公司	19	1472	2386493	2445466	2429477	442372
其他有限责任公司	290	13698	11351144	12253462	11287528	574423
股份有限公司	22	2430	3005873	3326993	1443285	121950
私营企业	650	14944	12654593	13662227	11824750	592462
私营独资企业	3	36	54708	56372	53435	235
私营有限责任公司	642	14557	12525787	13517477	11710790	590255
私营股份有限公司	5	351	74099	88379	60526	1971
其他企业	3	16	19097	19701	12634	
港、澳、台商投资企业	27	1028	1510935	1642846	1490677	53875
合资经营企业(港或澳、台资)	9	514	694013	713106	644182	7428
港、澳、台商独资经营企业	16	376	719148	766501	759757	25957
外商投资企业	6	792	3148824	3473329	1571273	64321
中外合资经营企业	4	785	3147452	3472098	1570042	63357
外资企业	2	7	1372	1232	1232	964
外商投资股份有限公司						

9-2 续表 (2015年) 单位:万元

项目	法人企业(个)	年末从业人员(人)	商品购进总额	商品销售总额	#批发额	商品年末库存
按国民经济行业分						
农、林、牧产品批发	23	562	457336	429195	399259	266069
谷物、豆及薯类批发	6	261	289161	220906	217970	243343
饲料批发	11	203	89150	123835	113835	17080
食品、饮料及烟草制品批发	128	7705	5320017	5838291	5135524	242854
米、面制品及食用油批发	30	1092	839515	871638	739568	96862
糕点、糖果及糖批发	7	241	66343	67517	54369	22475
果品、蔬菜批发	17	1054	369563	426612	260407	3656
肉、禽、蛋及水产品批发	36	1341	2868417	2995912	2647146	22189
盐及调味品批发	5	282	67143	80766	79869	7308
营养及保健品批发	1	58	9875	10705	10705	533
酒、饮料及茶叶批发	18	1257	332007	351211	316528	33283
烟草制品批发	1	1445	688293	937485	937485	52484
其他食品批发	13	935	78862	96445	89447	4064
纺织、服装及家庭用品批发	208	8593	3639915	4170083	3780467	418831
纺织品、针织品及原料批发	39	639	739699	802312	729247	60621
服装批发	57	2027	963161	1145567	985257	44876
鞋帽批发	47	1923	839206	939199	898249	109297
化妆品及卫生用品批发	12	415	122913	156972	116251	7390
厨房、卫生间用具及日用杂货批发	10	384	50909	57081	52776	4899
灯具、装饰物品批发	4	160	40760	41324	41246	123
家用电器批发	24	2193	725328	848884	803031	181842
其他家庭用品批发	15	852	157938	178744	154411	9784
文化、体育用品及器材批发	31	1303	726410	766046	724690	23591
文具用品批发	9	149	59199	61143	56533	3036
图书批发	3	225	18056	28237	26538	2590
首饰、工艺品及收藏品批发	16	795	620911	647429	615320	12660
其他文化用品批发	3	134	28245	29238	26299	5305
医药及医疗器材批发	64	3621	1470942	1690948	1452204	98353
西药批发	21	1682	891636	1019577	884294	52079
中药批发	24	1342	364345	405020	322197	25565
医疗用品及器材批发	19	597	214962	266352	245713	20708
矿产品、建材及化工产品批发	375	7970	19065057	20415307	15595494	627828
煤炭及制品批发	38	1128	3315605	3538318	3433261	130288
石油及制品批发	27	1537	6958422	7618368	3712296	171484
非金属矿及制品批发	6	105	78945	84984	83468	2161
金属及金属矿批发	96	1091	2618901	2698289	2648289	77335
建材批发	127	2697	3311601	3508275	3268491	120650
化肥批发	13	287	426751	511186	508458	58930
农药批发	4	126	81978	84090	84090	2120
其他化工产品批发	64	999	2272855	2371797	1857142	64861
机械设备、五金交电及电子产品批发	189	5392	2577294	2999186	2587368	183228
农业机械批发	3	79	5181	6918	6918	1416
汽车批发	11	714	219657	307867	191713	41116
汽车零配件批发	10	257	175365	196957	191717	6727
摩托车及零配件批发	4	128	67022	68745	68745	2947
五金产品批发	25	415	245261	275871	269692	14432
电气设备批发	11	306	44638	50156	39845	4049
计算机、软件及辅助设备批发	30	1107	572288	703635	654599	25475
通讯及广播电视设备批发	29	734	369296	418553	366021	48584
其他机械设备及电子产品批发	66	1652	878586	970484	798118	38482
贸易经纪与代理	4	1302	719815	773928	761262	39259
贸易代理	3	397	219553	307227	294562	5347
其他贸易经纪与代理	1	905	500262	466700	466700	33912
其他批发业	21	303	1469336	1499482	1372559	13641
再生物资回收与批发	4	61	22409	23101	23101	1260
其他未列明的批发	17	242	1446928	1476381	1349458	12381

9-3 限额以上零售企业基本情况

（2015 年）

单位:万元

项目	法人企业（个）	年末从业人员（人）	商品购进总额	商品销售总额	#批发额	商品年末库存
总计	**867**	**69232**	**12480081**	**14550711**	**744665**	**851833**
按登记注册类型分						
内资企业	820	45863	10663594	12219387	708391	691926
国有企业	12	702	66938	78036	75	5278
集体企业	22	661	57206	63909	3058	2380
国有联营企业						
有限责任公司	282	25203	5776239	6335717	295062	374932
其他有限责任公司	280	25107	5764364	6323454	287219	373928
股份有限公司	17	1711	375783	729034	150315	19985
私营企业	481	17390	4315461	4939310	258303	285492
私营独资企业	59	916	159255	165858	887	8575
私营合伙企业	11	348	38483	41859		5038
私营有限责任公司	406	16005	4099447	4709670	257125	271615
私营股份有限公司	5	121	18276	21923	292	265
其他企业	6	196	71966	73381	1578	3860
港、澳、台商投资企业	28	15974	1142520	1216402	2685	95841
合资经营企业(港或澳、台资)	12	12609	986025	995033	1309	71264
港、澳、台商独资经营企业	16	3365	156495	221369	1376	24577
其他港、澳、台商投资企业						
外商投资企业	19	7395	673967	1114922	33589	64065
中外合资经营企业						
外资企业	12	4201	385403	406275	33589	39237

9-3 续表 (2015 年) 单位:万元

项目	法人企业(个)	年末从业人员(人)	商品购进总额	商品销售总额	#批发额	商品年末库存
按国民经济行业分						
综合零售	146	28464	2376252	2660278	10810	133045
百货零售	36	5818	577416	852902	4279	21711
超级市场零售	76	21867	1687785	1681281	4062	102270
其他综合零售	34	779	111052	126096	2468	9063
食品、饮料及烟草制品专门零售	94	7992	953098	1028741	46815	60809
粮油零售	8	3253	291882	296341	13833	5187
糕点、面包零售	5	1562	12357	27722		400
肉、禽、蛋及水产品零售	24	946	121232	151281	12855	10650
营养和保健品零售	2	65	15938	20449	936	828
酒、饮料及茶叶零售	32	1115	331026	337632	12161	23926
烟草制品零售	3	242	57410	56119		16088
其他食品零售	18	478	102494	114896	4967	2516
纺织、服装及日用品专门零售	81	5007	715006	852396	62490	65809
纺织品及针织品零售	14	714	72599	82223	5190	6478
服装零售	35	1910	304721	331235	1823	39653
鞋帽零售	3	223	18665	19989	193	2980
化妆品及卫生用品零售	6	730	133640	179563	35641	9130
钟表、眼镜零售	4	642	56927	69734		3709
厨房用具及日用杂品零售	2	68	2540	4761		397
自行车零售	1	31	10945	11521		800
其他日用品零售	16	689	114970	153371	19642	2663
文化、体育用品及器材专门零售	74	2755	988856	1189049	231551	99328
文具用品零售	10	168	62836	65295	2418	725
图书、报刊零售	5	804	383510	389924	172009	46439
珠宝首饰零售	26	828	190677	218562	32876	9980
工艺美术品及收藏品零售	18	443	298719	455136	286	29300
乐器零售	4	62	6642	7763	2530	624
照相器材零售	3	38	8105	8576	3225	853
其他文化用品零售	4	155	14008	15130	1965	2462
医药及医疗器材专门零售	41	4230	587569	715048	126176	43297
药品零售	31	3929	540283	656373	126176	40753
医疗用品及器材零售	10	301	47286	58676		2544
汽车、摩托车、燃料及零配件专门零售	227	13450	4256034	5207910	126692	309173
汽车零售	170	9843	3542973	3778717	55813	294110
汽车零配件零售	12	1029	143350	186149	22790	8922
摩托车及零配件零售	2	16	1789	1584		536
机动车燃料零售	43	2562	567922	1241460	48090	5605
家用电器及电子产品专门零售	104	4074	969668	1091496	68138	61014
家用视听设备零售	6	397	90876	96300	24635	2365
日用家电设备零售	51	2279	540019	634898	22419	33505
计算机、软件及辅助设备零售	24	710	74489	83878	3093	7235
通信设备零售	15	547	212569	217706	17990	15134
其他电子产品零售	8	141	51715	58715		2776
五金、家具及室内装修材料专门零售	68	2222	1353845	1473839	43039	58676
五金零售	8	203	25495	30216	6651	2299
灯具零售	4	64	85904	85609		1291
家具零售	29	1387	1035007	1099321	5563	45492
木制装饰材料零售	1	8	1990	2018		87
陶瓷、石材装饰材料零售	7	127	15833	40564	7859	1398
其他室内装修材料零售	16	398	183838	209645	21781	7686
货摊、无店铺及其他零售业	32	1038	279753	331953	28955	20682
生活用燃料零售	4	108	3188	3608		25
其他未列明的零售	13	321	61738	78502	1065	7453

9-4 限额以上批发零售贸易业商品销售类值

单位:万元

项目	2014年			2015年		
	销售合计	批发额	零售额	销售合计	批发额	零售额
总 计	**43364064**	**26772831**	**16591233**	**47038005**	**28623425**	**18414580**
粮油、食品、饮料、烟酒类	7659200	5212949	2446251	8622928	5744065	2878863
服装、鞋帽、针纺织品类	2900335	1784468	1115867	3674955	2238895	1436060
化妆品类	205709	27710	177999	236296	28361	207935
金银珠宝类	778244	222464	555781	833734	279507	554227
日用品类	1151057	439083	711974	1266526	434279	832248
五金、电料类	316543	170504	146039	306669	169158	137510
体育、娱乐用品类	46540	24603	21937	88187	37751	50436
书报杂志类	525758	175132	350626	400752	182467	218285
电子出版物及音像制品类	8978	1907	7071	9195	927	8268
家用电器和音像器材类	1963782	1208439	755344	1980590	1144382	836209
中西药品类	1845310	1139966	705343	2304580	1437866	866714
文化办公用品类	1253453	591766	661687	1400457	629742	770715
家具类	785349	188450	596900	1017725	285448	732277
通讯器材类	499985	255473	244512	570305	277984	292322
煤炭及制品类	2285160	2133581	151579	2513310	2379128	134182
木材及制品类	179469	179469		118695	118695	
石油及制品类	4676140	2880830	1795309	3638317	2132555	1505762
化工材料及制品类	3255477	3255477		3864794	3864794	
金属材料类	2697960	2697960		2741119	2741119	
建筑及装潢材料类	2026128	1065989	960138	2408509	1381287	1027222
机电产品及设备类	839346	658021	181325	883293	691235	192058
汽车类	4238885	262556	3976329	4490853	250937	4239916
种子饲料类	139008	139008		124922	124922	
棉麻类	33143	23555	9588	60843	43826	17017
其他类	3053107	2033473	1019634	3480452	2004096	1476356

9-5 限额以上批发零售贸易业商品购进、销售库存数量

（2015 年）

项　　目	单　位	购进量	销售量	期末库存量
大米(稻米)	千克	910070514	611027764	1307280614
面粉(小麦面)	千克	114699452	123981808	54904414
杂　粮	千克	35088047	47776650	6568413
食用植物油	千克	493139526	499257591	29519126
猪　肉	千克	21606536	21590397	119462
牛　肉	千克	804730	761703	63263
羊　肉	千克	296734	266277	47723
禽　肉	千克	36751745	36352833	1738201
鲜　蛋	千克	13835962	13825873	90062
彩色电视机	台	573014	662620	43052
家用电冰箱	台	437438	495256	18794
房间空调器	台	2219184	2328539	506977
电脑(微型计算机)	台	1625509	1835817	109818
汽　车	辆	346671	347290	15787
其中:轿　车	辆	274700	275565	9340
汽　油	吨			
柴　油	吨			
水　泥	吨	4082984	5700797	79451
化学肥料	吨	2076535	4826716	355942
化学农药	吨	284881	324268	7164

9-6 限额以上批发企业年末资产及负债情况

（2015 年） 单位：万元

项 目	法人企业数（个）	资产总计	#流动资产合计	固定资产原价	负债合计	所有者权益合计
总 计	**1043**	**21318696**	**15595838**	**1615647**	**14135016**	**7183679**
按登记注册类型分						
内资企业	1010	20088388	14937204	1341457	13358251	6730138
国有企业	20	627874	543318	80032	258784	369090
集体企业	6	4278	2789	1976	3321	957
有限责任公司	309	6405398	4988659	548890	4610140	1795258
国有独资公司	19	1281801	980352	122933	899464	382337
其他有限责任公司	290	5123596	4008307	425957	3710676	1412921
股份有限公司	22	5130660	2576166	522314	2501969	2628691
私营企业	650	7908182	6814328	188209	5976403	1931780
私营独资企业	3	43136	33103	34	42617	519
私营有限责任公司	642	7840534	6762852	184219	5924977	1915557
私营股份有限公司	5	24513	18374	3957	8808	15704
其他企业	3	11997	11944	36	7635	4363
港、澳、台商投资企业	27	488345	432761	10922	319743	168602
合资经营企业（港或澳、台资）	9	210536	160913	4906	109813	100724
港、澳、台商独资经营企业	16	156435	151425	5060	86398	70037
外商投资企业	6	741962	225874	263268	457022	284940
中外合资经营企业	4	740717	224652	263099	455710	285007
外资企业	2	1245	1222	169	1312	−68
外商投资股份有限公司						

9-6 续表 (2015 年) 单位:万元

项目	法人企业数(个)	资产总计	#流动资产合计	固定资产原价	负债合计	所有者权益合计
按国民经济行业分						
农、林、牧产品批发	23	551546	441750	87048	479493	72053
谷物、豆及薯类批发	6	391163	312035	80982	364836	26327
种子批发	1	3146	1785	130	996	2150
饲料批发	11	138225	109012	5802	98828	39397
食品、饮料及烟草制品批发	128	2301082	1790776	304660	1384914	916168
米、面制品及食用油批发	30	675153	640872	14806	565118	110036
糕点、糖果及糖批发	7	17665	16848	1048	14579	3085
果品、蔬菜批发	17	157215	35010	115514	75039	82176
肉、禽、蛋及水产品批发	36	496362	397279	69098	408358	88005
盐及调味品批发	5	191492	63159	13928	75964	115528
营养及保健品批发	1	2165	2127	95	797	1368
酒、饮料及茶叶批发	18	397709	305508	25355	198017	199692
烟草制品批发	1	312310	286387	56888	23675	288635
其他食品批发	13	51012	43586	7928	23368	27644
纺织、服装及家庭用品批发	208	1605442	1407483	47523	1249169	356273
纺织品、针织品及原料批发	39	340400	246867	2364	291011	49389
服装批发	57	316596	282641	21390	222711	93885
鞋帽批发	47	344203	283554	16348	210894	133309
化妆品及卫生用品批发	12	27481	26412	712	22467	5015
厨房、卫生间用具及日用杂货批发	10	30816	29766	747	13270	17547
灯具、装饰物品批发	4	7815	7104	1035	3576	4239
家用电器批发	24	498769	494672	2859	463976	34793
其他家庭用品批发	15	39361	36468	2068	21265	18097
文化、体育用品及器材批发	31	321777	236120	13194	191887	129890
文具用品批发	9	65581	50196	1708	40076	25505
图书批发	3	120037	69447	2467	63971	56065
首饰、工艺品及收藏品批发	16	126195	106710	8533	80349	45845
其他文化用品批发	3	9965	9767	486	7491	2475
医药及医疗器材批发	64	749733	664937	30839	552744	196989
西药批发	21	392440	345005	18546	305179	87261
中药批发	24	268759	246912	8706	180388	88370
医疗用品及器材批发	19	88534	73019	3586	67176	21358
矿产品、建材及化工产品批发	375	10099097	6942178	1019716	6556406	3542691
煤炭及制品批发	38	1430975	1142286	33971	1033075	397901
石油及制品批发	27	2599387	1005265	802579	1102122	1497266
非金属矿及制品批发	6	113991	72795	3263	62262	51729
金属及金属矿批发	96	2544947	2001463	46315	1884456	660492
建材批发	127	1881073	1350763	111236	1242018	639055
化肥批发	13	268695	255973	3636	232559	36136
农药批发	4	95726	63068	243	81353	14373
其他化工产品批发	64	1164302	1050565	18473	918561	245741
机械设备、五金交电及电子产品批发	189	4332863	3040868	74897	2829520	1503343
农业机械批发	3	9930	9741	327	6001	3929
汽车批发	11	230220	217950	6196	210179	20042
汽车零配件批发	10	40414	37830	1820	21747	18667
摩托车及零配件批发	4	31800	30402	767	29477	2323
五金产品批发	25	48929	46045	2434	30224	18705
电气设备批发	11	44105	29666	4248	34828	9276
计算机、软件及辅助设备批发	30	378424	342218	6850	169386	209039
通讯及广播电视设备批发	29	287261	235157	42462	198716	88546
其他机械设备及电子产品批发	66	3261780	2091860	9794	2128964	1132816
贸易经纪与代理	4	447494	187137	23910	305509	141985
贸易代理	3	160822	104152	5008	114581	46241
其他贸易经纪与代理	1	286671	82985	18902	190928	95743
其他批发业	21	909662	884590	13860	585374	324288
再生物资回收与批发	4	25475	23391	3170	17777	7698
其他未列明的批发	17	884187	861199	10690	567598	316590

9-7 限额以上批发企业财务状况

（2015 年） 单位：万元

项目	主营业务收入	主营业务成本	主营业务税金及附加	业务利润
总计	**32883164**	**31146300**	**139226**	**394498**
按登记注册类型分				
内资企业	27993142	26497973	131566	329760
国有企业	1530028	1291835	86824	113227
集体企业	30909	29444	107	114
有限责任公司	11185632	10762457	21404	63708
国有独资公司	2082836	2059020	1311	11684
其他有限责任公司	9102796	8703437	20094	52024
股份有限公司	3214170	2975911	7273	117769
私营企业	12015470	11421631	15956	35177
私营独资企业	49043	48443	9	-864
私营有限责任公司	11889676	11305919	15648	33010
私营股份有限公司	76750	67269	298	3030
其他企业	16934	16694	2	-235
港、澳、台商投资企业	1448027	1407119	1058	13006
合资经营企业(港或澳、台资)	611710	597098	240	6407
港、澳、台商独资经营企业	696775	676750	817	7137
外商投资企业	3441995	3241209	6602	51732
中外合资经营企业	3440942	3240225	6601	51825
外资企业	1053	984	1	-93
外商投资股份有限公司				

9-7 续表 (2015年) 单位:万元

项目	主营业务收入	主营业务成本	主营业务税金及附加	业务利润
按国民经济行业分				
农、林、牧产品批发	411793	417663	230	-33272
谷物、豆及薯类批发	217834	231400	132	-31542
种子批发	4101	2647	7	1081
饲料批发	119309	114266	44	-3436
食品、饮料及烟草制品批发	3342141	2967117	93180	143224
米、面制品及食用油批发	778075	767621	446	-5636
糕点、糖果及糖批发	59866	53381	557	2420
果品、蔬菜批发	358740	328318	1385	9201
肉、禽、蛋及水产品批发	873223	834493	2218	4660
盐及调味品批发	71187	61303	192	1435
营养及保健品批发	9732	8871	4	407
酒、饮料及茶叶批发	308541	268948	607	28210
烟草制品批发	801269	576117	86484	103598
其他食品批发	81508	68065	1287	-1071
纺织、服装及家庭用品批发	3748445	3483517	8926	56938
纺织品、针织品及原料批发	747714	672402	2091	26629
服装批发	1012157	947825	2881	10781
鞋帽批发	863501	816843	491	6541
化妆品及卫生用品批发	134593	125160	259	800
厨房、卫生间用具及日用杂货批发	50443	43883	669	1084
灯具、装饰物品批发	36468	32331	138	245
家用电器批发	743318	697653	1097	8168
其他家庭用品批发	160251	147421	1301	2692
文化、体育用品及器材批发	731281	593411	1514	17093
文具用品批发	54745	52516	83	828
图书批发	24541	18599	223	3580
首饰、工艺品及收藏品批发	626693	498678	1186	12538
其他文化用品批发	25302	23618	22	148
医药及医疗器材批发	1463679	1381931	2529	14678
西药批发	885040	845297	1458	10370
中药批发	348331	328171	366	-1411
医疗用品及器材批发	230308	208463	706	5719
矿产品、建材及化工产品批发	18566802	17888905	24577	75418
煤炭及制品批发	3158683	3116618	1816	-25351
石油及制品批发	7335021	6907457	12379	134771
非金属矿及制品批发	73157	67900	95	792
金属及金属矿批发	2356018	2338737	1111	-42526
建材批发	3015554	2899077	3294	-803
化肥批发	475102	454897	4556	1516
农药批发	75892	73464	39	-2796
其他化工产品批发	2077375	2030756	1287	9815
机械设备、五金交电及电子产品批发	2617790	2479601	5603	109498
农业机械批发	6755	4852	13	492
汽车批发	265859	252520	135	-1605
汽车零配件批发	186819	181045	186	2169
摩托车及零配件批发	68106	65336	22	221
五金产品批发	243318	229826	244	2744
电气设备批发	45635	42647	157	382
计算机、软件及辅助设备批发	605724	582278	906	64329
通讯及广播电视设备批发	356133	348032	588	44
其他机械设备及电子产品批发	839442	773067	3353	40723
贸易经纪与代理	699684	645988	2327	15782
贸易代理	304589	291983	112	2122
其他贸易经纪与代理	395095	354005	2215	13660
其他批发业	1301549	1288168	340	-4862
再生物资回收与批发	19842	19843	18	-536
其他未列明的批发	1281708	1268325	322	-4326

9-8 限额以上零售企业年末资产及负债情况

（2015 年）

单位:万元

项目	法人企业数（个）	资产总计	#流动资产合计	固定资产原价	负债合计	所有者权益合计
总计	**867**	**5207776**	**3946913**	**840513**	**3198122**	**2009655**
按登记注册类型分						
内资企业	820	4288933	3153703	691492	2751644	1537290
国有企业	12	13242	9460	5631	8357	4885
集体企业	22	10742	7551	4415	7017	3724
国有联营企业						
有限责任公司	282	2153406	1511164	448074	1455265	698141
其他有限责任公司	280	2140967	1504881	444180	1445875	695091
股份有限公司	17	675233	468660	75776	358235	316998
私营企业	481	1426948	1148806	156451	915124	511824
私营独资企业	59	22143	16821	5809	12596	9547
私营合伙企业	11	10712	8048	1632	7940	2772
私营有限责任公司	406	1379432	1111353	147957	861472	517959
私营股份有限公司	5	14661	12583	1054	33116	-18455
其他企业	6	9364	8063	1145	7646	1718
港、澳、台商投资企业	28	592848	506615	100075	191628	401220
合资经营企业(港或澳、台资)	12	489261	433299	69725	134670	354591
港、澳、台商独资经营企业	16	103588	73316	30351	56958	46629
其他港、澳、台商投资企业						
外商投资企业	19	325994	286594	48945	254850	71145
中外合资经营企业	7	170587	164110	11579	88970	81617
外资企业	12	155408	122485	37367	165880	-10472

9-8 续表　　(2015年)　　单位:万元

项　　目	法人企业数(个)	资产总计	#流动资产合计	固定资产原　价	负债合计	所有者权益合计
按国民经济行业分						
综合零售	146	1427849	1034210	297962	742758	685091
百货零售	36	641298	360828	161499	389209	252089
超级市场零售	76	759752	651590	131501	336762	422991
其他综合零售	34	26799	21793	4963	16788	10011
食品、饮料及烟草制品专门零售	94	184345	126015	50538	94696	89649
粮油零售	8	36975	14895	22194	28690	8285
糕点、面包零售	5	10400	6879	3572	2514	7886
肉、禽、蛋及水产品零售	24	26084	19270	5066	12526	13559
营养和保健品零售	2	3280	2798	420	2344	937
酒、饮料及茶叶零售	32	37432	29965	7057	15505	21927
烟草制品零售	3	34761	21813	7713	14218	20544
其他食品零售	18	30082	25932	4372	18413	11668
纺织、服装及日用品专门零售	81	175017	149497	16740	110404	64612
纺织品及针织品零售	14	28346	25052	3637	18110	10235
服装零售	35	81813	75345	5252	58553	23260
鞋帽零售	3	9637	9587	64	9349	288
化妆品及卫生用品零售	6	32446	21140	4564	13615	18831
钟表、眼镜零售	4	9086	6220	2083	3769	5317
厨房用具及日用杂品零售	2	3148	2710	44	1721	1427
自行车零售	1	1993	1987	11	1134	859
其他日用品零售	16	8549	7458	1085	4154	4395
文化、体育用品及器材专门零售	74	864385	602688	126938	416900	447486
文具用品零售	10	8715	7985	628	4140	4575
图书、报刊零售	5	387922	246108	108294	162742	225180
珠宝首饰零售	26	49224	41910	5276	25076	24148
工艺美术品及收藏品零售	18	386445	278500	10917	208153	178292
乐器零售	4	2646	2629	90	1137	1509
照相器材零售	3	3847	3787	115	2986	861
其他文化用品零售	4	12342	10998	167	5723	6618
医药及医疗器材专门零售	41	320986	246651	42314	214417	106569
药品零售	31	299836	227408	41192	201392	98444
医疗用品及器材零售	10	21150	19243	1122	13026	8124
汽车、摩托车、燃料及零配件专门零售	227	1379693	1079367	245922	1011907	367786
汽车零售	170	1168479	950574	181388	936477	232002
汽车零配件零售	12	61548	45914	30428	24787	36761
摩托车及零配件零售	2	3682	3600	52	55	3627
机动车燃料零售	43	145983	79279	34054	50588	95395
家用电器及电子产品专门零售	104	489806	423459	14930	365312	124495
家用视听设备零售	6	114785	107364	1634	102528	12257
日用家电设备零售	51	246823	194227	6500	155765	91059
计算机、软件及辅助设备零售	24	39239	36590	3467	28708	10531
通信设备零售	15	82247	79152	2563	73590	8657
其他电子产品零售	8	6712	6127	767	4721	1991
五金、家具及室内装修材料专门零售	68	270130	207105	33233	189467	80663
五金零售	8	9748	8064	2233	3630	6118
灯具零售	4	2534	1989	204	669	1865
家具零售	29	140539	87723	26712	82430	58109
木制装饰材料零售	1	121	94	29	40	82
陶瓷、石材装饰材料零售	7	60235	57185	596	57830	2405
其他室内装修材料零售	16	46239	43381	3148	36063	10177
货摊、无店铺及其他零售业	32	95565	77921	11936	52261	43304
生活用燃料零售	4	13592	6024	6234	7403	6189
其他未列明的零售	13	38475	33195	3757	25462	13013

9-9 限额以上零售企业财务状况

(2015年)

单位:万元

项　　目	主营业务收入	主营业务成本	主营业务税金及附加	业务利润
总　计	**11959971**	**10695738**	**78284**	**290170**
按登记注册类型分				
内资企业	10325031	9332900	71078	175625
国有企业	69933	63133	354	1230
集体企业	58693	51353	791	1481
国有联营企业				
有限责任公司	5173416	4721273	18117	49984
其他有限责任公司	5161754	4710199	18102	49874
股份有限公司	630283	584047	2667	11689
私营企业	4330161	3854488	48802	110684
私营独资企业	150019	132031	1480	6513
私营合伙企业	36492	33689	95	-230
私营有限责任公司	4122299	3668162	47193	104957
私营股份有限公司	21350	20606	34	-556
其他企业	62545	58606	346	558
港、澳、台商投资企业	1031322	847654	5425	101589
合资经营企业(港或澳、台资)	834501	709139	3056	87483
港、澳、台商独资经营企业	196821	138515	2368	14106
其他港、澳、台商投资企业				
外商投资企业	603619	515184	1782	12956
中外合资经营企业	270436	234189	436	14088
外资企业	333183	280995	1346	-1132

9-9 续表 (2015年) 单位:万元

项　　目	主营业务收入	主营业务成本	主营业务税金及附加	业务利润
按国民经济行业分				
综合零售	2289331	1955634	14990	104688
百货零售	732152	623653	8029	9007
超级市场零售	1440988	1228132	6105	91832
其他综合零售	116191	103849	856	3850
食品、饮料及烟草制品专门零售	894582	729503	18272	28604
粮油零售	254973	220168	616	3322
糕点、面包零售	26193	11487	1241	3521
肉、禽、蛋及水产品零售	140462	115998	219	10787
营养和保健品零售	17478	14070	84	-1028
酒、饮料及茶叶零售	291391	227544	15399	8340
烟草制品零售	39327	31164	97	374
其他食品零售	100457	88312	616	2777
纺织、服装及日用品专门零售	754526	655729	4265	26777
纺织品及针织品零售	74425	65641	182	995
服装零售	284975	252625	2310	10402
鞋帽零售	18829	17320	23	56
化妆品及卫生用品零售	165886	132208	876	11438
钟表、眼镜零售	63230	50089	216	1114
厨房用具及日用杂品零售	3825	2676	18	57
自行车零售	9847	9269	39	39
其他日用品零售	133510	125900	602	2676
文化、体育用品及器材专门零售	1013323	866153	5359	34733
文具用品零售	55980	53175	163	1219
图书、报刊零售	320622	265886	255	18373
珠宝首饰零售	188162	171975	2283	3408
工艺美术品及收藏品零售	393092	329547	1607	12841
乐器零售	7416	6588	22	41
照相器材零售	7392	6979	15	12
其他文化用品零售	13487	10055	889	-451
医药及医疗器材专门零售	615930	559955	1092	20290
药品零售	564536	520003	905	18860
医疗用品及器材零售	51394	39952	188	1430
汽车、摩托车、燃料及零配件专门零售	3917166	3711629	7367	7358
汽车零售	3382823	3229196	5657	-3814
汽车零配件零售	158838	141381	595	3000
摩托车及零配件零售	1424	1342	3	27
机动车燃料零售	374081	339709	1112	8146
家用电器及电子产品专门零售	910003	838309	3272	10182
家用视听设备零售	82042	76703	150	-1715
日用家电设备零售	504770	456055	2248	10365
计算机、软件及辅助设备零售	73747	65177	372	1969
通信设备零售	194000	188616	346	-1180
其他电子产品零售	55443	51757	157	743
五金、家具及室内装修材料专门零售	1278907	1126996	21772	51933
五金零售	26403	22641	56	1068
灯具零售	73279	68024	197	357
家具零售	950920	823420	20544	49096
木制装饰材料零售	1968	1566	13	202
陶瓷、石材装饰材料零售	31103	29252	78	84
其他室内装修材料零售	189640	177882	876	748
货摊、无店铺及其他零售业	286203	251832	1894	5606
生活用燃料零售	4902	3039	55	986
其他未列明的零售	68149	59341	202	3367

9-10 限额以上住宿业基本情况

（2015 年）

项目	法人企业（个）	年末从业人员（个）	床位数（张）	餐位数（个）
总计	**174**	**19676**	**34831**	**61331**
按住宿行业小类分				
旅游饭店	147	18305	31025	57531
一般旅馆	25	974	3330	2870
其他住宿服务	2	397	476	930
按登记注册类型分				
内资企业	157	16747	30267	53351
国有企业	12	1610	3286	4845
集体企业	1	122	196	446
联营企业	1	604	498	1263
国有联营企业	1	604	498	1263
集体联营企业				
有限责任公司	55	7889	12588	27609
国有独资公司	2	390	697	2941
其他有限责任公司	53	7499	11891	24668
股份有限公司	3	635	974	896
私营企业	84	5856	12591	18292
私营独资企业	27	983	2220	4170
私营合伙企业	12	783	1515	3705
私营有限责任公司	44	4069	8711	10416
私营股份有限公司	1	21	145	1
其他企业	1	31	134	
港澳台商投资企业	13	2496	3486	6670
与港澳台商合资经营企业	5	695	1091	2556
与港澳台商合作经营企业	1	252	349	500
港澳台商独资企业	7	1549	2046	3614
外商投资企业	4	433	1078	1310
中外合资经营企业				
中外合作经营企业	1	30	85	200
外资企业	3	403	993	1110

9-11 限额以上餐饮业企业基本情况

（2015 年）

项　　　目	法人企业（个）	年末从业人员（个）	营业面积（平方米）	餐位数（个）
总　　计	**245**	**21125**	**477879**	**118837**
按餐饮行业小类分				
正餐服务	230	12495	367820	85499
快餐服务	9	8275	104669	31789
其他餐饮业	4	292	4330	1379
按登记注册类型分				
内资企业	227	12603	356807	89453
国有企业				
集体企业	1	25	500	200
有限责任公司	1	20	360	170
其他有限责任公司	25	1890	59124	10698
股份有限公司	25	1890	59124	10698
私营企业	1	90	5500	3000
私营独资企业	188	9993	272688	71269
私营合伙企业	98	3873	112884	29868
私营有限责任公司	17	876	36767	5825
私营股份有限公司	69	3576	111106	29493
其他企业	4	1668	11931	6083
港澳台商投资企业	11	585	18635	4116
与港澳台商合资经营企业	10	1563	47114	13534
与港澳台商合作经营企业	2	154	9346	820
港澳台商独资企业				
外商投资企业	7	1399	37338	12664
中外合资经营企业	8	6959	73958	15850
外资企业	3	181	2958	1268

9-12 限额以上住宿业经营情况

（2015年）　　单位:万元

项　　目	营业收入	客房收入	餐费收入	商品销售收入	其他收入
总　　计	**470009**	**175273**	**255531**	**7223**	**31983**
按住宿行业小类分					
旅游饭店	419708	158952	230493	4750	25514
一般旅馆	37172	12891	15806	2036	6440
其他住宿服务	13129	3431	9232	437	29
按登记注册类型分					
内资企业	381003	144881	205822	5205	25095
国有企业	29620	16795	9719		3106
集体企业	4939	1504	3355		81
联营企业	10848	3105	7743		
国有联营企业	10848	3105	7743		
集体联营企业					
有限责任公司	167110	67384	87248	1566	10912
国有独资公司	6698	4141	2544		13
其他有限责任公司	160412	63243	84704	1566	10899
股份有限公司	11753	7091	3570	2	1089
私营企业	156092	48380	94187	3618	9908
私营独资企业	20459	7175	12042	1198	45
私营合伙企业	14007	4476	8656	373	503
私营有限责任公司	121246	36350	73489	2047	9360
私营股份有限公司	380	380			
其他企业	641	622		19	
港澳台商投资企业	79026	26235	46054	511	6227
与港澳台商合资经营企业	27977	6280	18245	47	3405
与港澳台商合作经营企业	4552	2542	1959	16	36
港澳台商独资企业	46497	17413	25850	448	2786
外商投资企业	9980	4157	3655	1507	661
中外合资经营企业					
中外合作经营企业	1523	463	512		549
外资企业	8457	3695	3143	1507	112

9-13 限额以上餐饮业企业经营情况

(2015年)

单位:万元

项 目	营业收入	客房收入	餐费收入	商品销售收入	其他收入
总 计	**630389**	**13234**	**607257**	**4008**	**5891**
按餐饮行业小类分					
正餐服务	383464	12834	365008	3751	1871
快餐服务	226428		222426		4003
其他餐饮业	19024	400	18488	135	1
按登记注册类型分					
内资企业	427270	8449	413309	3698	1814
国有企业					
集体企业	1776		1776		
有限责任公司	43931	3330	39313	563	725
其他有限责任公司	43931	3330	39313	563	725
股份有限公司	2101	840	1050	210	
私营企业	371112	4189	362908	2925	1089
私营独资企业	164073	911	160772	1431	960
私营合伙企业	20035	611	19050	373	1
私营有限责任公司	163262	2667	159345	1121	129
私营股份有限公司	23741		23741		
其他企业	8225	89	8136		
港澳台商投资企业	69273	4785	64173	261	55
与港澳台商合资经营企业	3113	492	2559	8	55
与港澳台商合作经营企业					
港澳台商独资企业	65858	4293	61312	253	
外商投资企业	133846		129775	49	4021
中外合资经营企业	2747		2679	49	19
外资企业	131099		127096		4003

9-14 限额以上住宿企业年末资产及负债情况

（2015年）

单位：万元

项目	法人企业数（个）	资产总计	#流动资产合计	固定资产原价	负债合计	所有者权益合计
总计	**174**	**1256293**	**462839**	**591119**	**820734**	**435559**
按住宿行业小类分						
旅游饭店	147	1212118	443282	569478	796594	415524
一般旅馆	25	21948	6537	13818	7120	14828
其他住宿服务	2	22226	13021	7823	17020	5206
按登记注册类型分						
内资企业	157	1071768	381226	474002	742806	328962
国有企业	12	117041	27405	89992	15654	101388
集体企业	1	8097	3988	5611	4213	3883
联营企业	1	21118	4046	18923	11611	9506
国有联营企业	1	21118	4046	18923	11611	9506
集体联营企业						
有限责任公司	55	649284	233238	265890	558429	90856
国有独资公司	2	3648	2658	563	5533	-1885
其他有限责任公司	53	645636	230580	265327	552895	92741
股份有限公司	3	34500	12305	28233	1832	32668
私营企业	84	239506	100097	65239	151031	88475
私营独资企业	27	11298	3382	9341	4220	7078
私营合伙企业	12	36419	2307	6133	3615	32804
私营有限责任公司	44	191709	94376	49716	143181	48528
私营股份有限公司	1	80	31	49	15	65
其他企业	1	2222	148	115	36	2186
港澳台商投资企业	13	167186	76694	92980	68878	98308
与港澳台商合资经营企业	5	42031	6613	7933	26529	15502
与港澳台商合作经营企业	1	1443	686	4551	416	1027
港澳台商独资企业	7	123712	69395	80496	41933	81779
外商投资企业	4	17339	4919	24137	9051	8288
中外合资经营企业						
中外合作经营企业	1	2101	1355	1978	96	2005
外资企业	3	15238	3564	22159	8955	6283

9-15 限额以上餐饮企业年末资产及负债情况

（2015 年）　　单位：万元

项　　目	法人企业数（个）	资产总计	#流动资产合计	固定资产原　价	负债合计	所有者权益合计
总　计	**245**	**250086**	**89675**	**107482**	**157543**	**92544**
按餐饮行业小类分						
正餐服务	230	147019	62102	61931	70363	76656
快餐服务	9	101233	26630	45243	86661	14572
其他餐饮业	4	1484	851	226	507	978
按登记注册类型分						
内资企业	227	141358	66098	51457	58476	82882
国有企业						
集体企业	1	57	13	28	2	55
有限责任公司	25	46834	17424	12994	28999	17836
其他有限责任公司	25	46834	17424	12994	28999	17836
股份有限公司	1	2055	55	2000	50	2005
私营企业	188	90546	47516	35504	28723	61823
私营独资企业	98	24441	9939	14202	6310	18131
私营合伙企业	17	9062	4304	2975	4465	4597
私营有限责任公司	69	51971	32079	13454	17237	34734
私营股份有限公司	4	5072	1195	4872	711	4361
其他企业	11	1833	1081	906	695	1139
港澳台商投资企业	10	48653	12625	24565	40445	8208
与港澳台商合资经营企业	2	3281	803	722	1634	1647
与港澳台商合作经营企业						
港澳台商独资企业	7	41869	11111	23140	36808	5061
外商投资企业	8	60075	10953	31461	58622	1454
中外合资经营企业	3	1378	710	793	2021	-644
外资企业	5	58698	10243	30668	56600	2097

9-16 限额以上住宿企业财务状况

（2015 年）

单位:万元

项目	主营业务收入	主营业务成本	主营业务税金及附加	业务利润
总计	**456906**	**205132**	**21624**	**-10078**
按住宿行业小类分				
旅游饭店	406926	175218	19688	-11818
一般旅馆	36851	22837	1158	838
其他住宿服务	13129	7077	778	902
按登记注册类型分				
内资企业	374496	170928	17541	-14045
国有企业	29992	8916	1528	758
集体企业	4859	3235	84	136
联营企业	10848	9629	607	-362
国有联营企业	10848	9629	607	-362
集体联营企业				
有限责任公司	163808	65923	9045	-14339
国有独资公司	6685	1937	407	-1109
其他有限责任公司	157123	63985	8638	-13230
股份有限公司	11328	2291	691	-1382
私营企业	153049	80634	5561	880
私营独资企业	20007	13009	761	1152
私营合伙企业	13809	8574	604	435
私营有限责任公司	118853	58818	4163	-745
私营股份有限公司	380	234	34	38
其他企业	612	301	24	264
港澳台商投资企业	73888	31518	3650	4108
与港澳台商合资经营企业	25030	14542	892	-1896
与港澳台商合作经营企业	4552	1140	263	14
港澳台商独资企业	44306	15836	2496	5991
外商投资企业	8522	2686	433	-141
中外合资经营企业				
中外合作经营企业	1523	598	56	-143
外资企业	6999	2089	376	2

9-17 限额以上餐饮企业财务状况

（2015 年）　　　　单位：万元

项　　目	主营业务收入	主营业务成本	主营业务税金及附加	业务利润
总　　计	**614596**	**399808**	**23016**	**8531**
按餐饮行业小类分				
正餐服务	376641	259617	14070	12364
快餐服务	217394	124276	8298	-4094
其他餐饮业	19088	14987	636	123
按登记注册类型分				
内资企业	415485	301972	12873	13319
国有企业				
集体企业	1776	1668	8	8
有限责任公司	125	75	6	
其他有限责任公司	44322	26405	2250	-671
股份有限公司	44322	26405	2250	-671
私营企业	2101	1499	49	230
私营独资企业	359153	267499	10021	13247
私营合伙企业	162813	119809	4901	8443
私营有限责任公司	20061	12725	877	-458
私营股份有限公司	156435	122566	2995	4962
其他企业	19844	12398	1249	300
港澳台商投资企业	8009	4827	540	506
与港澳台商合资经营企业	69268	30471	3115	-292
与港澳台商合作经营企业	3108	1277	127	266
港澳台商独资企业				
外商投资企业	65858	29026	2986	-551
中外合资经营企业	129843	67366	7028	-4496
外资企业	2747	1158	144	-367

9-18 主要年份按县(市)区分社会消费品零售总额

单位:万元

年 份	福州市	市 区	福清市	长乐市	闽侯县	连江县	罗源县	闽清县	永泰县	平潭县
1952	14728	8328	1608	1081	1248	831	226	455	300	619
1957	28730	15037	2909	1571	2747	2147	775	895	755	1251
1962	41885	22684	3497	2800	2810	2915	1095	1231	891	1195
1965	40392	20820	4122	2682	3373	3011	1060	1185	950	1442
1970	41312	19044	4384	3043	3346	3314	1203	1390	1186	1939
1975	55755	27905	5552	3390	3727	4126	1561	2014	1834	2115
1978	69385	36033	7906	4658	4923	5684	2145	2398	2331	2669
1979	81434	43828	9386	5462	5521	6033	2593	2995	2636	3127
1980	105652	60368	11239	6467	6721	6874	2983	3246	3032	3720
1985	203152	117103	18988	13960	14953	12107	4557	6533	5783	5888
1990	452764	289302	37995	28228	26646	25325	7676	12663	9283	15646
1995	1332693	818728	166820	83629	78137	69438	26033	28074	23046	38350
2000	3517653	1902024	536112	255271	226143	249540	72005	85088	76103	115368
2001	3862850	2097221	570959	285267	247980	276537	80014	93290	86835	124747
2002	4306946	2360004	630288	316245	273539	304837	89032	100394	96615	135991
2003	4909778	2926436	657047	329737	268213	291500	90185	106719	103576	136366
2004	5803820	3704895	722751	356405	264630	290244	99743	115412	105541	144199
2005	6645454	4639941	758526	364194	233060	179772	109617	109380	101990	133971
2006	7790321	5524748	833096	378298	278937	213930	125354	121935	120400	158605
2007	9473711	6832866	949737	429919	329373	253604	146227	138375	139842	189986
2008	11446381	8265791	1142602	500875	398241	301335	169958	164993	167466	225929
2009	13386447	9712233	1335169	603851	516240	364159	202292	194697	195068	262738
2010	16242808	11801298	1556831	723684	709187	442266	241189	225344	228239	314770
2011	19478102	14141775	1836430	887444	869358	541525	275922	266098	278180	381370
2012	23198231	16822038	2160747	1082451	1071037	668280	321373	309451	330000	432855
2013	26817155	19232713	2513462	1291414	1415753	789665	369578	355976	383275	465319
2014	30629431	21724226	2927484	1516433	1747533	926790	427259	411655	442705	505347
2015	34887426	24567338	3316737	1806634	1964508	1146123	452234	437346	484242	557281

9-19 接待境外旅游人数

(1980-2015 年)

单位:人次

年份	合计	外国人	华侨	港澳同胞	台湾同胞
1980	26881	8234	6258	12290	99
1981	27584	9032	3442	14368	742
1982	20335	8592	1767	8957	1019
1983	42131	15706	3713	20928	1784
1984	55474	20903	3207	27822	3542
1985	53693	20836	1669	28177	3011
1986	67586	27256	2754	34388	3188
1987	73789	31118	1669	36223	4779
1988	105195	27028	2537	35849	39781
1989	110016	19563	1494	24131	64828
1990	178984	27823	2549	28883	119729
1991	148135	34656	3366	29958	80155
1992	174414	46273	4547	32654	90940
1993	162741	48717	3601	29330	81093
1994	129680	52800	3030	25664	48186
1995	127669	50381	4549	25566	47173
1996	120563	50154	3804	22870	43735
1997	129148	51315	3638	22724	51471
1998	132098	45719	4846	27059	54474
1999	249601	74603	20808	53636	100554
2000	300269	100745	36705	59496	103323
2001	288763	124814		55625	108324
2002	298003	146135		56963	94905
2003	281762	144792		59067	77903
2004	310779	177842		55147	77790
2005	308883	187642		49876	71365
2006	559602	340571		81232	137799
2007	572273	344548		83812	143913
2008	630457	361155		83525	185777
2009	605973	357898		85095	162980
2010	670206	389198		94562	186446
2011	741826	428371		98526	214929
2012	832696	477274		108172	247250
2013	905000	510274		126046	268680
2014	906886	511337		126309	269240
2015	966198	556129		128927	281142

9-20 按国别(地区)分接待外国者旅游人数

单位:人次

国别(地区)	2000 年	2001 年	2002 年	2003 年	2004 年	2005 年	2006 年	2007 年
合　计	**100745**	**124814**	**146135**	**144792**	**177842**	**187642**	**340571**	**344548**
亚洲小计	47302	47854	56290	55826	64763	64552	93867	92406
#日　本	17794	19851	21251	20708	27780	29233	40267	36027
菲律宾	3592	2715	4063	2181	2412	2291	5904	5993
新加坡	9201	8610	9477	13816	12818	10447	13345	13655
泰　国	684	866	780	347	486	776	1028	1146
印度尼西亚	3365	3192	3565	2226	3039	2912	7151	7022
马来西亚	8237	5391	8343	6750	7900	6334	7641	8277
美洲小计	42869	64934	76603	75966	91550	100414	214932	218164
#美　国	40024	59810	72198	72907	86881	96152	192426	195815
加拿大	2203	3746	3516	2629	4322	3947	17580	18067
欧洲小计	8770	9454	10576	10236	16949	18848	23417	24790
#英　国	1042	1684	1991	1901	2798	2456	6152	6434
法　国	650	639	890	687	1099	1055	1657	1595
德　国	2531	2633	2588	3632	6209	6718	3185	3795
意大利	551	518	655	515	948	1293	2759	2763
俄罗斯	1037	1266	981	878	1254	1204	794	555
大洋洲小计	1378	2015	2282	2357	3199	2736	5829	6161
#澳大利亚	1172	1686	1973	2023	2866	2339	4319	4431
新西兰	163	171	258	284	295	326	1139	946
非洲小计	426	557	384	407	1381	1092	2526	3027

9-20 续表 单位:人次

国别(地区)	2008 年	2009 年	2010 年	2011 年	2012 年	2013 年	2014 年	2015 年
合 计	**361155**	**357898**	**389198**	**428371**	**477274**	**510274**	**511337**	**556129**
亚洲小计	99827	95158	112202	120640	132410	292957	293567	298557
#日 本	38676	35036	39878	41020	41192	97492	97695	114777
菲律宾	5924	6509	6737	7285	4240	6210	6223	3865
新加坡	15763	17669	18961	21678	29443	47618	47717	41028
泰 国	1251	1264	1302	1813	2829	5737	5749	5062
印度尼西亚	8046	7762	9283	10073	1962	24706	24757	20422
马来西亚	10712	9313	13791	14698	16536	47735	47834	45034
美洲小计	224152	224080	237081	256477	273467	96622	96823	95432
#美 国	201080	201249	214064	232463	252671	73177	73329	70092
加拿大	18583	18610	19603	18304	15742	14943	14974	17926
欧洲小计	27150	28892	29731	35403	44528	80086	80253	113615
#英 国	6913	6789	7200	7147	5627	16300	16334	26028
法 国	1326	1444	1636	1787	2952	7933	7950	7509
德 国	5053	7965	6520	8080	7987	19632	19673	22212
意大利	2835	2654	2908	3368	3973	6879	6893	13237
俄罗斯	686	652	839	3289	6248	3682	3690	3113
大洋洲小计	6386	6215	6420	10699	19523	27979	28037	37449
#澳大利亚	4630	4367	4794	7984	14090	16735	16770	27233
新西兰	1048	974	1100	2100	4685	8981	9000	8445
非洲小计	3640	3553	3764	5152	7346	12631	12657	11076

主要统计指标解释

批发和零售业、住宿和餐饮业(单位)统计限额以上标准 (1)批发业(包括外贸企业)同时具备以下两个条件:一是年商品销售总额在2000万元及以上,二是年末从业人员在20人及以上。(2)零售业(包括外贸企业)同时具备以下两个条件:一是年商品销售总额在500万元及以上,二是年末从业人员在60人及以上。(3)住宿业是一星级及以上或为旅游饭店。(4)餐饮业同时具备以下两个条件:一是年营业收入在200万元及以上,二是年末从业人员在40人及以上。

商品购进总额 指从本企业以外的单位和个人购进(包括从国外、境外直接进口)作为转卖或加工后转卖的商品。本指标由从生产者购进额、从批发零售贸易业购进额、进口额和其他项目组成。这个指标反映批发零售贸易企业从国内、国外市场上购进商品的总量。

商品销售总额 指对本企业以外的单位和个人出售(包括对国外、境外直接出口的)商品(包括售给本单位消费用的商品)。本指标由对生产经营单位批发额、对批发零售贸易业批发额、出口额和对居民和社会集团商品零售额项目组成。这个指标反映批发零售贸易企业在国内市场上销售商品以及出口商品的总量。

社会消费品零售额 指各种经济类型的批发零售贸易业、餐饮业和其他行业对城乡居民和社会集团的消费品零售额总和。这个指标反映通过各种商品流通渠道向居民和社会集团供应的生活消费品来满足他们生活需要,是研究人民生活、社会消费品购买力、货币流通等问题的重要指标。

对居民的消费品零售额 指售给城乡居民用于生活消费的商品。

对社会集团的消费品零售额 指售给机关、团体、部队、学校、企业、事业单位和城市街道居民委员会、农村村民委员会用公款购买的用作非生产、非经营使用的消费品。

按行业分 指将社会消费品零售总额按经营企业、单位本身的业务性质所的划分。用以反映各行业在社会消费品零售渠道中的比重和作用。

批发零售贸易业零售额 指专门从事商品转卖业务的各种济类型独立核算的批发零售贸易企业以及个体的和其他行业附营的批发零售贸易单位直接售给居民和社会集团的消费品零售额。

住宿和餐饮业零售额 指住宿和餐饮企业、产业活动单位为顾客提供就餐服务得到的餐费收入或出售商品所取得的收入。

住宿和餐饮业营业额 指住宿和餐饮企业、产业活动单位在经营活动中因提供服务或销售商品等到取得的收入。包括客房收入、餐费收入、商品销售收入和其他收入。

其他行业零售额 指批发零售贸易业、餐饮业以外的其他行业的直接零售额。包括各种经济类型的交通运输业、邮电业、建筑业、居民服务业、公用事业出版社等行业的零售额(跨行业的经济联合组织的零售额,按其主营活动确定其所属行业,列入该行业的零售额内)。

按销售地区分 指将社会消费品零售额按经营机构所在地所作划分。用以研究反映城乡商品销售变化情况。

城乡集市贸易成交额 指在农村集市和城市集市上买卖双方(包括农民、非农业居民、机关、团体、工商企业、个体商贩)成交全部商品金额,是反映集市贸易规模的综合性指标。

旅游者人数 (1)入境国际旅游者人数:指来中国参观、访问、旅行、探亲、访友、休养、考察、参加会议和从事经济、科技、文化、教育、宗教等活动的外国人、华侨、港澳和台湾同胞的人数。不包括外国常住机构,如使

领馆、通讯社、企业办事处的工作人员；来我国常住的外国专家、留学生以及在岸逗留不过夜人员。(2)出境居民人数：指大陆居民因公务活动或私人事务短期出境的人数。公务活动出境居民人数包括在国际交通工具上的中国服务员工，因私出境居民人数不包括在国际交通工具上的中国服务员工。(3)国内旅游者人数：指我国大陆居民和在我国常住1年以上的外国人、华侨、港澳台同胞离开常住地在境内其他地方的旅游设施内至少停留一夜，最长不超过6个月的人数。

10 对外经济

10-1 进出口总额

（1981-2015 年）

年　份	进出口总额（万美元）	出口总额	进口总额	进出口总额（万元）	出口总额	进口总额
1981	394	394		701	701	
1982	682	682		1316	1316	
1983	888	888		1740	1740	
1984	2215	2215		6180	6180	
1985	1384	1384		4055	4055	
1986	1323	1323		4922	4922	
1987	3961	3961		14735	14735	
1988	16840	9290	7550	62645	34559	28086
1989	19906	14124	5782	93757	66524	27233
1990	32278	23360	8918	168491	121939	46552
1991	42568	30034	12534	231144	163085	68060
1992	65562	46969	18593	376982	270072	106910
1993	150893	93987	56906	873670	544185	329486
1994	211193	129448	81745	1801476	1104191	697285
1995	234961	156732	78229	1968973	1313414	655559
1996	303581	168315	135266	2519722	1397015	1122708
1997	375183	192861	182322	3105765	1596503	1509262
1998	379794	196157	183637	3143935	1623788	1520147
1999	371050	203578	167472	3071552	1685219	1386333
2000	511835	272947	238888	4232875	2257272	1975604
2001	537892	299856	238036	4448367	2479809	1968558
2002	638804	353425	285379	5282909	2922825	2360084
2003	829631	464279	365352	6861048	3839587	3021461
2004	1252722	744391	508331	10360011	6156114	4203897
2005	1368910	867200	501710	11053948	7002640	4051308
2006	1575456	1016452	559004	12414593	8009642	4404952
2007	1864105	1231004	633101	13878262	9164825	4713437
2008	2032422	1358759	673663	13890791	9286574	4604217
2009	1786004	1201245	584759	12195193	8202341	3992851
2010	2459967	1631423	828544	16291623	10804425	5487198
2011	3472476	2413056	1059420	21879724	15204425	6675299
2012	3105985	2113124	992861	19522669	13282041	6240628
2013	3142949	1933708	1209241	19162246	11789624	7372621
2014	3466317	2123845	1342472	21295896	13047784	8248112
2015	3334237	2111956	1222281	20654803	13122755	7532048

注:从 1996 年起为海关统计口径数据。

10-2 按主要国别(地区)分出口商品贸易额

单位:万美元

国别(地区)	2000年	2001年	2002年	2003年	2004年	2005年	2006年	2007年
总　计	**272947**	**298483**	**349140**	**464279**	**744391**	**867200**	**1016452**	**1231004**
亚　洲	107504	115788	136346	173379	270549	306633	321216	416836
#中国香港	23882	30974	39170	53461	84719	76932	65083	63725
中国澳门	615	356	94		592	222	344	429
日　本	42091	48061	54609	55487	81891	94095	91517	117239
菲律宾	1916	2640	2795		6272	10394	9859	12285
泰　国	989	1002	1454		3823	4559	5050	7956
马来西亚	4145	1503	2472		12069	9827	19691	27655
新加坡	5386	6658	6465		12528	16376	11306	16307
阿拉伯联合酋长国	1884	2319	4424		11279	12941	12948	
欧　洲	56880	69740	78622	111319	166501	206784	256257	335613
#德　国	15412	22245	24621	22445	36411	29231	34993	53696
法　国	3715	2701	3866	3572	4882	11873	13750	17593
意大利	4623	4986	5800	8447	7670	13192	15048	22585
芬　兰	332	534	594	40814	2415	4010	3262	9135
英　国	7151	7843	8589	10407	16226	20946	31156	30638
丹　麦	540	531	725		1129	2765	6236	5513
瑞　典	549	640	651		1219	1989	2835	4751
瑞　士	842	1533	1260	1524	2489	4666	7187	9677
西班牙	3351	3381	3356	4144	4837	8341	10350	22000
北美洲	88011	91870	111316	147468	245699	259031	331638	330818
#加拿大	6533	7984	6723	8007	12023	15942	22236	27449
美　国	81478	83886	104594	139460	233676	243089	309401	303364
大洋洲	4511	4255	5840	9720	19830	16907	21047	27467
#澳大利亚	4040	3760	5101	8534	14148	14716	16012	22249
非　洲	4961	7747	8455	10525	17879	23938	33652	41177
拉丁美洲	11080	9082	8561	11862	23933	30183	51826	79750
俄罗斯				1443	2749	4584	4664	7440

10-2 续表

单位:万美元

国别(地区)	2008 年	2009 年	2010 年	2011 年	2012 年	2013 年	2014 年	2015 年
总 计	**1358759**	**1201138**	**1631423**	**2413056**	**2113124**	**1933708**	**2123845**	**2111956**
亚 洲	456892	442614	640321	841802	840147	827281	916214	860327
# 中国香港	66605	61604	89947	103217	129926	141054	132695	142037
中国澳门	240	214	373	1637	425	1243	1228	659
日 本	124542	106124	147136	156625	155158	152402	148842	131280
菲律宾	11084	11929	19092	25127	31867	39758	36216	50455
泰 国	8016	11071	15428	21884	21159	23019	32275	36183
马来西亚	37824	52759	60905	73582	73930	77097	67615	43496
新加坡	21171	21993	35637	54745	71573	55848	89148	43542
阿拉伯联合酋长国			23243	47047	42615	33527	38764	38189
欧 洲	373479	296145	384037	622708	483501	414748	453049	421711
# 德 国	72969	53306	70346	126184	79560	56686	67834	70698
法 国	16972	15613	19179	33943	23010	18813	21289	19150
意大利	27301	23694	30833	43455	31192	26871	30097	24692
芬 兰	12652	4340	6660	8950	9006	6077	4622	3279
英 国	30020	29109	41880	89642	62502	50758	71618	69986
丹 麦	6549	4846	6027	8210	7153	6697	9437	6773
瑞 典	4475	4036	5864	8886	7036	7705	9058	8808
瑞 士	5244	2329	2699	3239	4006	2614	1436	1239
西班牙	14853	12932	18843	33645	21893	19188	18684	19759
北美洲	364212	319300	374739	622898	481678	440615	481621	601666
# 加拿大	28350	22315	28949	44383	36635	31222	32932	33103
美 国	335862	296985	345777	578514	445043	409391	448685	568562
大洋洲	26727	28148	30961	48854	44078	42088	53859	49550
# 澳大利亚	22799	21343	24923	40730	37626	34297	34739	39693
非 洲	47262	45496	70994	99549	113122	90072	96403	98565
拉丁美洲	90187	69435	130370	177245	151955	118846	122694	124452
俄罗斯	11696	9925	17729	25095	33274	36533	30434	23555

10-3 按主要国别(地区)分进口商品贸易额

单位:万美元

国别(地区)	2000年	2001年	2002年	2003年	2004年	2005年	2006年	2007年
总 计	**238889**	**238287**	**285379**	**365351**	**498331**	**501710**	**559004**	**633101**
亚 洲	200716	196287	240536	307189	419006	419188	472449	512025
#中国香港	2542	2135	2218	2442	2914	1948	1753	1947
中国澳门	24	23	19		2	3	10	14
日 本	38931	36952	42635	62874	81783	72427	66490	74794
菲律宾	671	1237	599		1134	1373	1664	2071
泰 国	4379	4670	5839		4690	4088	7504	8613
马来西亚	11737	11201	13551		16683	10787	7993	13197
新加坡	3361	2230	2648		4015	2495	2568	3926
阿拉伯联合酋长国	7	115	7		11	82	91	
欧 洲	17931	21785	22290	26693	33023	32175	38368	55937
#德 国	1628	1443	2107	6606	8499	8617	12773	22150
法 国	421	471	598	719	1039	749	821	1961
意大利	1266	1696	2203	1626	2551	1620	1533	1790
芬 兰	597	329	282	350	5183	669	507	1448
英 国	2978	2598	1337	1940	3079	3060	2122	2421
丹 麦	72	73	81		256	264	246	498
瑞 典	234	151	201		212	598	1093	1988
瑞 士	4331	8538	8469	8534	9807	9818	10018	9283
西班牙	260	91	35	76	319	500	271	394
北美洲	12671	12636	10836	16585	24238	19517	24173	35953
#加拿大	412	707	274	493	476	919	608	1364
美 国	12252	11928	10562	16091	23762	18597	23565	34588
大洋洲	1137	915	1112	2003	1877	1806	2513	2396
#澳大利亚	497	226	454	935	734	1056	1330	1144
非 洲	832	926	958	1075	1989	2365	4028	4809
拉丁美洲	5561	5738	9646	11804	18199	19307	17212	22279

10-3 续表

单位:万美元

国别(地区)	2008 年	2009 年	2010 年	2011 年	2012 年	2013 年	2014 年	2015 年
总 计	**673663**	**583940**	**828544**	**1059420**	**992861**	**1209241**	**1342472**	**1222281**
亚 洲	532102	411439	559626	570067	557633	530142	515915	460137
#中国香港	1990	2034	5927	20213	26182	5472	1857	17036
中国澳门	5			53				
日 本	91945	69773	95468	87933	87103	74505	68977	67318
菲律宾	3204	6306	10382	9584	19312	16262	23788	13731
泰 国	11490	10885	18975	13475	24417	27026	23091	17350
马来西亚	17369	12952	16262	14937	10915	13933	10419	13947
新加坡	4312	4646	7617	9180	6989	7891	8379	7243
阿拉伯联合酋长国			243	265	2075	3770	860	732
欧 洲	65210	67672	109646	206316	196280	378682	299859	335100
#德 国	28017	22092	41003	53748	45382	51009	53172	39802
法 国	5093	4875	5848	11057	8629	6772	5478	3550
意大利	3126	2960	5269	6004	5815	4523	5263	5321
芬 兰	1335	2150	2361	3061	4169	2002	3536	2477
英 国	2882	4628	6250	4745	6077	6656	7035	6548
丹 麦	876	331	177	371	844	1582	947	699
瑞 典	2374	1230	814	2648	828	1686	2418	1507
瑞 士	1425	959	1644	54238	65160	243581	162372	235267
西班牙	2057	2720	11292	10894	5194	6468	7099	4598
北美洲	30227	37282	71197	99504	112092	166714	223980	212364
#加拿大	1754	2603	9747	13385	19488	27345	47298	48145
美 国	28466	34666	61425	86113	92604	139331	176617	164220
大洋洲	2832	7801	9488	51695	23611	24860	123859	71277
#澳大利亚	1167	5214	5797	47086	19709	19836	119984	69322
非 洲	5918	13224	24147	65024	32116	18121	81743	49511
拉丁美洲	37374	46521	54434	66812	76994	90711	97083	93843

10-4 外商直接投资合同数

（1979-2015 年）

单位:项

年 份	外商直接投资	合资企业	合作企业	独资企业
1979	5			
1980	5			
1981	3			
1982	2			
1983	4			
1984	64			
1985	73			
1986	29	19	10	
1987	56	46	9	1
1988	168	123	26	19
1989	214	131	16	67
1990	233	103	9	121
1991	286	99	16	171
1992	676	259	35	382
1993	1134	372	56	706
1994	722	216	31	475
1995	678	179	25	474
1996	412	107	10	295
1997	437	83	18	336
1998	481	109	13	359
1999	338	80	8	250
2000	295	80	6	209
2001	319	73	3	243
2002	386	52	41	293
2003	360	88	2	268
2004	414	90	5	319
2005	326	81	11	234
2006	327	83	2	242
2007	234	78		155
2008	155	31	1	123
2009	144	29	1	114
2010	186	44	1	140
2011	170	51	1	118
2012	148	47		100
2013	135	44	1	89
2014	126	41		85
2015	339	105		234

10-5 外商直接投资合同金额

(1979-2015 年)

单位:万美元

年　　份	外商直接投资	合资企业	合作企业	独资企业
1979	105			
1980	387			
1981	104			
1982	15			
1983	106			
1984	5603			
1985	4367			
1986	909	794	115	
1987	3052	2115	767	170
1988	11781	8489	1432	1860
1989	15156	9262	656	5238
1990	27370	7693	1452	18225
1991	29601	6632	1057	21912
1992	117538	27587	7565	82386
1993	330705	64417	13476	252812
1994	220592	56769	16279	147544
1995	322706	36978	24674	261053
1996	111121	23919	2113	85088
1997	92022	16395	9497	65831
1998	111031	32927	19577	58527
1999	93426	13434	5030	74962
2000	95479	15652	1171	78656
2001	103264	20122	1944	81198
2002	150867	10236	16854	117596
2003	161412	20650	3236	135597
2004	135003	10651	-376	122331
2005	116672	12603	6581	96779
2006	142956	22989	4497	115470
2007	132371	22323		100379
2008	148883	9619	2834	130805
2009	122969	5880	2660	112371
2010	167297	22793	151	113360
2011	176966	18091	2980	147998
2012	205643	37432	18	158848
2013	205700	31244	5	146811
2014	146368	44145		102373
2015	317473	74033		243440

10-6 按行业分外商直接投资合同数

（1987-2015 年）

单位:项

年份	农业	制造业	建筑业	交通运输仓储及邮政通信业信息传输计算机服务和软件业	批发零售住宿餐饮业	房地产公用事业服务业
1987	6	48	1			
1988	6	153	4	2		3
1989	8	179	1			23
1990	6	190	1		2	33
1991	8	248		3		25
1992	22	481	11		3	153
1993	56	675	46		55	134
1994	37	379	39		26	75
1995	46	414	36		39	36
1996	37	209	15		50	20
1997	29	247	13		76	16
1998	23	291	6	4	78	31
1999	26	219	6		17	39
2000	14	210		1	10	35
2001	10	228	3	1	9	23
2002	13	237	9	5	13	53
2003	12	256	8	5	11	67
2004	12	307	5	9	18	63
2005	5	240		7	26	10
2006	8	234	5	4	36	42
2007	10	131	1	3	42	57
2008	8	63	4	1	33	46
2009	4	38		2	54	46
2010	9	46	1	4	82	44
2011	8	37	1	5	74	41
2012	12	32	2	1	64	36
2013	3	14	4	9	74	31
2014	6	11	1	10	56	42
2015	9	31	3	16	207	5

10-7 按行业分外商直接投资合同金额

(1987-2015年)

单位:万美元

年份	农业	制造业	建筑业	交通运输仓储及邮政通信业信息传输计算机服务和软件业	批发零售住宿餐饮业	房地产公用事业服务业
1987	197	2608	215			
1988	1103	9906	119	64		589
1989	256	11095	51			3474
1990	233	20243	22		115	6752
1991	959	21744				6623
1992	1003	50540	432		3480	58127
1993	5148	134920	2280		5592	149058
1994	2637	92714	1562		1642	105230
1995	7501	251052	2036		2857	25104
1996	2983	54310	1051		3758	15021
1997	3823	50486	6692		6854	9409
1998	6588	47296	17819	375	6211	20661
1999	8560	49682	3970		4178	22143
2000	703	52199	169	10	3004	33314
2001	4727	69326	885	1454	501	17967
2002	4400	101619	8132	3463	944	22600
2003	3294	128747	3873	208	358	24932
2004	3887	93171	-1815	8458	2959	28343
2005	8141	87428	-13	5710	3893	7045
2006	6922	113480	2695	1395	3704	14760
2007	5408	73864	-71	1128	13896	38146
2008	6157	62739	1649	56	7557	70725
2009	3522	32980	761	8400	13552	63720
2010	9022	87209	-119	4406	30304	36475
2011	7411	61022	119	2618	33497	56839
2012	19238	31366	11798	2030	45849	86017
2013	1102	44503	10749	15403	61858	40512
2014	3253	31223	8248	12936	33813	56895
2015	537	65662	-3408	15111	198485	11252

10-8 按国别(地区)分外商直接投资合同数

单位:项

国别(地区)	2000年	2001年	2002年	2003年	2004年	2005年	2006年	2007年
合 计	**295**	**319**	**386**	**360**	**414**	**326**	**327**	**234**
# 中国香港	119	95	140	137	158	125	142	78
中国澳门	7		1	3	3	4	4	1
日 本	27	24	33	17	24	27	25	16
菲律宾	2	2	3	7	3	2		
泰 国		2	1	3	1			1
马来西亚	1	2	3	2	4	2		2
新加坡	7	6	10	15	13	6	12	6
印度尼西亚	2	4	1	2	7	4	11	
德 国	1					2		2
维尔京群岛	10	22	27	25	34	22	17	19
英 国		1			1		2	1
开曼群岛	2	3	3	4	2	2	2	1
加拿大	5	7	11	12	10	11	12	6
美 国	24	33	35	37	43	33	19	32
澳大利亚	8	12	7	9	16	16	5	14

10-8 续表 单位:项

国别(地区)	2008 年	2009 年	2010 年	2011 年	2012 年	2013 年	2014 年	2015 年
合 计	**155**	**144**	**186**	**170**	**148**	**135**	**126**	**339**
#中国香港	63	56	72	74	50	48	57	89
中国澳门	1	2		1	4	1		1
日 本	13	7	9	9	3	5	2	17
菲律宾								
泰 国								
马来西亚	2	1	5	4	4	1		3
新加坡	4	5	4	5	5	6	5	6
印度尼西亚	1	2		1		1		2
德 国	2			2	1		1	5
维尔京群岛	15	6	9	4	7	6	1	4
英 国	1			1			1	6
开曼群岛		1	2				1	
加拿大	3	3	6	5	3	2	4	4
美 国	11	23	10	9	7	7	6	24
澳大利亚	4	2	6	2	6	1	2	12

10-9 按国别(地区)分外商直接投资合同金额

单位:万美元

国别(地区)	2000年	2001年	2002年	2003年	2004年	2005年	2006年	2007年
合　计	**95479**	**103264**	**150867**	**161412**	**135003**	**116672**	**142956**	**132371**
#中国香港	63312	43296	70300	75503	82905	51832	70580	58978
中国澳门	763		711	443	89	994	381	525
日　本	4080	1653	18927	2591	3886	5122	12842	3216
菲律宾	98	731	473	1735	-99	151	-191	74
泰　国		190	150	2011	25			
马来西亚	1045	1004	3270	207	646	412	1	2810
新加坡	585	579	37	-1797	2946	2068	5076	395
印度尼西亚	494	3141	1198	81	932	763	8857	-1308
德　国	10	179	-7		33	86	6	-20
维尔京群岛	7666	12138	18907	12814	14590	22617	18211	26466
英　国		-8	-95	552	-289		1291	993
开曼群岛	96	6115	4372	286	1121	2379	1651	4059
加拿大	437	159	2994	1294	1495	645	3843	729
美　国	7516	7666	7889	6915	10448	7375	1932	8894
澳大利亚	325	562	-1	3151	1754	2997	661	1293

10-9 续表

单位:万美元

国别(地区)	2008 年	2009 年	2010 年	2011 年	2012 年	2013 年	2014 年	2015 年
合　计	**148883**	**122969**	**167297**	**176966**	**205643**	**174127**	**146368**	**317473**
# 中国香港	100517	119015	104403	118214	137328	82593	100040	192927
中国澳门	-479	390		9	2507			8
日　本	1034	1914	2570	4101	-1856	1635	378	498
菲律宾	38	-1592	-230	-66				
泰　国	889		2	-1000		-2		163
马来西亚	2601	-305	3325	217	-1507	-1717		230
新加坡	5946	384	1695	4426	4546	11503	3161	-709
印度尼西亚	2930	348	223	-1989	188	777		10
德　国	573			510	793	-500	332	732
维尔京群岛	2876	-8122	9659	8084	12519	18922	-63	53954
英　国	-1883		-89	39		210	325	1544
开曼群岛	1210	735	6197	1419	1542	2007	1221	
加拿大	-267	520	4792	3639	951	199	483	1517
美　国	2742	1104	395	1510	10948	-402	810	10038
澳大利亚	-15	88	909	2807	816	2910	218	1541

10-10 实际利用外商直接投资

（1979-2015 年）

单位：万美元

年　　份	合　　计	合资企业	合作企业	独资企业
1979	78			
1980	167			
1981	61			
1982	154			
1983	679			
1984	1630			
1985	1539			
1986	1495	588	886	
1987	1462	498	794	170
1988	2355	2004	351	
1989	5035	2815	890	1330
1990	10193	6242	703	3248
1991	13813	5412	330	8071
1992	28452	7870	1175	19407
1993	63385	24762	2938	35685
1994	81838	42263	3004	46571
1995	105035	26106	5289	73640
1996	97590	27902	5330	64358
1997	97848	30830	5973	60746
1998	90348	27883	6177	56288
1999	90036	25183	6675	58178
2000	80087	8471	3565	66843
2001	100198	27953	3095	67754
2002	120246	28404	3162	76635
2003	130198	12332	3236	114630
2004	136042	19336	5407	99029
2005	160000			
2006	162100			
2007	170225			
2008	213034			
2009	229596			
2010	248193			
2011	268592			
2005（验资口径）	64017	9986	341	51383
2006（验资口径）	66069	8913	430	56726
2007（验资口径）	70011	11634	55	57859
2008（验资口径）	100150	24311	189	68177
2009（验资口径）	103227	16842		71491
2010（验资口径）	118524	23232		80795
2011（验资口径）	127745	10169	17	67927
2012（验资口径）	133877	23075	18	83210
2013（验资口径）	143063	20199	153	58901
2014（验资口径）	154651	30976		120600
2015（验资口径）	167852	22654		145198

10-11 按国别(地区)分实际利用外商直接投资

单位:万美元

国别(地区)	2000 年	2001 年	2002 年	2003 年	2004 年	2005 年	2006 年	2007 年
中国香港	39861	47263	51503	51940	57923	26819	26569	31728
中国澳门	474	500	2358	207	1213	227	52	1525
日　　本	1679	6072	3258	23600	4818	3624	10020	1614
菲 律 宾	258	125	1169	228	1184	508	58	209
泰　　国	174	151	769	941	500	295		56
马来西亚	2075	1480	2883	491	1448	630	20	353
新 加 坡	1209	1638	1299	1601	2819	2070	1119	2971
印度尼西亚	509	1990	796	415	946	336	424	629
德　　国		10					61	
法　　国						52	3	42
英　　国	7850	1810	3558	450	267	300	400	667
加 拿 大	50	221	823	695	1398	223	401	377
美　　国	7031	13452	4791	6642	8220	2138	3613	2195
澳大利亚	178	242	784	186	801	378	267	776
维尔京群岛	7794	11121	13351	15145	18906	12042	13579	16795
开曼群岛		61	4523	3116	1269	3630	2016	2914
百 幕 大	1001	100	10852	2708	4885	1800		

10-11 续表

单位:万美元

国别(地区)	2008 年	2009 年	2010 年	2011 年	2012 年	2013 年	2014 年	2015 年
中国香港	43567	73079	82044	45842	72914	53236	92626	122368
中国澳门	217	105	101	128		148		
日本	3344	2044	1657	4636	3232	979	1511	672
菲律宾	124		38		18	289		
泰国	907							153
马来西亚	853	20	50	1968	223	1414	203	
新加坡	2487	2486	128	3212	4346	10336	12419	2598
印度尼西亚	361	1458	406	19	284	722	156	
德国	10	500			488	178	160	
法国								
英国	179	1			8			
加拿大	452	359	36	400	411	265	116	
美国	2160	1788	1442	986	1916	1029	1272	1148
澳大利亚	488	204	341	290	161	287	186	
维尔京群岛	25682	12172	6765	13191	8391	8186	12247	12065
开曼群岛	992	1546	3799	2020	2396	2062	3009	842
百幕大	2123	490		31926	561		786	

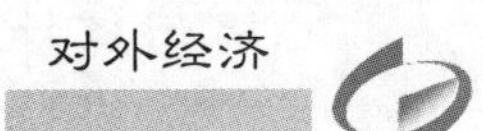

10-12 按县(市)区分外商直接投资合同数

单位:项

地　　区	2000年	2001年	2002年	2003年	2004年	2005年	2006年	2007年
福州市	**295**	**319**	**387**	**360**	**414**	**326**	**327**	**234**
#鼓楼区	48	48	64	61	71	54	51	53
台江区	25	31	27	26	35	23	22	19
仓山区	27	47	48	46	47	38	42	29
晋安区	31	31	40	35	42	30	29	17
马尾区	31	34	53	49	30	27	28	19
福清市	32	33	44	40	57	54	60	45
长乐市	8	14	23	19	26	16	16	14
闽侯县	29	34	35	24	40	24	19	17
连江县	8	8	8	33	17	14	9	4
罗源县	6	4	13	10	12	13	9	12
闽清县	10	3	1	9	5	5	7	2
永泰县	5	6	2	1	3	5	2	1
平潭县	4	1	2	2	5	3		1

10-12　续表　　　　单位:项

地　　区	2008 年	2009 年	2010 年	2011 年	2012 年	2013 年	2014 年	2015 年
福州市	**155**	**144**	**186**	**170**	**148**	**135**	**126**	**339**
#鼓楼区	43	36	49	40	33	27	37	34
台江区	10	17	21	18	18	22	21	19
仓山区	18	12	19	19	16	14	11	33
晋安区	10	18	10	13	4	6	12	12
马尾区	12	5	10	16	17	16	12	189
福清市	24	19	18	23	19	12	9	26
长乐市	7	10	4	8	6	2	6	8
闽侯县	16	13	33	17	24	24	14	7
连江县	9	5	4	9	6	7	3	2
罗源县	4	5	3	4	2	2		1
闽清县	1		3	2	1	1		3
永泰县		2	2		2	1	1	2
平潭县		2	10					

10-13 按县(市)区分外商直接投资合同金额

单位:万美元

地　　区	2000年	2001年	2002年	2003年	2004年	2005年	2006年	2007年
福州市	**95479**	**103264**	**150867**	**161412**	**135003**	**116672**	**142956**	**132371**
#鼓楼区	8907	9380	13173	12422	16356	14074	15291	15750
台江区	7078	8462	12610	11802	12375	7941	10112	15960
仓山区	7782	10156	23500	12343	15032	15050	8688	11757
晋安区	1607	12024	15341	14818	18001	16362	17701	4691
马尾区	4149	14544	31494	29026	11051	12911	22512	21037
福清市	12056	13008	19475	53982	20225	15784	40162	17870
长乐市	4618	11724	15062	15536	18191	11613	1078	7906
闽侯县	12911	10950	12154	10516	9181	6654	16288	9970
连江县	737	1709	2012	5141	5071	5301	4912	6899
罗源县	797	1139	5052	4651	4005	4504	5153	3950
闽清县	354	54	-372	823	704	463	231	74
永泰县	203	2406	1352	4	774	286	285	780
平潭县	657	12	353	110	321	761	339	1136

10-13 续表 单位:万美元

地区	2008年	2009年	2010年	2011年	2012年	2013年	2014年	2015年
福州市	**148883**	**122969**	**167297**	**176966**	**205643**	**205700**	**146368**	**317473**
#鼓楼区	17168	19331	19755	22197	22260	23752	17056	16300
台江区	16337	18438	21246	22977	23017	24257	18188	15566
仓山区	31315	6609	7161	11255	18804	19750	4020	8798
晋安区	5941	7630	12310	16027	5016	5267	7904	1553
马尾区	21476	4829	22371	23740	25046	29314	34202	99325
福清市	23790	23876	19253	23290	26877	28700	28784	28865
长乐市	5697	9353	6498	8474	9775	10300	11173	11400
闽侯县	10783	18419	25530	35122	56583	33492	22409	12028
连江县	7899	5439	4050	4794	6029	17862	2488	2208
罗源县	5006	5048	5200	5621	5660	5946	133	347
闽清县	2119	281	157	167	2000	4990		1128
永泰县	854	1000	1199	1500	1705	2070	11	2795
平潭县		607	1579					

10-14 按县(市)区分实际利用外资

单位:万美元

地区	2000年	2001年	2002年	2003年	2004年	2005年	2006年	2007年
福州市	**80087**	**100198**	**120246**	**130198**	**136042**	**64017**	**66069**	**70011**
#鼓楼区	4503	5646	9240	12318	15404	8123	10133	14002
台江区	3010	3762	7078	9745	11895	4750	4723	6200
仓山区	5048	7575	18600	15926	12418	6567	9310	12586
晋安区	2509	10184	15246	17332	15850	6311	6640	4050
马尾区	15080	18753	21639	21729	21050	7087	13357	13551
福清市	11032	13770	20009	17069	20289	12301	12630	12867
长乐市	7191	10272	14799	15316	15523	3757	3815	4747
闽侯县	5727	8505	12208	13076	16015	5514	6212	9621
连江县	1351	1600	1930	3115	2445	2289	2958	3876
罗源县	1353	1420	996	2850	3532	1733	1821	2115
闽清县	570	510	201	356	604	206	63	131
永泰县	361	636	1270	75	100	207	345	577
平潭县	576	638	465	513	304	95	450	500

10-14 续表　　单位:万美元

地　　区	2008年	2009年	2010年	2011年	2012年	2013年	2014年	2015年
福州市	**100150**	**103227**	**118524**	**127745**	**133877**	**143063**	**154651**	**167852**
#鼓楼区	17827	18162	18180	19710	22687	24100	25788	28018
台江区	9113	9788	11163	11910	9700	9789	12929	14222
仓山区	16403	15371	15400	16180	18634	5613	14000	15066
晋安区	2732	2735	10000	10510	10655	8839	9755	10544
马尾区	13746	15706	25539	27999	10188	15076	21539	26157
福清市	13256	13336	13810	15976	19714	21210	24180	30016
长乐市	5824	7960	7965	3615	3768	8771	11620	13889
闽侯县	11291	13202	13512	15040	17902	19012	20200	13667
连江县	3912	3260	2027	3785	6823	8575	9094	9877
罗源县	2459	2380	2381	2525	2907	3127	3138	3391
闽清县	155	160	222	279	401	425	450	487
永泰县	621	625	875	1113	1371	1724	1958	2116
平潭县	556	542	650					

主要统计指标解释

进出口总额 海关进出口总额指实际进出我国国境的货物总金额。包括对外贸易实际进出口货物,来料加工装配进出口货物,国家间、联合国及国际组织无偿援助物资和赠送品,华侨、港澳台同胞和外籍华人捐赠品,租赁期满归承租人所有的租赁货物,进料加工进出口货物,边境地方贸易及边境地区小额贸易进出口货物(边民互市贸易除外),中外合资经营企业、中外合作经营企业、外商独资经营企业进出口货物和公用物品,到离岸价格在规定限额以上的进出口货样和广告品(无商业价值、无使用价值和免费提供出口的除外),从保税仓库提取在中国境内销售的进口货物,以及其他进出口货物。我国规定出口货物按离岸价格统计,进口货物按到岸价格统计。

利用外资 指我国各级政府、部门、企业和其他经济组织通过对外借款、吸收外商直接投资以及用其他方式筹措的境外现汇、设备、技术等。

外商直接投资 是指外国企业和经济组织或个人(包括华侨、港澳台胞以及我国在境外注册的企业)按我国有关政策、法规,用现汇、实物、技术等在我省境内开办外商独资企业、与我省境内的企业或经济组织共同举办中外合资经营企业、合作经营企业或合作开发资源的投资(包括外商投资收益的再投资)以及经政府有关部门批准的项目总额中境外直接投资者对企业的贷款。

11 价格指数

11-1 主要物价总指数

(1978 年=100)

年份	居民消费价格指数	城市	农村	商品零售价格指数	服务项目价格指数
1979	101.1			101.2	100.0
1980	107.8			108.2	110.8
1981	108.9			109.5	109.5
1982	112.9			113.8	109.5
1983	115.6			116.4	114.9
1984	120.6			120.6	126.6
1985	140.6			141.3	140.4
1986	153.0			154.2	147.7
1987	169.2			171.8	151.8
1988	216.6			221.6	179.6
1989	256.9			263.5	207.8
1990	257.2	102.4	98.5	262.2	225.9
1991	271.9	110.3	102.7	276.1	249.1
1992	294.5	120.2	108.2	296.3	289.5
1993	350.5	143.9	127.0	350.2	351.4
1994	447.8	181.7	157.9	435.3	450.6
1995	529.3	214.8	186.8	500.6	570.5
1996	568.5	233.3	198.8	524.1	684.6
1997	581.6	241.9	203.0	528.3	767.4
1998	579.3	242.6	201.6	521.4	798.1
1999	574.1	240.9	199.6	505.8	880.3
2000	583.9	247.9	202.2	498.7	1152.3
2001	578.1	245.2	199.4	486.2	1219.1
2002	572.9	245.0	196.4	475.5	1282.5
2003	577.5	246.0	198.6	464.1	1338.9
2004	603.5	257.2	207.1	475.2	1412.6
2005	619.2	265.4	211.2	480.4	1470.5
2006	626.0	267.5	214.2	479.9	1472.0
2007	653.5	278.7	224.1	494.8	1497.0
2008	682.3	290.7	234.0	516.6	1446.1
2009	676.8	288.1	232.1	508.9	1421.5
2010	698.5	297.3	239.1	523.7	1438.6
2011	732.0	311.6	250.3	544.6	1478.9
2012	748.1	318.5	256.3	550.6	1483.3
2013	767.6	327.1	262.5	556.1	1526.3
2014	781.4	333.0	267.5	559.4	1564.5
2015	794.7	338.3	272.8	556.0	1636.5

注:1.本表中商品零售价格指数 1990~2000 年为全市数据,其他年份为市区数据。

2.上述年份不全的指数均以开编年份的上一年价格为 100。

11-2 主要物价总指数

（上年=100）

年份	居民消费价格指数	城市	农村	商品零售价格指数	服务项目价格指数
1951	107.8			108.4	98.2
1952	97.6			97.2	103.9
1957	100.7			100.6	101.6
1962	100.8			101.0	99.1
1965	95.9			95.6	98.9
1970	99.3			99.2	100.0
1975	100.1			100.1	99.7
1978	100.2			100.3	99.0
1979	101.1			101.2	100.0
1980	106.6			106.9	110.8
1985	116.6			117.2	110.9
1990	100.1	102.4	98.5	99.5	108.7
1995	118.2	118.2	118.3	115.0	126.6
2000	101.7	102.9	101.3	98.6	130.9
2001	99.0	98.9	98.6	97.5	105.8
2002	99.1	99.9	98.5	97.8	105.2
2003	100.8	100.4	101.1	97.6	104.4
2004	104.5	104.6	104.3	102.4	105.5
2005	102.6	103.2	102.0	101.1	104.1
2006	101.1	100.8	101.4	99.9	100.1
2007	104.4	104.2	104.6	103.1	101.7
2008	104.4	104.3	104.4	104.4	96.2
2009	99.2	99.1	99.2	99.1	98.4
2010	103.2	103.2	103.0	102.9	101.2
2011	104.8	104.8	104.7	104.0	102.8
2012	102.2	102.2	102.4	101.1	100.3
2013	102.6	102.7	102.4	101.0	102.9
2014	101.8	101.8	101.9	100.6	102.5
2015	101.7	101.6	102.0	99.4	104.6

注:1.本表中1990年以前零售、消费总指数数据均为市区数据。

2.2001年起商品零售价格总指数为市区数据。

11-3 居民消费价格分类指数

(1978年=100)

年 份	居民消费价格总指数	#食品类	衣着类	家庭设备及用品	医疗保健	娱乐教育文化用品	居 住	服务项目价格指数
1980年	107.8	114.0	99.1		99.8	101.0		110.8
1985年	140.6	162.5	91.6	96.8	114.5	101.8	104.5	140.4
1990年	257.2	329.2	158.9	138.6	171.6	150.3	117.2	225.9
1995年	529.3	770.1	347.6	136.9	306.3	153.1	196.5	570.5
2000年	583.9	780.4	390.5	134.7	379.4	137.9	319.3	1152.3
2001年	578.1	760.1	360.8	132.5	395.3	139.2	327.3	1219.1
2002年	572.9	740.3	355.0	129.7	381.9	136.3	351.5	1282.5
2003年	577.5	752.1	332.3	125.4	375.8	145.0	363.5	1338.9
2004年	603.5	822.8	317.0	122.0	361.9	155.0	379.9	1412.6
2005年	619.2	860.6	302.1	121.0	361.2	163.2	401.9	1470.5
2006年	626.0	879.5	290.3	121.8	363.0	159.6	422.0	1472.0
2007年	653.5	963.9	281.6	123.6	372.8	159.1	435.1	1497.0
2008年	682.3	1083.4	256.5	127.2	376.9	148.3	455.1	1446.1
2009年	676.8	1089.9	260.6	127.3	378.8	146.5	426.9	1421.5
2010年	698.5	1160.7	256.2	125.8	390.5	147.2	444.0	1438.6
2011年	732.0	1284.9	258.8	128.7	404.6	144.7	467.5	1478.9
2012年	748.1	1350.4	266.8	132.8	415.1	139.3	477.3	1483.3
2013年	767.6	1415.2	267.6	133.9	423.8	143.3	490.7	1526.3
2014年	781.4	1456.2	275.6	134.3	428.9	144.2	502.0	1564.5
2015年	794.7	1473.7	285.2	135.2	455.0	145.6	513.5	1636.5

11-4 市区商品零售价格分类指数

(1978 年=100)

项目	1980 年	1985 年	1990 年	1995 年	2000 年	2001 年	2002 年	2003 年	2004 年	2005 年
商品零售价格总指数	**108.2**	**141.3**	**267.9**	**529.3**	**528.9**	**515.7**	**504.4**	**492.3**	**504.1**	**509.6**
食品类	114.0	162.5	426.5	1024.9	1018.1	985.6	962.9	961.9	1061.0	1121.5
#粮　食		102.2	201.7	927.2	736.8	744.1	740.4	764.8	893.3	884.4
鲜　菜		161.5	375.6	1198.9	1594.0	1579.7	1684.0	1547.6	1894.3	2237.2
肉禽蛋		116.1	246.9	446.6	378.8	368.6	365.3	363.1	419.4	435.8
水产品		236.3	569.4	1388.8	1700.4	1549.1	1440.7	1453.7	1559.8	1729.8
饮料烟酒类		128.0	169.8	222.0	230.8	230.1	233.1	742.6	734.4	724.9
服装鞋帽类	99.1	91.6	158.9	357.8	423.5	393.5	400.2	381.8	377.6	360.2
纺织品类		113.3	239.5	412.0	429.8	434.1	425.9	397.4	397.0	385.9
中西药品类	99.8	114.5	171.6	304.0	363.6	358.2	340.6	327.3	308.3	298.1
文化体育用品类	101.0	101.8	150.3	149.3	142.5	139.4	136.9	138.0	136.5	133.8
日用品类	100.9	96.4	144.8	196.5	195.5	189.4	187.1	184.7	181.0	180.5
家用电器类		89.2	127.6	110.3	85.9	82.0	76.6	72.2	69.7	68.5
燃料类	100.0	101.7	139.1	602.8	732.8	726.2	704.4	734.0	792.0	905.3

11-4 续表 （1978 年=100）

项　　目	2006 年	2007 年	2008 年	2009 年	2010 年	2011 年	2012 年	2013 年	2014 年	2015 年
商品零售价格总指数	**509.1**	**524.9**	**548.0**	**539.8**	**555.5**	**577.7**	**584.1**	**589.9**	**593.4**	**589.8**
食品类	1135.0	1237.2	1416.6	1401.0	1503.3	1673.2	1756.9	1837.7	1885.5	1879.8
#粮　食	911.8	962.9	1026.5	1091.2	1248.3	1470.5	1513.1	1526.7	1564.9	1602.5
鲜　菜	2299.8	2562.0	2848.9	2988.5	3592.2	3689.2	4526.6	4608.7	4581.0	4791.7
肉禽蛋	418.8	531.0	601.1	574.1	603.4	694.8	678.1	728.6	762.1	749.5
水产品	1757.5	1696.0	1889.3	1951.6	2119.4	2348.3	2569.0	2658.9	2717.4	2576.1
饮料烟酒类	728.5	742.3	777.9	798.9	810.9	840.1	855.2	854.3	839.8	866.7
服装鞋帽类	331.0	314.5	277.4	290.2	292.8	291.0	292.2	293.4	302.5	317.0
纺织品类	374.7	354.8	354.4	366.4	349.9	361.4	390.0	392.0	377.5	368.1
中西药品类	305.3	327.9	332.2	338.2	359.5	379.6	390.6	395.3	399.3	406.9
文化体育用品类	131.7	130.4	125.1	118.2	114.5	114.2	114.1	113.1	110.4	108.9
日用品类	178.3	177.2	183.4	187.4	187.4	186.7	181.8	179.6	182.8	182.1
家用电器类	67.9	65.7	57.8	55.2	54.0	51.9	49.6	47.6	45.5	43.9
燃料类	1042.0	1121.2	1234.4	1122.7	1256.3	1381.9	1417.8	1437.6	1427.5	1249.1

11-5 市区居民消费价格分类指数

(上年=100)

项目	1995年	2000年	2001年	2002年	2003年	2004年	2005年	2006年	2007年
居民消费价格总指数	**118.2**	**102.9**	**99.0**	**99.6**	**99.4**	**103.9**	**102.5**	**100.3**	**104.1**
食品类	123.6	99.2	97.4	97.9	99.9	109.5	105.6	101.2	109.4
粮　食	139.9	94.6	100.2	94.6	103.3	116.5	99.0	103.4	105.8
淀粉及薯类	123.7	95.7	107.2	97.6	92.1	100.1	104.7	101.4	102.9
干豆类及豆制品类	107.2	94.0	98.4	97.6	101.1	109.1	102.9	101.1	107.7
油脂类	102.8	95.0	90.3	99.8	106.1	111.2	95.9	99.2	123.6
肉禽及其制品类	118.5	95.9	98.7	98.2	99.5	113.4	104.2	95.3	131.2
蛋　类	116.2	84.0	103.2	99.0	96.3	124.9	102.7	93.6	126.4
水产品	115.6	103.0	94.3	91.9	100.7	107.3	110.9	101.9	98.5
菜　类	141.7	107.7	95.5	112.9	93.1	119.7	115.5	103.4	110.6
调味品类	130.6	94.8	84.6	102.2	99.8	100.6	100.9	102.6	107.2
糖　类	120.8	110.2	114.4	97.0	96.9	101.3	99.5	105.9	102.2
烟草类	96.9	96.2	105.6	93.1	100.8	101.9	99.1	99.8	100.0
酒和饮料	106.2	95.8	100.5	100.1	98.6	97.0	98.5	99.8	102.2
干鲜瓜果类	135.3	100.0	98.3	96.7	107.6	102.2	109.2	120.5	93.2
糕点类	121.6	106.6	117.3	97.1	98.9	99.1	96.1	101.7	101.8
奶及奶制品	127.5	100.0	96.8	99.4	99.2	96.3	94.3	98.0	100.1
其他食品	112.6	100.0	98.8	101.0	103.6	99.4	100.3	101.8	101.1
饮食业	125.7	100.0	99.6	97.8	98.1	107.9	104.2	97.0	109.6
衣着类	125.5	96.6	92.4	100.1	95.4	98.8	95.5	91.8	95.4
服　装	140.0	96.2	90.2	99.0	94.5	98.9	94.5	90.7	96.6
衣着材料	111.7	98.4	100.7	98.6	100.8	100.0	100.0	100.0	104.4
鞋袜帽及其他衣着	103.1	97.8	98.3	103.4	97.8	98.2	98.2	95.3	91.0
家庭设备及用品	103.3	99.2	98.4	98.5	96.2	98.2	99.6	100.2	100.4
#耐用消费品	102.1	99.6	97.5	94.8	95.3	97.3	98.8	101.9	100.9
家庭日用杂品	107.4	94.7	101.0	100.3	98.9	95.7	100.0	98.9	100.0
医疗保健	114.7	102.0	105.3	96.5	96.9	95.8	98.5	102.5	105.1
交通和通讯工具	101.1	102.6	100.0	97.7	94.7	97.3	97.5	98.0	100.2
娱乐、教育文化用品	102.7	93.0	100.9	110.7	104.9	105.2	103.5	99.2	99.9
居　住	108.5	106.1	102.5	100.5	103.3	103.3	104.8	105.7	103.8
#水电、燃料	111.1	105.0	102.6	101.4	106.8	106.6	109.4	108.8	103.3
服务项目价格指数	126.6	130.9	105.8	106.7	102.8	103.4	103.0	100.3	101.8
#学杂保育费	145.2	106.0	111.1	135.0	117.3	117.4	110.8	101.6	100.0

注：本表中2010年"淀粉及薯类"不含"薯类"，"薯类"含在"菜类"中。

11-5 续表 （上年=100）

项　　目	2008年	2009年	2010年	2011年	2012年	2013年	2014年	2015年
居民消费价格总指数	**104.2**	**98.7**	**103.5**	**104.9**	**102.0**	**102.6**	**101.7**	**101.4**
食品类	114.0	99.7	107.4	111.6	104.6	104.6	102.5	100.4
粮　食	106.9	106.6	114.4	117.4	104.0	101.5	102.3	102.0
淀粉及薯类	112.2	104.3	112.0	111.7	105.4	105.4	106.4	99.8
干豆类及豆制品类	123.1	99.3	115.3	99.3	100.1	104.7	106.2	103.9
油脂类	119.6	79.7	95.2	111.9	105.8	98.7	88.9	93.7
肉禽及其制品类	122.7	89.4	101.6	119.1	98.1	105.6	99.8	106.4
蛋　类	102.9	101.3	108.6	113.1	95.7	109.6	108.7	91.0
水产品	111.8	102.8	109.0	110.8	109.1	103.4	103.0	96.0
菜　类	111.4	103.6	119.3	103.8	117.8	102.7	100.1	104.6
调味品类	105.6	104.7	103.8	103.8	102.2	105.0	104.6	103.4
糖　类	104.0	99.4	102.4	108.6	103.6	101.9	104.9	100.4
烟草类	100.4	100.2	100.0	100.0	100.0	99.8	99.9	107.0
酒和饮料	109.2	102.4	100.8	104.8	103.4	100.6	97.4	101.6
干鲜瓜果类	113.5	106.5	113.2	114.6	99.2	108.4	115.3	91.6
糕点类	107.2	102.1	96.0	103.6	104.3	100.9	100.1	100.9
奶及奶制品	116.2	100.2	100.8	101.8	104.8	106.8	106.1	101.2
其他食品	105.8	104.1	102.4	105.7	103.4	105.3	102.8	102.6
饮食业	111.1	102.4	104.8	109.1	105.7	106.8	100.9	100.1
衣着类	88.0	102.7	101.0	100.5	101.9	100.7	102.0	103.0
服　装	88.8	103.0	101.4	97.2	100.0	98.9	101.1	103.0
衣着材料	102.2	100.3	100.0	107.2	105.5	100.7	100.4	101.1
鞋袜帽及其他衣着	84.4	101.7	99.5	112.2	107.6	105.5	104.3	102.9
家庭设备及用品	103.0	100.9	98.3	102.1	104.0	101.3	99.9	101.2
#耐用消费品	99.7	99.2	98.1	99.7	99.5	99.5	99.1	97.9
家庭日用杂品	109.1	102.4	98.3	96.4	103.5	100.7	101.4	99.5
医疗保健	101.0	101.3	104.3	102.0	101.2	100.7	101.1	106.1
交通和通讯工具	96.9	95.4	98.6	101.3	99.8	100.1	99.9	97.4
娱乐、教育文化用品	94.2	98.0	101.5	98.9	96.0	103.7	100.6	100.9
居　住	102.7	93.4	103.4	105.0	102.6	103.1	103.3	103.9
#水电、燃料	103.2	93.9	105.8	104.1	106.2	106.0	101.0	97.9
服务项目价格指数	96.9	97.7	101.5	103.7	100.4	103.0	103.0	105.2
#学杂保育费	84.5	98.3	100.5	98.6	105.1	107.6	104.0	104.2

11-6 城市居民消费价格分类指数

（上年=100）

项　　目	1995年	2000年	2001年	2002年	2003年	2004年	2005年	2006年	2007年
居民消费价格总指数	**118.2**	**102.9**	**98.9**	**99.9**	**100.4**	**104.6**	**103.2**	**100.8**	**104.2**
食品类	123.6	99.2	96.5	97.7	101.1	109.2	105.4	101.2	109.7
粮　食	139.9	94.6	100.3	95.0	106.6	125.4	99.1	102.4	109.1
淀粉及薯类	123.7	95.7	107.2	98.7	100.6	107.0	112.5	103.1	102.2
干豆类及豆制品类	107.2	94.0	98.4	97.6	102.6	112.1	103.7	100.7	106.6
油脂类	102.8	95.0	92.6	99.3	108.2	117.7	98.2	99.2	122.8
肉禽及其制品类	118.5	95.9	99.1	97.5	99.6	113.0	102.5	97.4	129.2
蛋　类	116.2	84.0	104.2	93.1	95.6	126.6	102.5	94.4	127.2
水产品	115.6	103.0	98.1	95.5	98.9	106.6	110.3	99.1	101.1
菜　类	141.7	107.7	95.5	118.2	98.7	111.0	119.0	105.5	111.2
调味品类	130.6	94.8	90.1	102.8	100.0	99.5	101.6	101.7	103.9
糖　类	120.8	110.0	116.0	93.5	94.5	102.3	99.1	104.1	102.9
烟草类	96.9	96.2	109.1	93.8	100.5	102.7	99.1	99.9	100.0
干鲜瓜果类	135.3	100.0	97.8	90.1	111.3	103.2	107.5	118.5	96.4
糕点类	121.6	106.6	119.5	97.9	97.8	99.3	97.2	100.0	101.8
奶及奶制品	127.5	100.0	97.0	98.6	98.9	96.2	94.7	99.3	100.3
其他食品	112.6	100.0	98.8	99.5	109.4	101.7	101.1	101.5	101.8
饮食业	125.7	100.0	97.9	97.0	99.5	105.1	102.5	98.3	106.7
衣着类	125.5	96.6	91.1	98.7	93.9	99.1	96.7	94.6	96.2
服　装	140.0	96.2	88.3	98.5	92.7	99.1	96.3	93.5	96.6
衣着材料	111.7	98.4	100.7	96.3	98.9	101.8	101.0	100.5	101.6
鞋袜帽及其他衣着	103.1	97.8	99.1	99.9	97.2	98.8	97.2	98.2	94.3
家庭设备及用品	103.3	99.2	96.0	96.7	96.3	98.2	99.3	99.9	100.5
#耐用消费品	102.1	99.6	95.1	93.9	93.8	95.8	97.2	100.6	100.5
家庭日用杂品	107.4	94.7	102.4	99.4	99.8	98.5	101.2	98.5	99.3
医疗保健	114.7	102.0	101.9	99.2	95.7	95.2	100.3	101.4	103.1
交通和通讯工具	101.1	102.6	101.2	97.6	95.9	97.8	98.1	99.0	100.2
娱乐、教育文化用品	102.7	93.0	102.9	112.8	107.4	106.6	104.6	100.2	99.8
居　住	108.5	106.1	102.0	99.1	103.6	105.1	107.1	105.8	103.5
#水电、燃料	111.1	105.0	102.5	99.6	106.2	107.2	110.3	108.4	102.9
服务项目价格指数	126.6	130.7	104.7	107.3	104.5	104.5	103.9	101.3	101.7
#学杂保育费	145.2	206.0			118.3	116.9	112.4	102.6	100.0

注：本表中2010年“淀粉及薯类”不含“薯类”，“薯类”含在“菜类”中。

11-6 续表 （上年=100）

项 目	2008年	2009年	2010年	2011年	2012年	2013年	2014年	2015年
居民消费价格总指数	**104.3**	**99.1**	**103.2**	**104.8**	**102.2**	**102.7**	**101.8**	**101.6**
食品类	113.2	100.7	106.6	111.2	105.0	105.0	102.6	100.9
粮 食	107.0	105.5	114.7	117.6	103.8	101.8	102.2	101.7
淀粉及薯类	111.0	103.5	106.1	108.4	103.5	104.3	104.9	99.8
干豆类及豆制品类	122.2	99.4	113.0	100.7	99.7	104.7	106.4	103.4
油脂类	122.3	82.0	97.9	113.6	106.1	99.6	90.8	94.7
肉禽及其制品类	121.7	91.2	103.5	119.2	100.2	104.8	100.0	106.0
蛋 类	102.4	101.8	108.2	112.9	96.1	110.3	108.4	91.2
水产品	111.2	105.6	106.1	109.3	108.7	106.2	102.7	97.9
菜 类	110.8	104.8	118.2	102.8	118.2	103.7	100.5	104.7
调味品类	103.4	102.2	98.8	104.1	101.8	106.4	105.1	102.8
糖 类	104.3	101.5	107.2	108.5	102.8	101.1	103.2	99.8
烟草类	100.4	100.2	102.5	100.3	99.9	99.6	99.9	106.7
干鲜瓜果类	114.0	105.5	109.1	118.0	99.9	105.5	114.0	95.6
糕点类	106.5	101.2	95.4	103.9	103.6	101.5	100.8	101.5
奶及奶制品	113.6	98.7	100.5	102.2	103.6	105.4	105.4	100.7
其他食品	103.9	104.4	104.5	106.3	104.4	103.7	100.8	103.0
饮食业	109.2	102.6	103.3	107.1	106.1	107.3	101.8	100.4
衣着类	89.8	101.0	98.7	100.3	102.6	100.1	103.9	103.7
服 装	89.8	101.3	99.2	98.1	101.1	99.5	103.6	103.2
衣着材料	103.1	103.0	104.8	112.2	104.3	100.7	100.3	100.8
鞋袜帽及其他衣着	88.5	99.7	96.5	107.6	106.9	101.9	104.8	104.8
家庭设备及用品	102.5	100.2	98.4	102.2	103.9	101.1	100.4	100.8
#耐用消费品	99.3	98.6	98.0	99.5	100.2	99.3	99.2	97.9
家庭日用杂品	107.1	101.4	97.9	98.9	103.0	100.6	101.3	99.9
医疗保健	100.6	100.4	103.1	103.2	102.2	102.3	102.1	109.1
交通和通讯工具	97.0	96.4	99.2	100.9	99.5	99.7	100.0	97.6
娱乐、教育文化用品	94.0	98.5	100.7	98.6	96.1	103.3	100.2	101.0
居 住	103.4	93.2	104.4	105.2	102.4	102.9	102.7	102.6
#水电、燃料	104.4	93.0	106.4	104.0	104.4	104.2	100.7	98.2
服务项目价格指数	96.6	98.3	101.4	103.1	100.3	103.1	102.7	104.8
#学杂保育费	85.9	98.5	100.3	97.0	105.1	106.7	106.8	106.0

11-7 农村居民消费价格分类指数

（上年=100）

项目	1995年	2000年	2001年	2002年	2003年	2004年	2005年	2006年	2007年
居民消费价格总指数	**118.3**	**101.3**	**98.6**	**98.5**	**101.1**	**104.3**	**102.0**	**101.4**	**104.6**
食品类	122.2	98.2	97.4	98.4	102.2	109.5	103.4	103.2	109.5
粮　食	136.4	85.6	93.7	94.9	110.3	124.4	99.3	101.8	106.6
淀粉及薯类	122.1	98.1	99.7	96.5	106.4	108.7	103.4	103.4	111.7
干豆类及豆制品类	112.0	101.6	97.9	96.4	106.4	122.1	102.9	100.9	106.0
油脂类	107.7	98.1	97.8	97.0	108.7	129.2	99.0	99.7	115.7
肉禽及其制品类	120.5	96.5	99.6	99.9	100.8	108.3	104.5	96.8	124.9
蛋　类	117.9	85.2	102.3	99.0	97.7	123.6	102.2	95.2	124.2
水产品	109.9	103.8	97.6	95.2	99.4	107.2	104.8	104.6	105.2
菜　类	146.2	105.7	86.7	112.0	103.5	103.2	113.3	109.5	109.2
调味品类	119.3	96.5	98.7	99.9	98.4	101.9	99.3	102.1	100.5
糖　类	128.0	111.3	104.4	97.7	92.0	103.9	101.9	114.0	101.9
烟草类	93.8	110.1	98.9	98.6	100.7	100.7	99.8	100.5	99.9
干鲜瓜果类	127.7	100.1	98.8	96.3	107.1	103.5	100.7	125.7	98.7
糕点类	116.4	98.9	97.1	98.3	100.1	101.1	98.7	98.9	100.4
奶及奶制品	122.7	99.8	105.5	96.3	100.8	101.0	101.2	101.6	104.5
其他食品	109.3	96.4	97.5	98.2	102.1	100.7	101.4	102.2	103.7
饮食业	127.1	99.3	99.0	99.3	100.2	103.4	101.5	99.3	103.3
衣着类	119.7	98.5	98.5	96.2	93.5	91.8	93.9	98.1	98.1
服　装	121.2	99.7	97.3	95.0	91.6	90.7	92.9	97.4	97.0
衣着材料	111.5	97.4	101.1	101.1	98.3	100.2	103.2	100.4	102.7
鞋袜帽及其他衣着	124.7	96.2	101.1	98.6	97.5	93.4	95.2	100.2	101.6
家庭设备及用品	107.3	98.0	96.7	95.8	96.9	97.9	99.1	101.7	102.8
#耐用消费品	106.4	97.1	94.5	93.4	95.9	96.2	97.5	102.5	104.0
家庭日用杂品	119.6	99.2	98.2	96.8	98.1	99.7	99.5	100.3	99.8
医疗保健	111.9	103.5	99.2	97.2	100.0	97.3	99.2	99.3	102.1
交通和通讯工具	104.9	94.4	94.5	96.6	98.3	100.5	98.6	100.7	100.9
娱乐、教育文化用品	104.6	96.3	104.1	101.2	105.5	108.5	106.0	95.0	99.6
居　住	111.6	106.5	100.9	101.0	103.3	104.1	105.0	104.2	102.7
#水电、燃料	115.2	111.4	100.9	102.8	107.8	104.3	108.7	105.2	102.0
服务项目价格指数	126.0	129.6	101.8	101.6	104.2	106.3	104.4	98.5	101.6
#学杂保育费	141.3	179.9			111.0	114.3	110.3	89.9	98.3

注：本表中2010年“淀粉及薯类”不含“薯类”，“薯类”含在“菜类”中。

11-7 续表 （上年=100）

项　　目	2008年	2009年	2010年	2011年	2012年	2013年	2014年	2015年
居民消费价格总指数	**104.4**	**99.2**	**103.0**	**104.7**	**102.4**	**102.4**	**101.9**	**102.0**
食品类	111.3	99.9	106.3	109.5	105.4	104.4	103.7	101.8
粮　食	104.8	103.5	115.8	114.6	105.7	101.8	101.7	101.8
淀粉及薯类	109.1	99.1	104.4	121.1	108.8	100.8	100.2	106.8
干豆类及豆制品类	121.6	97.6	115.2	102.3	99.5	104.8	106.3	103.2
油脂类	119.1	82.6	103.1	111.4	105.2	99.6	94.6	95.3
肉禽及其制品类	119.4	90.3	101.8	118.3	104.4	103.9	101.2	104.9
蛋　类	103.2	102.7	107.8	114.1	95.2	112.1	108.2	93.8
水产品	109.1	103.4	102.8	105.9	106.5	105.9	106.5	98.9
菜　类	108.7	105.2	119.8	96.6	117.8	107.4	101.2	107.6
调味品类	102.6	103.8	105.5	103.7	102.3	103.8	102.4	100.9
糖　类	99.4	103.1	110.0	115.3	103.7	101.3	98.5	100.8
烟草类	100.4	100.2	101.3	100.1	100.2	100.1	100.0	106.4
干鲜瓜果类	109.9	107.9	108.5	113.1	104.2	108.9	120.5	97.1
糕点类	104.9	104.4	105.4	106.3	104.5	101.4	101.5	100.7
奶及奶制品	116.7	101.0	100.5	102.8	100.2	104.8	109.3	99.1
其他食品	110.9	105.1	103.0	105.6	100.9	104.6	103.5	100.5
饮食业	107.6	102.8	101.1	103.6	103.4	103.1	102.5	102.6
衣着类	92.3	103.5	97.1	103.1	104.5	100.7	100.8	102.9
服　装	90.6	104.3	97.2	102.3	104.7	100.4	101.0	102.7
衣着材料	101.6	100.2	100.7	112.1	104.2	102.1	100.9	101.7
鞋袜帽及其他衣着	97.3	100.6	96.7	105.3	103.7	101.4	100.2	103.5
家庭设备及用品	103.3	99.9	100.0	102.6	101.1	100.1	100.0	100.5
#耐用消费品	102.2	98.2	99.2	98.7	99.2	98.6	100.0	100.4
家庭日用杂品	105.2	100.9	100.3	104.5	102.2	100.3	100.2	99.9
医疗保健	101.8	100.7	102.9	104.5	103.5	101.7	102.1	111.7
交通和通讯工具	98.1	97.6	99.6	100.9	100.3	100.2	100.4	98.3
娱乐、教育文化用品	91.8	99.2	99.8	97.7	96.9	101.8	101.8	101.0
居　住	106.0	94.1	103.1	105.5	101.4	102.3	101.2	101.5
#水电、燃料	107.5	92.3	103.5	103.8	101.5	101.3	101.5	99.4
服务项目价格指数	95.5	98.3	100.8	102.1	100.3	102.6	101.9	104.0
#学杂保育费	82.0	97.5	100.4	96.4	103.2	102.5	103.6	106.0

11-8 市区商品零售价格分类指数

（上年=100）

项目	1995年	2000年	2001年	2002年	2003年	2004年	2005年	2006年	2007年
商品零售价格总指数	**114.4**	**98.8**	**97.5**	**97.8**	**97.6**	**102.4**	**101.1**	**99.9**	**103.1**
食品类	125.2	98.8	96.8	97.7	99.9	110.3	105.7	101.2	109.0
粮食	139.1	94.8	101.0	99.5	103.3	116.8	99.0	103.1	105.6
油脂类	102.8	95.1	88.8	98.7	106.1	111.2	95.9	99.0	124.6
肉禽蛋	119.2	93.8	97.3	99.1	99.4	115.5	103.9	96.1	126.8
水产品	116.2	102.6	91.1	93.0	100.9	107.3	110.9	101.6	96.5
鲜菜	146.3	109.1	99.1	106.6	91.9	122.4	118.1	102.8	111.4
干菜	110.3	92.4	95.1	102.1	100.5	104.1	98.2	106.5	106.6
鲜果	135.9	100.5	95.4	93.2	108.4	101.1	110.8	124.3	89.9
干果	125.6	91.5	100.1	97.7	103.2	108.7	99.4	104.8	108.9
其他食品类	125.1	101.3	101.9	98.1	103.7	99.4	100.3	101.8	101.1
饮食业	125.7	100.0	100.0	95.9	98.1	107.9	104.2	97.0	110.4
饮料烟酒类	102.6	94.7	99.7	101.3	100.3	98.9	98.7	100.5	101.9
饮料	104.5	89.7	97.8	99.4	103.7	99.4	96.3	99.5	98.3
烟酒	101.7	97.1	100.6	102.3	99.7	98.1	99.0	100.8	103.1
服装、鞋帽类	125.1	96.5	92.9	101.7	95.4	98.9	95.4	91.9	95.0
服装	140.5	95.4	88.4	100.4	94.4	98.9	94.5	91.0	96.0
鞋	103.9	97.5	97.5	103.9	97.4	98.1	98.1	95.0	89.9
其他衣着	116.6	99.7	102.9	102.9	100.0	102.2	97.2	84.1	99.7
纺织品类	110.7	98.1	101.0	98.1	93.3	99.9	97.2	97.1	94.7
中西药品类	115.2	101.7	98.5	95.1	96.1	94.2	96.7	102.4	107.4
#中药	120.8	104.9	101.5	98.0	113.2	95.9	91.4	104.0	121.8
西药	108.9	100.0	96.5	93.6	82.6	90.5	100.4	102.1	98.8
化妆品类	104.7	97.6	96.7	100.9	90.4	97.2	99.4	98.6	99.1
书报杂志类	108.5	107.1	113.6	100.2	103.8	103.6	100.3	100.0	101.5
文化体育用品类	100.8	99.4	97.8	98.2	100.8	98.9	98.0	98.4	99.0
日用品类	109.7	99.1	96.9	98.8	98.7	98.0	99.7	98.8	99.4
家用电器类	99.5	92.3	95.5	93.4	94.2	96.5	98.3	99.1	96.8
首饰类	97.0	101.5	93.1	102.9	108.0	109.1	103.0	105.3	99.8
燃料类	106.1	114.4	99.1	97.0	104.2	107.9	114.3	115.1	107.6
建筑装璜材料类	94.4	101.4	101.1	98.2	99.7	99.1	97.1	100.6	105.3

11-8 续表 （上年=100）

项 目	2008年	2009年	2010年	2011年	2012年	2013年	2014年	2015年
商品零售价格总指数	**104.4**	**98.5**	**102.9**	**104.0**	**101.1**	**101.0**	**100.6**	**99.4**
食品类	114.5	98.9	107.3	111.3	105.0	104.6	102.6	99.7
粮 食	106.6	106.3	114.4	117.8	102.9	100.9	102.5	102.4
油脂类	118.5	79.1	94.7	111.7	106.2	98.7	88.8	93.8
肉禽蛋	113.2	95.5	105.1	117.2	97.6	107.5	104.6	98.4
水产品	111.4	103.3	108.6	110.8	109.4	103.5	102.2	94.8
鲜 菜	111.2	96.6	120.2	102.7	122.7	101.8	99.4	106.1
干 菜	112.1	100.4	109.9	107.5	101.1	105.5	105.5	97.7
鲜 果	112.6	111.7	116.1	117.2	98.6	111.9	120.5	90.2
干 果	115.9	87.8	107.1	105.7	101.4	95.4	92.8	99.2
其他食品类	105.8	104.1	102.4	105.7	103.4	105.3	102.8	102.6
饮食业	113.6	102.8	103.7	109.1	105.7	106.9	100.9	100.1
饮料烟酒类	104.8	102.7	101.5	103.6	101.8	99.9	98.3	103.2
饮 料	108.1	100.4	98.3	102.8	103.2	101.1	98.7	102.6
烟 酒	105.3	102.5	101.6	103.6	101.8	99.6	98.0	103.9
服装、鞋帽类	88.2	104.6	100.9	99.4	100.4	100.4	103.1	104.8
服 装	89.4	104.9	101.1	97.6	98.2	99.5	100.0	103.4
鞋	82.5	105.2	98.9	106.9	108.4	102.7	110.0	109.8
其他衣着	83.4	110.2	109.3	101.7	96.0	101.8	125.2	101.6
纺织品类	99.9	103.4	95.5	103.3	107.9	100.5	96.3	97.5
中西药品类	101.3	101.8	106.3	105.6	102.9	101.2	101.0	101.9
#中 药	102.7	105.4	113.3	113.3	106.0	102.6	100.7	103.1
西 药	100.3	100.1	102.6	100.7	101.0	99.4	100.1	101.0
化妆品类	101.0	103.5	102.0	96.7	102.0	101.5	100.9	100.3
书报杂志类	103.6	115.5	100.6	99.9	103.8	109.9	100.6	105.7
文化体育用品类	95.9	94.5	97.8	99.7	99.9	99.1	97.7	98.7
日用品类	103.5	102.2	100.0	99.6	97.4	98.8	101.8	99.6
家用电器类	88.0	98.4	97.9	96.2	95.5	95.9	95.5	96.5
首饰类	105.0	99.0	101.8	107.4	97.3	94.5	97.8	97.5
燃料类	110.1	89.5	111.9	110.0	102.6	101.4	99.3	87.5
建筑装璜材料类	107.1	94.6	101.1	100.7	98.0	99.1	98.7	98.8

11-9 按县(市)分主要物价指数

(2015年,上年=100)

县(市)	居民消费价格指数	#非食品价格指数	#服务项目价格指数	#消费品价格指数	食品类	烟酒及用品
福州市	**101.7**	**101.9**	**104.6**	**100.5**	**101.2**	**104.2**
市　区	101.4	102.0	105.2	99.8	100.4	104.6
福清市	101.7	101.9	103.6	101.0	101.3	104.8
长乐市	102.0	101.1	104.6	101.1	103.7	104.6
闽侯县	101.8	101.3	102.4	101.6	102.9	103.3
连江县	101.7	101.9	103.9	100.8	101.3	103.3
罗源县	101.6	101.2	103.7	100.7	102.4	103.5
闽清县	102.1	102.1	105.3	100.6	102.3	103.5
永泰县	102.0	102.5	104.2	101.0	100.9	103.9
平潭县	101.5	101.2	101.8	101.3	102.0	103.5

县(市)	衣　着	家庭设备用品及维修服务	医疗保健和个人用品	交通及通讯	娱乐教育文化用品及服务	居　住
福州市	**103.5**	**100.7**	**106.1**	**97.8**	**101.0**	**102.3**
市　区	103.0	101.2	103.6	97.4	100.9	103.9
福清市	103.1	99.8	106.4	97.6	100.8	102.5
长乐市	101.8	98.8	109.3	98.3	101.0	99.2
闽侯县	102.9	100.4	106.9	98.7	100.5	100.1
连江县	105.0	100.4	102.3	96.4	101.4	103.7
罗源县	98.9	99.6	108.1	99.2	100.3	100.7
闽清县	96.9	100.3	119.4	97.5	100.3	99.7
永泰县	101.9	101.5	110.9	101.9	100.4	100.4
平潭县	103.3	100.3	107.1	97.3	100.9	99.5

11-10 工业生产者出厂价格指数

(上年=100)

项　　目	2005 年	2006 年	2007 年	2008 年	2009 年	2010 年
工业生产者出厂价格总指数	**100.45**	**98.65**	**100.12**	**100.73**	**97.00**	**103.09**
一、按轻重工业分						
轻工业	99.04	97.00	99.04	99.78	97.09	102.83
以农产品为原料	100.80	100.40	103.21	102.66	98.55	102.94
以非农产品为原料	98.25	95.41	97.37	98.67	96.20	102.73
重工业	103.27	101.84	102.57	102.87	96.85	103.67
采掘工业	99.34	105.54	113.95	125.47	108.25	105.16
原料工业	104.01	100.46	102.75	101.94	100.59	101.76
加工工业	102.64	103.03	102.24	103.52	92.64	105.71
二、按两大部类分						
生产资料	100.49	98.08	99.84	100.02	95.54	103.96
采掘工业	99.34	105.54	113.95	125.47	108.25	105.16
原料工业	103.81	100.65	102.81	101.41	99.89	104.39
加工工业	99.24	97.29	99.06	99.57	94.21	103.78
生活资料	100.41	100.71	101.24	103.62	101.01	101.40
食　品	100.65	100.84	101.90	104.10	100.75	102.61
衣　着	100.57	100.60	100.60	103.29	101.05	101.29
一般日用品	101.09	101.34	102.01	103.96	100.92	100.32
耐用消费品	98.54	98.65	98.42	101.12	101.59	100.11
三、按工业行业大、中类分						
非金属矿采选业	99.35	105.54	113.95	125.47	108.25	105.16
土砂石开采	98.85	105.63	114.45	126.36	108.86	103.91
采　盐	101.62	103.13	101.24	100.61	99.50	122.28
农副食品加工业	100.89	99.70	103.49	106.91	99.53	103.07
谷物磨制	97.21	100.56	107.84	105.13	100.59	101.13
饲料加工	100.90	97.98	106.22	111.73	98.69	103.01
植物油加工	82.13	104.40	124.64	127.90	75.86	106.21
屠宰及肉类加工	109.58	96.97	101.59	103.77	100.31	100.47
水产品加工	101.51	101.01	100.53	103.26	100.72	104.31

注:2012 年国家统计局开始使用国民经济行业分类新标准(GB/T 4754—2011)。

11-10 续表1 (上年=100)

项　　目	2011年	2012年	2013年	2014年	2015年
工业生产者出厂价格总指数	**103.23**	**98.89**	**98.94**	**98.53**	**96.70**
一、按轻重工业分					
轻工业	108.94	98.70	99.32	99.03	97.00
以农产品为原料	108.05	99.83	100.56	99.96	98.39
以非农产品为原料	110.53	96.73	97.13	97.37	94.53
重工业	99.45	99.04	98.69	98.19	96.51
采掘工业	100.66	99.39	99.12	99.71	103.33
原料工业	103.19	99.71	99.44	96.98	93.50
加工工业	98.47	98.85	98.49	98.50	97.26
二、按两大部类分					
生产资料	103.16	97.81	98.38	97.76	95.55
采掘工业	100.66	99.39	99.12	99.71	103.33
原料工业	110.89	96.96	98.29	95.60	90.55
加工工业	100.91	98.09	98.40	98.38	96.97
生活资料	103.44	101.72	100.40	100.54	99.74
食　品	108.82	106.12	101.32	99.29	100.09
衣　着	100.60	98.48	101.00	102.84	99.21
一般日用品	101.66	101.03	99.37	99.95	100.48
耐用消费品	102.31	101.31	98.96	98.95	99.22
三、按工业行业大、中类分					
非金属矿采选业	100.66	99.39	99.12	99.71	103.33
土砂石开采	100.66	99.39	99.12	99.71	103.33
采　盐					
农副食品加工业	107.47	106.78	101.48	98.81	99.35
谷物磨制	107.78	103.43	106.63	102.24	100.15
饲料加工	103.14	104.59	102.07	99.35	97.99
植物油加工	114.88	99.46	91.92	88.92	97.16
屠宰及肉类加工	102.64	103.15	99.64	100.45	100.07
水产品加工	108.43	111.36	102.13	99.01	100.31

11-10 续表2 (上年=100)

项 目	2005年	2006年	2007年	2008年	2009年	2010年
蔬菜、水果和坚果加工	101.31	101.06	99.89	102.20	102.75	101.15
其他农副食品加工	99.05	99.80	107.78	109.08	102.56	101.75
食品制造业	100.14	99.55	103.60	108.65	100.77	102.69
焙烤食品制造	99.88	100.17	103.60	100.75	100.84	103.39
糖果、巧克力及蜜饯制造	100.00		111.11	112.27	100.00	104.70
方便食品制造	101.67	99.01	102.55	105.80	100.44	102.99
乳制品制造	99.95	100.12	100.00	112.27	102.50	100.00
罐头食品制造	100.00	100.07	100.10	102.35	100.00	100.53
调味品、发酵制品制造	100.17	99.79	102.88	113.14	100.20	100.00
其他食品制造	100.17	101.04	111.42	120.94	100.29	101.64
酒、饮料和精制茶制造业	100.33	101.13	101.38	101.65	100.03	101.76
酒的制造	101.17	100.79	103.05	101.56	100.00	101.45
软饮料制造	98.07	101.96	100.95	99.64	100.29	102.73
精制茶加工	104.47	99.25	100.94	106.50	99.67	100.77
纺织业	100.07	100.63	105.02	95.54	92.79	108.21
棉纺织及印染精加工	99.86	100.70	105.81	95.19	92.38	109.62
毛纺织和染整精加工	99.91	98.88	100.00	100.00		
纺织制成品制造	102.78	102.36	101.46	101.78	97.85	99.47
针织或钩针编织物及其制品制造	100.77	99.47	99.47	98.88	96.92	
纺织服装、服饰业	100.01	101.93	101.49	103.11	101.72	100.07
纺织服装制造	98.92	100.56	99.74	102.13	101.01	99.74
纺织面料鞋的制造	104.94	105.26	108.34	107.30	106.42	104.35
皮革、毛皮、羽毛及其制品和制鞋业	102.17	100.32	101.42	99.05	101.75	101.94
皮革鞣制加工	106.38	103.85	104.04	107.90	100.47	89.16
皮革制品制造	101.46	99.82	102.01	97.57	101.86	103.58
羽毛(绒)加工及制品制造	101.25	100.49	100.00	100.00	100.00	100.00
制鞋业						
木材加工及木、竹、藤、棕、草制品业	102.87	104.03	109.43	105.58	100.83	100.02
人造板制造	103.69	105.17	112.70	100.99	100.02	100.17
木制品制造	101.09	103.56	104.16	107.22	104.18	104.60
竹、藤、棕、草制品制造	100.58	100.47	114.01	119.99	100.00	99.44

11-10 续表3 （上年=100）

项 目	2011年	2012年	2013年	2014年	2015年
蔬菜、水果和坚果加工	105.67	99.29	102.45	105.39	99.44
其他农副食品加工	104.36	99.03	110.65	101.43	99.36
食品制造业	113.21	103.76	102.21	101.24	101.00
焙烤食品制造	100.00	100.00	100.00	100.00	100.00
糖果、巧克力及蜜饯制造	157.49	100.00	100.00	100.00	100.00
方便食品制造	105.17	106.85	103.00	100.64	101.51
乳制品制造	111.60	100.23	101.37	101.82	97.86
罐头食品制造	116.34	103.23	93.00	103.03	107.04
调味品、发酵制品制造	100.00	100.00	100.00	100.00	100.00
其他食品制造	103.06	98.96	104.03	107.27	101.95
酒、饮料和精制茶制造业	100.56	99.96	99.60	100.32	99.96
酒的制造	104.33	101.04	100.00	100.00	100.00
软饮料制造	99.79	99.64	98.94	100.21	99.54
精制茶加工	100.66	100.24	101.05	100.76	100.98
纺织业	113.53	92.62	98.11	97.35	96.12
棉纺织及印染精加工	119.62	91.98	97.94	96.44	94.54
毛纺织和染整精加工					
纺织制成品制造	101.26				
针织或钩针编织物及其制品制造	98.79	90.34	98.46	99.04	98.88
纺织服装、服饰业	102.33	100.63	99.69	98.65	99.09
纺织服装制造	102.46	100.63	99.69	98.65	99.09
纺织面料鞋的制造	101.54				
皮革、毛皮、羽毛及其制品和制鞋业	100.93	100.53	102.42	105.23	99.34
皮革鞣制加工					
皮革制品制造	100.94	100.45	105.97	101.85	100.00
羽毛(绒)加工及制品制造	100.84	101.02	103.68	100.94	99.28
制鞋业		100.48	101.48	106.50	99.20
木材加工及木、竹、藤、棕、草制品业	99.25	101.96	99.97	100.04	100.91
人造板制造	100.04	100.30	100.60	99.90	99.98
木制品制造	102.14	106.30	101.09	102.31	99.73
竹、藤、棕、草制品制造	97.95	101.83	99.25	99.49	101.84

11-10 续表 4 （上年=100）

项 目	2005 年	2006 年	2007 年	2008 年	2009 年	2010 年
家具制造业	101.09	101.73	98.05	101.80	103.32	100.01
木质家具制造	103.62	100.04	97.37	99.68	98.82	99.99
金属家具制造	98.44	104.11	98.54	103.74	107.07	100.00
其他家具制造	101.57	100.00	100.00	100.00	101.53	
造纸及纸制品业	100.80	100.02	100.44	103.34	97.44	105.69
造纸	100.72	100.86	101.66	106.80	91.65	115.01
纸制品制造	100.82	99.68	99.97	102.01	100.31	100.64
印刷和记录媒介复制业	101.73	100.25	100.60	110.02	96.10	101.28
印刷	101.95	100.21	100.57	110.19	96.12	101.29
装订及其他印刷服务活动	99.95	100.00	103.93	95.79		
文教、工美、体育和娱乐用品制造业	101.08	99.93	100.10	101.21	99.95	100.07
文教办公用品制造	97.90	99.68	100.22	100.64	99.21	100.15
体育用品制造	102.30	100.00	100.00	101.37	100.07	99.99
乐器制造	100.00	100.00	100.00	104.53	100.91	102.79
玩具制造	99.97	100.34	100.18	99.50	99.96	100.13
化学原料和化学制品制造业	110.00	95.64	113.03	113.05	100.32	104.05
基础化学原料制造	110.21	95.30	114.79	114.85	87.66	115.02
肥料制造	114.26	97.47	110.30	136.97	101.07	101.40
涂料、油墨、颜料及类似产品制造	103.41	93.97	103.54	100.86	99.99	104.41
合成材料制造	83.74	97.08	108.74	105.86	94.36	99.99
专用化学产品制造	104.44	101.68	103.03	104.17	109.14	99.77
日用化学产品制造	101.37	106.93	101.70	101.61	108.40	100.29
医药制造业	100.01	101.32	99.95	100.72	101.86	104.45
化学药品制剂制造	101.53	101.31	99.94	100.62	100.62	100.17
中成药制造	102.46	101.70	100.08	101.01	100.79	103.02
兽用药品制造	83.70	97.49	100.00	100.79	101.22	100.79
化学纤维制造业	101.61	103.73	104.06	91.88	87.16	122.09
合成纤维制造	101.61	103.73	104.06	91.88	87.16	122.09
橡胶和塑料制品业	104.26	100.65	104.06	109.27	99.35	103.87
橡胶制品业	104.26	100.65	100.46	109.27	99.10	104.50

11-10 续表5 (上年=100)

项　　目	2011年	2012年	2013年	2014年	2015年
家具制造业	103.57	104.24	103.02	100.94	99.08
木质家具制造	105.33	106.25	104.53	101.83	99.70
金属家具制造	100.51	100.82	99.95	99.83	99.95
其他家具制造	100.00	100.00	100.00	98.92	97.07
造纸及纸制品业	101.31	97.01	96.24	99.09	100.07
造纸	102.34	93.70	93.00	98.03	98.98
纸制品制造	101.11	97.63	96.82	99.28	100.28
印刷和记录媒介复制业	100.97	99.38	99.43	99.72	99.91
印刷	100.97	99.38	99.43	99.72	99.91
装订及其他印刷服务活动					
文教、工美、体育和娱乐用品制造业	103.66	100.68	100.51	100.59	100.74
文教办公用品制造	113.98	102.02	99.06	98.36	100.30
体育用品制造	96.40	99.31	98.78	99.54	100.21
乐器制造	105.66	101.63	107.23	100.00	103.21
玩具制造	98.56	98.61	100.38	98.93	99.14
化学原料和化学制品制造业	101.37	101.07	99.55	99.69	98.87
基础化学原料制造	94.33	101.68	98.92	100.06	99.46
肥料制造	100.00	100.00	100.00	100.00	100.00
涂料、油墨、颜料及类似产品制造	103.51	100.68	99.88	100.04	98.94
合成材料制造	99.86	95.74	97.69	98.68	88.89
专用化学产品制造	100.64	102.82	99.84	99.29	100.13
日用化学产品制造	102.19	102.72	98.62	97.39	100.47
医药制造业	102.55	100.92	99.96	99.81	100.99
化学药品制剂制造	93.30	96.08	98.27	100.24	100.74
中成药制造	107.29	104.15	101.36	102.31	106.81
兽用药品制造	100.99	110.58	100.00	104.27	100.00
化学纤维制造业	131.26	90.84	94.92	91.87	82.82
合成纤维制造	131.26	90.84	94.92	91.87	82.82
橡胶和塑料制品业	106.35	99.67	99.01	99.95	98.12
橡胶制品业	106.50	101.77	97.08	99.33	97.43

11-10 续表6 （上年=100）

项　　目	2005年	2006年	2007年	2008年	2009年	2010年
塑料制品业	104.69	100.32	100.56	103.44	94.34	102.29
非金属矿物制品业	97.54	100.76	99.40	102.51	100.71	104.21
水泥、石灰和石膏的制造	88.55	101.59	100.00	90.83	100.00	122.26
石膏、水泥制品及类似制品制造	101.09	103.96	101.07	119.03	101.57	100.18
砖瓦、石材等建筑材料制造	99.43	100.54	100.26	101.88	100.48	101.43
玻璃制造	99.23	100.06	97.77	98.89	101.86	99.05
石墨及其他非金属矿物制品制造	100.00	100.00	100.00	100.00	100.00	100.00
黑色金属冶炼和压延加工业	101.39	92.17	109.28	125.20	82.26	109.86
炼　钢						
黑色金属铸造						
钢压延加工	98.25	91.76	109.55	134.19	81.49	107.47
铁合金冶炼	100.83	100.88	100.70	125.08	98.77	
有色金属冶炼和压延加工业	114.78	126.27	102.38	92.35	80.79	114.82
常用有色金属冶炼	114.55	148.72	123.10	64.88	81.46	
稀有稀土金属冶炼	176.92	77.51	93.97	146.90	66.80	88.80
有色金属合金制造	100.52	111.24	101.64	97.73	93.16	111.40
有色金属压延加工	104.59	126.23	102.33	92.35	82.91	118.52
金属制品业	100.06	98.40	99.74	104.98	99.44	100.18
结构性金属制品制造	102.76	98.40	99.35	102.63	99.92	99.39
金属工具制造	103.32	95.92	93.49	110.79	102.69	105.63
金属丝绳及其制品的制造	98.16	97.64	104.89	111.46	89.22	103.14
搪瓷制品制造	100.00	100.04	99.92	100.00	99.46	100.00
金属制日用品制造	100.00	100.30	100.00	100.00	99.98	100.91
通用设备制造业	103.98	97.12	98.90	111.56	93.31	104.93
锅炉及原动机制造	100.10	97.03	95.23	98.28	94.21	102.45
金属加工机械制造	100.08	100.00	101.45	105.49	100.87	99.74

11-10 续表7 (上年=100)

项 目	2011年	2012年	2013年	2014年	2015年
塑料制品业	103.47	99.62	99.05	99.97	98.13
非金属矿物制品业	105.78	97.22	98.61	99.68	98.08
水泥、石灰和石膏的制造	113.60	84.12	98.99	101.93	82.73
石膏、水泥制品及类似制品制造	113.55	92.23	91.98	98.97	100.51
砖瓦、石材等建筑材料制造	104.72	100.37	100.01	99.61	100.38
玻璃制造	98.98	96.99	97.61	99.78	100.00
石墨及其他非金属矿物制品制造	131.10	101.63	101.26	100.00	100.00
黑色金属冶炼和压延加工业	109.84	89.06	92.94	92.06	83.57
炼 钢	114.75	85.52	97.80	87.84	75.15
黑色金属铸造		105.76	99.57	96.57	98.36
钢压延加工	107.85	89.81	90.70	93.57	86.30
铁合金冶炼					
有色金属冶炼和压延加工业	111.43	94.71	94.73	95.12	95.29
常用有色金属冶炼					
稀有稀土金属冶炼					
有色金属合金制造					
有色金属压延加工	111.43	94.71	94.73	95.12	95.29
金属制品业	97.44	98.36	97.78	100.34	97.38
结构性金属制品制造	99.75	99.70	100.10	99.72	99.72
金属工具制造	110.87	102.18	81.02	94.67	100.00
金属丝绳及其制品的制造	112.33	93.81	91.11	97.69	99.92
搪瓷制品制造	100.00	100.00	100.00	100.00	100.00
金属制日用品制造	100.06	100.24	99.98	99.85	100.00
通用设备制造业	106.24	100.86	100.29	99.99	100.04
锅炉及原动机制造	102.24	97.57	100.10	101.42	100.97
金属加工机械制造					

11-10 续表8 (上年=100)

项 目	2005年	2006年	2007年	2008年	2009年	2010年
泵、阀门、压缩机及类似机械的制造	101.68	109.91	107.62	107.29	88.54	103.25
轴承、齿轮和传动部件制造	104.90	95.32	98.30	119.00	92.30	105.62
烘炉、风机、衡器、包装等设备制造	100.03	100.55	98.63	105.17	99.55	100.42
金属铸、锻加工	105.92	92.43	101.02	120.07	95.10	109.25
专用设备制造业	100.70	98.73	97.45	95.27	99.27	99.76
采矿、冶金、建筑专用设备制造	96.25	95.01	90.07	103.61	97.68	100.03
化工、木材、非金属加工专用设备制造	103.90	98.39	98.40	96.82	98.47	100.92
食品、饮料、烟草及饲料生产专用设备制造	101.04	100.05	100.11	100.00		
农、林、牧、渔专用机械制造	102.84	99.11	100.00	109.26	100.00	
医疗仪器设备及器械制造	99.02	100.17	101.88	102.04	99.95	100.00
环保、社会公共服务及其他专用设备制造	72.26	100.00	94.33	84.36	101.27	98.98
汽车制造业	100.85	100.34	99.04	98.69	98.52	99.89
汽车整车制造	98.61	100.24	98.96	98.80	98.47	99.66
汽车零部件及配件制造						
铁路、船舶、航空航天和其他运输设备制造业						
船舶及相关装置制造	105.55	102.09	99.53	97.40	98.93	100.89
电气机械和器材制造业	106.66	116.95	106.43	95.66	95.78	104.61
电机制造	97.12	105.87	106.95	106.45	98.39	93.76
输配电及控制设备制造	107.00	107.21	104.38	95.07	96.73	98.25
电线、电缆、光缆及电工器材制造	118.13	134.56	109.13	94.93	77.57	132.75
电池制造	108.24	126.45	107.59	87.01	95.21	102.06
照明器具制造	99.83	100.37	97.76	106.10	106.56	98.15
计算机、通信和其他电子设备制造业	93.62	89.83	95.41	97.09	94.79	98.04
计算机制造	93.82	89.25	96.05	96.59	94.08	97.70
通信设备制造	99.41	98.65	98.22	97.63	97.30	94.93
广播电视设备制造						
视听设备制造	96.99	90.03	95.56	101.50	102.79	101.32
电子器件制造	89.58	90.24	91.21	99.79	97.19	98.16
电子元件制造	100.00	100.33	100.87	101.95	98.51	100.44

11-10 续表9 (上年=100)

项　　目	2011年	2012年	2013年	2014年	2015年
泵、阀门、压缩机及类似机械的制造	103.06	102.44	99.51	99.93	100.15
轴承、齿轮和传动部件制造	112.23	104.23	101.09	100.02	100.00
烘炉、风机、衡器、包装等设备制造	100.73	99.90	101.45	99.38	99.72
金属铸、锻加工	109.60				
专用设备制造业	101.16	102.38	101.43	100.52	99.64
采矿、冶金、建筑专用设备制造	103.88	101.52	100.08	99.75	99.28
化工、木材、非金属加工专用设备制造	96.17	97.18	100.09	100.00	100.00
食品、饮料、烟草及饲料生产专用设备制造					
农、林、牧、渔专用机械制造					
医疗仪器设备及器械制造	99.76	97.18	100.00	100.00	100.00
环保、社会公共服务及其他专用设备制造	99.81	104.02	102.84	101.27	99.91
汽车制造业	98.83	99.05	98.67	98.63	99.41
汽车整车制造	98.58	99.91	96.86	97.49	98.99
汽车零部件及配件制造		98.31	100.16	99.54	99.76
铁路、船舶、航空航天和其他运输设备制造业		104.76	100.68	100.00	99.92
船舶及相关装置制造	99.61	104.76	100.68	100.00	99.92
电气机械和器材制造业	105.91	99.14	97.39	98.98	97.95
电机制造	103.17	100.65	102.81	102.35	103.30
输配电及控制设备制造	99.32	98.00	100.75	99.50	99.38
电线、电缆、光缆及电工器材制造	119.92	99.40	97.67	93.92	90.09
电池制造	100.58	96.30	82.28	96.66	94.66
照明器具制造	101.97	100.71	100.33	101.02	100.62
计算机、通信和其他电子设备制造业	89.62	101.05	99.79	99.09	98.95
计算机制造	87.69	101.17	99.76	99.10	98.09
通信设备制造	100.02	99.86	100.29	99.83	99.86
广播电视设备制造	98.56	96.69	88.48	94.65	86.41
视听设备制造	144.89	103.33	101.61	100.00	100.00
电子器件制造	97.79	100.54	100.52	98.93	107.62
电子元件制造	98.35	99.76	98.83	98.58	99.31

11-10 续表 10 (上年=100)

项目	2005年	2006年	2007年	2008年	2009年	2010年
仪器仪表制造业	98.20	100.93	103.13	103.20	97.36	100.39
通用仪器仪表制造	101.03		101.42	112.75	99.61	100.61
专用仪器仪表制造	90.99	100.17	100.00	100.00	100.00	100.00
钟表与计时仪器制造	100.44	100.97	103.30	103.40	96.83	100.68
光学仪器及眼镜制造	97.70	101.54	106.62	98.00	99.52	99.26
电力、热力生产和供应业	101.91	100.52	100.94	100.43	102.29	100.39
电力生产	101.08	100.86	102.36	100.00	105.24	98.45
电力供应	103.18	100.35	100.25	100.64	100.76	101.48
燃气生产和供应业	110.28	113.49	112.83	105.57	85.33	142.47
水的生产和供应业	102.19	103.77	101.18	101.50	116.77	101.16
自来水的生产和供应	102.19	103.77	101.18	101.50	116.77	101.16
四、按工业部门分						
冶金工业	104.66	108.82	106.08	113.20	85.72	109.91
电力工业	101.91	100.52	100.94	100.43	102.29	100.39
煤炭及炼焦工业	100.00	112.62	117.68	99.82	94.02	136.83
石油工业	123.80	114.62	106.26	113.33	71.21	159.04
化学工业	105.07	100.01	103.05	104.44	95.60	107.49
机械工业	97.68	95.69	97.19	97.66	95.46	100.58
建筑材料工业	97.55	101.07	100.53	104.77	101.20	104.27
森林工业	102.96	102.95	106.20	104.03	100.26	100.03
食品工业	100.59	99.78	103.28	106.56	99.82	102.73
纺织工业	99.96	100.77	105.58	95.41	92.61	108.22
缝纫工业	100.04	101.59	101.06	102.67	101.47	100.07
皮革工业	102.39	102.75	102.06	98.31	101.66	102.01
造纸工业	100.80	100.03	100.44	103.34	97.44	105.69
文教艺术用品工业	101.59	100.18	100.43	107.20	98.42	100.52
其它工业	100.95	102.07	102.33	102.75	102.28	101.59

11-10 续表11 （上年=100）

项　　目	2011年	2012年	2013年	2014年	2015年
仪器仪表制造业	100.15	99.58	100.00	100.60	99.71
通用仪器仪表制造	100.76	98.99	100.59	99.19	95.32
专用仪器仪表制造					
钟表与计时仪器制造	99.43	99.83	99.95	101.10	100.68
光学仪器及眼镜制造	97.44	98.65	99.17	99.44	100.85
电力、热力生产和供应业	99.67	103.64	100.24	99.45	98.08
电力生产	99.04	106.24	100.01	98.21	96.96
电力供应	99.95	102.50	100.35	100.00	98.57
燃气生产和供应业	147.48	107.49	97.62	98.84	85.00
水的生产和供应业	106.58	101.85	99.77	100.51	101.58
自来水的生产和供应	106.58	101.85	99.77	100.51	101.58
四、按工业部门分					
冶金工业	109.00	90.63	93.62	93.32	86.74
电力工业	99.67	103.64	100.24	99.45	98.08
煤炭及炼焦工业	107.90	89.11	87.80	83.28	79.72
石油工业	148.81	107.70	97.54	98.82	84.55
化学工业	113.11	96.18	97.82	97.04	93.25
机械工业	94.92	100.73	99.36	99.09	98.98
建筑材料工业	105.10	97.20	98.57	99.67	98.21
森林工业	103.17	104.75	102.93	101.21	100.13
食品工业	107.85	105.97	101.49	99.26	99.62
纺织工业	117.35	93.21	98.03	96.91	95.40
缝纫工业	100.81	96.23	99.51	99.51	99.38
皮革工业	100.94	101.05	104.61	109.96	98.91
造纸工业	101.31	97.01	96.24	99.09	100.07
文教艺术用品工业	101.58	99.74	99.81	99.68	99.98
其它工业	100.28	100.52	99.84	100.41	99.80

11-11 工业生产者购进价格指数

（上年=100）

项 目	2005年	2006年	2007年	2008年	2009年	2010年
工业生产者购进价格指数	**106.92**	**101.76**	**101.83**	**109.90**	**92.78**	**106.69**
燃料、动力类	119.04	104.84	100.98	115.32	101.59	104.04
黑色金属材料类	105.15	92.48	108.44	130.93	76.52	107.76
#钢 材	106.57	91.85	105.15	120.07	79.85	107.14
其 它	104.03	95.13	129.18	164.98	68.00	109.65
有色金属材料和电线类	106.52	130.05	107.22	99.36	88.31	111.25
化工原料类	105.07	101.10	103.58	114.03	80.28	114.18
木材及纸浆类	101.19	98.18	99.30	109.71	93.03	103.19
建筑材料及非金属矿类	117.47	92.16	101.45	117.29	90.99	104.34
其它工业原材料及半成品类	106.21	103.84	96.79	96.97	98.93	100.87
农副产品类	91.23	100.43	104.71	105.80	102.46	117.43
纺织原料类	100.19	101.94	100.78	99.61	93.90	101.81
按大类行业分						
农 业						
林 业						
畜牧业						
渔 业						
农、林、牧、渔服务业						
煤炭开采和洗选业						
黑色金属矿采选业						
非金属矿采选业		144.86	113.95	112.30	157.25	101.07
农副食品加工业	106.42	103.44	103.49	111.88	91.28	107.64
食品制造业	102.50	101.62	103.60	111.80	90.93	103.14
饮料制造业	93.36	102.84	101.38	111.25	95.22	102.39
纺织业	95.44	102.79	105.02	104.16	88.33	117.41

11-11　续表1　（上年=100）

项　　目	2011年	2012年	2013年	2014年	2015年
工业生产者购进价格指数	**109.91**	**96.82**	**96.75**	**96.31**	**94.50**
燃料、动力类	103.84	104.96	100.44	98.87	98.54
黑色金属材料类	109.08	88.26	93.05	91.70	91.77
#钢　材	108.97	88.24	93.03	91.58	91.95
其　它	111.57	88.83	93.52	94.26	88.07
有色金属材料和电线类	114.97	90.38	93.33	93.86	89.27
化工原料类	107.81	97.81	97.79	97.60	91.84
木材及纸浆类	101.98	100.21	99.42	99.66	104.86
建筑材料及非金属矿类	105.46	99.59	102.82	105.07	99.87
其它工业原材料及半成品类	106.09	100.54	96.94	97.98	98.09
农副产品类	130.35	103.12	103.47	99.19	92.79
纺织原料类	107.45	99.97	100.57	99.54	97.39
按大类行业分					
农　业	121.24	103.77	103.76	99.11	93.67
林　业	100.00	100.00	98.88	100.00	100.00
畜牧业	100.40	100.18	100.88	100.46	100.96
渔　业	115.64	111.99	99.09	97.30	100.06
农、林、牧、渔服务业	191.71	100.26	101.92	99.62	86.51
煤炭开采和洗选业	120.87	103.52	94.92	96.49	99.30
黑色金属矿采选业	100.00	100.00	100.00	100.00	100.00
非金属矿采选业	111.24	99.02	106.11	108.59	100.00
农副食品加工业	106.62	98.51	101.25	100.69	102.09
食品制造业	101.79	106.36	107.10	93.97	83.71
饮料制造业	141.22	100.10	100.05	100.07	100.03
纺织业	107.45	99.97	100.57	99.54	97.39

11-11 续表 2 （上年=100）

项　　　目	2005 年	2006 年	2007 年	2008 年	2009 年	2010 年
皮革、毛皮、羽毛(绒)及其制品业		103.57	101.42	101.52	91.12	106.54
木材加工及木、竹、藤、棕、草制品业	105.66	102.88	109.43	116.78	85.11	102.59
家具制造业			98.05	111.21		103.77
造纸及纸制品业	106.02	98.57	100.44			
印刷业和记录媒介的复制	105.04	96.56	100.60	112.83	90.68	101.55
文教体育用品制造业	97.57	97.43	100.10	106.26	89.65	100.74
石油加工、炼焦及核燃料加工业	102.04					
化学原料及化学制品制造业	99.00	100.01	113.03	117.98	85.65	105.99
医药制造业	108.04	103.83	99.95	109.69	98.39	104.34
化学纤维制造业	103.71		104.06			
橡胶制品业	98.30		100.46	100.00		
塑料制品业	105.42	101.23	100.56	106.71	86.09	115.21
非金属矿物制品业	104.67	96.45	99.40	118.91	99.82	103.09
黑色金属冶炼及压延加工业	109.29	92.52	109.28	133.58	74.38	124.20
有色金属冶炼及压延加工业	97.36	127.51	102.38	101.03	80.40	116.34
金属制品业	115.93	97.30	99.74	111.70	99.16	102.72
通用设备制造业	106.56	110.89	98.90	107.67	78.36	114.72
专用设备制造业			97.45	110.06		102.34
交通运输设备制造业	134.91	104.72	99.04	114.86	81.50	106.86
电气机械及器材制造业		110.22	106.43	101.96	86.62	106.63
通讯设备、计算机及其他电子设备制造业	110.16	99.17	95.41	100.02	98.12	100.05
仪器仪表及文化、办公用机械制造业	104.79	102.82	103.13	99.69	96.00	101.29
废弃资源和废旧材料回收加工业	100.41					
电力、热力的生产和供应业	112.94	100.23	100.94	106.10	106.52	97.62
燃气生产和供应业	104.98	115.44	112.83	114.28	79.08	118.71
水的生产和供应业	108.69	102.54	101.18	108.23	95.09	102.01

11-11 续表3 (上年=100)

项目	2011年	2012年	2013年	2014年	2015年
皮革、毛皮、羽毛(绒)及其制品业	96.46	95.19	98.53	102.56	101.97
木材加工及木、竹、藤、棕、草制品业	102.27	100.60	99.96	99.83	107.34
家具制造业					
造纸及纸制品业	101.48	99.51	98.48	99.36	100.52
印刷业和记录媒介的复制					
文教体育用品制造业					
石油加工、炼焦及核燃料加工业	132.83	99.74	98.47	92.87	84.15
化学原料及化学制品制造业	111.11	105.27	100.69	100.05	97.14
医药制造业	102.47	101.03	98.55	99.39	99.47
化学纤维制造业	104.77	83.83	91.94	92.22	82.76
橡胶制品业					
塑料制品业	100.89	97.49	97.53	98.97	90.01
非金属矿物制品业	100.48	100.14	99.99	101.80	99.76
黑色金属冶炼及压延加工业	109.09	88.26	93.05	91.69	91.77
有色金属冶炼及压延加工业	114.97	90.38	93.33	93.86	89.27
金属制品业	100.00	100.00	99.27	97.79	100.00
通用设备制造业	109.60	100.42	97.12	99.16	98.00
专用设备制造业	100.00	100.00	100.00	100.00	100.00
交通运输设备制造业	100.02	99.98	99.73	100.00	100.00
电气机械及器材制造业	104.79	95.13	96.68	97.13	96.81
通讯设备、计算机及其他电子设备制造业	106.00	102.39	93.93	96.49	96.68
仪器仪表及文化、办公用机械制造业	100.00	100.00	100.00	100.00	100.00
废弃资源和废旧材料回收加工业					
电力、热力的生产和供应业	100.71	105.27	100.95	99.05	98.27
燃气生产和供应业	140.75	100.00	100.00	101.16	107.22
水的生产和供应业	108.12	102.61	100.00	100.00	100.00

11-12 住宅销售价格指数

（上年=100）

年　份	新建住宅销售价格指数	#新建商品住宅	二手住宅销售价格指数
2005年	105.2		103.3
2006年	108.3		105.2
2007年	108.1		104.0
2008年	104.4		103.8
2009年	99.5		100.9
2010年	106.3		100.0
2011年	103.7	103.8	99.2
2012年	100.0	100.0	95.2
2013年	109.4	109.5	106.2
2014年	103.9	104.0	103.0
2015年	95.4	95.4	97.3

主要统计指标解释

居民消费价格指数 是度量一组代表性消费商品及服务项目价格水平随着时间而变动的相对数,是反映居民家庭购买并用于消费的商品及服务项目价格水平变动趋势和变动幅度的统计指标。它是分析和制定货币政策、价格政策、居民消费政策、工资政策以及进行国民经济核算的重要依据,其按年度计算的变动率通常被用来作为反映通货膨胀(紧缩)程度的指标。

工业生产者出厂价格指数 反映一定时期内全部工业产品出厂价格总水平的变动趋势和程度的相对数,包括工业企业售给本企业以外所有单位的各种产品和直接售给居民用于生活消费的产品。该指数可以观察出厂价格变动对工业总产值及增加值的影响。

工业生产者购进价格指数 反映工业企业作为生产投入,而从物资交易市场和能源、原材料生产企业购买原材料、燃料和动力产品时,所支付的价格水平变动趋势和程度的统计指标,是扣除工业企业物质消耗成本中的价格变动影响的重要依据。

住宅销售价格指数 综合反映住宅商品价格水平总体变化趋势和变化幅度的相对数。全国住宅销售价格指数由 70 个大中城市的新建住宅销售价格指数和二手住宅销售价格指数组成。新建住宅含保障性住房;新建商品住宅不含保障性住房。

⑫ 财政金融

12-1 主要年份财政收入及支出总额

单位:万元

年份	一般公共预算收入		一般公共预算支出	
	全市	市区	全市	市区
1952	2911	1900	1501	
1957	5654	3957	2823	
1962	9553	6071	2997	
1965	10039	6991	4233	
1970	13052	10544	6832	
1975	16454	13465	8834	
1978	24042	19395	12848	
1979	22754	18179	15139	
1980	26401	21191	14464	
1981	27007	21660	15996	
1982	27902	21258	19163	
1983	30441	21916	20214	
1984	33027	25211	23504	
1985	51403	42215	39153	
1986	59296	47000	47064	
1987	68027	52651	52766	
1988	83294	62608	67545	38900
1989	100509	73624	78579	46590
1990	109448	77937	82816	46874
1991	119982	83846	95044	53929
1992	140189	98883	116521	67717
1993	213876	154241	166165	100726
1994	209931	148598	218231	136688
1995	258210	177692	274524	173813
1996	301576	205303	351845	229028
1997	350492	240490	356722	232799
1998	425350	299683	422864	266142
1999	500927	342630	485320	298161
2000	553534	379777	540439	339490
2001	685594	486041	633398	398452
2002	704395	473016	684145	416347
2003	836582	553535	822748	486663
2004	1071070	734463	951458	563094
2005	1276777	871658	1189934	712767
2006	1525163	1036616	1423025	834788
2007	1465641	1020567	1430922	839360
2008	1688559	1132545	1781952	993916
2009	1952612	1264771	2050925	1067934
2010	2478206	1612563	2624208	1261659
2011	3200356	2023382	3633008	1664033
2012	3820151	2301127	4107344	1769500
2013	4539690	2689062	5338424	2525064
2014	5108707	2992262	5748081	2468387
2015	5604635	3378849	7259345	3260059

12-2 财政收入主要指标

单位:万元

项　　目	2010 年	2011 年	2012 年	2013 年	2014 年	2015 年	2015 年比 2014 年增长 (%)
一般公共预算收入	**2478206**	**3200356**	**3820151**	**4539690**	**5108707**	**5604635**	**9.7**
增值税	251099	291191	347978	463077	570635	584399	2.4
营业税	736861	895716	1102551	1259860	1189725	1247305	4.8
企业所得税	313955	404238	507810	589336	740013	821341	11.0
个人所得税	154288	190076	191075	231932	260233	299815	15.2
资源税	2792	2496	2473	2300	8180	3213	-60.7
城市维护建设税	94267	153560	183040	207478	218760	248228	13.5
房产税	81276	97719	97558	149351	150617	156979	4.2
印花税	45120	58747	59901	75513	78077	80880	3.6
城镇土地使用税	53605	55958	45605	83698	67844	65691	-3.2
土地增值税	186659	323493	386526	549507	622072	508975	-18.2
车船税	13766	16544	25129	30730	35171	39791	13.1
耕地占用税	24159	46949	59925	46409	70210	45159	-35.7
契税	194050	238768	138792	232269	262428	308341	17.5
专项收入	46526	74418	85920	98573	100945	288954	186.2
行政事业性收费收入	102509	127125	151573	190788	212801	142317	-33.1
罚没收入	47170	57369	72141	67609	85194	72130	-15.3
国有资本经营收入	55549	69730	131625	71573	124402	278060	123.5
国有(资源)资产有偿使用收入	69791	82562	204899	167233	264992	366196	38.2
其他收入	4764	13697	25630	22454	46408	46861	1.0
政府性基金收入	**4195406**	**5314329**	**3113915**	**5095310**	**5252341**	**4020743**	**-23.4**

12-3 财政支出主要指标

单位：万元

项　　　目	2010年	2011年	2012年	2013年	2014年	2015年	2015年比2014年增长(%)
一般公共预算支出	**2624208**	**3633008**	**4107344**	**5338424**	**5748081**	**7259345**	**26.3**
一般公共服务支出	304557	374367	453581	517438	463311	484233	4.5
外交支出						3500	
国防支出	6673	9416	13412	19647	12050	16385	36.0
公共安全支出	193636	252845	275611	324067	327400	382917	17.0
教育支出	559878	713825	957850	1081133	1206466	1351744	12.0
科学技术支出	41759	49275	64780	86258	93278	100554	7.8
文化体育与传媒支出	39185	59263	76458	100835	122186	146966	20.3
社会保障和就业支出	262489	362696	384223	439851	509560	651435	27.8
医疗卫生与计划生育支出	181654	276710	310077	379715	530736	580040	9.3
节能环保支出	42909	62266	65834	74732	133331	123638	-7.3
城乡社区支出	245784	362925	458111	920065	807993	1328111	64.4
农林水支出	147086	291350	298982	379070	361467	602675	66.7
交通运输支出	65554	279739	216383	185829	302428	360100	19.1
资源勘探信息等支出	69998	97377	121486	229206	177695	192130	8.1
商业服务业等支出	66295	89169	87113	100611	111129	110367	-0.7
金融支出	60	2542	719	3806	7080	12460	76.0
援助其他地区支出				2368	5421	4827	-11.0
国土海洋气象等支出	26861	33870	30263	46971	137185	76055	-44.6
住房保障支出	51628	92261	77993	104905	231316	156744	-32.2
粮油物资储备支出	13291	13847	16533	24250	26093	36994	41.8
其他支出	297362	204426	177484	255947	147365	475942	223.0
债务付息支出				61720	34591	60395	74.6
债务发行费用支出						1133	
政府性基金支出	**3183141**	**5579487**	**3476974**	**5149274**	**4949219**	**4546590**	**-8.1**

12-4 按县(市)区分财政收入主要指标

(2015年)　　　　单位:万元

项　　目	福州市	市　区	市本级	鼓楼区	台江区	仓山区	晋安区	马尾区
一般公共预算总收入	**8480399**	**5238487**	**3309490**	**609798**	**228758**	**430605**	**341916**	**317920**
一般公共预算收入	5604635	3378849	2168411	375105	139694	281609	231138	182892
税收收入	4410117	2922315	1917001	301069	121963	250980	181416	149886
增值税	584399	386423	224482	54999	17452	27763	29004	32723
营业税	1247305	777900	557947	49552	28601	69025	50389	22386
企业所得税	821341	575707	297766	108890	32022	50145	38722	48162
个人所得税	299815	223189	222128					1061
资源税	3213	181		152	15		13	1
城市维护建设税	248228	178825	119673	16841	6764	13253	12937	9357
房产税	156979	103155	20017	31769	15652	14244	12061	9412
印花税	80880	52697	13872	12318	4320	6420	7891	7876
城镇土地使用税	65691	35987	3568	6375	2957	10337	5992	6758
土地增值税	508975	357825	227165	20173	14180	59793	24407	12107
车船税	39791	28388	28352					36
耕地占用税	45159	8923	8923					
契　税	308341	193115	193108					7
非税收入	1194518	456534	251410	74036	17731	30629	49722	33006
专项收入	288954	148849	110210	6629	2824	5398	6483	17305
行政事业性收费收入	142317	89442	59200	10540	3879	7213	4332	4278
罚没收入	72130	42872	36452	1584	541	1374	1061	1860
国有资本经营收入	278060	54051	14585	35081		288	322	3775
国有资源(资产)有偿使用收入	366196	87601	28413	18464	9773	11171	14343	5437
其他收入	46861	33719	2550	1738	714	5185	23181	351
上划中央收入	2875764	1859638	1141079	234693	89064	148996	110778	135028
政府性基金收入	**4020743**	**2744887**	**2427601**		**54**	**49**	**9**	**317174**

注:马尾区统计口径包含琅岐经济区及保税区,上划中央消费税包含成品油消费税229万元。

12-4 续表 (2015年) 单位:万元

项目	福清市	长乐市	闽侯县	连江县	罗源县	闽清县	永泰县	平潭县
一般公共预算总收入	**812583**	**501726**	**901286**	**381307**	**157050**	**134884**	**102922**	**250155**
一般公共预算收入	519517	336452	652193	257358	108899	81119	74827	195421
税收收入	375326	203977	357751	197396	89950	63876	52745	146781
增值税	58021	36258	47016	17192	10366	11809	4243	13071
营业税	78624	54434	123621	69544	41077	17185	22282	62638
企业所得税	73228	27401	48216	43853	9393	12163	9612	21768
个人所得税	18203	16980	13163	7509	5125	5483	1868	8295
资源税	40	250	298	384	409	1362	222	67
城市维护建设税	20273	12397	16369	5382	3644	3243	1663	6432
房产税	16053	12514	13257	4147	3663	1661	657	1872
印花税	9134	5375	5108	3191	1640	749	690	2296
城镇土地使用税	8263	6478	6554	1344	956	1285	270	4554
土地增值税	30101	11110	60015	18818	5119	4098	5690	16199
车船税	4313	2352	1195	819	354	604	355	1411
耕地占用税	20886	937	4815	2506	256	2643	4152	41
契　税	38187	17491	18124	22707	7948	1591	1041	8137
非税收入	144191	132475	294442	59962	18949	17243	22082	48640
专项收入	25416	16595	50719	6992	5913	6614	4238	23618
行政事业性收费收入	14879	7920	7189	4825	4166	2263	5985	5648
罚没收入	8675	4847	3749	3305	1794	1599	1221	4068
国有资本经营收入	60465	90876	66994		1001	1748	2706	219
国有资源(资产)有偿使用收入	32480	12234	165790	41886	5018	1869	5082	14236
其他收入	2276	3	1	2954	1057	3150	2850	851
上划中央收入	293066	165274	249093	123949	48151	53765	28095	54734
政府性基金收入	**503037**	**97989**	**101691**	**159697**	**29820**	**51399**	**49532**	**282691**

12-5 按县(市)区分财政支出主要指标

(2015年)

单位:万元

项目	福州市	市区	市本级	鼓楼区	台江区	仓山区	晋安区	马尾区
一般公共预算支出	**7259345**	**3260059**	**1826738**	**342602**	**146033**	**267565**	**299836**	**377285**
一般公共服务支出	484233	240526	106108	35199	17161	23819	18757	39482
外交支出	3500	3500						3500
国防支出	16385	8819	5597	557	594	697	444	930
公共安全支出	382917	208427	156064	10720	6468	8561	8341	18273
教育支出	1351744	559259	254017	89518	34682	74675	44570	61797
科学技术支出	100554	59746	28500	6121	2400	4155	3506	15064
文化体育与传媒支出	146966	90126	40259	8640	1844	5635	2510	31238
社会保障和就业支出	651435	298055	178336	29190	14624	23466	33757	18682
医疗卫生与计划生育支出	580040	187708	68566	23217	16404	30471	29379	19671
节能环保支出	123638	45093	26343	1662	2361	2506	6486	5735
城乡社区支出	1328111	762814	448608	95676	34595	42623	107209	34103
农林水支出	602675	164125	118107	1336	179	8806	15055	20642
交通运输支出	360100	146583	136782			43	8506	1252
资源勘探信息等支出	192130	90589	48359	10731	3073	5797	3899	18730
商业服务业等支出	110367	63061	44330	7069	1935	876	3550	5301
金融支出	12460	11912	11709					203
援助其他地区支出	4827	4812	2773	300				1739
国土海洋气象等支出	76055	13381	10661	25	10	150	651	1884
住房保障支出	156744	69811	38805	13216	665	9448	7000	677
粮油物资储备支出	36994	16016	14014					2002
其他支出(类)	475942	192267	68190	8920	8769	25606	6060	74722
债务付息支出	60395	22998	20253	492	265	226	151	1611
债务发行费用支出	1133	431	357	13	4	5	5	47
政府性基金支出	**4546590**	**2995766**	**2233851**	**283234**	**1794**	**65716**	**19569**	**391602**

注:马尾区统计口径包含琅岐经济区及保税区。

12-5 续表 (2015年) 单位:万元

项目	福清市	长乐市	闽侯县	连江县	罗源县	闽清县	永泰县	平潭县
一般公共预算支出	**704805**	**473385**	**776807**	**460637**	**201685**	**219885**	**242065**	**920017**
一般公共服务支出	51594	32010	42799	28769	18900	15901	14590	39144
外交支出								
国防支出	1361	870	1229	776	628	1508	473	721
公共安全支出	37754	28911	32398	22894	12025	10247	10828	19433
教育支出	209465	97732	162050	128024	36301	48170	48809	61934
科学技术支出	10933	5072	11887	5201	1742	2262	493	3218
文化体育与传媒支出	14612	9226	10345	7053	4191	2330	3893	5190
社会保障和就业支出	63104	44171	43452	40173	25102	38574	35169	63635
医疗卫生与计划生育支出	104121	50560	70262	55662	20646	22682	29951	38448
节能环保支出	8221	14590	17770	7460	8250	11040	4985	6229
城乡社区支出	49426	37588	164087	33988	8918	10928	23319	237043
农林水支出	56856	54711	62046	77694	33318	31824	49347	72754
交通运输支出	12733	19259	40396	16292	7227	9544	2879	105187
资源勘探信息等支出	14567	14595	2915	9554	12644	4405	2291	40570
商业服务业等支出	5435	10935	3058	4645	1514	721	2425	18573
金融支出		303			45	25		175
援助其他地区支出							15	
国土海洋气象等支出	8381	5212	3168	13503	2646	1168	1677	26919
住房保障支出	22559	1765	25375	2519	5070	1504	925	27216
粮油物资储备支出	4705	4598	3834	2434	1690	987	935	1795
其他支出(类)	15590	40996	79048	3439	391	4590	8063	131558
债务付息支出	13380	265	635	487	403	1448	967	19812
债务发行费用支出	8	16	53	70	34	27	31	463
政府性基金支出	**402127**	**196941**	**298954**	**182726**	**66089**	**90319**	**78053**	**235615**

12-6 主要年份金融机构存贷款与现金收支

（1978-2015 年）

单位:万元

年份	存款余额	#居民储蓄	贷款余额	现金收入	现金支出	现金投放(+)回笼(-)
1978	77601	18146	91467			
1979	87455	21716	110420			
1980	151201	29903	138097			
1981	192536	41758	162162			
1982	235293	54044	187095			
1983	265148	70007	204568			
1984	440563	92956	291742	144450	137737	-6713
1985	289820	123555	302934	383319	375659	-7660
1986	378241	166508	366741	462191	456342	-5849
1987	452925	215917	418577	646827	633915	-12912
1988	484704	235407	469953	978225	971666	-6559
1989	618937	350188	559900	1247421	1159087	-88334
1990	854105	518540	677153	1465438	1334921	-130517
1991	1133491	688703	788927	1800124	1684068	-116056
1992	1568301	906030	995055	2605957	2493969	-111988
1993	1817095	1055894	1346071	4282713	4232547	-50166
1994	2566545	1593746	1562959	6604709	6357429	-247280
1995	3971395	2319383	2360780	9698914	9474265	-224649
1996	5184852	3195935	2956459	14524717	14421509	-103208
1997	6078105	3783654	3777974	26480153	26556120	75967
1998	6875763	4355716	4196271	32797002	33003793	206791
1999	9906340	5030220	7970215	37992443	38200333	207890
2000	10338457	4844713	8830450	48839192	48872901	33709
2001	12510171	5590916	11571483	65356687	65345969	-10718
2002	13905993	7106162	11577911	52134542	52131880	-2662
2003	16964051	8762245	13672072	56542003	56509394	-32609
2004	20188730	9962729	15559772	67938302	67730873	-207428
2005	23757542	11550362	17727789	64996351	64815137	-181213
2006	28962492	13113823	21795935	70321239	70074039	-247199
2007	32901090	13753667	26404521	76664702	76248330	-416372
2008	38587590	17098954	30782212	63226947	62801264	-425683
2009	47405776	20475958	40543634	59722733	59318140	-404594
2010	59094203	23269619	49539105	62866429	62558717	-307712
2011	67069357	25422699	58354307			-406530
2012	76357112	29299210	66445336			-233064
2013	87202642	32123554	77387392			61399
2014	94132422	33910117	92877646			-18621
2015	108314943	35200244	105837116			132162

注:1.本表为中资金融机构的人民币数据,下同。2.2011 年起取消现金收支情况表。

12-7 金融机构信贷资金来源与资金运用

单位:万元

项　　目	2015年	项　　目	2015年
资金来源总计	**126255365**	**资金运用总计**	**126255365**
一、各项存款	108314943	一、各项贷款	105837116
境内存款	107099650	境内贷款	105698304
住户存款	36832649	住户贷款	37772883
非金融企业存款	40310099	非金融企业及机关团体贷款	67823498
广义政府存款	20876460	非银行业金融机构贷款	101923
非银行业金融机构存款	9080442	境外贷款	138811
境外存款	1215293	二、债券投资	7503645
二、金融债券	540738	三、股权及其他投资	9700377
三、卖出回购资产	80000	四、买入返售资产	826117
四、借款及非银行业金融机构拆入	5749	五、存放非银行业金融机构款项	50330
五、联行往来(净)	10645818	六、联行往来(净)	
六、应付及暂收款	2471486	七、金银占款	
七、各项准备	2675884	八、外汇买卖	62496
八、所有者权益	1945779	九、应收及预付款	1196036
#实收资本	1389807	十、投资性房地产	
九、其他	-425032	十一、固定资产	1079249

注:本表机构包括中国人民银行、银行业存款类金融机构、银行业非存款类金融机构。

12-8 按县(市)区分金融机构信贷资金主要指标

(2015 年)　　单位:万元

项目	福州市	市区	福清市	长乐市	闽侯县
金融机构各项存款余额	**108314943**	**80270317**	**7887827**	**6070062**	**4016485**
境内存款	107099650	79514635	7719976	5954124	3987988
住户存款	36832649	22124367	5050823	2824725	2070321
非金融企业存款	40310099	33008358	1492241	1937984	848951
广义政府存款	20876460	15543812	1012220	1140820	1051700
非银行业金融机构存款	9080442	8838098	164692	50595	17016
境外存款	1215293	755683	167851	115938	28497
金融机构各项贷款余额	**105837116**	**82673654**	**6252301**	**6915604**	**2328629**
境内贷款	105698304	82561176	6242473	6908567	2327261
住户贷款	37772883	25008722	3422256	2201817	1519156
非金融企业及机关团体贷款	67823498	57450532	2820217	4706750	808105
非银行业金融机构贷款	101923	101923			
境外贷款	138811	112478	9828	7038	1368

12-8 续表 (2015年) 单位:万元

项　　目	连江县	罗源县	闽清县	永泰县	平潭县
金融机构各项存款余额	**3408463**	**843913**	**1209265**	**1022865**	**3585745**
境内存款	3276800	842518	1206209	1021809	3575591
住户存款	1908568	472916	831472	636633	912823
非金融企业存款	616949	142542	97494	79072	2086509
广义政府存款	741275	227053	277236	306099	576245
非银行业金融机构存款	10007	7	7	6	14
境外存款	131663	1395	3056	1056	10155
金融机构各项贷款余额	**2636760**	**1349979**	**582445**	**775521**	**2322222**
境内贷款	2631385	1348948	582172	775425	2320897
住户贷款	1894847	1085137	442663	560758	1637529
非金融企业及机关团体贷款	736539	263811	139509	214668	683369
非银行业金融机构贷款					
境外贷款	5375	1031	273	96	1325

主要统计指标解释

财政收入 指国家财政参与社会产品分配所取得的收入，是实现国家职能的财力保证。财政收入所包括的内容几经变化，目前主要包括：

(1)各项税收：包括增值税、营业税、消费税、土地增值税、城市维护建设税、资源税、城市土地使用税、印花税、个人所得税、企业所得税、关税、农牧业税和耕地占用税等。

(2)专项收入：包括征收排污费收入、征收城市水资源费收入、教育费附加收入等。

(3)其他收入：包括基本建设贷款归还收入、基本建设收入、捐赠收入等。

(4)国有企业亏损补贴：这项为负收入，冲减财政收入。

财政支出 国家财政将筹集起来的资金进行分配使用，以满足经济建设和各项事业的需要，主要包括：基本建设支出、企业挖潜改造资金、地质勘探费用、科技三项费用、支援农村生产支出、农林水利气象等部门的事业费用、工业交通商业等部门的事业费、文教科学卫生事业费、抚恤和社会福利救济费、国防支出、行政管理费、价格补贴支出。

中央财政收入和地方财政收入 指按财政体制划分的中央本级收入和地方本级收入。1994 年分税制财政体制以后，属于中央财政的收入包括关税、海关代征消费税和增值税，消费税，中央企业所得税，地方银行和外资银行及非银行金融企业所得税，铁道、银行总行、保险总公司等集中缴纳的营业税、所得税、利润和城市维护建设税，增值税的 75%部分，证券交易税(印花税)50%部分和海洋石油资源税。属于地方财政的收入包括营业税，地方企业所得税，个人所得税，城镇土地使用税，固定资产投资方向调节税，城镇维护建设税，房产税，车船使用税，印花税，屠宰税，农牧业税，农业特产税，耕地占用税，契税，增值税 25%部分，证券交易税(印花税)50%部分和除海洋石油资源税以外的其他资源税。

中央财政支出和地方财政支出 指根据政府在经济和社会活动中的不同职责，划分中央和地方政府的责权，按照政府的责权划分确定的支出。中央财政支出包括国防支出，武装警察部队支出，中央级行政管理费和各项事业费，重点建设支出以及中央政府调整国民经济结构、协调地区发展、实施宏观调控的支出。地方财政支出主要包括地方行政管理和各项事业费，地方统筹的基本建设、技术改造支出，支援农村生产支出，城市维护和建设经费，价格补贴支出等。

存款 指机构和个人在保留资金或货币所有权条件下，以不可流通的存款凭证为依据，暂时让渡或接受资金使用权所形成的债权或债务。

贷款 指机构或个人在保留资金或或货币所有权的条件，以不可流通的贷款凭证或类似凭证为依据，暂时让渡或接受资金使用权所形成的债权或债务。

13 人民生活

13-1 人民生活基本情况

项　　目	单位	2005年	2010年	2011年	2012年	2013年	2014年	2015年
就　业								
城镇居民家庭每户平均人口	人	3.11	3.08	3.11	3.15	2.90	2.97	3.07
城镇居民家庭每户平均就业人口	人	1.58	1.69	1.62	1.69	1.45	1.45	1.47
城镇居民家庭每户平均就业面	%	50.80	54.87	52.09	53.65	50.00	48.82	47.88
城镇居民家庭每一就业者平均负担人数	人	1.97	1.82	1.92	1.86	2.00	2.05	2.09
农村居民家庭每户平均常住人口	人	3.80	3.80	3.80	3.80	3.70	2.96	2.99
农村居民家庭每户整半劳动力	人	2.61	2.71	2.67	2.64	2.39	2.02	2.17
农村居民家庭每一劳动力平均负担人数	人	1.92	1.40	1.43	1.44	1.55	1.47	1.38
城镇登记失业率	%	3.35	3.14	2.36	2.37	2.42	2.42	2.44
收入与支出								
城镇居民人均可支配收入	元	12661	22723	26050	29399	32265	32451	34982
城镇居民人均消费支出	元	8382	15778	17847	20040	21695	23330	24825
农村居民人均可支配(纯)收入	元	5197	8543	10107	11492	12910	14012	15203
农村居民人均消费支出	元	3503	6071	7353	8336	9311	12166	13152
生活质量								
居住条件								
城镇居民人均现住房建筑面积	平方米	25.74	31.22	33.18	32.36	37.03	41.36	42.54
农村居民人均现住房建筑面积	平方米	41.52	45.41	47.89	48.40	49.58	65.56	67.30
城市公用设施								
人均公园绿地面积	平方米	9.60	11.15	11.20	11.30	12.80	12.90	13.50

注:根据国家统计局制定的城乡住户调查一体化改革方案,福州市从2014年起发布住户收支与生活状况调查新口径数据。此调查方案,在调查范围、指标口径、指标名称上与原城乡住户调查制度有所不同。其中,农民收入2013年及以前为纯收入,2014年起为可支配收入,后同。

13-2 城乡居民家庭人均收入

（1978-2015 年）

年份	城镇居民人均可支配收入		农村居民人均可支配(纯)收入	
	数值（元）	比上年增长（%）	数值（元）	比上年增长（%）
1978	295	3.15	129	21.70
1979	304	3.05	131	1.55
1980	314	3.29	135	3.05
1981	346	10.19	187	38.52
1982	415	19.94	221	18.18
1983	450	8.43	287	29.86
1984	506	12.44	349	21.60
1985	678	33.99	423	21.20
1986	829	22.27	463	9.46
1987	888	7.12	535	15.55
1988	1079	21.51	689	28.79
1989	1332	23.45	795	15.38
1990	1537	15.39	864	8.68
1991	1639	6.64	969	12.15
1992	2273	38.67	1109	14.45
1993	2769	21.85	1387	25.07
1994	4108	48.34	1801	29.85
1995	4896	19.18	2303	27.87
1996	5545	13.25	2847	23.62
1997	6417	15.73	3223	13.21
1998	6857	6.85	3490	8.28
1999	7098	3.52	3677	5.36
2000	7944	11.92	3860	4.98
2001	8675	9.20	4020	4.15
2002	9147	5.44	4192	4.28
2003	10123	10.66	4402	5.01
2004	11436	12.98	4815	9.38
2005	12661	10.71	5197	7.93
2006	14206	12.21	5592	7.60
2007	16642	17.14	6286	12.41
2008	19009	16.00	7142	13.62
2009	20289	9.10	7669	7.38
2010	22723	11.99	8543	11.40
2011	26050	14.64	10107	18.30
2012	29399	12.85	11492	13.70
2013	32265	9.75	12910	12.34
2014	32451	9.41	14012	11.20
2015	34982	7.80	15203	8.50

13-3 主要年份城镇居民家庭基本情况

年 份	户 均 家庭人口 (人)	户 均 就业人数 (人)	户 均 就业面 (%)	平均每一就业 者负担人数 (人)	人 均 可支配收入 (元)	人 均 消费支出 (元)	人均现住房 建筑面积 (平方米)
1952	5.62	1.87	33.3	3.01	104	98	5.7
1957	5.37	2.22	41.3	2.42	152	141	6.1
1959	5.29	2.22	42.0	2.38	177	164	6.5
1962	4.94	2.26	45.7	2.19	168	158	6.8
1963	4.94	2.27	46.0	2.18	199	155	6.8
1964	4.93	2.28	46.2	2.16	177	167	6.9
1965	4.91	2.29	46.6	2.14	197	185	7.0
1966	4.89	2.29	46.8	2.14	203	191	7.2
1975	4.01	2.02	50.4	1.99	268	260	8.0
1978	3.90	2.02	51.8	1.93	295	288	8.2
1980	3.81	2.00	52.5	1.91	314	308	8.5
1981	3.75	2.00	53.3	1.88	346	316	8.6
1982	3.72	2.01	54.0	1.85	415	379	8.7
1983	3.68	2.00	54.3	1.84	450	402	8.7
1984	3.65	2.01	55.1	1.82	506	453	8.8
1985	3.62	2.00	55.2	1.81	678	638	8.8
1986	3.60	2.00	55.6	1.80	829	771	8.9
1987	3.56	2.02	56.7	1.76	888	845	9.0
1988	3.52	2.02	57.4	1.74	1079	1023	9.0
1989	3.50	2.01	57.4	1.74	1332	1242	9.2
1990	3.44	2.02	58.7	1.70	1537	1381	9.3
1991	3.47	2.00	57.6	1.74	1639	1522	9.3
1992	3.45	2.02	58.6	1.71	2273	1820	9.4
1993	3.39	2.00	59.0	1.70	2769	2281	11.6
1994	3.19	1.90	59.6	1.68	4108	3338	11.6
1995	3.17	1.84	58.0	1.72	4896	4021	11.6
1996	3.21	1.88	58.6	1.71	5545	4307	12.1
1997	3.21	1.88	58.6	1.71	6417	5150	12.4
1998	3.19	1.88	58.9	1.70	6857	5459	12.4
1999	3.23	1.86	57.6	1.74	7098	5364	12.5
2000	3.20	1.80	56.3	1.78	7944	6009	12.6
2001	3.23	1.82	56.3	1.77	8675	6213	14.9
2002	3.11	1.66	53.4	1.87	9147	6635	23.1
2003	3.12	1.69	54.2	1.85	10123	7347	24.8
2004	3.11	1.55	49.8	2.01	11436	8042	25.5
2005	3.11	1.58	50.8	1.97	12661	8382	25.7
2006	3.14	1.68	53.5	1.87	14206	9595	25.9
2007	3.10	1.68	54.2	1.85	16642	11790	26.8
2008	3.10	1.63	52.6	1.90	19009	13541	28.1
2009	3.14	1.66	52.9	1.89	20289	14105	30.4
2010	3.08	1.69	54.9	1.82	22723	15778	31.2
2011	3.11	1.62	52.1	1.92	26050	17847	33.2
2012	3.15	1.69	53.7	1.86	29399	20040	32.4
2013	2.90	1.45	50.0	2.00	32265	21695	37.0
2014	2.97	1.45	48.8	2.05	32451	23330	41.4
2015	3.07	1.47	47.9	2.09	34982	24825	42.5

13-4 城镇居民人均收支情况

单位:元

项目	2006年	2007年	2008年	2009年	2010年	2011年	2012年	2013年	2014年	2015年
一、可支配收入	**14206**	**16642**	**19009**	**20289**	**22723**	**26050**	**29399**	**32265**	**32451**	**34982**
工资性收入	9909	11580	13477	14846	16646	18848	21334	22479	20516	21956
经营净收入	1113	1214	1497	1175	1290	1925	2273	2533	2861	3128
财产净收入	365	851	662	940	1134	1395	1532	1727	4015	4355
转移净收入	3997	4416	5205	5470	6037	6434	7146	8086	5059	5543
二、消费支出	**9595**	**11790**	**13541**	**14105**	**15778**	**17847**	**20040**	**21695**	**23330**	**24825**
食品烟酒	4040	4670	5769	5675	6145	6722	7755	8016	7595	8081
衣着	683	836	1209	1320	1468	1875	2054	2107	1791	1812
居住	1258	1328	1252	1230	1536	1591	1410	1686	5944	6320
生活用品及服务	478	658	798	907	1034	1420	1516	1700	1504	1647
交通与通信	1006	1722	1702	2014	2308	2509	3056	3435	2699	2891
教育文化娱乐	1141	1482	1546	1606	2077	2034	2448	2748	2403	2570
医疗保健	677	737	646	678	646	838	853	974	848	936
其他用品及服务	311	357	618	675	565	859	947	1028	545	568

13-5 按县(市)区分城镇居民人均收支情况

(2015年)

县(市)区	人均可支配收入(元)	比上年增长(%)	人均消费支出(元)	比上年增长(%)
福州市	**34982**	**7.8**	**24825**	**6.4**
鼓楼区	40835	8.6	29898	8.5
台江区	37789	7.8	27641	8.0
仓山区	32296	8.0	23792	7.7
晋安区	35602	7.4	25146	5.3
马尾区	38280	7.9	27508	4.8
福清市	34959	8.1	24478	5.0
长乐市	36438	7.0	24858	1.3
闽侯县	33151	6.9	21010	7.5
连江县	28911	7.5	19257	5.3
罗源县	26078	6.8	18111	3.8
闽清县	24931	7.3	17852	7.5
永泰县	24095	7.5	16342	0.3
平潭县	30728	8.5	21337	8.0

13-6 农村居民家庭基本情况

（1989-2015 年）

年份	户均常住人口（人）	户均整半劳动力（人）	平均每个劳力负担人口（人）	人均可支配（纯）收入（元）	人均消费支出（元）	人均现住房建筑面积（平方米）
1989	5.26	2.65	1.99	795	699	
1990	5.13	2.54	2.02	864	765	
1991	5.10	2.53	2.01	969	808	
1992	5.04	2.57	1.96	1109	891	
1993	4.88	2.98	1.63	1387	1141	
1994	4.83	3.02	1.59	1801	1434	21.3
1995	4.77	2.97	1.60	2303	1818	23.2
1996	4.72	3.01	1.57	2847	2063	24.6
1997	4.57	2.99	1.53	3223	2329	25.5
1998	4.51	3.02	1.49	3490	2247	26.3
1999	4.46	2.94	1.52	3677	2420	28.3
2000	4.01	2.70	1.48	3860	2921	34.3
2001	3.98	2.42	1.65	4020	2746	34.3
2002	3.90	2.61	1.49	4192	2811	38.0
2003	3.90	2.60	1.95	4402	2968	40.4
2004	3.90	2.60	1.90	4815	3217	41.8
2005	3.80	2.61	1.92	5197	3503	41.5
2006	3.81	2.67	1.53	5592	3904	45.5
2007	3.79	2.67	1.42	6286	4388	46.1
2008	3.78	2.66	1.42	7142	5080	46.9
2009	3.80	2.66	1.43	7669	5502	47.0
2010	3.80	2.71	1.40	8543	6071	45.4
2011	3.80	2.67	1.43	10107	7353	47.9
2012	3.80	2.64	1.44	11492	8336	48.4
2013	3.70	2.39	1.55	12910	9311	49.6
2014	2.96	2.02	1.47	14012	12166	65.6
2015	2.99	2.17	1.38	15203	13152	67.3

13-7 农村居民人均收支情况

（2015 年）

项　　目	数 值 （元）	比上年增长 （%）
可支配收入	**15203**	**8.5**
工资性收入	7964	9.7
经营净收入	4158	4.9
财产净收入	716	6.5
转移净收入	2365	11.6
消费支出	**13152**	**8.1**
食品烟酒	4943	7.9
衣　着	776	1.7
居　住	3119	8.3
生活用品及服务	911	10.1
交通通信	1221	10.6
教育文化娱乐	1027	9.3
医疗保健	841	8.5
其他用品及服务	314	6.2

注：比上年增长使用同口径对比。

13-8 按县(市)区分农村居民人均收支情况

(2015年)

县(市)	人均可支配收入(元)	比上年增长(%)	人均消费支出(元)	比上年增长(%)
福州市	**15203**	**8.5**	**13152**	**8.1**
晋安区	15655	8.1	11036	6.7
马尾区	19815	8.4	17339	8.1
福清市	17844	8.6	15082	8.3
长乐市	17360	8.5	14997	8.2
闽侯县	14555	8.7	12868	8.6
连江县	13833	8.9	12082	8.0
罗源县	11954	8.0	10610	7.4
闽清县	11447	8.2	10180	7.0
永泰县	11071	8.3	9662	7.3
平潭县	12648	9.1	11152	8.9

主要统计指标解释

可支配收入:指调查户在调查期内获得的、可用于最终消费支出和储蓄的总和,即调查户可以用来自由支配的收入。可支配收入既包括现金收入,也包括实物收入。按照收入的来源,可支配收入包含四项,分别为:工资性收入、经营净收入、财产净收入和转移净收入。

工资性收入:指就业人员通过各种途径得到的全部劳动报酬和各种福利,包括受雇于单位或个人、从事各种自由职业、兼职和零星劳动得到的全部劳动报酬和福利。

经营净收入:指住户或住户成员从事生产经营活动所获得的净收入,是全部经营收入中扣除经营费用、生产性固定资产折旧和生产税之后得到的净收入。计算方法:

经营净收入=经营收入-经营费用-生产性固定资产折旧-生产税

财产净收入:指住户或住户成员将其所拥有的金融资产、住房等非金融资产和自然资源交由其他机构单位、住户或个人支配而获得的回报并扣除相关的费用之后得到的净收入。财产净收入包括利息净收入、红利收入、储蓄性保险净收益、转让承包土地经营权租金净收入、出租房屋净收入、出租其他资产净收入和自有住房折算净租金等。计算方法:

财产净收入=财产性收入-财产性支出

转移净收入计算方法:

转移净收入=转移性收入-转移性支出

转移性收入:指国家、单位、社会团体对住户的各种经常性转移支付和住户之间的经常性收入转移。包括政府、非行政事业单位、社会团体对居民转移的养老金或退休金、社会救济和补助、惠农补贴、政策性生活补贴、救灾款、经常性捐赠和赔偿以及报销医疗费等;住户之间的赡养收入、经常性捐赠和赔偿以及农村地区(村委会)在外(含国外)工作的本住户非常住成员寄回带回的收入等。

转移性支出:指调查户对国家、单位、住户或个人的经常性或义务性转移支付。包括缴纳的税款、各项社会保障支出、赡养支出、经常性捐赠和赔偿支出以及其他经常转移支出等。

消费支出:指住户用于满足家庭日常生活消费需要的全部支出,既包括现金消费支出,也包括实物消费支出(含自产自用、来自单位、来自政府和其他社会组织)。根据用途不同,消费支出可划分为食品烟酒、衣着、居住、生活用品及服务、交通通信、教育文化娱乐、医疗保健、其他用品及服务八大类。

恩格尔系数:指食物支出占生活消费总支出的比重。计算公式为:恩格尔系数=食物支出/生活消费总支出×100%。恩格尔系数越大,表示生活越贫困;反之,表示生活越富裕。根据国际经验,恩格尔系数60%以上为贫困,50%-60%为温饱,40%-50%为小康,30%-40%为富裕,30%以下为最富裕。

14 科技、教育与文化

14-1 地方国有企事业单位专业技术人员

（1988-2015 年）

单位：人

年份	合计	#工程技术人员	农业技术人员	卫生技术人员	科学研究人员	教学人员
1988	69257	13649	1935	6336	189	33106
1989	74889	14112	1799	6597	186	37403
1990	76161	13057	1760	6788	182	40065
1991	74915	11725	1536	7185	180	41862
1992	78382	12433	1496	7349	176	42855
1993	75214	11905	1376	7108	175	43574
1994	73403	11941	1241	6740	176	43046
1995	75137	12215	1377	6712	202	44256
1996	81731	12322	1682	8899	220	47899
1997	82992	12378	1987	9664	225	48041
1998	82802	11720	1504	8691	192	50619
1999	86069	11227	1624	9373	198	53388
2000	86722	10401	1560	8533	177	54970
2001	85130	10289	1821	8538	189	55040
2002	84521	9194	1645	9048	217	55646
2003	81703	8052	1588	8765	203	55440
2004	85046	8292	1890	10577	157	56632
2005	83275	7207	1854	10402	272	56481
2006	81323	6069	2010	9622	163	57264
2007	81378	6168	1743	8881	169	56276
2008	79901	5387	1656	11102	179	55714
2009	80755	5912	1515	11068	196	56593
2010	73827	5107	1406	10558	106	51872
2011	76688	5304	1312	11354	157	53229
2012	78406	5143	1327	12161	429	53475
2013	80297	5266	1359	12452	439	54758
2014	82884	6145	1503	13911	468	55508
2015	79409	6548	1483	14546	505	56327

注：本表为不含省属的市属国有企事业单位专业技术人员数；2010 年起数据不含平潭县。

14-2 按行业分地方国有企事业单位各行业技术人员

行业	单位	2004年	2005年	2006年	2007年	2008年	2009年
合计	人	**85046**	**83275**	**81323**	**81378**	**79901**	**80755**
农、林、牧、渔业	人	3007	2809	2650	2427	2114	2062
采矿业	人	3	3	18	12	10	
制造业	人	1515	1017	584	490	303	402
电力、煤气及水的生产和供应业	人	1044	1030	553	617	580	518
建筑业	人	3552	3102	2590	2239	893	1219
交通运输、仓储及邮政业	人	905	811	786	788	780	841
信息传输、计算机服务和软件业	人	54	39	86	57	69	41
批发和零售业	人	957	717	658	590	390	444
住宿和餐饮业	人	133	89	81	82	69	60
金融业	人	71	123	349	409	195	245
房地产业	人	622	630	544	602	214	173
租赁和商务服务业	人	201	272	279	232	113	110
科学研究、技术服务和地质勘查业	人	727	639	598	599	688	654
水利、环境和公共设施管理业	人	1054	1095	1125	1287	1225	1325
居民服务和其他服务业	人	257	240	213	221	197	158
教育	人	57021	57200	57785	56970	56456	56911
卫生、社会保障和社会福利业	人	10620	10539	9914	11037	11515	11748
文化、体育和娱乐业	人	1788	1528	1289	1365	1403	1483
公共管理和社会组织	人	1515	1392	1221	1354	2687	2361

14-2 续表

行　　业	单　位	2010 年	2011 年	2012 年	2013 年	2014 年	2015 年
合　　计	人	**73827**	**76688**	**78406**	**80297**	**82884**	**90075**
农、林、牧、渔业	人	1911	1707	1557	1594	1936	1942
采矿业	人						
制造业	人	294	229	189	193	171	160
电力、煤气及水的生产和供应业	人	497	595	624	638	703	689
建筑业	人	1038	1830	1787	1829	1806	1939
交通运输、仓储及邮政业	人	788	624	681	697	921	989
信息传输、计算机服务和软件业	人	29	21	79	81	55	48
批发和零售业	人	482	422	423	433	378	346
住宿和餐饮业	人	66	59	96	98	77	88
金融业	人	217	445	472	483	500	480
房地产业	人	200	421	472	483	501	586
租赁和商务服务业	人	127	82	122	125	159	158
科学研究、技术服务和地质勘查业	人	599	619	944	967	1003	1298
水利、环境和公共设施管理业	人	1135	1105	1151	1178	1444	1250
居民服务和其他服务业	人	90	166	108	110	50	69
教　育	人	52385	53907	54010	55306	56132	57506
卫生、社会保障和社会福利业	人	10920	11823	12334	12630	16322	18674
文化、体育和娱乐业	人	1254	1311	2027	2075	1423	1802
公共管理和社会组织	人	1795	1322	1330	1362	1734	2051

注：本表 2010 年起数据不含平潭县。

14-3　各类型专利申请公告情况

（1985-2015年）

单位:项

年　　份	专利申请公告量	发　明	实用新型	外观设计
1985	76	39	37	
1986	76	32	43	1
1987	121	30	83	8
1988	131	31	99	1
1989	150	32	100	18
1990	142	38	94	10
1991	180	36	101	43
1992	243	35	182	26
1993	211	56	125	30
1994	300	76	175	49
1995	379	61	163	155
1996	423	66	174	183
1997	451	65	177	199
1998	682	78	271	333
1999	737	59	308	370
2000	823	95	331	397
2001	791	96	315	380
2002	946	102	423	421
2003	1294	203	464	627
2004	1241	205	464	572
2005	1354	365	432	557
2006	2468	560	857	1051
2007	3255	994	973	1288
2008	3794	1138	1291	1365
2009	4708	1530	1954	1224
2010	6134	2216	2781	1137
2011	7402	2673	3576	1153
2012	8998	3091	4097	1810
2013	9262	3258	4227	1777
2014	10844	4021	4849	1974
2015	10271	2096	6122	2503

注:2007年前的数字为专利申请公告量,2009年以后的数字为专利申请量。

14-4 主要年份技术市场基本情况

（1991-2015 年）

年 份	合同数（项）	合同金额（万元）	年 份	合同数（项）	合同金额（万元）
1991	1212	2034.24	2004	3892	40905.92
1992	4124	5448.40	2005	3725	43932.42
1993	2851	9171.42	2006	2790	67424.95
1994	1936	12387.89	2007	3457	96082.04
1995	2021	15106.43	2008	3303	84513.00
1996	1782	18184.87	2009	2511	111411.36
1997	1976	23788.15	2010	2267	105183.66
1998	2310	28656.56	2011	1967	143780.77
1999	2625	31550.87	2012	2123	126516.02
2000	2859	39528.03	2013	2522	153378.62
2001	3159	43240.92	2014	1876	189881.19
2002	3229	37707.33	2015	1483	185266.79
2003	3158	47075.32			

14-5 技术市场基本情况

项目	2013年		2014年		2015年	
	合同数（项）	合同金额（万元）	合同数（项）	合同金额（万元）	合同数（项）	合同金额（万元）
合计	**2522**	**153378.82**	**1876**	**189881.19**	**1483**	**185266.79**
按合同类别分						
技术开发合同	992	89627.66	875	93257.06	836	100458.50
技术转让合同	115	33415.47	136	75078.85	167	72291.21
技术咨询合同	1122	10784.83	692	8142.25	318	2431.13
技术服务合同	293	19550.64	173	13403.03	162	10085.94
按服务目标分						
环境保护、生态建设及污染防治	303	4668.82	251	4261.46	245	12638.09
能源生产、分配和合理利用	34	2444.13	15	1635.74	14	3844.88
卫生事业发展	91	1597.71	83	2230.72	60	2819.77
教育事业发展	17	1126.51	29	1080.98	23	575.86
基础设施以及城市和农村规划	198	4832.57	166	6849.13	106	4174.67
社会发展和社会服务	1212	89896.59	781	75597.33	491	56764.75
地球和大气层的探索与利用	1	35.30	2	78.68	3	16.30
民用空间探测及开发	6	52.68				
农林牧渔业发展	344	7849.24	212	4542.89	110	5610.34
工商业发展	104	25125.79	202	47352.85	359	91817.23
非定向研究	1	12.00	7	82.16		
其他民用目标	209	15555.27	124	45921.25	72	7004.91
国防	2	182.00	4	248.00		

14-6 各单位技术买卖情况

项目	2013年			2014年			2015年		
	登记合同数（份）	合同成交总金额（万元）	#技术交易额（万元）	登记合同数（份）	合同成交总金额（万元）	#技术交易额（万元）	登记合同数（份）	合同成交总金额（万元）	#技术交易额（万元）
合计	**2522**	**153378.62**	**144075.85**	**1876**	**189881.19**	**186980.95**	**1483**	**185266.79**	**177356.72**
按社会经济目标分									
环境保护、生态建设及污染防治	303	4668.82	4602.20	251	4261.46	4188.63	245	12638.09	9683.97
能源生产、分配和合理利用	34	2444.13	2410.70	15	1635.74	1635.74	14	3844.88	3844.88
卫生事业发展	91	1597.71	1458.70	83	2230.72	2220.72	60	2819.77	2819.77
教育事业发展	17	1126.51	1126.50	29	1080.98	1080.98	23	575.86	575.86
基础设施以及城市和农村规划	198	4832.57	4437.80	166	6849.13	6314.96	106	4174.67	4145.67
社会发展和社会服务	1212	89896.59	88139.00	781	75597.33	73361.43	491	56764.75	54520.64
地球和大气层的探索与利用	1	35.30	35.30	2	78.68	78.68	3	16.30	16.30
民用空间探测及开发	6	52.68	51.97						
农林牧渔业发展	344	7849.24	7831.30	212	4542.89	4505.85	110	5610.34	5514.96
工商业发展	104	25125.79	18448.00	202	47352.85	47345.55	359	91817.23	89283.78
非定向研究	1	12.00	12.00	7	82.16	82.16			
其他民用目标	209	15555.27	15340.00	124	45921.25	45918.25	72	7004.91	89283.78
国防	2	182.00	182.00	4	248.00	248.00			
按卖方类别分									
机关法人				249	16266.36	14319.48	211	18412.91	14807.73
事业法人	727	15642.25	15362.35	396	8755.96	8248.16	269	8396.93	8225.21
社团法人				4	162.10	161.40	6	333.00	276.60
企业法人	1021	129960.82	120986.48	1194	164302.83	163868.31	971	157199.05	153122.28
自然人	771	7695.54	7647.02	4	13.00	13.00	12	262.50	262.50
其他组织	3	80.00	80.00	29	380.94	370.60	14	662.40	662.40

14-7 主要年份各类学校数

单位:所

年份	普通高等学校	中等专业学校	职业中学	普通中学	#高中	小学	幼儿园
1952	3	11		30	13	1468	80
1957	3	8		49	26	2044	513
1962	7	11	25	101	37	2597	634
1965	5	7	104	120	40	3600	700
1970	2			111	31	3265	148
1975	2	17	2	156	115	3977	523
1980	5	22	2	178	122	3441	746
1985	8	29	42	199	81	3323	695
1990	12	42	75	247	81	3280	1521
1995	12	44	68	327	82	3047	2503
2000	13	45	53	364	97	2455	2294
2001	14	46	77	374	109	2272	1809
2002	13	41	74	375	103	2250	1753
2003	31	115		377	102	2081	1681
2004	29	104		273	109	1982	1612
2005	36	95		467	124	1842	1765
2006	37	113		374	132	1729	1737
2007	35	91		377	125	1633	1694
2008	34	84		373	124	1497	1719
2009	34	71		367	124	1350	1649
2010	31	69		326	105	1173	1015
2011	31	61		316	104	1013	1136
2012	32	61		317	102	927	1183
2013	32	56		322	104	905	1204
2014	32	53		321	104	905	1203
2015	32	53		322	103	893	1196

注:2003年起"普通高等学校"统计口径包括各类学院;"中等专业学校"改为"中等职业学校",统计口径包括各类职业中学;2010年起教育部门数据不含平潭县,下同。

14-8 主要年份各类学校专任教师数

单位:人

年份	普通高等学校	中等专业学校	职业中学	普通中学	#高中	小学	幼儿园
1952	307	529		1002		4888	139
1957	767	347		1772		7410	876
1962	1987	527	97	3322		11794	1242
1965	1672	355	401	4008		14258	1362
1970	320			2216		15513	360
1975	1288	295	12	6265		23239	940
1980	2537	928	15	9906		23166	2115
1985	3890	1432	589	10787		23456	3563
1990	4329	2303	1301	13140	2430	22702	26829
1995	4047	2610	1862	16461	2328	26483	6370
2000	4754	2572	2114	20305	3946	29189	7047
2001	5267	2379	2186	21204	4780	28540	28540
2002	7031	2130	2081	22181	6678	29062	5719
2003	9027	5492		23228	6373	28244	5774
2004	9979	5588		24011	6909	27635	6629
2005	12698	5045		25158	7798	27031	2350
2006	12793	5271		26226	8645	27094	8078
2007	13924	4793		26638	9106	26742	8508
2008	14786	4648		26574	9197	26524	9373
2009	15763	4641		26406	9124	26093	10008
2010	17209	4603		24390	8431	24541	9356
2011	17910	4817		23897	8384	24474	10809
2012	18470	4967		23932	8408	24553	11980
2013	19248	4697		24276	8378	25394	12866
2014	19639	4690		24177	8095	26303	13260
2015	19982	4703		24091	8027	27251	13831

14-9 主要年份各类学校在校生数

单位:人

年份	普通高等学校	中等专业学校	职业中学	普通中学	#高中	小学	幼儿园
1952	2135	6158		22825	3525	200313	6612
1957	5058	3472		44051	11038	294147	31306
1962	12158	2728	1782	125392	15341	372757	39004
1965	8256	3509	8769	79803	17142	507762	40912
1970	245			52444	7209	457894	10541
1975	4276	1925	364	159131	45872	609622	29207
1978	8157	4694	614	210678	74057	572849	41704
1979	11418	6951	382	182015	66906	602954	63736
1980	14410	7368	502	193919	44796	617674	75114
1985	22018	9360	10033	190026	37529	675345	105909
1990	28188	21551	18144	213767	27269	605452	141959
1995	34162	36973	36532	285031	30045	650417	163579
2000	65737	53916	40179	378207	60473	602680	136026
2001	88714	55579	41304	380100	74894	587371	133418
2002	97140	53717	37860	383009	85572	572809	122580
2003	129942	120403		399185	95719	538609	122889
2004	148217	122280		412417	106711	514274	123917
2005	194073	122728		417772	119653	488897	159548
2006	216288	129629		412757	130235	493134	170465
2007	233133	127565		404841	131725	480127	183520
2008	250281	129107		396730	130044	462635	200488
2009	265682	148631		379903	124938	446285	213075
2010	281680	136177		327105	111881	417019	216173
2011	292678	170184		308200	109504	432486	230612
2012	305386	195095		301951	108488	451238	246667
2013	318343	166265		298123	105037	469174	253933
2014	320844	122777		298133	101435	499302	256812
2015	320965	101619		300024	100157	522914	262638

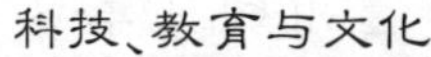

14-10 主要年份各类学校招生数

单位:人

年 份	普通高等学校	中等专业学校	职业中学	普通中学	#高 中	小 学	幼儿园
1952				11958	1974	85024	80
1957				15574	3833	74435	272
1962	1037	97	1053	24051	5721	90163	232
1965	1847	1337	4289	29527	5961	116443	320
1970	245			31214	4402	116488	2446
1975	1251	1015	259	93793	23723	125394	15739
1978	3359	2332	341	93333	34344	126165	28087
1979	3612	2816	158	83450	31463	134173	41892
1980	3027	2937	147	52753	2050	118921	44667
1985	7365	4350	6091	69845	12606	113646	82804
1990	7903	6811	7313	82682	10033	105420	101440
1995	10232	13001	14568	113713	11140	108007	102065
2000	26070	15272	15206	131173	25713	85902	74072
2001	31800	13499	15303	129122	99045	85763	74637
2002	26052	16825	13121	130734	30984	85922	64644
2003	51137	43637		150026	35116	77138	63786
2004	58978	41789		141191	41197	72233	63363
2005	67095	42997		137202	44455	67978	79407
2006	69305	52167		135094	45390	76430	81277
2007	75247	46881		135487	44371	78082	87272
2008	82954	46842		134206	44058	76384	90968
2009	83444	69300		119601	39897	77747	94499
2010	87328	46045		103683	37969	76917	98420
2011	89735	90810		99076	37178	81294	95458
2012	92999	92080		100277	35515	84486	103226
2013	96502	39886		99247	33428	88700	104504
2014	90196	38029		98709	33409	95993	103152
2015	87396	37960		103275	34652	96586	119211

14-11 主要年份各类学校毕业生数

单位:人

年份	普通高等学校	中等专业学校	职业中学	普通中学	#高中	小学	幼儿园
1952	580	1022		4698	803	15422	
1957	442	804		10694	2933	32248	172
1962	2421	1464	103	14798	4196	41178	289
1965	3325	247	288	17572	4417	50536	330
1970				16520	3780	62902	1373
1975	1033	283	54	49474	19460	80697	16121
1978	1652	103	127	86993	23935	75245	21025
1979	186	1018	191	100215	37143	68249	27621
1980	2027	2510	46	25020	21381	72388	23917
1985	3714	3224	1276	43577	9905	86842	81668
1990	8420	5342	5401	49717	10046	100434	88357
1995	9542	8984	9116	73218	10434	110461	94609
2000	10251	12849	12005	115002	13345	108329	71663
2001	14051	10911	12014	114127	14319	101556	71630
2002	15362	14788	10114	113176	18894	112876	71291
2003	26200	36328		124464	25571	111327	59769
2004	28878	35584		119166	28163	101769	63363
2005	32886	33786		121847	29575	95042	63246
2006	46596	37965		138806	33323	92877	67097
2007	55672	32156		133883	38943	92705	71514
2008	62966	31287		130122	41469	92142	72230
2009	64307	38157		121895	41439	82921	75507
2010	66861	38594		109210	37140	68594	70428
2011	75360	41317		111256	37081	63855	75253
2012	76365	50038		102303	33935	66855	83049
2013	78972	36729		100822	35837	68110	87783
2014	82108	36402		95829	35661	66673	92949
2015	81694	33909		96733	33964	70194	93012

14-12 每万人口拥有在校学生数

年　份	每万人口拥有在校生(人)				初中毕业生升学率(%)	小学毕业生升学率(%)	学龄儿童入学率(%)
	普通高等学校	中等专业学校	普通中学	小　学			
1952	10.11	33.11	96.44	838.92			
1957	16.69	19.54	162.80	1087.64			
1962	39.79	15.29	206.47	1219.85			
1965	27.46	14.05	245.30	1629.80			
1970	0.68	1.30	284.76	1352.97			
1975	10.46	5.86	386.28	1548.30			
1978	18.65	12.77	481.79	1353.35			
1980	25.49	18.25	431.91	1400.96			
1985	44.42	20.42	390.94	1381.47			
1990	52.66	40.26	399.34	1131.05		99.51	99.21
1995	60.76	65.76	506.93	1138.96	61.63	93.00	99.88
2000	111.56	91.50	641.87	988.61	55.20	97.41	99.97
2001	149.31	93.54	639.75	988.61	55.20	97.63	99.63
2002	162.57	89.90	640.98	958.61	60.70	97.01	99.83
2003	214.83	199.06	659.96	890.47	69.00	99.01	99.84
2004	243.22	200.65	676.77	843.92	76.00	100.50	99.85
2005	318.47	201.40	685.56	802.28	82.10	107.61	99.67
2006	347.32	208.16	662.82	791.89	83.85	98.74	91.23
2007	369.87	202.38	642.29	761.73	84.64	98.29	91.53
2008	393.55	203.01	623.84	727.47	88.75	97.84	92.28
2009	417.77	233.71	597.38	701.76	92.50	96.12	92.74
2010	470.01	227.23	545.81	695.84	92.15	95.80	92.12
2011	433.11	251.84	456.08	640.00	95.08	96.94	93.70
2012	443.88	283.57	438.89	655.87	96.10	96.87	97.37
2013	458.71	239.57	429.57	676.04	97.80	97.09	98.08
2014	457.69	175.15	425.30	712.27	97.9	97.94	98.35
2015	453.98	143.73	424.36	739.62	98.1	97.8	98.43

14-13 平均每一专任教师负担学生数

单位:人

年 份	普通高等学校	中等专业学校	职业中学	普通中学	#高 中	小 学	幼儿园
1952	7.59	11.98		22.40		40.98	47.57
1957	6.59	12.07		25.23		40.32	35.74
1962	5.76	7.36	18.37	17.89		30.63	31.40
1965	5.34	10.46	21.87	20.29		34.64	30.04
1970	0.77	4.71		19.91		27.89	29.28
1975	3.48	5.08	30.33	13.74		28.26	31.07
1978	4.12	9.65		20.00		25.23	19.72
1980	4.93	8.07	33.47	19.33		27.56	35.51
1985	5.58	6.97	17.03	17.18		28.03	29.72
1990	6.07	9.36	13.92	16.27	11.22	26.57	13.25
1995	8.44	14.17	15.69	17.31	12.91	24.56	39.64
2000	13.83	20.96	19.04	18.63	15.33	20.65	19.30
2001	16.84	23.36	18.89	17.93	15.67	20.56	25.36
2002	13.82	25.22	18.19	17.27	12.81	17.71	21.43
2003	14.39	21.92		17.19	15.04	19.07	21.28
2004	14.85	21.88		17.17	15.45	18.61	18.69
2005	15.28	24.33		16.61	15.34	18.09	21.71
2006	16.91	24.59		15.74	15.06	18.20	21.10
2007	16.74	26.61		15.20	14.47	17.95	21.57
2008	16.93	27.78		14.93	14.14	17.44	21.39
2009	16.85	32.03		14.39	13.69	17.10	21.29
2010	16.37	29.58		13.41	13.27	16.99	23.11
2011	16.34	35.33		12.90	13.06	17.67	21.34
2012	16.53	39.28		12.62	12.90	18.38	20.59
2013	16.53	35.40		12.28	12.50	18.48	19.74
2014	16.34	26.18		12.33	12.53	18.98	19.37
2015	16.06	21.60		12.45	12.48	19.19	19.00

14-14 各类文化事业机构数

（1987-2015年）

单位：个

年份	艺术事业		公共图书馆	博物馆	群众文化事业		
	表演团体	表演场所			艺术馆	文化馆	文化站
1987	12	7	13	1	1	13	11
1988	18	16	15	4	2	13	11
1989	18	9	15	6	2	13	11
1990	18	16	15	6	2	13	11
1991	12	7	15	6	1	13	11
1992	12	7	15	6	1	13	26
1993	12	7	15	6	1	13	7
1994	12	7	15	6	1	13	26
1995	12	7	15	6	1	13	37
1996	12	7	15	11	1	13	173
1997	12	6	14	16	1	13	188
1998	13	6	14	16	1	13	167
1999	14	6	14	17	1	13	165
2000	12	5	14	17	1	13	153
2001	12	7	15	14	1	12	181
2002	12	6	14	14	1	12	167
2003	13	6	14	14	1	12	194
2004	13	6	14	14	1	12	194
2005	13	3	14	15	1	13	191
2006	13	2	14	15	1	13	191
2007	13	2	14	15	1	13	188
2008	13	2	14	15	1	13	188
2009	13	2	14	15	1	13	188
2010	12	2	13	15	1	12	173
2011	12	2	13	15	1	12	173
2012	12	2	13	15	1	12	173
2013	12	2	13	15	1	12	173
2014	12	2	13	15	1	12	173
2015	9	1	13	16	1	12	173

注：表中2010年起数据不含平潭县。

主要统计指标解释

科技活动　指在自然科学、农业科学、医药科学、工程与技术科学、人文与社会科学领域(简称科学技术领域)中,与科学知识的产生、发展、传播和应用密切相关的有组织的活动。可分为研究与试验发展(R&D)、研究与试验发展成果应用及相关的科技服务三类活动。

专业技术人员　指从事专业技术工作和专业技术管理工作的人员,即企事业单位中已经聘任专业技术职务从事专业技术工作和专业技术管理工作的人员,以及未聘任专业技术职务,现在专业技术岗位上工作的人员。包括工程技术人员,农业技术人员,卫生技术人员,科学研究人员,教学人员,经济人员,会计人员,统计人员,翻译人员,图书资料、档案、文博人员,新闻出版人员,律师、公证人员,广播电视播音人员,工艺美术人员,体育人员,艺术人员及企业政治思想工作人员,共十七个专业技术职务类别,用来反映科技人力资源情况。

科学家与工程师　指科技活动人员中具有高、中级技术职称(职务)的人员和不具有高、中级技术职称(职务)的大学本科以上学历人员。

发明(专利)　指对产品、方法或其改进所提出的新的技术方案。是国际通行的的反映拥有自主知识产权技术的核心指标。

实用新型(专利)　指对产品的形状、构造或者其结合所提出的适于实用的新的技术方案。反映具有一定技术含量的技术成果情况。

外观设计(专利)　指对产品的形状、图案、色彩或者其结合所作出的富有美感并适于工业上应用的新设计。反映拥有自主知识产权的外观设计成果情况。

普通高等学校　指按照国家规定的设置标准和审批程序批准举办,通过全国普通高等院校统一招生考试,招收高中毕业生为主要培养对象,实施高等教育的全日制大学、独立设置的学院和高等专科学校、高等职业学校和其他机构。

成人高等学校　指按照国家规定的设置标准和审批程序举办的,通过全国成人高等学校统一招生考试,招收具有高中毕业或同等学历的在职从业人员为主要培养对象,利用函授、业余、脱产等多种形式对其实施高等学历教育的学校。包括广播电视大学、职工高等学校、农民高等学校、管理干部学院、教育学院、独立函授学校、其他机构等。

小学学龄儿童入学率　指调查范围内已入小学学习的学龄儿童占校内外学龄儿童总数(包括弱智儿童,不包括盲聋儿童)的比重。

小学学龄儿童入学率=已入小学学习的学龄儿童数/校内外学龄儿童总数*100%

文化事业机构　指从事专业文化工作和为专业文化工作服务的独立建制的单位,不包括这些单位另外举办独立核算的其他机构和各部门的业余文化组织。

艺术表演团体　指从事戏曲、音乐、舞蹈、杂技等专业艺术表演,有独立帐户的单位,不包括半工半艺、半农半艺和民间职业剧团。

15 卫生、体育与其他

15-1 主要年份卫生事业基本情况

年 份	卫生机构（个）	# 医院、卫生院	卫生技术人员（人）	# 医生	# 护师(士)	医疗床位（张）	# 医 院
1952	280	41	3178	1484		1820	1800
1957	456	96	6199	2289		4377	4176
1962	979	123	9187	3173		7279	5321
1965	1056	138	10370	3490		8870	6404
1970	565	135	8698	2646		6658	5339
1975	871	153	12967	4164		10745	7685
1978	887	160	13969	4325		11138	8027
1979	855	161	14603	4511		11762	8278
1980	955	200	15622	4214		11757	8711
1985	1091	207	18508	5664		13334	10427
1990	1208	198	23593	9330	6550	16267	13557
1995	1067	199	24180	10275	6959	17137	14760
2000	1633	242	23034	10639	7999	19125	16686
2001	1607	244	23224	9369	7554	19079	13390
2002	1601	243	23164	9349	7544	17675	12635
2003	1265	240	22552	9678	7342	18008	13075
2004	1371	237	23763	10298	8246	18792	13902
2005	1675	240	25203	11056	9308	19425	14667
2006	1875	225	25695	11484	9440	19497	15005
2007	1872	221	27255	11601	10192	20159	15710
2008	1988	207	29496	12619	11056	22178	17303
2009	1899	216	32356	13413	12425	23389	18579
2010	1837	202	34366	13813	13480	24035	19290
2011	1934	204	38640	15004	15693	25886	20689
2012	1950	226	42397	16140	17519	28611	22592
2013	1959	230	46466	16880	18652	31175	24926
2014	1908	230	48830	17847	19903	31632	25495
2015	2020	232	49934	18307	20913	33106	26932

注：1996年起卫生机构数含个体办诊所；表中2010年起数据不含平潭县，下同。

15-2 每千人拥有卫生机构情况

年 份	每千人拥有卫生技术人员数（人/千人）	#医 生	护师(士)	每千人拥有医疗床位数（张/千人）	#医院床位数
1952	1.34	0.63		0.77	0.76
1957	2.29	0.85		1.62	1.54
1962	3.01	1.04		2.38	1.74
1965	3.16	1.06		2.70	1.95
1970	2.43	0.74		1.86	1.49
1975	3.17	1.02		2.63	1.88
1978	3.19	1.00		2.55	1.00
1979	3.29	1.02		2.65	1.86
1980	3.47	0.94		2.61	1.94
1985	3.79	1.16		2.73	2.13
1990	4.41	1.77	1.24	3.04	2.53
1995	4.30	1.83	1.24	3.05	2.63
2000	4.23	1.80	1.36	3.08	2.83
2001	4.27	1.85	1.27	3.21	2.25
2002	4.21	1.82	1.26	3.15	2.20
2003	3.75	1.56	1.36	3.01	2.19
2004	3.89	1.69	1.35	3.08	2.28
2005	3.49	1.46	1.31	3.15	2.38
2006	4.15	1.84	1.51	3.13	2.40
2007	4.03	1.71	1.50	2.98	2.32
2008	4.32	1.85	1.62	3.25	2.53
2009	4.71	1.95	1.81	3.40	2.70
2010	5.67	2.28	2.23	3.97	3.18
2011	6.35	2.46	2.58	4.25	3.40
2012	6.91	2.63	2.85	4.66	3.68
2013	6.70	2.43	2.69	4.49	3.59
2014	6.97	2.55	2.84	4.51	3.64
2015	7.07	2.59	2.96	4.69	3.81

注:2013 年前千人均指标按户籍人口计算,2013 年改为按常住人口计算。

15-3 按经济类型分卫生事业基本情况

项目	2014年					2015年				
	卫生机构数（个）	卫生技术人员（人）	#医生	医疗床位（张）	#医院	卫生机构数（个）	卫生技术人员（人）	#医生	医疗床位（张）	#医院
总计	**1908**	**48830**	**17847**	**31632**	**25495**	**2020**	**49934**	**18307**	**33106**	**26932**
国有单位	279	32759	10799	24991	22701	424	34053	11730	26439	24037
集体单位	186	5902	1631	4142	295	205	6131	1891	4162	305
私营	1374	9199	3582	2049	2049	1347	8966	3924	2137	2135
其他	69	970	1835	450	450	44	784	762	368	455

15-4 各类卫生事业机构医疗床位数

单位：张

项目	1995年	2000年	2005年	2006年	2007年	2008年
总计	**17137**	**19125**	**19425**	**19497**	**20159**	**22178**
#医院、卫生院	12360	13598	17461	17714	18595	20335
疗养院、所	1020	1133	712	390	230	270
门诊部、所	127	6	10	28	35	10
社区卫生服务中心			160	205	155	268
专科疾病防治所、站	423	273	305	345	150	290
妇幼保健所、站	27	166	759	800	979	995
其他卫生事业机构	650	721	18	15	15	10
医学科研机构	100	100				
高等医药院校	30	40				

项目	2009年	2010年	2011年	2012年	2013年	2014年	2015年
总计	**23389**	**24035**	**25886**	**28611**	**31175**	**31632**	**33106**
#医院、卫生院	21746	22434	24175	26696	29146	29563	30946
疗养院、所	100	100	194	284	299	299	299
门诊部、所	30	20	20				2
社区卫生服务中心	336	278	168	163	199	189	189
专科疾病防治所、站	198	198	168	195	207	257	258
妇幼保健所、站	979	990	1161	1273	1324	1324	1412
其他卫生事业机构		15					
医学科研机构							
高等医药院校							

注：1997年起“门诊部、所”数不包括“门诊所”数，仅包括“门诊部”数。（下同）

15-5 各类卫生事业机构数

单位:个

项　　目	1995 年	2000 年	2005 年	2006 年	2007 年	2008 年
总　　计	**1067**	**1633**	**1675**	**1875**	**1872**	**1988**
医院、卫生院	199	242	240	225	221	207
疗养院、所	5	5	5	3	2	1
社区卫生服务中心			11	22	22	34
门诊部、所	32	32	51	52	49	75
急救中心(站)			2	2	2	2
专科防治所、站	11	11	11	10	9	10
疾病预防控制中心	17	16	15	15	15	15
卫生监督所			6	9	10	10
妇幼保健所、站	11	14	16	16	16	16
药品检验所、站	6	6				
其他卫生事业机构	10	15	3	1	4	2
医学科研机构	5	5	3	3	3	3
高等医药院校	2	2				
医学在职培训机构	11	12	2	1	3	1
诊　所	740	1273	902	1079	1079	1259
社区卫生服务站			136	147	147	137
其　他			272	290	290	216

15-5 续表

单位:个

项　　目	2009年	2010年	2011年	2012年	2013年	2014年	2015年
总　　计	**1899**	**1837**	**1934**	**1950**	**1959**	**1908**	**2020**
医院、卫生院	216	202	204	226	230	230	232
疗养院、所	1	1	2	2	2	2	2
社区卫生服务中心	38	45	46	47	49	49	49
门诊部、所	80	98	130	129	131	129	128
急救中心(站)	3	1	1	1	1	1	1
专科防治所、站	10	9	8	8	7	7	7
疾病预防控制中心	15	14	15	15	15	15	15
卫生监督所	10	9	9	9	9	9	9
妇幼保健所、站	16	14	14	14	14	14	14
药品检验所、站							
其他卫生事业机构	7	5	7	7	8	8	159
医学科研机构	3	3	3	3	4	4	4
高等医药院校							
医学在职培训机构	1	1	1	1	1	1	1
诊　所	1201	1105	1175	1178	1172	1135	1107
社区卫生服务站	129	136	127	127	124	120	115
其　他	169	194	192	183	192	184	177

注:1997年起“门诊部、所”数不包括“门诊所”数,仅包括“门诊部”数。(下同)

15-6 各类卫生事业机构卫生技术人员数

单位:人

项目	1995年	2000年	2005年	2006年	2007年	2008年
总计	**24180**	**23034**	**25203**	**25695**	**27255**	**29496**
医院、卫生院	16291	18024	17962	17930	19111	20302
疗养院、所	389	361	200	50	49	48
门诊部、所	2983	652	714	738	845	1059
社区卫生服务中心			187	516	611	939
专科防治所、站	249	256	237	308	256	311
卫生疾病预防控制中心	1054	979	823	759	700	795
卫生监督所			156	192	210	188
妇幼保健所、站	256	383	966	990	1037	1162
药品检验所、站	118	48				
其他卫生事业机构	353	408	107	74	109	127
医学科研机构	412	375	101	57	52	51
医学在职培训机构	679	451	2	2	9	2
中等医药院校	196	190				
诊所	1200	907	2330	2578	2632	3087
其他			1418	1501	1634	1425

15-6 续表

单位:人

项 目	2009 年	2010 年	2011 年	2012 年	2013 年	2014 年	2015 年
总 计	**32356**	**34366**	**38640**	**42397**	**46466**	**48830**	**49934**
医院、卫生院	22755	24678	27224	29750	32809	34389	35687
疗养院、所	15	23	37	81	81	74	74
门诊部、所	1093	1351	1945	2077	2193	2118	2038
社区卫生服务中心	1039	1160	1258	1283	1529	1497	1562
专科防治所、站	344	344	296	303	303	314	313
卫生疾病预防控制中心	795	752	821	818	838	818	825
卫生监督所	184	172	258	269	232	214	210
妇幼保健所、站	1109	1183	1731	1911	1992	2048	2255
药品检验所、站							
其他卫生事业机构	188	68	89	107	123	111	688
医学科研机构	50	49	46	44	120	101	68
医学在职培训机构	2	1	1	1	1	1	1
中等医药院校							
诊 所	3423	2999	3341	4083	4360	4287	4077
其 他	1359	1586	1593	1670	1885	2858	2136

15-7 各类卫生事业机构医生数

单位:人

项目	1995年	2000年	2005年	2006年	2007年	2008年
总计	**10275**	**10639**	**11056**	**11484**	**11601**	**12619**
医院、卫生院	6479	7276	7329	7385	7569	7914
疗养院、所	138	134	56	16	10	13
门诊部、所	1435	360	385	384	423	532
社区卫生服务中心			94	236	280	390
专科防治所、站	112	115	117	136	113	145
急救中心站			6	6	6	8
卫生疾病预防控制中心	683	621	482	397	403	411
卫生监督所			94	117		80
妇幼保健所、站	134	181	366	452	430	501
药品检验所、站	5	2				
其他卫生事业机构	33	82	25	11	19	28
医学科研机构	176	164	30	27	27	29
高等医药院校	391	263				
医学在职培训机构			1	1	5	1
诊所	372	549	1307	1565	1565	1833
其他			764	751	751	734

15-7 续表

单位:人

项　　目	2009年	2010年	2011年	2012年	2013年	2014年	2015年
总　计	**13413**	**13813**	**15004**	**16140**	**16880**	**17847**	**18307**
医院、卫生院	8558	8967	9502	10039	10959	11530	11862
疗养院、所	3	12	14	26	26	25	25
门诊部、所	567	704	991	1041	1104	1102	1054
社区卫生服务中心	424	480	476	476	523	533	582
专科防治所、站	150	147	129	128	125	134	135
急救中心站	7	7	7	7	7	7	7
卫生疾病预防控制中心	468	446	467	439	432	437	465
卫生监督所							
妇幼保健所、站	493	515	602	669	681	699	765
药品检验所、站							
其他卫生事业机构	44	12	16	15	14	16	273
医学科研机构	28	27	24	23	71	54	45
高等医药院校							
医学在职培训机构	1						
诊　所	1990	1753	2001	2389	2049	1958	2179
其　他	680	743	775	888	889	1352	915

15-8 各类医院数

单位:个

项目	1995年	2000年	2005年	2006年	2007年	2008年
医院	**60**	**71**	**84**	**78**	**77**	**73**
综合医院	15	16	46	43	44	38
中医医院	10	10	14	12	12	12
中西医结合医院	4	5	1	1	1	1
传染病院	1	1	1	1	1	1
精神病院	2	2	2	3	3	4
结核病院	1	1	1	1	1	1
口腔医院	1	1	1	1	1	1
眼科医院			2	2	2	2
儿童医院	1	1	1	1	1	1
骨科医院			1	1	1	1
美容医院	1	1	2	2	2	2
肿瘤医院	1	1	2	1	1	1
其他专科医院	1	1	5	5	7	8
其他医院	6	6	5	4		
卫生院	**152**	**171**	**156**	**147**	**144**	**134**

15-8　续表

单位:个

项　　目	2009 年	2010 年	2011 年	2012 年	2013 年	2014 年	2015 年
医　院	**82**	**82**	**85**	**103**	**107**	**107**	**109**
综合医院	41	43	43	55	57	57	58
中医医院	13	12	14	15	16	16	16
中西医结合医院	1	1	1	1	1	1	2
传染病院	1	1	1	1	1	1	1
精神病院	4	4	4	6	6	6	5
结核病院	1	1	1	1	1	1	1
口腔医院	1	1	1	1	1	1	2
眼科医院	1	1	1	2	3	3	3
儿童医院	1	1	1	1	1	1	1
骨科医院	1			1	1	1	1
美容医院	2	2	2	2	3	3	3
肿瘤医院	1	1	1	1	1	1	1
其他专科医院	14	14	15	16	15	15	15
其他医院							
卫生院	**134**	**120**	**119**	**123**	**123**	**123**	**123**

15-9 各类医院卫生技术人员数

单位:人

项　　目	1995 年	2000 年	2005 年	2006 年	2007 年	2008 年
医　院	**12762**	**13511**	**14522**	**14825**	**15958**	**16828**
综合医院	4501	4913	9591	9785	10723	10871
中医医院	780	814	1754	1722	1843	2161
中西医结合医院	3065	3172	625	806	814	979
传染病院	288	221	238	244	245	246
精神病院	620	440	410	426	433	500
结核病院	313	306	291	281	295	303
口腔医院	418	444	110	113	112	123
眼科医院			127	134	166	207
儿童医院	151	137	155	152	154	156
骨科医院			8	17	14	12
美容医院			44	49	54	62
肿瘤医院	532	667	798	797	825	868
其他专科医院	576	608	117	125	280	340
其他医院	883	939	254	174		
卫生院	**4424**	**4493**	**3440**	**3105**	**3153**	**3474**

15-9 续表

单位：人

项　　目	2009 年	2010 年	2011 年	2012 年	2013 年	2014 年	2015 年
医　院	**19049**	**20760**	**23088**	**25159**	**27900**	**29595**	**30879**
综合医院	12583	13880	14577	15616	17432	18295	19047
中医医院	2309	2498	3282	3749	4330	4615	4839
中西医结合医院	982	1153	1236	1350	1452	1779	1782
传染病院	252	272	277	407	454	476	487
精神病院	522	509	594	656	708	696	710
结核病院	302	308	332	337	350	348	346
口腔医院	129	140	151	149	164	330	364
眼科医院	210	212	254	230	342	322	337
儿童医院	171	193	226	263	264	264	274
骨科医院	19			20	21	25	25
美容医院	64	78	82	65	90	96	112
肿瘤医院	909	900	1242	1395	1467	1525	1650
其他专科医院	597	617	835	922	826	824	906
其他医院							
卫生院	**3706**	**3918**	**4136**	**4591**	**4909**	**4794**	**4808**

15-10 各类医院医生数

单位:人

项 目	1995年	2000年	2005年	2006年	2007年	2008年
医 院	**4621**	**5226**	**5738**	**5948**	**6158**	**6460**
综合医院	1744	1850	3782	3907	4014	4202
中医医院	273	351	793	775	869	892
中西医结合医院	978	1229	279	367	343	348
传染病院	58	61	61	71	78	78
精神病院	110	102	104	108	119	131
结核病院	95	93	91	84	98	111
口腔医院	150	176	67	73	78	84
眼科医院			60	52	70	74
儿童医院	87	49	67	64	67	69
骨科医院			3	6	5	5
美容医院			19	24	19	28
肿瘤医院	224	214	246	282	291	309
其他专科医院	252	244	69	73	107	129
其他医院	393	420	97	62		
卫生院	**1813**	**2032**	**1591**	**1437**	**1411**	**1454**

15-10 续表

单位:人

项 目	2009 年	2010 年	2011 年	2012 年	2013 年	2014 年	2015 年
医 院	**7088**	**7494**	**8068**	**8449**	**9369**	**9772**	**10290**
综合医院	4675	4931	5016	5133	5674	5857	6224
中医医院	949	1013	1203	1364	1638	1741	1822
中西医结合医院	311	377	475	442	532	594	581
传染病院	86	93	91	107	120	147	149
精神病院	137	146	153	183	183	179	188
结核病院	110	115	134	132	135	133	127
口腔医院	82	90	112	115	124	161	172
眼科医院	57	59	89	86	127	124	131
儿童医院	81	84	107	89	91	91	95
骨科医院	6				7	11	11
美容医院	24	27	29	33	42	45	46
肿瘤医院	340	337	361	381	401	410	441
其他专科医院	230	222	298	384	295	279	303
其他医院							
卫生院	**1470**	**1473**	**1434**	**1590**	**1590**	**1558**	**1572**

15-11 各类医院护士数

单位:人

项　　目	1995年	2000年	2005年	2006年	2007年	2008年
医　院	**4707**	**5610**	**6201**	**6247**	**6928**	**7288**
综合医院	1852	2164	4175	4139	4741	4774
中医医院	199	243	633	630	661	800
中西医结合医院	1002	1341	232	308	341	435
传染病院	100	109	127	122	116	116
精神病院	293	279	256	261	257	295
结核病院	170	162	163	144	143	149
口腔医院	159	167	29	29	28	28
眼科医院			33	53	63	65
儿童医院	56	58	62	60	58	57
骨科医院			3	4	4	6
美容医院			21	20	18	25
肿瘤医院	200	313	357	367	391	406
其他专科医院	210	236	35	34	107	132
其他医院	305	321	75	76		
卫生院	**921**	**1083**	**1058**	**939**	**994**	**1106**

15-11 续表

单位:人

项　目	2009 年	2010 年	2011 年	2012 年	2013 年	2014 年	2015 年
医　院	**8495**	**9424**	**10673**	**11844**	**13076**	**14034**	**14847**
综合医院	5782	6500	7011	7603	8456	8950	9430
中医医院	889	978	1258	1450	1709	1850	1925
中西医结合医院	475	564	635	697	694	889	925
传染病院	116	126	131	217	232	252	254
精神病院	289	297	351	366	393	397	410
结核病院	149	151	155	156	159	159	162
口腔医院	28	28	26	27	27	120	158
眼科医院	87	87	101	132	190	177	182
儿童医院	59	67	79	125	126	126	130
骨科医院	6			8	11	11	11
美容医院	27	31	31	28	40	41	51
肿瘤医院	369	371	564	626	657	657	751
其他专科医院	219	224	331	409	382	405	458
其他医院							
卫生院	**1159**	**1254**	**1387**	**1586**	**1685**	**1680**	**1737**

15-12 各类医院医疗床位数

单位:张

项目	1995年	2000年	2005年	2006年	2007年	2008年
医院	**11713**	**13573**	**14667**	**15005**	**15710**	**17303**
综合医院	4094	4533	9189	9287	10046	10631
中医医院	570	810	1571	1521	1597	1872
中西医结合医院	2239	2658	622	848	753	753
传染病院	300	300	300	300	300	450
精神病院	930	880	890	1090	1090	1366
结核病院	500	500	355	355	355	555
口腔医院	300	289	30	30	30	30
眼科医院			70	100	90	99
儿童医院	100	100	100	100	100	200
骨科医院			20	20	20	20
美容医院			40	40	27	40
肿瘤医院	627	722	1030	1058	1088	1099
其他专科医院	489	435	139	144	214	188
其他医院	1061	1083	311	112		
卫生院	2884	3088	2794	2709	2885	3032

15-12　续表　　单位:张

项　　目	2009年	2010年	2011年	2012年	2013年	2014年	2015年
医　院	**18579**	**19290**	**20689**	**22592**	**24926**	**25495**	**26932**
综合医院	11570	11701	12286	13529	14965	15165	16178
中医医院	2102	2242	2392	2592	3140	3215	3451
中西医结合医院	941	1200	1359	1568	1568	1748	1716
传染病院	350	446	516	516	556	556	584
精神病院	1190	1290	1290	1490	1576	1608	1705
结核病院	597	564	566	566	566	570	570
口腔医院	30	30	30	30	30	45	45
眼科医院	90	90	90	189	279	279	279
儿童医院	200	218	245	245	261	261	257
骨科医院	20			20	20	20	20
美容医院	27	27	32	32	60	60	60
肿瘤医院	1069	1088	1300	1149	1300	1400	1400
其他专科医院	393	394	583	666	605	568	667
其他医院							
卫生院	**3167**	**3144**	**3486**	**4104**	**4220**	**4068**	**4014**

15-13 县及县以上医院工作基本情况

年份	诊疗人数（人次）	#门(急)诊	入院人数（人）	出院人数（人）	病死率（%）	病床周转数（次）
1990	5625373	5576648	174436	174079	1.40	19.1
1993	5053064	4733380	132788	131257	0.80	18.6
1994	4675285	4336221	134944	134493	0.70	18.3
1995	4492111	4212624	124230	124017	0.70	17.1
1996	4838732	4508640	115656	115516	1.00	15.0
1997	4921130	4506292	111251	111370	0.57	14.4
1998	4960208	4580265	109636	109460	0.62	14.5
1999	4995665	4639718	116629	116048	0.65	13.0
2000	5542899	5123333	131586	132433	0.64	16.7
2001	5118519	4651382	134047	134328	0.61	17.4
2002	5441286	5051767	141038	140998	0.60	18.2
2003	5842174	5567886	157800	158143	0.47	21.5
2004	10729268	10467794	275582	275558	0.53	21.3
2005	11933688	11581875	294901	300831	0.53	23.6
2006	11863906	11704586	339960	341670	0.48	23.7
2007	13071508	12966732	393348	389684	0.43	26.1
2008	14018644	13845141	425068	454620	0.38	25.2
2009	15711417	15565915	488820	487759	0.32	26.3
2010	17411149	17282069	563722	562486	0.25	28.9
2011	19596512	19501695	637965	635741	0.22	30.8
2012	22297764	22083839	747587	746702	0.16	33.5
2013	23707151	23396453	780387	778388	0.15	32.2
2014	25049655	24792488	807117	805076	0.15	31.6
2015	24316429	24134919	824644	823293	0.13	30.2

15-14 各类医院工作基本情况

（2015 年）

项目	诊疗人数（人次）	#门(急)诊	入院人数（人）	出院人数（人）	病床周转数（次）
医院	**24316429**	**24134919**	**824644**	**823293**	**31.4**
综合医院	14927018	14767006	535817	535254	34.6
中医医院	4713532	4705488	84012	83800	26.8
中西医结合医院	1558270	1548063	50767	50837	29.6
传染病院	468392	468392	11850	11868	20.3
精神病院	380611	380511	9451	9679	5.8
结核病院	386008	386008	14745	14770	25.9
口腔医院	281148	280821	330	327	7.3
眼科医院	374138	374138	22259	21559	77.3
儿童医院	596519	596519	14657	14640	57.0
骨科医院	8401	8401	896	885	44.3
美容医院	35024	35024	2386	2386	40.1
肿瘤医院	221318	221318	53763	53715	31.6
其他专科医院	366050	363230	23711	23573	38.0
其他医院					
卫生院	**4014543**	**3883834**	**79112**	**78959**	**19.4**

15-15 体育设施情况

单位:个

年　　份	体育场	体育馆	运动场	足球场	游泳池	有固定看台灯光球场
1995 年	185		6	1	36	10
2000 年	365	1	11	1	44	23
2005 年	403	1	16	1	79	14
2006 年	416	1	15	1	85	25
2007 年	418	1	17	1	88	27
2008 年	418	1	17	2	49	28
2009 年	418	1	18	2	86	28
2010 年	418	1	18	2	86	28
2011 年	418	3	18	2	86	28
2012 年	418	3	18	2	86	28
2013 年	419	17	365	58	166	135
2014 年	49	17	365	58	166	135
2015 年	50	20	356	70	167	135

注:2014 年的体育场是指标准体育场,不含操场等不规范场地。

15-16　县级以上运动会

年　　份	次　数 (次)	参加人数 (万人)
1995年	21	8
2000年	36	11
2005年	22	10
2006年	36	25
2007年	270	60
2008年	315	75
2009年	13	9
2010年	8	10
2011年	5	8
2012年	3	6
2013年	4	7
2014年	12	15
2015年	14	18

注:表中2010年起数据不含平潭县,下同。

15-17 获国际和全国比赛冠军数

（1990-2015年）

年份	全国冠军世界冠军		全国冠军	
	项数(项)	人数(人次)	项数(项)	人数(人次)
1990	7	14	7	8
1991	1	2	1	2
1992	1	2		
1993	5	6		
1994	3	4		
1995	3	4	4	8
1996	1	1		
1997	1	1	5	7
1998	4	4	6	14
1999	6	8	4	6
2000	6	15	4	15
2001	2	2	2	7
2002	12	12	36	36
2003	5	4	23	23
2004			2	2
2005			8	8
2006	3	1	11	13
2007	3	3	13	12
2008	1	1	10	11
2009			4	8
2010	5	3	19	14
2011	10	5	23	28
2012	10	8	46	23
2013	4	8	10	26
2014			4	4
2015	2	2	41	41

15-18 律师　公证　调解工作基本情况

项　　目	单位	2013 年	2014 年	2015 年
一、律师工作				
律师事务所	个	118	130	139
取得法律职业资格	人	752	789	725
#专职律师	人	980	1128	1250
兼职律师	人	63	63	81
当年办理诉讼代理总数	件	12084	13061	15221
#经济诉讼代理	件			
民事诉讼代理	件	8298	9439	11326
刑事诉讼辩护及代理	件	3360	3138	3396
行政诉讼代理	件	426	484	499
聘请常年法律顾问单位	个	1372	1403	1765
非诉讼法律事务	件	1814	3461	3903
代写法律事务文书	件	34172	32186	35081
二、公证工作				
公证处	个	14	14	14
公证人员	人	240	245	257
#公证员	人	88	89	94
办理公证书	件	215468	216430	224785
国内公证	件	55582	54261	55813
涉港澳台公证	件	12169	12577	11995
涉外公证	件	147717	149592	156977
三、调解工作				
专职司法助理员	人	358	372	405
人民调解委员会	个	2947	4787	3068
调解人员	人	15511	12529	13062
调解民事纠纷	件	17157	15272	14958

15-19 国内公证文书办理情况

单位:件

项　　目	2013年	2014年	2015年
合　计	**55582**	**54261**	**55813**
合同(协议)	2528	2118	2687
继 承	7807	7844	6959
单方法律行为	23774	10973	5960
现场监督	67	28	75
保全证据	469	400	293
公司章程	1	2	24
组织资格	3	123	11
财产权	25		
身　份		1	8
收养关系	10	9	36
婚姻状况	17	48	76
亲属关系	580	526	758
有无违法犯罪记录	2	8	51
其他有法律意义事实	1507	2477	596
证书(执照)	134	161	121
签名(印鉴)	3597	14781	20257
文本相符	7514	8309	11415
赋予执行效力	390	82	31
执行证书			
抵押登记	1		
提　存	1		
保　管			
其　他	7155	6371	6455

15-20　企事业单位污染治理情况

项　　目	单　位	1995年	2000年	2005年	2006年	2007年	2008年
一、三废排放与处置							
废水排放总量	万吨	20764.22	17162.28	26532.00	28342.00	27085.00	29351.00
#工业废水	万吨	7877.82	5555.28	5113.00	5631.00	6220.00	5659.00
工业废水处理量	万吨	4872.73	3013.32				
废气排放总量	亿立方米	264.65	309.79	886.98	756.20	990.00	1209.00
工业固体废物产生量	万吨	84.74	89.26	136.32	209.16	269.11	380.37
工业固体废物处置量	万吨	29.33	3.10	4.12	2.92	2.02	2.30
工业固体废物综合利用量	万吨	54.60	75.58	126.3	200.5	251.88	374.64
二、污染治理							
污染治理资金总额	万元	4909	5120	34416	41419	31789	42102
#环境保护补助	万元	470	499				3631
#治理废水	万元	1752	3049	3410	12847	6126	2678
治理废气	万元	1497	1366	9891	8196	11547	377
治理固体废物	万元	1238	51	2517	1300	91	15
治理噪声	万元	152	244	201	496	24	
当年安排治理项目	个	138	172	104	87	145	50
当年竣工项目	个	116	153	88	79	137	46

15-20 续表

项目	单位	2009年	2010年	2011年	2012年	2013年	2014年	2015年
一、三废排放与处置								
废水排放总量	万吨	30361.00	31797.00	35924.65	36837.16	36949.99	37833.80	40164.84
#工业废水	万吨	4288.00	4920.00	5487.75	5332.67	4681.99	4680.83	4438.97
工业废水处理量	万吨		20580.00	24381.12	24296.70	17964.12	16935.79	10881.87
废气排放总量	亿立方米	1810.30	3033.00	3593.00	3205.70	3551.47	3661.66	3134.8
工业固体废物产生量	万吨	425.13	693.31	693.55	728.40	809.63	782.14	601.73
工业固体废物处置量	万吨	12.24	122.84	51.50	65.56	43.59	31.21	27.84
工业固体废物综合利用量	万吨	401.16	557.59	624.54	655.15	763.65	750.62	573.74
二、污染治理								
污染治理资金总额	万元	15197	11641	18280	24571	27668	21201	65210
#环境保护补助	万元	3318	2204	2184	4881	5214	5682	3088
#治理废水	万元	6564	6260	376	1670	35035	1818	1525
治理废气	万元	1250	5027	13928	18251	40315	13163	59623
治理固体废物	万元	7328	309	3	5		198	974
治理噪声	万元	2	15		7		340	
当年安排治理项目	个	38	53	17	31	11	17	22
当年竣工项目	个	34	47	14	28	17	8	15

主要统计指标解释

卫生机构　包括医疗机构、疾病预防控制中心(防疫站)、采供血机构、卫生监督及监测(检验)机构、医学科研和在职培训机构、健康教育所等。医疗机构包括医院、社区卫生服务中心(站)、疗养院、卫生院、门诊部、诊所(卫生所、医务室)妇幼保健院(所、站)、专科疾病防治院(所、站)、急救中心(站)和临床检验中心。

医院　包括综合医院、中医医院、中西结合医院、民族医院、各类专科医院和护理院。

卫生技术人员　指卫生机构中医生、护理人员、药剂人员、检验人员等卫生技术人员。

等级运动员人数　指经考核正式批准授予等级运动员称号的人数。运动员等级分为国际级运动健将、运动健将、一级运动员、二级运动员、三级运动员、少年级运动员。

等级裁判员人数　指经考核正式批准授予等级裁判员称号的人数。裁判员等级分为国际裁判、国家级裁判、一级裁判、二级裁判、三级裁判。

律师　指依法取得律师执业证书,担任法律顾问,民事(刑事、行政)案件代理人、刑事案件辩护人,办理非诉讼业务,解答法律询问,代写法律事务文书等,为社会提供法律服务的人员。

公证人员　指在公证处工作的人员总称,包括公证处主任、副主任、公证员、公证员助理(助理公证员)和其他从事辅助性工作的人员。

公证文书　指公证处根据当事人申请,依照事实和法律,按照法定程序制作的,具有法律效力的司法证明文书。根据公证书用途和使用地,公证书分为国内公证书、国内经济公证书、涉外民事公证书和涉外经济公证书四类。

调解员　指在人民调解委员会担负调解民间纠纷的工作人员,包括调解委员会的委员和调解小组的调解员。

调解民间纠纷　指调解委员会依照法律规定,根据自愿原则,用说服教育的方法调解民间发生的有关民事权利和义务的争执,促成当事双方达到协议和谅解,解决纠纷。包括婚姻家庭纠纷,财产权益纠纷等,不包括法院受理调解的民事案件数。

16 城市比较

16-1 全省及九个设区市主要经济指标

（2015 年）

指　　标	单位	全　省		福州市		厦门市		莆田市	
		绝对数	比上年增长(%)	绝对数	比上年增长(%)	绝对数	比上年增长(%)	绝对数	比上年增长(%)
年末常住总人口	万人	3839	0.9	750	0.9	386	1.3	287	0.7
城镇化率	%	62.6	0.8	67.7	-0.7	88.9	0.1	56.6	1.3
地区生产总值	亿元	25979.82	9.0	5618.08	9.6	3466.03	7.2	1655.60	10.5
第一产业	亿元	2118.10	3.7	434.69	4.0	23.93	-0.7	115.12	2.0
第二产业	亿元	13064.82	7.4	2449.55	7.5	1511.28	8.2	949.29	10.5
第三产业	亿元	10796.90	12.3	2733.83	12.7	1930.82	6.2	591.20	12.1
工业增加值	亿元	10820.22	7.0	1875.26	6.8	1287.44	7.9	782.78	10.3
农林牧渔业总产值	亿元	3717.87	3.9	764.88	4.0	44.94	0.1	209.93	2.2
全社会固定资产投资	亿元	21628.31	17.2	4893.91	10.5	1896.52	20.6	1765.10	21.5
#固定资产投资(不含农户)	亿元	21300.91	17.4	4853.61	10.6	1887.65	20.8	1733.60	21.8
一般公共预算总收入	亿元	4144.03	8.2	848.04	8.7	1001.80	10.2	185.20	5.8
一般公共预算收入	亿元	2544.24	7.7	560.46	9.7	606.10	11.5	115.65	4.8
社会消费品零售总额	亿元	10505.93	12.4	3488.74	14.0	1168.42	8.9	558.85	12.2
居民消费价格环比指数	%	101.7	1.7	101.7	1.7	101.7	1.7	101.5	1.5
实际利用外资(验资口径)	亿美元	76.83	8.0	16.79	8.5	20.94	6.2	3.78	10.7
出口总额	亿元	7014.77	0.7	1312.28	0.6	3319.22	1.6	196.17	-3.6
城镇居民人均可支配收入	元	33275	8.3	34982	7.8	42607	7.5	29272	8.9
农村居民人均可支配收入	元	13793	9.0	15203	8.5	17558	8.2	13882	8.2
城镇非私营单位在岗职工平均工资	元	58719	8.3	62478	6.2	64319	5.9	52385	2.7

16-1 续表1 (2015年)

指标	单位	三明市		泉州市		漳州市	
		绝对数	比上年增长(%)	绝对数	比上年增长(%)	绝对数	比上年增长(%)
年末常住总人口	万人	253	0.8	851	0.8	500	0.8
城镇化率	%	56.3	1.2	63.6	0.7	54.8	1.0
地区生产总值	亿元	1713.05	8.5	6137.71	8.9	2767.35	11.0
第一产业	亿元	252.08	3.7	178.46	1.9	370.87	4.2
第二产业	亿元	875.16	8.7	3679.70	8.3	1343.12	10.2
第三产业	亿元	585.80	10.2	2279.55	10.5	1053.36	14.8
工业增加值	亿元	705.22	8.4	3282.59	8.1	1118.00	10.0
农林牧渔业总产值	亿元	414.90	3.9	320.59	2.0	683.89	4.5
全社会固定资产投资	亿元	1943.05	19.0	3478.18	18.3	2573.73	20.6
#固定资产投资(不含农户)	亿元	1912.02	19.3	3406.25	18.5	2516.08	20.9
一般公共预算总收入	亿元	130.67	-3.2	804.74	11.3	274.69	4.1
一般公共预算收入	亿元	93.68	3.0	388.30	2.2	179.10	6.0
社会消费品零售总额	亿元	444.47	9.8	2459.59	12.3	776.99	12.2
居民消费价格环比指数	%	101.4	1.4	101.8	1.8	101.6	1.6
实际利用外资(验资口径)	亿美元	1.56	11.4	15.80	6.1	10.85	7.2
出口总额	亿元	117.70	7.7	1129.27	1.1	463.64	-7.2
城镇居民人均可支配收入	元	27393	8.7	37275	7.1	28092	9.1
农村居民人均可支配收入	元	12806	9.8	15861	8.7	13866	9.3
城镇非私营单位在岗职工平均工资	元	57807	11.0	54044	10.7	56237	9.2

16-1 续表2 （2015年）

指 标	单位	南平市		龙岩市		宁德市	
		绝对数	比上年增长(%)	绝对数	比上年增长(%)	绝对数	比上年增长(%)
年末常住总人口	万人	264	0.8	261	0.8	287	0.7
城镇化率	%	54.0	0.6	52.6	1.0	53.6	0.7
地区生产总值	亿元	1339.43	9.1	1738.49	8.9	1487.36	8.6
第一产业	亿元	289.23	4.5	200.62	3.9	253.09	4.5
第二产业	亿元	578.09	8.5	914.82	9.0	759.86	9.4
第三产业	亿元	472.11	12.3	623.05	10.2	474.31	9.1
工业增加值	亿元	428.05	8.1	726.57	8.6	624.17	9.4
农林牧渔业总产值	亿元	496.37	4.8	337.53	4.0	444.85	4.6
全社会固定资产投资	亿元	1802.51	21.7	1934.21	21.6	1288.32	11.3
#固定资产投资(不含农户)	亿元	1774.95	22.3	1900.06	21.9	1258.48	11.3
一般公共预算总收入	亿元	124.28	5.1	269.81	3.1	147.40	5.0
一般公共预算收入	亿元	86.43	6.7	124.61	4.0	104.39	5.5
社会消费品零售总额	亿元	503.85	11.5	639.58	14.2	465.45	12.2
居民消费价格环比指数	%	101.6	1.6	101.6	1.6	101.5	1.5
实际利用外资(验资口径)	亿美元	1.45	21.1	2.69	11.5	2.10	20.3
出口总额	亿元	69.72	-22.6	159.96	7.8	242.49	7.3
城镇居民人均可支配收入	元	26120	8.5	28218	7.9	26029	8.7
农村居民人均可支配收入	元	12264	9.0	13274	10.1	12391	9.6
城镇非私营单位在岗职工平均工资	元	55076	13.4	55438	11.9	56625	13.0

16-2 全国26个省会城市主要经济指标

（2015年）

城市	土地面积（平方公里）	地区生产总值		第一产业增加值		第二产业增加值	
		绝对数（亿元）	比上年增长（%）	绝对数（亿元）	比上年增长（%）	绝对数（亿元）	比上年增长（%）
福州	12251	5618.08	9.6	434.69	4.0	2449.55	7.5
广州	7434	18100.41	8.4	228.09	2.5	5786.21	6.8
成都	12121	10801.16	7.9	373.15	3.9	4723.49	7.2
南京	6587	9720.77	9.3	232.39	3.4	3916.11	7.2
哈尔滨	53068	5751.20	7.1	672.60	7.2	1862.80	4.1
沈阳	12860	7280.50	3.5	341.40	3.5	3499.00	0.9
长春	20571	5530.00	6.5	343.30	5.0	2770.90	4.1
济南	7998	6100.23	8.1	305.39	4.1	2307.00	7.4
武汉	8569	10905.60	8.8	359.81	4.8	4981.54	8.2
西安	10097	5810.03	8.2	220.20	5.0	2165.54	6.8
杭州	16596	10053.58	10.2	287.69	1.8	3910.60	5.6
石家庄	15848	5440.60	7.5	494.40	2.3	2452.90	5.8
太原	6988	2735.34	8.9	37.43	1.3	1020.14	6.0
合肥	11445	5660.30	10.5	263.40	4.4	3097.90	10.6
南昌	7402	4000.01	9.6	171.26	3.9	2179.96	9.8
郑州	7446	7315.19	10.1	150.96	3.0	3625.52	9.4
长沙	11816	8510.13	9.9	341.78	3.6	4478.20	8.8
南宁	22099	3410.09	8.6	370.35	4.1	1345.66	8.2
贵阳	8043	2891.16	12.5	129.89	6.4	1108.52	14.6
昆明	21013	3970.00	8.0	188.10	5.8	1588.40	7.4
兰州	13086	2095.99	9.1	56.22	5.9	782.65	6.8
西宁	7649	1131.62	10.9	37.46	5.3	543.47	12.6
银川	9025	1480.73	8.3	57.46	4.7	787.11	9.1
海口	2284	1161.28	7.5	58.12	1.2	223.67	5.8
乌鲁木齐	13788	2680.00	10.5	31.20	6.0	788.80	5.6
呼和浩特	17186	3090.52	8.3	126.23	3.3	867.08	8.0

16-2 续表 1

城市	第三产业增加值		工业增加值		社会消费品零售总额		固定资产投资额	
	绝对数（亿元）	比上年增长(%)	绝对数（亿元）	比上年增长(%)	绝对数（亿元）	比上年增长(%)	绝对数（亿元）	比上年增长(%)
福州	2733.83	12.7	1875.26	6.8	3488.74	14.0	4853.61	10.6
广州	12086.11	9.5	5246.07	6.9	7932.96	11.0	5405.95	10.6
成都	5704.52	9.0	4056.19	7.4	4946.19	10.7	7007.00	5.8
南京	5572.27	11.3	3395.26	8.0	4590.17	10.2	5425.98	-0.1
哈尔滨	3215.80	9.3	1301.50	3.5	3394.50	10.5	4595.70	10.1
沈阳	3440.10	6.3	3114.70	0.3	3883.20	8.2	5326.00	-18.9
长春	2415.80	9.8	2356.30	3.4	2409.30	8.8	4400.00	15.0
济南	3487.84	8.9	1844.40	7.1	3410.30	10.5	3498.40	14.2
武汉	5564.25	9.6	4081.91	8.4	5102.24	11.6	7680.89	10.3
西安	3424.29	9.5	1417.61	6.6	3405.38	10.1	5165.98	-12.5
杭州	5855.29	14.6	3497.92	5.5	4697.23	11.8	5556.32	12.2
石家庄	2493.30	10.6			2680.90	9.3	5689.90	12.1
太原	1677.77	11.4	600.48	5.7	1540.80	6.2	2025.61	16.0
合肥	2298.90	11.0	2498.90	11.0	2183.65	12.0	5851.90	10.4
南昌	1648.79	9.8	1619.50	9.0	1662.87	12.5	4000.07	17.0
郑州	3538.71	11.4	3188.21	9.6	3294.71	11.5	6288.00	19.6
长沙	3690.15	12.1	3600.00	8.8	3690.59	12.1	6363.29	17.1
南宁	1694.08	9.9	1000.37	8.1	1786.68	10.5	3366.89	16.6
贵阳	1652.75	11.1	714.15	10.2	1060.17	11.5	2804.45	20.1
昆明	2193.50	8.7	1041.76	5.4	2061.66	8.2	3497.88	11.5
兰州	1257.11	11.2	535.04	6.1	1152.15	9.0	1803.75	12.0
西宁	550.69	9.0	443.17	12.7	461.94	11.6	1295.95	10.1
银川	636.16	7.6	574.54	7.8	477.63	7.2	1540.88	10.6
海口	879.49	8.3	135.11	4.0	595.53	6.6	1012.05	23.2
乌鲁木齐	1860.00	13.9	630.68	3.9	1152.00	7.6	1708.39	11.9
呼和浩特	2097.21	8.8	678.57	8.2	1353.53	7.8	1618.64	15.8

16-2 续表2

城市	房地产开发投资额		出口总额		实际利用外资		一般公共预算收入	
	绝对数（亿元）	比上年增长（%）	绝对数（亿元）	比上年增长（%）	绝对数（亿美元）	比上年增长（%）	绝对数（亿元）	比上年增长（%）
福州	1381.12	-5.1	1312.28	0.6	16.79	8.5	560.46	9.7
广州	2137.59	17.7	5034.67	12.7	54.16	6.1	1349.09	8.5
成都	2442.00	10.0	1483.88	-28.5	75.20	5.8	1154.40	12.6
南京	1429.02	27.0	1962.13	-3.4	33.35	1.3	1020.03	9.3
哈尔滨	581.80	-13.6	146.99	-31.5	29.90	10.0	407.70	-3.7
沈阳	1337.70	-32.3	422.91	-5.0	10.60	-53.3	606.20	-22.8
长春	506.00	-5.3	119.59	-22.2	12.00	13.0	388.20	-2.2
济南	1014.14	10.5	373.45	-1.0	15.80	10.0	614.30	13.1
武汉	2581.79	9.7	943.60	9.9	73.40	18.5	1245.63	12.0
西安	1831.67	4.0	819.86	11.6	40.08	8.2	650.91	16.3
杭州	2472.07	7.4	3108.03	2.9	71.13	12.3	1233.88	9.8
石家庄	986.30	-3.8	455.92	-6.0	9.00	9.8	375.00	9.2
太原	604.22	25.0	409.79	1.5	8.50	-21.0	274.24	5.9
合肥	1259.14	11.7	851.51	8.5	25.07	14.9	571.54	14.2
南昌	485.37	17.2	532.67	3.1	26.17	12.7	389.22	13.7
郑州	2000.20	14.7	1947.62	17.2	38.30	5.4	942.90	13.1
长沙	996.60	-24.0	538.25	0.9	44.06	11.0	718.95	13.6
南宁	657.19	19.1	202.48	26.0			297.05	8.1
贵阳	1005.00	-1.2	491.86	8.6	9.27	21.8	374.15	12.8
昆明	1451.31	-2.8	584.11	-18.0	21.94	1.0	502.22	5.1
兰州	339.01	0.7	277.71	7.4			185.58	21.8
西宁	280.43	13.6	98.49	47.9			94.79	13.0
银川	409.17	5.2	156.40	-29.4			171.28	12.1
海口	456.39	52.7	59.77	-21.2	2.91	-11.7	111.50	10.0
乌鲁木齐	388.37	8.1	298.18	-32.7	2.87	11.2	368.67	8.2
呼和浩特	509.00	-9.6	77.73	0.5			247.40	17.0

16-2 续表 3

城　市	年末金融机构人民币存款余额(亿元)	年末金融机构人民币贷款余额(亿元)	城镇居民人均可支配收入		居民消费价格环比指数(%)	农村居民人均可支配收入	
			绝对数(元)	比上年增长(%)		绝对数(元)	比上年增长(%)
福　州	10831.49	10583.71	34982	7.8	101.7	15203	8.5
广　州	41574.49	26136.95	46735	8.8	101.7	19323	9.4
成　都	29474.92	21970.64	33476	8.0	101.1	17690	9.6
南　京	25887.77	18217.80	46104	8.3	102.0	19483	10.3
哈尔滨	9688.60	8492.30	30977	7.5	101.4	13375	10.3
沈　阳	13867.90	11343.80	36664	7.1	101.2	13498	7.8
长　春	9848.60	8935.10	29090	6.6	101.3	11749	4.1
济　南	13553.00	9674.20	39889	8.0	101.9	14232	8.5
武　汉	19057.17	16018.30	36436	9.5	101.4	17722	9.7
西　安	17796.38	13714.02	33188	8.1	100.7	14072	9.1
杭　州	29003.07	22395.29	48316	8.3	101.8	25719	9.2
石家庄	9800.20	6121.10	28097	8.1	101.0	11609	8.6
太　原	10593.91	9027.59	27727	7.6	100.4	13626	8.0
合　肥	10967.91	9636.57	31989	9.0	101.6	15733	9.2
南　昌	8342.63	7376.05	31942	9.8	101.6	13693	10.3
郑　州	16936.27	12650.26	31099	8.7	101.1	17125	8.9
长　沙	14028.81	12268.11	39961	8.5	101.1	23601	8.6
南　宁	8257.77	8228.66	29106	7.5	101.9	9408	9.7
贵　阳	8772.22	7875.58	27241	9.1	102.3	11918	10.1
昆　明	11879.67	11976.49	33955	8.5	102.4	11444	10.4
兰　州			27088	10.5	101.3	9621	12.3
西　宁	3548.43	4095.93	25232	10.2	102.5	8865	8.7
银　川	3017.77	3653.98	28261	8.2	101.6	11148	8.5
海　口	3962.82	3656.03	28535	7.6	101.2	11635	9.5
乌鲁木齐	6984.60	4957.43	31500	17.1	100.7	15200	14.2
呼和浩特	5364.66	6073.88	37362	7.6	101.8	13491	7.6

16-3 福州与15个副省级城市主要经济指标

(2015年)

城市	地区生产总值		固定资产投资额		社会消费品零售总额		出口总额	
	绝对数(亿元)	比上年增长(%)	绝对数(亿元)	比上年增长(%)	绝对数(亿元)	比上年增长(%)	绝对数(亿元)	比上年增长(%)
福州	5618.08	9.6	4853.61	10.6	3488.74	14.0	1312.28	0.6
广州	18100.41	8.4	5405.95	10.6	7932.96	11.0	5034.67	12.7
成都	10801.16	7.9	7007.00	5.8	4946.19	10.7	1483.88	-28.5
南京	9720.77	9.3	5425.98	-0.1	4590.17	10.2	1962.13	-3.4
哈尔滨	5751.20	7.1	4595.70	10.1	3394.50	10.5	146.99	-31.5
沈阳	7280.50	3.5	5326.00	-18.9	3883.20	8.2	422.91	-5.0
长春	5530.00	6.5	4400.00	15.0	2409.30	8.8	119.59	-22.2
济南	6100.23	8.1	3498.40	14.2	3410.30	10.5	373.45	-1.0
武汉	10905.60	8.8	7680.89	10.3	5102.24	11.6	943.60	9.9
西安	5810.03	8.2	5165.98	-12.5	3405.38	10.1	819.86	11.6
杭州	10053.58	10.2	5556.32	12.2	4697.23	11.8	3108.03	2.9
大连	7731.64	4.2	4559.28	-32.7	3084.27	8.5	1635.00	-12.1
青岛	9300.07	8.1	6555.70	14.2	3713.69	10.5	2816.71	0.2
宁波	8011.50	8.0	4506.58	13.0	3349.60	12.0	4448.88	-2.3
深圳	17502.99	8.9	3298.31	21.4	5017.84	2.0	16415.39	-6.0
厦门	3466.03	7.2	1887.65	20.8	1168.42	8.9	3319.22	1.6

16-3 续表 （2015 年）

城市	实际利用外资		一般公共预算收入		城镇居民人均可支配收入		农村居民人均可支配收入	
	绝对数（亿美元）	比上年增长（%）	绝对数（亿元）	比上年增长（%）	绝对数（元）	比上年增长（%）	绝对数（元）	比上年增长（%）
福州	16.79	8.5	560.46	9.7	34982	7.8	15203	8.5
广州	54.16	6.1	1349.09	8.5	46735	8.8	19323	9.4
成都	75.20	5.8	1154.40	12.6	33476	8.0	17690	9.6
南京	33.35	1.3	1020.03	9.3	46104	8.3	19483	10.3
哈尔滨	29.90	10.0	407.70	-3.7	30977	7.5	13375	10.3
沈阳	10.60	-53.3	606.20	-22.8	36664	7.1	13498	7.8
长春	12.00	13.0	388.20	-2.2	29090	6.6	11749	4.1
济南	15.80	10.0	614.30	13.1	39889	8.0	14232	8.5
武汉	73.40	18.5	1245.63	12.0	36436	9.5	17722	9.7
西安	40.08	8.2	650.91	16.3	33188	8.1	14072	9.1
杭州	71.13	12.3	1233.88	9.8	48316	8.3	25719	9.2
大连	27.03	8.1	579.90	-25.7	35889	6.8	14667	8.3
青岛	66.90	10.0	1006.30	12.4	40370	8.1	16730	8.4
宁波	42.34	5.2	1006.40	8.2	47852	8.4	26469	9.0
深圳	64.97	11.9	2727.06	30.9	44633	9.0		
厦门	20.94	6.2	606.10	11.5	42607	7.5	17558	8.2

17 附　录

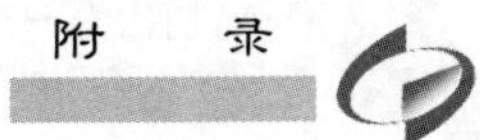

2015年福州市国民经济和社会发展统计公报

福州市统计局
国家统计局福州调查队
2016年3月15日

2015年，全市上下全面贯彻党的十八大和十八届三中、四中、五中全会精神，深入贯彻习近平总书记系列重要讲话精神和对福建、福州工作的重要指示，主动适应新常态，坚持以全面深化改革为根本动力，全力稳增长、调结构、促改革、惠民生，全市经济发展和各项事业取得新发展。

一、综　　合

初步核算，全年地区生产总值5618.10亿元，比上年增长9.6%，“十二五”期间年均增长11.2%。其中：第一产业增加值434.74亿元，增长4.0%；第二产业增加值2482.44亿元，增长8.9%；第三产业增加值2700.92亿元，增长11.3%。三次产业比为7.7:44.2:48.1。全市人均地区生产总值75259元，增长8.4%。

图1　2011-2015年地区生产总值及其增长速度

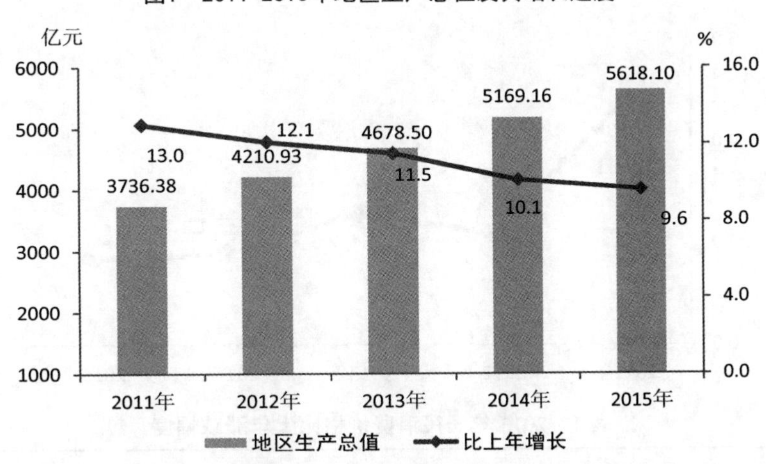

年末全市常住人口750万人，比上年末增加7万人，增长0.94%。城镇化率67.7%，较上年提高0.8个百分点。出生率13.3‰，死亡率5.9‰，自然增长率7.4‰。年末全市户籍总户数208.33万户，户籍人口678.37万人，其中市区户籍人口199.96万人。

图2　2011-2015年常住人口数

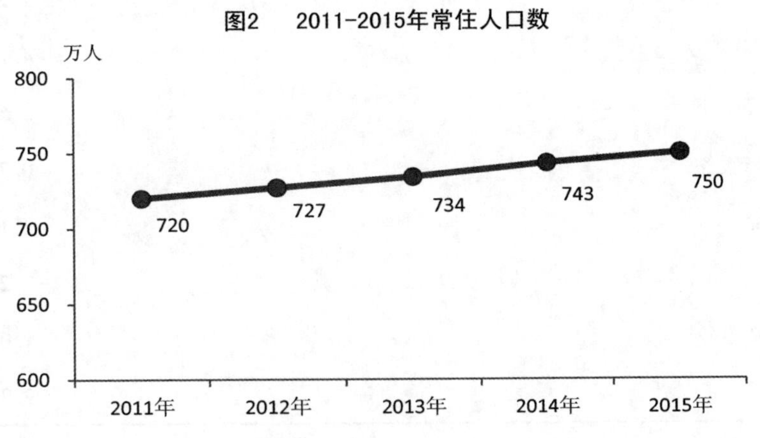

全年城镇登记失业率2.44%,城镇新增就业14.91万人,农业富余劳动力转移就业4.93万人,就业困难人员再就业4132人,失业人员再就业8826人。2015年末经工商注册登记的个体工商户24.39万户,增长16.5%,个体从业人员53.58万人,增长18.5%;私营企业14.80万个,增长28.8%,私营企业从业人员97.88万人,增长16.9%,城镇个体私营从业人员122.83万人,增长16.6%,城镇私营企业从业人员82.86万人,增长15.9%。

全年居民消费价格比上年上涨1.7%,其中,食品类价格上涨1.2%。工业生产者出厂价格下降3.3%。

图3 2015年居民消费价格月度涨跌幅度

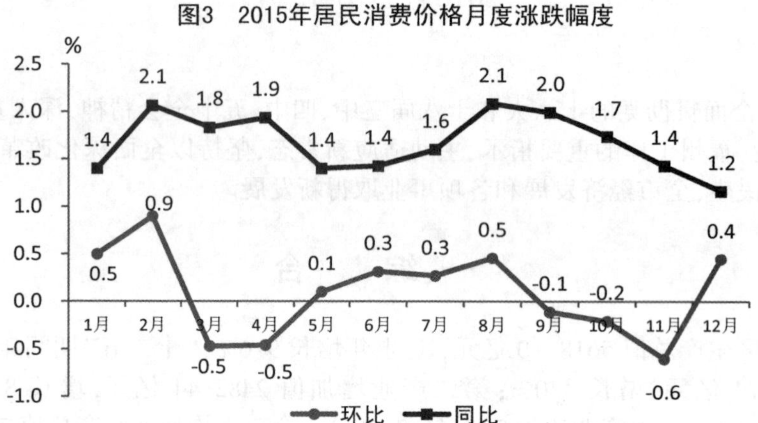

图4 2011-2015年居民消费价格涨跌幅度

表1 2015年居民消费价格比上年涨跌幅度

单位:%

指标	全市
居民消费价格	1.7
食品	1.2
烟酒	4.2
衣着	3.5
家庭设备用品及维修服务	0.7
医疗保健和个人用品	6.1
交通和通信	-2.2
娱乐教育文化用品及服务	1.0
居住	2.3

图5 2015年福州市新建商品住宅销售价格涨跌幅度（月度同比）

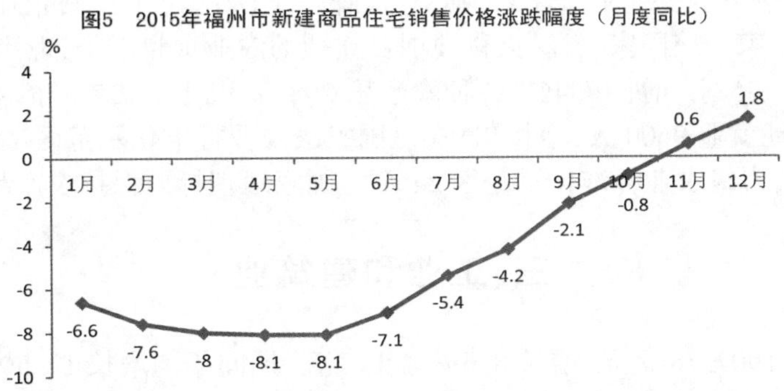

全年一般公共预算总收入 848.04 亿元，增长 8.7%。其中，地方一般公共预算收入 560.46 亿元，增长 9.7%，“十二五”期间年均增长 17.7%。其中税收收入 441.01 亿元，增长 3.2%。一般公共预算总支出 1237.24 亿元，增长 10.4%，其中地方一般公共预算支出 723.68 亿元，增长 25.9%。

图6 2011-2015年地方一般公共预算收入及其增长速度

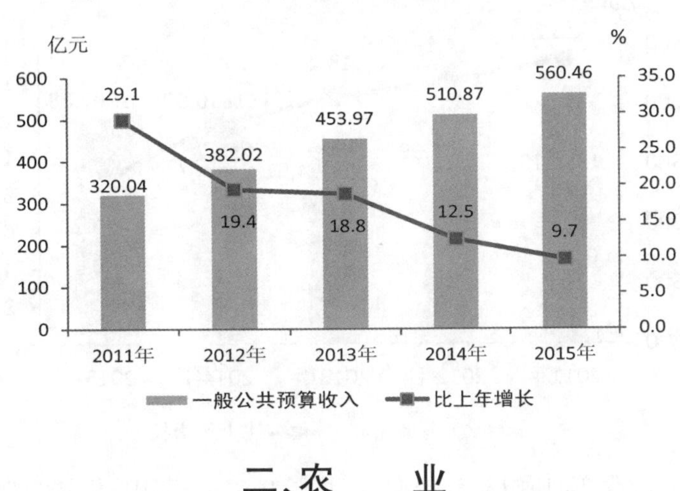

二、农　　业

全年农林牧渔业总产值 764.87 亿元，增长 4.0 %，“十二五”期间年均增长 4.4%。其中，农业产值 214.66 亿元，增长 5.8 %；林业产值 22.39 亿元，增长 6.9 %；牧业产值 75.90 亿元，下降 4.1 %；渔业产值 428.32 亿元，增长 4.5 %；农林牧渔服务业产值 23.59 亿元，增长 4.4 %。全市农、林、牧、渔、服务业产值结构为 28.1:2.9:9.9:56.0:3.1。

全年粮食播种面积 143.42 万亩，下降 1.4%；粮食总产量 54.34 万吨，下降 1.9%。全市食用菌产量 17.4 万吨，增长 13.3%；茶叶产量 2.75 万吨，增长 10.7%；肉、蛋、奶总产量 36.35 万吨，下降 4.8%；蔬菜产量 360 万吨，增长 5.2%；水果产量 53.38 万吨，增长 7.5%；水产品产量 228.22 万吨，增长 4.3%。

图7 2011-2015年粮食产量及其增长速度

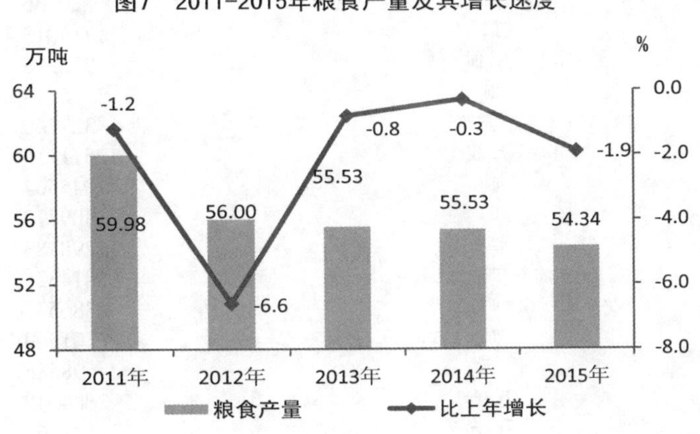

2015年末全市农业产业化龙头企业239家，其中，挂牌院士(专家)工作站企业53家，“国家农产品加工技术研发中心”认定企业7家。获国家、省星火科技项目立项的农业项目7个，现代农业技术创新基地57个。全市已建成各种休闲农场175家，增长7.4%，各种农家乐298家，增长9.2%。休闲农场、农家乐接待游客量890万人，增长14.1%，带动就业9600人，增长7.9%。国家级农业标准化示范区13个，省级农业标准化示范区18个，比上年增加1个，市级农业标准化示范区24个。国家地理标志保护农产品8项，比上年增加2项。

三、工业和建筑业

全年全部工业增加值1907.88亿元，增长8.6%，“十二五”期间年均增长12.5%，规模以上工业增加值增长8.8%。在规模以上工业中，分经济类型看，国有企业增长26.9%，集体企业增长6.6%，股份合作企业增长1.1%，股份制企业增长10.4%，外商及港澳台商投资企业增长5.3%，其他企业增长15.6%。

图8 2011-2015年全部工业增加值及其增长速度

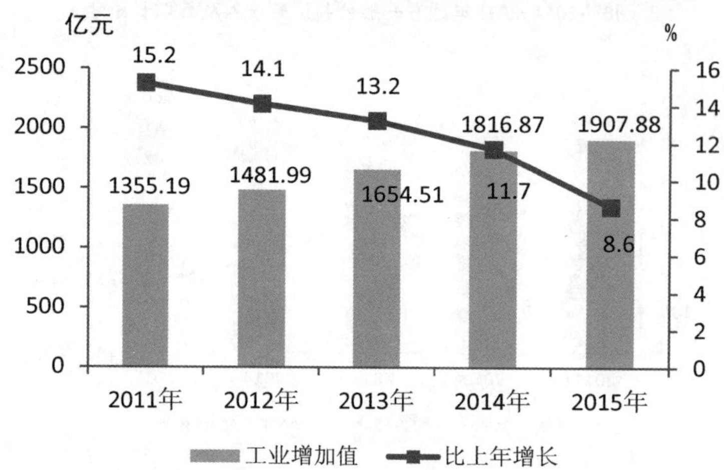

全年规模以上工业十大行业增加值1365.79亿元，增长9.2%。其中，化学纤维制造业增长46.1%、皮革、毛皮、羽毛及其制品和制鞋业增长14.4%、计算机、通信和其他电子设备制造业增长12.3%、农副食品加工业增长9.1%、纺织业增长8.3%、非金属矿物制品业增长6.7%、电气机械和器材制造业增长5.5%、电力、热力生产和供应业增长2.1%、黑色金属冶炼和压延加工业下降11.2%、汽车制造业下降0.3%。

表2 2015年规模以上工业企业主要工业产品产量

产品名称	单位	产量	比上年增长(%)
发电量	亿千瓦时	459.01	2.5
#火电	亿千瓦时	265.97	-21.6
水电	亿千瓦时	80.51	8.9
核电	亿千瓦时	87.66	458.7
风力	亿千瓦时	20.36	24.4
食用植物油	吨	719013	6.6
纱	万吨	255.88	5.9
化学纤维	吨	3375524	37.9
人造板	立方米	327260	0.4
皮革鞋靴	万双	12511.15	8.1
塑料制品	吨	1045564	5.8
泥	吨	6309370	-16.8
花岗石板材	万平方米	17298.83	12.2
钢	吨	5814325	-26.7
钢材	吨	8386547	1.4
铝材	吨	701509	9.4
汽车	辆	98586	6.0
显示器	万台	2884.49	-6.3
打印机	万台	131.63	8.6

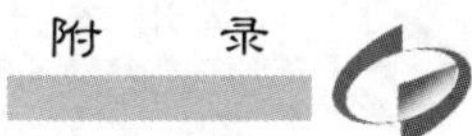

全年规模以上工业经济效益综合指数 285.95%，比上年提高 6.41 个百分点，实现利润总额 372.99 亿元，增长 1.8%，亏损企业 223 家，亏损面为 9.9%。

全年建筑业增加值 580.66 亿元，增长 9.9%。全市具有资质等级的总承包和专业承包建筑业企业 901 家，其中产值超亿元以上建筑企业 338 家，占全部资质企业数的 37.5%，比上年增加 45 家。

图9　2011-2015年建筑业增加值及其增长速度

四、固定资产投资

全年全社会固定资产投资 4893.91 亿元，增长 10.5%，其中固定资产投资（不含农户）4853.61 亿元，增长 10.6%，“十二五”期间年均增长 16.8%。

图10　2015年固定资产投资（不含农户）增长速度

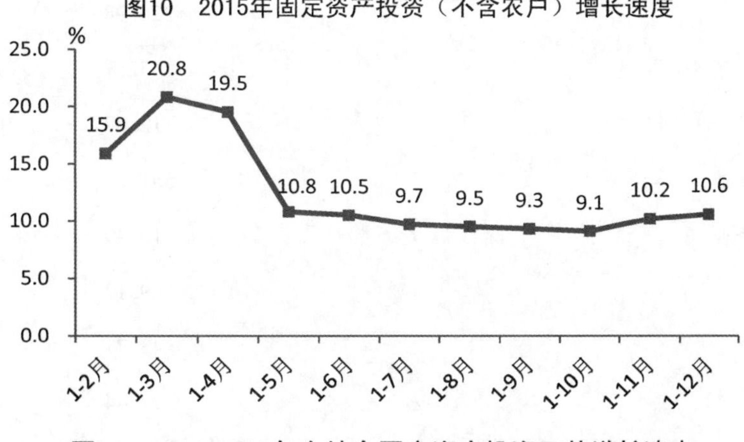

图11　2011-2015年全社会固定资产投资及其增长速度

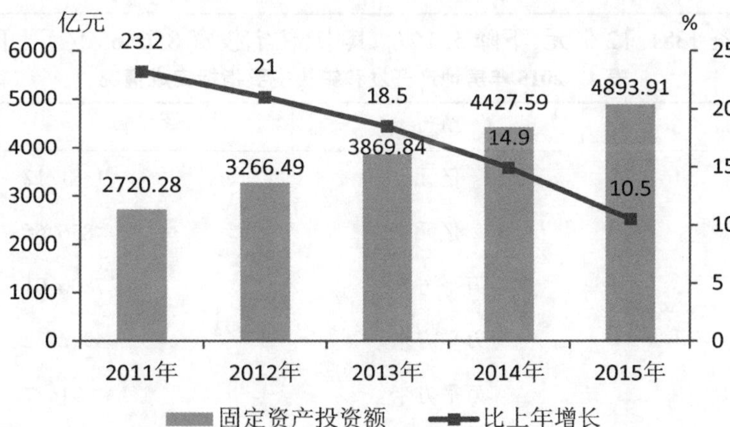

固定资产投资(不含农户)中,第一产业投资62.08亿元,比上年增长9.1%;第二产业投资1344.13亿元,增长10.2%;第三产业投资3447.40亿元,增长10.8%。基础设施投资1466.40亿元,增长9.3%,占固定资产投资(不含农户)的比重为30.2%。民间投资2638.86亿元,增长8.2%,占固定资产投资(不含农户)的比重为54.4%。高新产业投资235.34亿元,增长21.8%,占固定资产投资(不含农户)的比重为4.8%。

表3 2015年分行业固定资产投资(不含农户)情况

行业	投资额(亿元)	比上年增长(%)
总计	**4853.61**	**10.6**
农、林、牧、渔业	62.08	9.1
采矿业	8.14	230.1
制造业	893.59	15.3
电力、燃气及水的生产和供应业	334.66	-14.5
建筑业	107.75	109.9
批发和零售业	201.92	50.7
交通运输、仓储和邮政业	509.51	9.1
住宿和餐饮业	51.55	1.9
信息传输、软件和信息技术服务业	148.95	97
金融业	27.96	59.9
房地产业	226.98	65.6
租赁和商务服务业	52.7	-16.9
科学研究和技术服务业	12.07	1.2
水利、环境和公共设施管理业	551.61	27
居民服务、修理和其他服务业	16.49	121.5
教育	69.12	33.4
卫生和社会工作	43.77	40.8
文化、体育和娱乐业	77.44	-33.2
公共管理、社会保障和社会组织	76.19	28.2

全市房地产开发投资1381.12亿元,下降5.1%。其中,住宅投资856.65亿元,下降7.5%。

表4 2015年房地产开发和销售主要指标完成情况

指标	单位	绝对数	比上年增长(%)
投资完成额	亿元	1381.12	-5.1
其中:住宅	亿元	856.65	-7.5
商品房屋施工面积	万平方米	7800.01	2.6
其中:住宅	万平方米	4992.32	-2.3
商品房屋销售面积	万平方米	914.7	-5.3
其中:住宅	万平方米	748.99	-8.3

全年保障性安居工程在建面积 870.34 万平方米,增长 4.4%,竣工面积 155.39 万平方米。全年新增建设保障性安居工程 20077 套。

五、国内贸易

全年社会消费品零售总额 3488.74 亿元,增长 14.0%,占全省比重 21.9%。按经营地统计,城镇消费品零售额 3262 亿元,增长 13.7%;乡村消费品零售额 227 亿元,增长 17.9%。按消费类型统计,商品零售额 3134 亿元,增长 14.4%;餐饮收入额 355 亿元,增长 10.1%。

图12 2011-2015年社会消费品零售总额及其增长速度

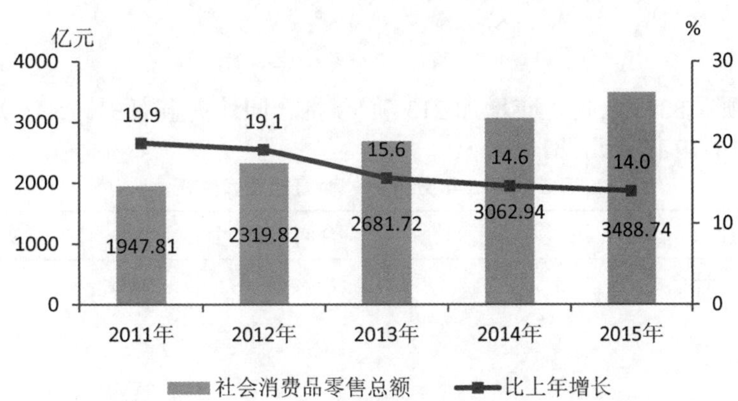

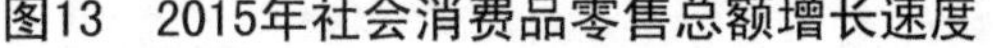

图13 2015年社会消费品零售总额增长速度

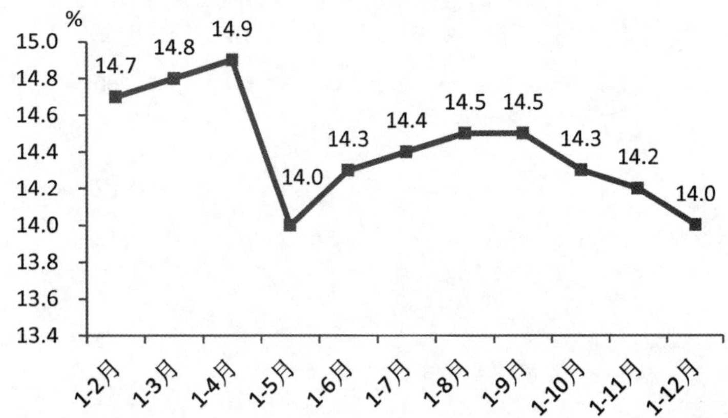

在限额以上企业商品零售额中,食品、饮料、烟酒类零售额比上年增长 25.5%,服装鞋帽、针纺织品类增长 25.6%,日用品类增长 23.8%,家用电器和音像制品类增长 17.3%,中西药品类增长 22.0%,建筑及装潢材料类增长 9.8%,汽车类增长 6.2%,石油及制品类增长 5.7%。

全年通过公共网络实现商品零售额 89.95 亿元,增长 105.3%,主要以服装鞋帽、日用品、电子产品、食品等为主。

农村消费市场中,全年升级改造城乡农贸市场(含农改超)39 个,全市大中型专业批发市场 48 个,总面积 245.54 万平方米;连锁经营企业 31 家,连锁网点 762 个。

六、对外经济

全年进出口总额 2065.5 亿元,下降 2.8%。其中,出口总额 1312.3 亿元,增长 0.6%,进口总额 753.2 亿元,下降 8.2%。

图14 2015年出口总额及其增长速度

全年新批合同外资项目339项，比上年增加213项，新批合同外资金额31.75亿美元，增长116.9%；实际利用外资(按验资口径)16.79亿美元，增长8.5%。

表5 2015年分行业外商直接投资情况

行业	合同项目(个)	实际利用金额(万美元)
总　　计	**339**	**167852**
农、林、牧、渔业	9	297
采矿业		
制造业	31	53839
电力、燃气及水的生产和供应业		780
建筑业	3	1572
批发和零售业	200	62177
交通运输、仓储和邮政业	4	1714
住宿和餐饮业	7	195
信息传输、软件和信息技术服务业	12	5486
金融业	7	19606
房地产业	5	13528
租赁和商务服务业	47	6168
科学研究和技术服务业	7	
水利、环境和公共设施管理业	2	2400
居民服务、修理和其他服务业		90
教　育	1	
卫生和社会工作	1	
文化、体育和娱乐业	3	
公共管理、社会保障和社会组织		
国际组织		

全年新批境外投资项目73项，新批境外协议投资总额29.87亿美元，增长53.9%，其中，中方协议投资额15.22亿美元，增长17.9%。2015年末对外劳务合作完成营业额30218万美元，增长10.1%，对外劳务合作在外人员28082人，增长9.7%。

七、交通、邮电和旅游

2015年末全市公路里程11716公里,其中高速公路总里程595公里,高速铁路总里程344.94公里,比上年新增70公里,福州港生产性泊位117个,比上年增加3个,其中万吨级以上泊位49个,福州空港国内航线(含港澳台)85条、比上年增加11条,国际航线15条,新辟国际国内共28条航线,主要有:福州—上海—名古屋、福州—悉尼、长沙—福州—吉隆坡、福州—冲绳、福州—天津—哈尔滨等。

表6 2015年各种运输方式运输情况

指 标	单 位	绝对数	比上年增长(%)
公 路			
货物发送量	万吨	775279	-0.82
旅客发送量	万人次	12729	0.23
水 路			
货物发送量	万吨	4978	3.25
旅客发送量	万人次	196	30.75
民 航			
货邮吞吐量	万吨	11.65	-4.03
旅客吞吐量	万人次	1088.73	16.4

全年邮政行业业务总量42.38亿元,增长24.1%;业务收入31.53亿元,增长13.3%,其中,邮政业务总量6.54亿元,增长7%,邮政业务收入7.92亿元,下降1.6%;快递业务量17044.14万件,增长19.0%,快递业务收入19.97亿元,增长15.4%。

全年电信业务总量204.02亿元,增长22.1%;电信业务收入111.33亿元,增长3.0%。2015年末固定电话用户183.59万户,下降5.7%;移动电话用户908.33万户,下降3.8%,其中,4G电话用户286.18万户,3G电话用户330.13万户。互联网宽带接入用户(不含手机上网)206.7万户,下降0.6%。

全年接待境内外游客4669.31万人次,增长13.5%,其中,境外游客96.62万人次,增长6.5%;旅游总收入537.29亿元,增长14.8%。全市共有A级景区38个,其中,5A景区1个,实现零的突破,4A景区13个。全年经福州口岸赴台旅游41106人次,增长1.72%。

八、金 融

2015年末全市金融机构本外币存款余额11270.96亿元,增长11.4%,其中,储蓄存款3634.55亿元,增长8.3%;贷款余额11114.84亿元,增长13.8%。

全市共有金融机构(不含保险和证券机构)51个,多家外资银行落户自贸区,促进金融业发展。金融市场较为活跃,全市境内上市公司29家,市值7466.91亿元,增长23.9%;股票、基金交易额88228.19亿元,增长226.4%;期货公司3家,期货交易额153306.82亿元,增长85.5%。

全市各类保险营业网店415个,比上年新增15个;年末外资保险机构在全市设立分公司13个、代表处2个。全年保费收入206.94亿元,增长15.5%,其中财产险保费收入67.86亿元,增长7.0%,人身险保费收入139.08亿元,增长20.2%;保险赔付支出74.53亿元,增长18.9%,其中财产险赔付支出39.76亿元,增长15.4%,人身险赔付支出34.78亿元,增长23.3%。

九、人民生活和社会保障

全年全体居民人均可支配收入27782元,增长8.0%,扣除价格因素,实际增长6.2%。按常住地分,城镇居民人均可支配收入34982元,增长7.8%,扣除价格因素,实际增长6.1%;农村居民人均可支配收入15203

元,增长8.5%,扣除价格因素,实际增长6.4%。“十二五”期间,城镇居民人均可支配收入年均增长10.9%,扣除价格因素,年均实际增长8.0%;农村居民人均可支配收入年均增长12.8%,扣除价格因素,年均实际增长9.9%。

图15　2015年全体居民人均可支配收入及其构成

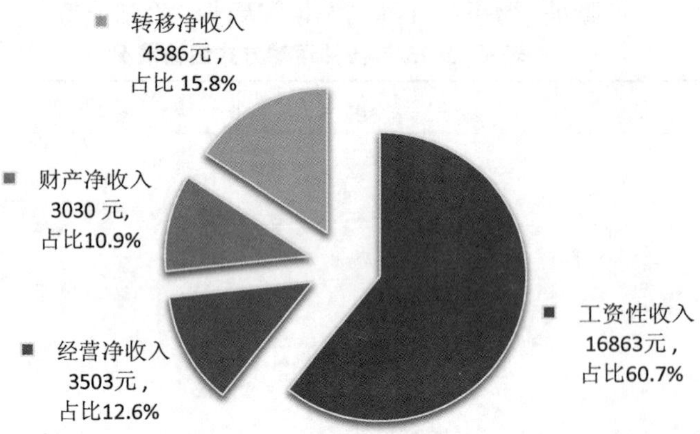

转移净收入
4386元,
占比15.8%
财产净收入
3030元,
占比10.9%
工资性收入
16863元,
占比60.7%
经营净收入
3503元,
占比12.6%

全体居民人均生活消费支出20575元,增长6.8%,扣除价格因素,实际增长5.0%。按常住地分,城镇居民人均生活消费支出24825元,增长6.4%,扣除价格因素,实际增长4.7%;农村居民人均生活消费支出13152元,增长8.1%,扣除价格因素,实际增长6.0%。

2015年末全市社会养老保险参保人数424.01万人,增长3.0%,其中,城镇企业职工基本养老保险参保人数157.74万人,增长6.0%;城乡居民养老保险参保人数210.73万人,增长0.6%;城乡居民社会养老保险参保率98.66%。城镇基本医疗保险参保人数286.35万人,比上年末增加8.54万人,其中,城镇职工基本医疗保险参保人数152.44万人,城镇居民基本医疗保险参保人数133.91万人。失业保险参保人数115.27万人;领取失业保险金人数5670人;生育保险参保人数102.53万人;工伤保险参保人数144.99万人。

2015年末全市享受城市低保14035人,发放城市低保金10359.6万元;享受农村低保77476人,发放农村低保金32853.7万元;农村五保7479人,发放农村五保金6753.9万元。

十、教育和科技

全年新建和改扩建中小学36所,竣工15所;新建和改扩建公办幼儿园22所,竣工11所。全市高等学校32所,研究生教育专任教师12432人,在校研究生20974人;高等学校专任老师19982人,在校生320965人;中等职业技术学校53所,高中92所,初中263所,小学893所,幼儿园1196所。民办小学19所,民办普通中学40所,民办职业中学10所,民办高等学校12所,民办高校在校生83638人。

图16　2011-2015年各类学校招生人数

人
100000
90000
80000
70000
60000
50000
40000
30000
20000
10000
0

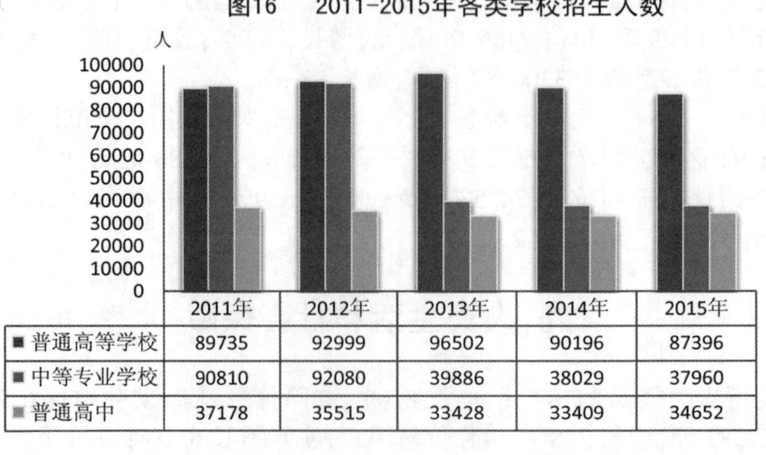

	2011年	2012年	2013年	2014年	2015年
普通高等学校	89735	92999	96502	90196	87396
中等专业学校	90810	92080	39886	38029	37960
普通高中	37178	35515	33428	33409	34652

2015 年末全市高新技术企业 444 家，比上年增加 76 家；各级企业技术中心 226 家，本年新认定 20 家；行业技术创新中心 45 家，比上年增加 3 家；国家创新型试点企业 4 家，国家创新型企业 3 家，省级创新型(试点)企业 186 家。全年登记各类技术合同 1483 项，成交金额 18.53 亿元。初步评定 67 项科技成果获 2015 年度福州市科学技术进步奖，比上年增加 5 项，其中一等奖 5 项，二等奖 19 项，三等奖 43 项。

图17　2011-2015年专利申请情况

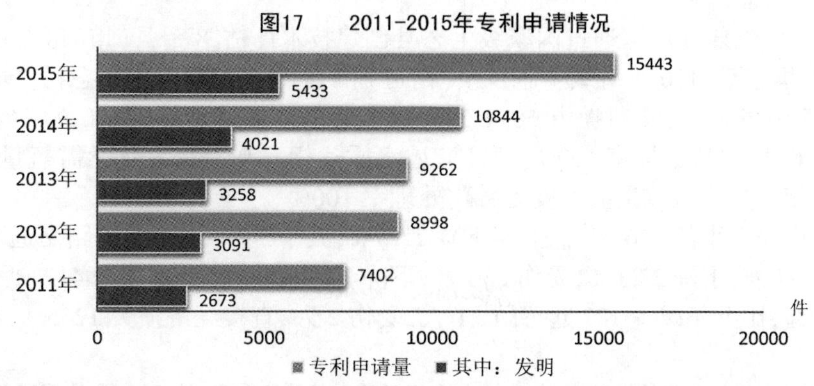

全年新认定福建名牌产品 120 项，其中农业品牌 7 项；新认定中国驰名商标 4 项，其中农业品牌 2 项，新认定福建著名商标 84 项，其中农业品牌 20 项。年末现代农业科技创新基地 57 家。

十一、文化体育和卫生

年末全市文化馆 12 个、群艺馆 1 个、艺术表演团体 9 个，艺术表演团体演出 2297 场次；电影院 45 个，剧场、剧院 1 个；博物馆、纪念馆 34 个，收藏文物 17.0 万件；公共图书馆 13 个，总藏书 835.79 万册；乡镇综合文化站 130 个，农家书屋 2195 个。年末广播综合人口覆盖率 98.64%、电视综合人口覆盖率 99.17%、行政村有线电视联网率 85.74%。

2015 年末全市体育场馆 481 个，比上年增加 10 个，农村健身路径 375 条，比上年增加 175 条。全年开展全民健身活动项目 50 多个，近千场次，参与人数 100 多万。我市成功举办第一届全国青运会，并获 21 枚金牌、17 枚银牌、23 枚铜牌，在 55 个城市代表团中排名第三位。

2015 年末全市卫生机构 4133 家，其中，医院 109 家，比上年增加 2 家；卫生机构床位 3.31 万张，比上年增长 4.7%，其中，医院床位 2.69 万张，增长 5.6%；卫生技术人员 4.99 万人，增长 3.3%，其中，医生 1.83 万人，增长 5.2%。全市社区卫生服务中心 49 个，卫生技术人员 1562 人；社区卫生服务站 115 个，卫生技术人员 912 人；乡镇卫生院 124 个，卫生技术人员 4808 人。新型农村合作医疗参加人数 335.16 万人，参合率 99.99%。

十二、资源环境和安全生产

全年规模以上工业综合能源消费量 1248.53 万吨标准煤，下降 11.8%。全社会用电量 360.09 亿千瓦时，下降 0.34%，其中，工业用电量 205.65 亿千瓦时，下降 1.82%。单位 GDP 能源消耗下降 7.0%。

图18　2011-2015年单位GDP能源消耗增长率

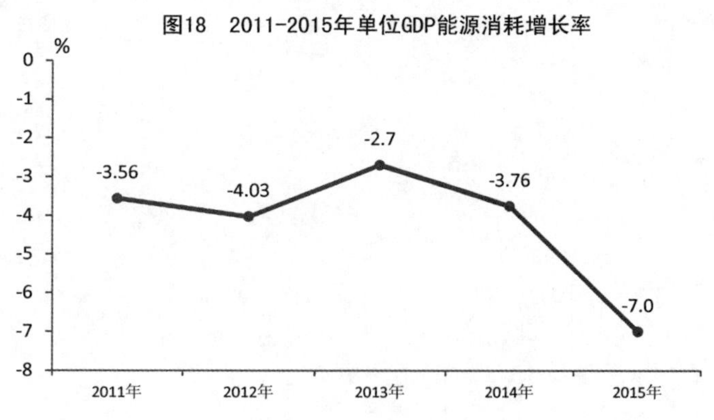

全市建成区绿化覆盖面积11288.2公顷，增长3.6%，绿化覆盖率43.4%；公园95座，比上年增加11座，公园绿地面积3273.48公顷，增长7.2%，人均公园绿地面积13.52平方米；年末建成区绿地面积10422公顷，增长3.9%，建成区绿地率40.1%，新增绿地面积391公顷。全市"四绿"工程植树造林6.14万亩，人工造林面积4720.4公顷，森林覆盖率55.6%；全市自然保护区9个，其中国家级2个，自然保护区面积501.46平方公里。

2015年末，全市有8个县(市)区通过国家级生态县创建技术评估，8个县(市)区获得省级生态县(市)区命名，累计创建118个国家级、130个省级生态乡镇(街道)和1919个市级以上生态村。城区环境空气达标率95.3%，市区环境噪声56.6分贝，交通噪声68.4分贝。水质总体保持良好，闽江流域(福州段)水质达标率100%，敖江流域(福州段)水质达标率100%，龙江流域水质达标率95.8%。化学需氧量、二氧化硫、氨氮、氮氧化物排放量均比上年减少。城市生活垃圾无害化处理率100%。

全年发生各类生产安全事故276起，比上年下降22.7%，其中，生产经营类道路交通事故下降25.2%。各类生产安全事故死亡97人，下降27.6%；受伤256人，下降22.7%；直接经济损失412.2万元。全年发生生产经营性火灾事故687起，比上年减少182起，死亡1人，受伤2人，直接经济损失1235.9万元。

注：1. 本公报中所列数据均为初步统计数，部分合计数或相对数由于单位取舍不同而产生计算误差，均不做机械调整；
2. 本公报中地区生产总值、增加值、工业增加值、建筑业增加值和农林牧渔业总产值按现价计算，增长速度按可比价格计算；
3. 本公报未包括马祖列岛。
4. 本公报卫生机构含村卫生室。